馬建忠の中国近代

岡本隆司

京都大学学術出版会

目次

凡例

一、とくにことわらないかぎり、（　）は筆者による説明、注記、もしくは原用語の提示であり、〔　〕は筆者による挿入、補足、欧文の［　］は、筆者による注記、挿入、補足である。また、引用文・翻訳文の□は缺字、【　】は夾註であることをあらわす。

二、引用文中の……は省略をしめす。

三、漢文史料の引用にあたっては、現代日本語訳のほか、原文の趣を残す、あるいは校合の必要から原用語を残すため、一部、訓読体を用いたところがある。その場合には、原則として正字・正かなづかいに従い、適宜ふりがなを加えた。現代日本語訳で引用した文章にも、また、本文においても、原用語を示す目的で、一部の語句に正字の表記を用いた。

四、文語文の日本語史料を引用するにあたっては、とくに必要のある場合を除き、常用漢字表により、適宜、濁点・句読点・ふりがなを補い、また変体かなを通用のかなに置き換えた。明らかな誤字は、断りなく訂正したところがある。

五、引用文・翻訳文で右傍に「（ママ）」を付した語句は、原文の表記・意味をそのまま残したことをしめす。文脈上、原語を表出すべし、あるいは校訂で疑いを存して原字を残すべしと判断したものであり、多くは注記で説明をくわえた。

六、清朝・朝鮮の固有名詞、西洋人の漢字名は原則として、正字の表記にした。官職名も総督や総理衙門など、よく知られているものは常用漢字にしたがったが、なじみのうすいものは、正字にしたがっている。なお清朝のいわゆる出使大臣は、引用文もしくは必要のある場合をのぞき、公使と表記した。

七、清朝皇帝が下す訓令は、厳密にはさまざまに区別があるが、本書では問題にならないので、煩をさけて一律に「上諭」とした。

八、本文の日付は、原則として西暦により、適宜（　）で旧暦をつけくわえた。

馬建忠の中国近代

プロローグ

改めて益なきことは、改めぬをよしとするなり。

――『徒然草』第127段[1]

これはやはり一つの通史、というのがおこがましければ通史のスケッチであって、ただ前面に人物を置き、それによって各時代のイタリア社会のパースペクティヴを確定したかったのである。それは、政治史でも経済史でも文化史でもなく、それらを綜合する全体的・歴史的ヴィジョンを得るための、一つの方法、一つの試行でしかない。だがそのヴィジョンが得られなければ、物語を始めたり継続したりすることはできない相談である。そしてもちろん、そのヴィジョンが現実に起こった事実に密着していないとすれば、それは作話であって歴史ではない。私はこれが作話でないことは充分に保証できるが、私の得たヴィジョンが最適の、歴史的に正当なヴィジョンであるかどうかについてはそれほどの自信がない。それは論理の問題でもアイデアの問題でも、いわんやレトリックの問題でもない。別の、もっと適切でもっと透徹したヴィジョンによってのみ批判され得る問題なのであり、私はそのような批判を受けたいと思っている。

――藤沢道郎「あとがき」[2]

十九世紀と二十世紀とが交わったこの一瞬こそ、じつに中國の異質な二大動力がぶつかりあい、せめぎあい、切り結んで、新陳代謝をおこなった時であった。[3]

中国新旧の勢力交代のエポックを、まさしくリアルタイムで、このように一九〇〇年から一九〇一年の間に措定したのは、若き革新運動家にして中国最大のジャーナリスト、梁啓超である。同時代に生きる傑出した政治家・言論人の嗅覚は、たとえごく限られた対象にしか向いていなかったにせよ、結果として、驚歎すべき正確さをそなえていた。

一九〇〇年の義和団事変を境として、中国がそれまでとは大きく変わったのは確かで、後世の歴史家の眼から当時の歴史をみても、首肯できることである。それをすぐれて象徴する出来事は、まさに同じ一九〇一年、三十年の長きにわたって、官界の第一人者でありつづけた李鴻章が死去したことであろう。

かれが日清戦争の敗戦で失脚するまで、清末中国はそれなりの安定を保っていた。かれが北京議定書（辛丑条約）を残して死んで以後、中国は新しい「革命」の時代に入る。この時期のいわゆる「革命」には、まだまだ考えなくてはならない点があるだろう。しかしはっきりしているのは、ほかならぬ同時代人たちも、それまでの時代とはちがう、という実感をもっていたことであり、その感覚を偏ったかたちではあれ、言論であらわしたのが、冒頭の梁啓超の文章だった。

それはとりもなおさず、十九世紀の終焉・二十世紀の幕開けとともに世を去った李鴻章たちが中心となってつくりあげ、維持してきた安定にはあきたらない、という認識の表明でもあった。梁啓超が時を同じくして、ただちに李鴻章の評伝を執筆して、「中國に謗を負ひしこと甚だし」きかれに対し、「公平の心」で「多く解免の言を爲」しながら、しかもかれを「ただ洋務有るを知りて國務有るを知らず」と断じたのは、その一つの典型であろう。[4]

その感覚と認識がじつは、清末という時代に対するわれわれ自身の視角の出発点をなしている。衰退と屈辱の国運、守旧と媚外の政治、など素朴で情緒的な評価からはじまって、「洋務」「変法」「革命」という学問上の概念[5]にいたるまで、その例外ではない。すべては「愛国主義」「民族主義」の創成が、「帝国主義」なるものを措定し対置したうえで、画するにいたった段階的な歴史像であって、意識的・無意識的に、われわれの脳裏に刷り込まれたものなのである。

このとき、中国のある部分が変わったことは、まちがいあるまい。しかし実際に具体的に何が、どのように変わったのか、あるいは、変わらなかったのか、は必ずしも明らかではない。明らかだと思われてきた歴史像は、当時の立場と必要から生じた評価にもとづく解釈が、多くを占めるからである。

そうした事情は、別に清末史・中国近代史に限ったことではない。けれどもなかんづく清末に顕著なのは、現実政治の利害と観点からする評価と解釈が、ほかならぬ政治史・思想史を構成する、という歴史叙述のありようである。当時の梁啓超は、「中國を救う」ため、「愛国の心」を喚起する「史界革命」をとなえていた[6]から、まさしくその先頭にたつ人物であった。そうした政治・思想の歴史叙述がまず前提にあるがために、ほかの経済史や社会史はその主導、牽制をうけ、政治史・思想史の軌跡をなぞり、裏づける役割をになわされる。しかも「愛国主義」が画した歴史段階は、唯物史観をふくむ「発展段階論」と親和的に共鳴して、歴史叙述の標準となっていった。あらゆる事象はその標準、ものさしにしたがって、史上の位置を決められてゆく。

歴史は史料がなくては書けない。ないものを知り、考えることは、不可能だからである。しかし逆にいえば、断片的であれ何らかの史料さえあれば、上述した歴史叙述のものさしを用いて、史料の記事を位置づけることが可能となる。そこで顕著にあらわれてくるのは、史料の記述とそれを書き残した人物の事蹟とのギャップである。

ある人物の言説・思想は明白なのに、何をしたのか、しなかったのか、できたか、できなかったか、その言行の関係はどうか、それが不明な例は中国の近代において、決して少なくない。もちろん史料を残してくれる人物も多種多様だから、いちいちすみずみまで、知りつくす必要はあるまい。すべての人がひとしく、史上に重要なはずはないからだ。それでも、知るべき事蹟がわからないことは、歴史にとっていささか都合が悪い。言説のテキストが本人と社会のコンテキストに還元されないまま、ひとり歩きして、時代を語るものになりかねないからである。(7)従来はものさしで記録の位置をはかっておけば、事足れり、としてこなかったであろうか。逆にいえば、言説のテキストを社会のコンテキストに還元してゆくことで、これまで視界に入ってこなかった時代の側面が見えるようになるのではないだろうか。

李鴻章に先だって人知れず、亡くなった一人の人物がいる。いな正確には、人知れず、とはいえない。当時当地の新聞にはきちんと訃報が載っているから、(8)生前もそれなりによく知られていた。義和団事変のさなか、中国が転回しはじめた一九〇〇年九月三日、上海で激務のはてに息をひきとったその人物とは、馬建忠である。

馬建忠、字は眉叔。李鴻章の「補佐役《プロテジェ》」として「洋務」の第一線で活躍し、著述も残した。しかし李鴻章はもとより、周囲の人々が著名にすぎて、このクラスの下僚たちは、往々にして無名である。が、無名とは決して無力を意味しない。馬建忠も例外ではない。それでも無名なかでは、著名な部類に入る。

馬建忠を知る人にとっては、かれがこの時、世を去ったのは、李鴻章に勝るとも劣らぬほど、象徴的な事件である。少なくとも筆者は、そう思う。にもかかわらず、人知れず、と書いてしまうのは、その象徴的たるゆえんが、ほとんど知られていないからである。一九〇〇年、九月三日という逝去の年、月日すら、実は容易に確定できなかった。(9)

何も死去のときにかぎらない。かれが何をしたのか、おおまかな略歴は知りえても、具体的系統的な行動とその歴史的な意義は、ごく一部の断片的な局面以外、何もわかっていない、といって過言ではない。そして、それとはほとんど正反対に、「富民説」をはじめ馬建忠の言説は、すこぶる有名である。「進歩的」「改良主義者」「近代思想の先駆者」という評価は、その言説にものさしをあてたところから出てくるもので、要するに馬建忠は、言説と事蹟のあいだに著しいギャップがある典型的な例ということになろう。逆にいえば、時代をみなおす恰好の素材でもあるわけである。

　馬建忠に関する研究は、決して少ないとはいえない。そこでも、最も基本的であるはずの事蹟と言説の関係は、往々にして明らかではなかった。ほとんどが個人の観念を対象とする、思想史の領域で研究がすすめられてきたことも、作用しているのであろう。ギャップを埋めるには、かれの事蹟のコンテキストに、言説のテキストを還元しなくてはならない。そのためには、あわせて、いな先んじて、かれの事蹟を体系的に解き明かす必要がある(10)。

　馬建忠は享年五十五、その生涯は決して長くなかった。したがって公的な活動期間も短く、多少なりとも明らかにできそうなのは、どんなに長くとっても、二十年あまりの間でしかない。その中心となった場所に即して、これを三つに大別することができる。一八七〇年代末、フランスに留学していた時期、一八八〇年代前半、天津を拠点に活動した時期、一八八〇年代後半以降、上海にいた時期であり、本書もおおむね、これに応じて三部構成としよう。

　同時代の評価にたちかえってみれば、馬建忠は毀誉褒貶の振幅が大きな人物であった。「英才」「雋才」とたたえられる一方で、「市井の無頼」「漢奸」と罵られている(11)。梁啓超は「之を稱《ほ》める者は一にして、之を謗る者は百」と言っておいて、「霍然《ハタ》と中國の果たして人有るを信ずるなり」と書いた(12)。当否はともかく、そんな過褒を除くと、悪罵しか残らない人物というのは、どのように理解すべきか。「先駆者」「改良主義者」と塗り分ける従前の方法は、発想様式において同時代の褒貶とさして選ぶところがない。これでは不十分なことだけは確かである。

　褒貶の対象をなす馬建忠の言行とその関係が、巨細はともかく正確にわからなくては話にならない。本書はそのなしうるかぎりの解明をめざす。それにはかれの経歴と行動、ひいては役割を同時代のコンテキストのなかで復原し、同時にその言説と思考をつぶさに追跡しなくてはならない。そしてそのためには、かれの残した言説を正確に読みこなすことが、何よりもまず要求される。

そこで本書は、論述のあいまに、関連するかれの重要な文章をとりあげ、その翻訳を紹介する、という構成をとってみた。まずもって、馬建忠が無名だということへの配慮であるが、それ以上に、あくまでかれ個人の視点に立脚しながら、その論点と論理を時代のコンテキストに還元しようとする、ひとつの試みなのである。

しかし課題はもとより、それで終わらない。その言行に反応して、褒貶を生み出した社会は、どんなメカニズムを有するのか、そのメカニズムを作動存続させた時代をどのように理解するのか。馬建忠という人物を把握しきるには、そこまでの射程がある。けれども筆者では、とても手がおよばない。かれを追ったはてに、その射程圏内に入ることができれば、社会と時代を理解する手がかりが得られるならば、ひとまず本書の目的は達せられよう。刷り込まれた既成の視角と認識から脱却し、本当に自分の眼で過去をみつめなおす、ささやかな一歩につながるからである。

第Ⅰ部　フランス留学と在外公館

　自分は馬鹿になるために洋行するのである、もし見聞を拡むることに依りて多少なりとも西洋文明の真相を知り、傍ら語学の不足を補うことが出来たならば、それは寧ろ望外の幸である、経済学上の専門智識に至っては恐《おそら》く留学期間だけ後《おく》れるだろう……

——河上肇「文部省留学生」1913年(1)

　馬は人あたりがよく、音楽が上手で、パリの社交界で大歓迎をうけた。

——コルディエ（Henri Cordier）
「馬建忠（Ma Kièn-tchong）」(2)

　立派な交渉家を作り上げるのに必要な資質と知識は、きわめて広範囲にわたるので、それだけを身につけるのに優に一人の人間にその全生活をあげて専念させるに足るほどである。交渉家の職務は、関係のない他の仕事によって気を散らされることなく、それだけで一個独立の専門職業とするに足るだけの重要性を持って（assez importantes pour faire une profession à part）いる。……人生も花の盛りの年頃を、何の職業にもつかないで無為に過し、しばしば全財産も無駄に蕩尽し、国内では生活を立てるあてもないので、だれか有力な親類か友人の口利きで外国づとめの職にありつこうとする人間は、なおさら、交渉家として使ってはいけない。

——カリエール（François de Callières）
「交渉家の選択について」(3)

第一章　フランスへの留学

一　生い立ち

馬建忠は江蘇省丹徒縣の人。長江と大運河が交叉する地点に位置し、南京の衛星都市をなす鎮江である。一八四五年、代々のカトリック教徒の家に生まれ、自身も入信して、洗礼名をマッテヤ（Matthias）といった。[4]

自ら記すところによれば、一家は太平天国の南京侵攻に遭遇し、「十八遷して」上海に住むようになった、という。馬建忠ははじめ、科挙に応ずるための教育をうけながら、幼くして創立間もないフランス・カトリック系の徐匯公学に入り、語学を含めた西洋式の教育もうけた。かれ自身は「家に隨つて」上海に移った、というものの、太平天国の侵攻が原因なら、それは一八五三年のことになる。兄の馬相伯が先んじて一八五一年、一家から離れて上海郊外にある徐匯公学に入学、馬建忠はその翌年に入った、とする記録もあって、精確な時期ははっきりしない。[5] 馬建忠の回憶が文脈上ことさら、太平天国をきわだたせている可能性もある。

一八六〇年、忠王李秀成ひきいる太平天国軍は上海に侵攻し、徐匯公学の学生も避難する途中、すんでのところで捕らえられそうになった。[6] 馬建忠兄弟もおそらく、そのなかにいたのであり、そのために馬建忠じしんのなかで、太平天国が大きな存在をしめていたとも想像される。

太平天国がいかに残忍で、自身そんな目に遭っても、それは「目前の患」にすぎず、おそるるに足らない、上海に屯する西洋列強が「他日」、「禍を爲すの烈」のほうこそ恐ろしい、にもかかわらず、誰も「海外の事を論」ずるをいさぎよしとしなかった。そこでいわゆる「洋務」にめざめ、これを学ぶに翻訳書ではあきたらず、「その今文字とその古文詞とを學び」、進んで「格物致知の功」と、それがしだいに治世をもたらすに至るゆえんとを求め、本末をきわめるまで学習した、というのが、かれの述懐である。

こうした述懐はしかし、自己の著述の正当性をうったえる文章の一節をなしているから、多分にわりびいて聴く必要がある。それにはまず、一八五〇年代から六〇年代、かれが多感な青少年期を過ごした土地であり、かつまた内憂外患を肌で感じつづけた上海という場の性格と、その転換を考慮に入れなくてはならない。

一八五〇年代の前半、とりわけ小刀會の縣城占領以降の上海は、清朝の正規軍・義勇軍だけではとうてい治安が維持できず、外国人の生命財産、ひいては条約港の通商と租界の安全を守ろうとする西洋列強の軍事力に、いわば保護された状態にあった。太平天国が江南デルタに侵攻し、中心都市であった蘇州を占領すると、その富と人が多く上海の租界に避難してきたのも、そうした保護を求めてのことである。

一八六二年になってようやく、その形勢を一変させるのが、李鴻章・淮軍の上海進駐であった。淮軍が太平天国の侵攻から上海を防衛し、しかもひきつづき駐留を続けるようになって、清朝側の実体ある軍事力、ひいては、本格的な政治力が、西洋列強の勢力と共存、対峙する情況がはじめて生まれる。そこで起こってきた気運が、「西學」「洋務」であった。

それまで外国が関わってくる大小のことがらは、現地当局の直面した課題でありながら、外国当局・外国商人と日常的に接する清朝側の商人・「通事」の独擅場でしかなかった。そこを支配していたのは、その場かぎりの対処、その時々の力関係、そしてその堆積でできあがった慣行にすぎない。いみじくも馮桂芬が「その能はほぼ夷語に通じ、まま夷字を識るに過ぎず、僅かに貨目の數・名および俚淺なる文理を知るのみ」といい、また李鴻章が「官民久しく心を洋人に歸す」といいつのったような空気が、そこに満ちていたとしても、いたしかたない情勢であった。それがようやく、政府当局の系統的な政策立案、ひいては読書人・知識人にとっての課題に転化してくる[7]。従来の「夷務」とは異なる「洋務」の出現にほかならない。蘇州の有力な郷紳にして、上海に難をのがれ、淮軍を引き入れた馮桂芬が、伝統的な士大夫の立場を断乎くずさないながら、「西學を采《と》る」ようよびかけるにいたり、後年の研究で洋務派のイデオローグと称せられるのは、そうした事情を典型的にあらわしていよう[8]。

一八六〇年代の上海は、そんな風気を育んでいた。もちろん、それが個人個人にどのように影響したかは、一概に判断することはできない。馬建忠がいうように、なお「西學」「洋務」をいさぎよしとしない向きが、大多数だったかもしれない。ともかくまちがいないのは、このように変わりはじめた当時の上海という環境が、かれの人間形成に大きく作用したことであろう。そのなかで、生まれながらに関わりの浅くなかった西洋の存在をあらためて自覚し、重要性を増しつつあった「洋務」の意義を、自ら消極から積極へ変え、自身の進路をそこに定めていったのも、ありえなかったことではあるまい。

二　旅立ち

かくて伝統的な知識人とは異なる道を歩みはじめた、青年期から壮年期にかけてのかれの事蹟は、しかしながらよくわからない。一八六七年にイエズス会に入り、修道院で神学士になるための教育をうけたものの、その課程を修了しないまま、一八七四年末、イエズス会を辞した。一八七〇年代も後半になると、北洋大臣李鴻章のなかば私的な部下として、天津で「洋務」「翻譯」にあたっていたことは確実である。が、なぜ神父への道をすてたのか、いつ李鴻章に仕えるようになったのか、どんなことをしていたのか、具体的に正確なことはやはり明らかにならない[9]。その足どりが少しづつはっきりしはじめるのは、やはり一八七七年、フランスに留学して以降のことである。

清朝の欧米留学事業は、周知のとおり一八七二年、容閎の建議によったアメリカへの留学生派遣を嚆矢とする。このアメリカ留学生は、「留美幼童」と呼ばれるように、未成年の生徒をアメリカの学校に送りこみ、長期にわたって学ばせるものであった(10)。それに対し、馬建忠も加わったヨーロッパ留学事業は、福州船政局に附設された専門学校の学生、二十代の青年を派遣する、という計画である(11)。一八七四年、日本の台湾出兵を機に高まってきた、「海防」の気運の産物であった。

十九世紀後半の清朝中国の近代化過程は、ふつう洋務運動とよびならわす。だが一口に洋務運動といっても、いくつかの段階がある。いわゆる「洋務」の事業が本格的、系統的にとなえられ、始まるのは、じつはこの台湾出兵と「海防」を最大の契機としており、洋務運動がそれらしくなってくるのは、むしろこのとき以降から、とみたほうがよい。そうした意味で、この留学生の派遣はささやかながら、象徴的な事件である。

福州船政局はもともと一八六四年、フランス人が深く関わって設立された軍艦製造工場である。留学生たちはその附設学校で、海軍下士官や技師、航海士を養成する課程をおえていたから、すでに一定程度の専門的な知識と技能を身につけた人材であった。この専門学校にはフランス語を学習する前學堂と英語を学習する後學堂があって、前者の学生たちはあらためて、フランスで現地の学校に入って造船術を、後者はイギリスで航海術を学ばせる計画だった。留学生は最新の技術を習得し、帰国後ただちに、本国で役立てるようにする、という明確かつ具体的な目的をもって、送り出されたのである。時を同じくして、ヨーロッパで行われつつあった軍艦・兵器の調達事業、およびそれにともなう在外使節の派遣(12)と、いわば抱き合わせの事業だったといえよう。

この学生たち三十名に同行して渡仏した当の馬建忠は、しかしながら厳密にいえば、留学生ではない。かれらを引率監督する側の「随員」である。同じ立場の者には、監督の李鳳苞、その英文通訳の羅豊禄、フランス人監督のジケル（Prosper Giquel）、その秘書として陳季同がおり、みな福州船政局の関係者で、しかも職責が明確であった。そのなかで馬建忠はひとり、福州船政局とは関係がなく、まったく異なる立場だったわけである。つまりかれの渡仏は、特別例外であって、「随員」という目的・職責のはっきりしない、かれだけの肩書が、おそらくそうしたいきさつを物語っている。そこにはやはり、かれの上司で推薦をした李鴻章の強い意向がはたらいていた、とみるべきであろう。(13)

フランスへ旅立ったとき、かれはすでに「法國《フランス》の語言文字に精通」していた。かれを推薦した李鴻章の報告によれば、その渡航目的は、「交渉」「公法」「律例」の研究にあったという。それぞれ外交・国際法・法律学と訳すべきものである。(14)一定以上の学識を有した者が、さらにその専門を深める、という点で、同行した留学生たちと揆を一にするから、立場や身分はどうあれ、大づかみにいえば、かれの場合もやはり、この留学生事業の一部とみてまちがいではない。ただ、今日でいう外交の専門知識をつける目的だった点が、海軍に関わる留学生たちとはきわだって異なっていた。(15)

かれの派遣には、李鴻章の個人的な推薦の色彩が濃厚だったこと、さらに後年、従事した活動がつねに李鴻章に密着していたことを考えあわせると、馬建忠の渡仏はおそらく、本来はこの留学生派遣とむしろ別個で、たんに抱き合わせたものとみなしたほうがよいだろう。フランス・ヨーロッパに関するその素養にいっそう磨きをかけ、自己に忠実な、とりわけ外交上の補佐となるべき専門人材にしたてあげようと、李鴻章がなかば強引に、フランス留学生一行に加えたものだったのかもしれない。

三　ヨーロッパにて

馬建忠が書き残し、そして今われわれのみることができる文章からするかぎり、留学中にかれが学んだことは、かなり多岐にわたるといってよい。フランス語をはじめとする西洋の語学は当然として、留学の主目的だった法学の専攻を修めたのみならず、経済・軍事関係の研究にも従事し、西洋の社会そのものに対する洞察も、ふかめたことはまちがいない。そしてそれは、清朝本国の「洋務」という概念にも対応して、自他にとってそれぞれがまったく別個に分けられるものではなかったであろう。あらゆることが後年のかれの活動の原資となったものであり、そしてまた、かれの行く手をはばんだものでもあった。

しかしながら系統的な、まとまった形で、そのフランス留学時代の事蹟を伝える記録は、いまのところみあたらない。少なくとも、いわゆる留学生としての生活行動のありさまを跡づけることは、ほとんど不可能だといえよう。もっともかれは上にも述べたように、単なる留学生であったわけではない。そもそもが「随員」であったし、しかもさらに李鴻章の推薦によって、パリの清朝公使館の通訳官として、初代公使の郭嵩燾、ついでその後任の曾紀澤に仕えることになった[16]。したがって勉学にはげむのみではすまされない、政府の官吏としての活動も求められた。ヨーロッパにおけるかれの活動をいささかなりとも知ることができるのは、学究ではなく、むしろ官吏としてである。公使をはじめとする公使館スタフの駐在記録に、かれがしばしば登場するからである。

そのあたりを参酌して、わかっていることをひととおり並べてみると、以下のようになろうか。

一八七七年七月初め、パリに到着した馬建忠は、同行の陳季同とともに、まずフーコー・ド・モンディオン（A. H. Foucault de Mondion）を教師に招いて、「各国の法律・外交と国際法」の勉学にとりかかり[17]、一一月からいわゆるシヤンス・ポ（École libre des sciences politiques）に入学して、本格的な修学をはじめた[18]。

翌一八七八年の四月末、一八七六年以来、ずっと駐英公使としてロンドンに駐在していた郭嵩燾が、駐仏公使兼任の命をうけ、パリに赴任してきた[19]。清朝の駐仏公使館はここにはじめて、開設されることになる。馬建忠は四月二七日、ジケル・陳季同・聯芳とともに、フォークストンを出発した郭嵩燾一行を、ブーローニュ・シュル・メールに出迎えて受け入れにあたり、[20]公使館の開設を補佐した。パリは折しも、万国博覧会を開催するところであって、五月一日には郭嵩燾らとともに、万国博覧会の開会式に出席し、[21]馬建忠は以後も、一再ならず足を運んだようである。郭嵩燾は五月六日、フランス大統領マクマオン（Patrice de Mac-Mahon）に謁見、信任状を捧呈し、正式に駐仏公使として着任した。馬建忠はこのとき通訳官として、郭嵩燾の持参した「頌辭」を翻訳して読み上げた。[22]

このとき郭嵩燾のフランス滞在は短く、五月一四日にはロンドンにもどっている。[23]郭嵩燾は以後、この年の六月下旬から七月末まで、および八月半ばから九月末まで、二回フランスに駐在し、馬建忠はそのつど、必ず随行している。

その間、六月にはシャンス・ポで、外交部門および行政部門の課目について年度末の試験を受けた。[24]一〇月も末になると、留学生の監督としてヨーロッパに来ていた李鳳苞が、駐独公使を代行することとなり、陳季同がその通訳官として、一一月二日、ベルリンに赴任する。[25]シャンス・ポで机をならべて修学していた陳季同は、パリで留学生監督のジケルの秘書をつとめていたから、馬建忠はその業務を兼任することとなった。[26]

明けて一八七九年一月一日、郭嵩燾の後任公使、曾紀澤がマルセイユに到着し、同月四日にはパリに入った。[27]曾紀澤は自身を迎えた人々の名前を記していないけれども、曾紀澤一行が到着した日は、馬建忠はマクマオン大統領に拝謁した郭嵩燾に随行していたから、[28]その受け入れの実務にはあたっていない。

曾紀澤は一月一〇日にマクマオン大統領に謁見し、信任状を捧呈しているが、このときも馬建忠が随行している様子はみられない。[29]この日はドイツへ赴いて李鳳苞と会い、自分の修学経過を報告しており、少なくとも翌日まではドイツに滞在したからであろう。[30]だが一八日にはパリにもどって、曾紀澤と会談、[31]二三日は大統領との会見に赴く曾紀澤に随行した。[32]

その二日後、曾紀澤はドーバー海峡をわたって、イギリスへ赴任した。[33]ロンドンの公使館で引き継ぎをすませると、今度は郭嵩燾が離任、ロンドンを発って、[34]入れ代わりにパリへやってきた。馬建忠がかれを出迎えたのは、一月三一日のことである。[35]

帰国の途上にあった郭嵩燾は、その前にスイス・イタリア方面へ十日あまりの旅行をおこなっており、馬建忠は參贊の黎庶昌とともに随行した。[36] 郭嵩燾と別れたのは二月一一日、[37] 二月一六日、黎庶昌とともにパリへ帰任している。[38]

この郭嵩燾・曾紀澤の交代以降、馬建忠の公的活動は、いっそうわかりにくくなる。通覧して、郭嵩燾の日記がメモ魔というべく、公私の多様な話題にわたって、詳細きわまる記述なのにくらべ、曾紀澤のそれは自分の行動を中心に、ごく限定的に記す、より日記らしい趣である。馬建忠に関わる記述が少なくなるのは、まずそうした理由が考えられる。

従来、馬建忠は曾紀澤の時代にも、パリ公使館付通訳官だったとみなされてきた。たしかに李鴻章の上奏などにも、そう明記してある。[39] けれども関係の史料を通観した印象では、曾紀澤じしんはかれを下僚だとはみても、公式の部下たる通訳官とはみなしていなかったようである。[40] それにくわえ、郭嵩燾の時代に比べ、公使に随行することも減っていた。馬建忠に対する記述が少ないのは、そうした理由があるのかもしれない。ともかく目についたものを拾ってゆくと、以下のようになる。

前年に文系・理系のバカロレアに合格して、パリ法科大学にも入っていた馬建忠は、学位論文をまとめて提出、七月九日の公開口頭試問に通って法学士号を取得した。[41] 八月の末には、ふたたび黎庶昌とともに旅行にでかけた。パリを出発、フランス西部から南部をまわって、イタリアに入り、ヴェネチアからオーストリアへ行き、[42] 九月一八日、ウィーンで黎庶昌と別れ、ベルリンへむかった。[43] 一一月にはシャンス・ポで特別に外交部門の課目を受験している。[44] その月の下旬からパリに駐在していた曾紀澤と会談した記事も、散見される。[45]

以上からわかるように、留学生引率の「随員」というのは、具体的な職務がわからないし、通訳官としてのかれの仕事は、主として駐英公使を兼ねた駐仏公使がパリに駐在したさい随行するにあり、いずれにしても、さほどの実務負担があったようにはみえない。通訳に任ずるのは、かれだけではなかったから、自身も「繙譯の事少なし」というとおりだったのであろう。

かれの年俸は「隨員」として六百庫平両[46]、しかも通訳官の給与ももらって、時間的にも金銭的にも、余裕のある生活ができ[47]、ほとんど記録にあらわれてこない修学のほうに、むしろ精力を傾けていたとみてよい。

そちらの成果に対する評価はめざましい。とりわけ、留学生引率・監督の責任者であり、直接の上司でもあった李鳳苞などは、ほぼ手放しに近い賛美である。一八七九年はじめ、天津の李鴻章にとどいた書翰には、馬建忠が文系のバカロレアに合格したことを知らせ、李鴻章をして、馬建忠は「近來洋學大いに進み」、「後進造《いた》る可きの才」たりうる、といわしめている[48]。さらに、馬建忠が帰国する直前の一八八〇年はじめには、その最終評価として、

該員馬建忠、洋に出でて以來、交渉・公法・律例を肄習し、格致・政治・文辭、均しく經に考試取中し、官憑を領有す。學已に業を卒へれば、應に即ちに送回して差に供すべし。該員は躬を持すること謹慎、外人の敬ひ重んずる所と爲り、允《まこと》に品・學兼ね優れたりと稱す、或いは出使人員に備充し、或いは例案を諮詢するに備へ、以て洋員と辨論すとも、均しく任に堪《た》へん[49]。

という報告が、李鳳苞から李鴻章のところに届いている。さきの引用と同じように、これも馬建忠の成果をまず、文系・理系のバカロレア合格・法学士号の取得という、いわば現地の評価にもとづいて測っている点、特徴的である。これは外国において、外国人の間で一躍、名をあげたことが大いに作用したのであり、アカデミー・フランセーズの会員からたびたび勧められて、バカロレア受験にふみきった、という馬建忠自ら語った戦略[50]が効を奏した結果といえよう。そしてそのために、ゆくゆくは外交官に任ずべき人材として、嘱望されるにいたったことは目にとめておいてよい。

第二章　馬建忠の役割

一　郭嵩燾・曾紀澤の論評

パリにおける馬建忠の評判は、このようにごく上々であった。もっとも、そう書き送った李鳳苞は、李鴻章系の人脈に属し、おそらく李鴻章から馬建忠の面倒をみるよう頼まれていたはずだから、贔屓に失した面もあろうし、またそれはひとまず、学業上の評価にとどまる。それに反するような事実関係がないわけではない。目についたのは、公使の郭嵩燾と曾紀澤がそれぞれ、通訳官たるかれに対し、批判を加えた記述を残していることである。

一八七八年八月二〇日、ドイツのフランクフルトで国際法学会（the Association for the Reform and Codification of the Law of Nations）の第六回年次会議が開催された。郭嵩燾はかねてより、副学会長のイギリス人国際法学者トウィス（Sir Travers Twiss）と親交があり、また日本駐英公使の上野景範からしばしば、学会入会・会議参加のさそいをうけていたこともあって、関心は少なくなかったらしい。正式に招請状を受けると、馬建忠を自分の代理として、会議に参加させた[51]のである。

馬建忠は一八日パリを発ち、二五日にもどってきた。郭嵩燾はその間、フランクフルトの旅程および歴史などについて、馬建忠から来た報告をくわしく書きとどめているけれども、肝腎の会議議事に関しては、何も記していない。ところが、この会議がおわってずいぶん経った九月一〇日、出席して自らも報告を行ったイギリス人国際法学者フリーランド（H. W. Freeland）と会って、郭嵩燾は「馬建忠が報告しなかった」その「中國にかかわる」議事内容をはじめて知ったのか、箇条書きにして、以下のようにいう。

一は、亞細亞の教を同じうせざるの國と相ひ接するには、當に另に章程を立つべし、と爲す。其の中にやや變更有らば、亦た當に亞細亞諸國と會議すべし、宜しく專ら歐洲の意に任せて之を爲すべからず。
一、東方各口の領事、地方の公事に干與するは、必ず宜しからずと爲す。
一、從前に公法・交際は宜しく平を持すべしと論ぜし者數家あり、當に之をして意を盡して、其の便利を條議せしめて、以て推求に便ならしめん。
其の言へる所、亦た皆な之を新報に列す。馬眉叔は此に於て未だ率意にして留心せざるを免れず。(52)

「新報に列」せられた、というその議事を『タイムズ』紙で確認してみると、

……日本の駐英特命全権公使・従四位上野景範がついで講演した。……いまひとつ、なかんづく重大な問題は、治外法権である。この治外法権は一方の権利擁護が他方の権利侵害になってはならない、という東方と西洋の正しい理解が不可欠であり、ヨーロッパ人がアジア居留のヨーロッパ人にとっての公正を獲得するなら、それはアジア人に不公正となってはならない。一国の主権に反する領事裁判権制度を主張するなら、その間はこの制度を、司法・行政の健全な原則にもとづいて運用しなくてはならない。……

とあって、フリーランドが伝え、郭嵩燾の注目した内容は、ほぼ上野景範が治外法権に関してとなえたところにひとしい。これに対し、郭嵩燾じしんが用意して、おそらく馬建忠が持参し、会議秘書長のジェンケン（H. H. Jencken）が代読した「短い講演」は、清朝の行政制度はヨーロッパ諸国と異なるので、すぐには国際法を適用できない、清朝

は他国との外交・通商関係において国際法を逸脱したことはない、と述べるごく消極的な内容であった。(53)このように会議における日清の姿勢が、いささか対比的に掲載されたのであり、そのあたりの実際の議事進行など、まったく報告しなかったのを馬建忠の軽率怠慢だとみなしたわけである。

つぎに曾紀澤のほうをみよう。一八七九年一一月二五日の日記にある記述を引用する。

> 宿舎の家主の利格夫人のところにいって、ずいぶん長いあいだ話し込んだ。［フランス公使館は郭筠丈（郭嵩燾）が、その賃貸契約いっさいを馬眉叔（馬建忠）に任せたものである。ところが眉叔は倨傲きわまりなく、西洋人に対して無礼で、これをうらむ人は多い。当の利格夫人も馬建《（ママ）》忠に話がおよぶと、眉をつりあげ歯がみし、憤懣やるかたない様子。パリでは議員をはじめ、下は男女の芸人にいたるまで、やはりかれを深く恨む者がいる。(54)］

馬建忠兄弟研究の草分け、方豪氏はおそらくこの史料を念頭に置いて、傲慢なる白人に屈しなかった馬建忠の姿勢を描く。馬建忠のフランス留学時代を本格的にとりあげた坂野正高氏は、この記述を曾紀澤の馬建忠観として示し、「人身攻撃に近い猛烈な悪口」と評する。(55)いずれにしても、記述を事実とみて、そのまま上の郭嵩燾の評価とあわせれば、軽率にして倨傲、通訳官としてはおよそ不適格ということになってしまう。

後年、史料に散見するところでは、馬建忠は必ずしも対人関係が円滑だとはいえない人物だったように思われる。自ら「酬應に善からず」と語ったこともある。(56)明敏怜悧な人にまま見られる性向で、自国人・外国人、さらには人・物を問わず、鈍重単純な相手が馬鹿にみえてしかたがなかったのであろう。それが物腰・態度・言動にあらわれて、無用の摩擦を生じ、反撥をうけることもあった。もっともここの文脈は、すべてをかれのそうした資質・性格・行動に帰して、その評価や役割を断じてしまうには、いま少し事情が複雑である。

まず注意しておかなくてはならないのは、各々の史料記述の性格である。郭嵩燾の場合、当面は公表を期さない日記のなかに漏らした感想だった。郭嵩燾からみてそれほど重大な問題でもなかったのであろうか、このように不満を抱き、書きとどめるにしても、それは決して公にすべきものではなく、ごく内々にかぎろうとしたことに意味があろう。実際かれは、まもなくパリで開かれた特許会議（保護製造會 Congrès patente）などにも、聯芳とともに馬建忠を派遣しているのである。(57)

これに対し、曾紀澤のほうはむしろ総理衙門に伝え、当局者が共有するための記述であって、引用文の［　］の部分は、元来の日記に記していないものだった。(58)「猛烈な悪口」であるとしても、個人的な感情・感想ではなく、いわば上司として部下に対し加える評言であり、その勤務ぶりに対する調査記事に近い。(59)これはおそらく、現地の事情とそれに深く関わった人員のありようを説明し、執務に資する記録慣例の一端であって、「人身攻撃」というべきではあるまい。本当に不適格で、自他に害をおよぼす人材でしかなく、「攻撃」を加えるべきだったなら、さっさとその評価を公式の文書とルートにのせて、弾劾なり更迭なり処罰なりにふみきればよいのである。

逆にいえば、こうした記述はいずれも、通訳官として有能だったからこそ、書かれる性質のものであって、多用重用されていたからこそ、軽率にして倨傲さのめだつ局面もありえたといえよう。

郭嵩燾・曾紀澤はそもそもの前提として、馬建忠の実務活動を肯定的に位置づけていたのであり、その想定や期待に背く事態に直面すると、必然的に上司として、不満をもたざるをえない。記録に残ったのはそうしたたぐいであって、むしろ記録にみえないところに、かれの役割とそれに対する評価が存する、とみなすほうが適当である。

二　一八七八年、李鴻章への書翰

そうした位置づけはしかしながら、書かれていないので、明快に断ずることはできない。馬建忠じしんの文章から、手がかりをさぐることにしよう。かれがフランス滞在中に書いた文章は、五篇のこっており[60]、すべてその役割に即した文章だとみることができる。なかでも、きわだって異彩をはなつ「李伯相（李鴻章）に上申して留学課程を報告する書翰」をとりあげたい[61]。内容もさることながら、その体裁の異質なるゆえんが、とりもなおさずヨーロッパでのかれの役割を示すからである。

その題名のとおり、この書翰は自らの修学ぶりを記した文章である。すでに解題も翻訳も存在するので[62]、あらためて論ずるには及ばないかもしれない。しかしいくつか見のがされてきた点もある。

まずこの書翰は、大別して三つの内容から成っていることである。第一はかれ自身の就学情況、第二は万国博覧会、第三は西洋観であり、厳密に「留学課程（出洋工課）」といえるのは、じつは第一の部分だけである。文章の上からみても、相互の連関は緊密でないし、それぞれが重大な問題をとりあげていて、一通の書翰でまとめてあつかうのが、はたして適当かどうかさえ疑わしい。

第一の就学のくだりは、シヤンス・ポの試験科目とバカロレア受験・合格のいきさつを説明したものである[63]。すでに坂野氏がつぶさに分析を加えているので、内容の紹介はいっさい省略にしたがう。ただひとつ注目しておきたいのは、郭嵩燾が馬建忠から聞いたものとして、一八七八年八月二九日の日記に、これと同種でありながら、いっそう詳細でかつ内容も異なる、「巴黎《パリ》の政治學堂《シャンス・ポ》」の「肄業大綱」の「五等」、「其の教を爲す所以のもの」の「二十一款」、「第二年考試論説」の「毎日講論二次」の六ヵ条を載せていることである[64]。

書翰の「留学課程」部分に記すのは、明らかに「一八七八年六月の年度末試験」で、馬建忠が自ら受験した科目だろうが[65]、郭嵩燾が記載するのはそうではなく、かれの受講しているカリキュラムや、その時点ではまだ受けていない「第二年」の試験である。本野英一氏がすでに鋭く指摘したように、おそらくは次章の翻訳にみえる、外交官採用試験にもかかわってくる教育課程であり[66]、馬建忠じしんが一八七九年一一月に受けた試験科目を含む蓋然性が高い。書翰と日記の記事がなぜ、このように存在するのか、そのくわしい因果関係まではわからないけれども、両者をあわせみることで、馬建忠が留学中に得た知見の全体に、より接近できるものと思われる。

第二のパリ万国博覧会は、倉卒にみれば、馬建忠個人の見聞と感想を書いたものとしかみえない。この万国博覧会は、清朝が一八七三年のウィーン、一八七六年のフィラデルフィアにひきつづいて参加し、洋関の手によって出品したものである。[67] 李鴻章もその開催内容に注目し、郭嵩燾が駐仏公使を兼任するさい、かれあての書翰で、馬建忠をその通訳に推薦したのとあわせて、なみなみならぬ関心を漏らしていた。[68]

馬建忠の筆致からすると、パリ万博の公的な調査を命ぜられていたようには思えない。けれども以上を考えあわせると、李鴻章から直接の命令はなかったとしても、郭嵩燾を通じ、あるいは郭嵩燾じしんの判断で、馬建忠にパリ万博の調査および報告を依頼していた、と考えるのが自然であり、この部分の文章は非公式にせよ、その復命書といってよい。そしておそらく公式の報告でないだけに、ずいぶん率直で辛辣な意見、いな批判となっている。[69]

その論点は二つある。ひとつは万博全体についてである。記すところによれば、万博開催でパリはたいへんなにぎわいだが、そもそも博覧会というのは、最新の技術・産品をあつめ、発明家を顕彰するために開催するもので、人集めが目的ではない。ところが今回のパリ万博は、兵器・採鉱・紡織・印刷・農具、どこにも発明と称すべきものはなく、万博の意味がない。そんな結果に終わったのは、この万博開催が本来の趣旨ではなく、普仏戦争敗戦から復興したフランスの国威発揚を動機としたからだ、というにある。

いまひとつは、そんな万博における清朝の出品についてである。これは「論ずるもの有り」として、別の批評者の言い分として述べるが、実際は馬建忠の意見であること、いうまでもない。清朝の出品はその良質な特産品が何も出てきておらず、日本にすら見劣りがするのはなぜか。日本は日本人じしんで出品したのに対し、清朝は総税務司ハート（Robert Hart）をはじめとする洋関の西洋人が行ったからであって、西洋人では中国の文物産物に暗いのも怪しむに足らない、と結論する。つまり、洋関に万博参加を任せてきた従来の方法を批判する趣旨なのである。これはおそらく、実地の感想・評価にもまして、政治的に洋関と対立関係となりつつあった、李鴻章の立場と意向に沿う復命だったであろう。万博全体の評価とあわせて、現地の視点から清朝本国の万博政策に再考をうながす意見書となっている。

第三の部分は、馬建忠のヨーロッパ観の一端を披露するもので、かれの思想をとりあげるには、避けて通れない文章である(70)。だが、それが書かれたいきさつはよくわからない。西洋各国の政治・財政・軍事・外交を記した『聞政』なる著述をまとめるつもりだ、といい、その梗概のようにも見えるけれども、もちろんそのような著述は、残ってもおらず、書かれてもいないだろうからである。ここでは、その論旨の特徴だけ確認しておこう。

まず西洋の富強は、目先のすぐれた製品・兵器や技術に理由があるのではない。それはそもそも「末」であって、それを支える根本に「善を盡くし美を盡くし」た(『論語』八佾)政治原理がある、という論点であって、それに対する「讃美」(71)は惜しまない。その一方で、その原理がとりわけ現実の政治・人事に運用される、具体的な局面・事例に対しては、忌憚のない「批判」(72)を加えている。この現象と原理の関係、原理とその運用の対比は、多かれ少なかれ、以後のいわゆる「洋務」論のパターンのひとつをなすものである。

以上のように、「留学課程を報告する書翰」は、いささか羊頭狗肉、三つのそれぞれ異なる内容の文章を、強いてひとつにまとめたものである。そうした体裁になった精確な理由は、わからない。元来が書翰なので、融通無碍な書き方もできるし、馬建忠じしんがそうしただけのことかもしれない。しかし注目すべき第二の点として、その史料としての残り方がある。

三　曾紀澤の「出使日記」

いま眼にすることのできるこの書翰は、もともと曾紀澤の「出使日記」に記載されたテキストであって、おそらく馬建忠の手づから書いたオリジナルではない。もちろん馬建忠の文集にも収録するけれども、それは曾紀澤が掲載したものを、ほぼそのまま再録したにすぎず、馬建忠本人はその原本を散佚させていたし、曾紀澤は収録にあたって、オリジナルに「いささか潤飾をくわえ」たと明記している[73]。

そうだとすれば、この文章の体裁は別人がととのえた可能性を否定できないし、三つの内容がひとつの書翰になっているのも、それが理由なのかもしれない。そこで馬建忠の記すことは、かれ自身が言いたかったことにもまして、曾紀澤が伝えたかったことにほかならないのである。

曾紀澤の場合にかぎらず、「出使日記」というのは、誤解を恐れず簡明に定義すれば、在外公使の本国政府・総理衙門への報告書であり、ここまで言及してきた郭嵩燾の日記とは、その点で性格を異にする。外国に関する情報を精選供給し、本国の知見、判断に資するのを目的とし、これは当時の在外公館の使命の、少なくとも一環をなしていた。

それなら曾紀澤が自らの「出使日記」に、あえて馬建忠という人物とその「留学課程を報告する書翰」という文章を採録したことに大きな意味がある。このばあい、そのねらいはたとえば、小にしては、フランスの高等教育、あるいは万国博覧会の情況と評価、という個別具体的な課題から、大にしては、西洋政治の様相とその長短にいたるまでを、総理衙門に知らせるにあった。それは馬建忠と李鴻章のやりとりにとどまらず、曾紀澤が職責上、ぜひ北京にも知らせたほうがよい、と判断したことがらであり、かつまた着任早々のかれ自身の手では、決して説得的に語ることのできないものだった。

換言すれば、長期にわたって海外に滞在する馬建忠のような類型の人材は、実地に外国を知る人間として、その制度・風俗の実情を具体的に語ることのできる一種の情報源の役割が、曾紀澤のような立場からは、期待されていたこ(74)とになる。そしてその報告書が採録された、ということは、馬建忠がその任を十分に果たしている、と認められたにひとしい。

そうだとするなら、現地の社会に密着し、円滑な人間関係を構築し、そこで観察を怠らないことが、そうした情報を仔細に得るための前提であり、かつまた、入手したすべての情報を正確に報告しなくてはならない(75)。郭嵩燾にしても曾紀澤にしても、馬建忠に批判を加えたのは、そうした役割を忠実には、あるいは在外公館の主たる郭嵩燾・曾紀澤からみて十分には、果たせていない局面であった。馬建忠の行動が時と場合に応じて、どのように見られていたか、ひいてはかれ本人の好むと好まざるとにかかわらず、いかなる立場と役割を担わされていたか、このように考えれば、少しはっきりしてくるのではないだろうか。

馬建忠の「オリジナルの書翰（原函）」を曾紀澤が眼にしたのは、まだヨーロッパに発つ前、天津で出航の準備にとりかかっていた、一八七八年の一〇月はじめである。かれの日記にはこのようにある。

〔李鴻章と会談して、〕郭筠丈（郭嵩燾）が李相（李鴻章）に送ってきた書翰および関係文書の写しなどをみせてもらった。〔そのなかに、李相がフランスの政治學院《シャンス・ポ》に派遣して学問をやらせている郎中の馬建忠なる者の上書もあった。……聞くところでは、馬建忠は二十六（ママ）歳になったばかり、フランス語がよくできると同時に、漢文の書翰文も暢達でわかりやすい。まことに英才である。オリジナルの書翰にいささか潤飾をくわえ、ここに採録した。〕晩餐ののちも長居させてもらい、船にもどったあと、ふたたび筠丈（郭嵩燾）の書翰を読んだ。

〔　〕内が「出使日記」の編集にあたって加筆された文章、「……」の中略部分が「留学課程を報告する書翰」の全文引用である。[76] 曾紀澤が馬建忠の「オリジナルの書翰」を「激賞し」、「出使日記」の一部にしたてあげ、ふたたびヨーロッパから本国に送るのは、もちろんずっとのちのことになる。上の引用によれば、「オリジナルの書翰」はどうやら、パリの駐仏公使館に駐在中の郭嵩燾から、その李鴻章あて書翰とともに、発送到着したものらしい。

そのころ、曾紀澤がまだ見ぬヨーロッパ、草創期の在外公館では、その存立をも左右するような事態が起こっていた。そしてかれが当時、くりかえし眼を通した、という郭嵩燾の書翰も、それにかかわる文面が皆無だったとは思われない。もちろん馬建忠じしんも、それと無関係ではありえなかった。「留学課程を報告する書翰」にかいまみえたようなかれの役割は、ふたたびそこで問われることになる。

第三章　在外公館に関する意見書

馬建忠がフランス滞在中に書いた文章のなかでめざましいのは、何といってもその外交官養成論であって、つとに坂野氏がその価値をみいだし、つぶさに考察を加えられたものである。いわゆる「外交および外交官制度について」の意見書であって、「巴黎《パリ》にて友人に復《こた》へるの書」「瑪賽《マルセイユ》にて友人に復へるの書」と題し、書翰文二通の体裁をとっているが、これは坂野氏が試みたように、ひとつづきに読まれるべきである(77)。いずれも馬建忠の文集『適可齋記言』巻二に収録し、「戊寅」つまり光緒四年と明記がある。それにしたがえば、前者は「夏」なので一八七八年、後者は「冬」だから、同じ年の末もしくは翌年はじめの作ということになる。後者のほうには、すでに全文の英訳もある(78)。それも参照しつつ、両者続けて全訳を試みよう。

一　「パリにて友人にこたえる書翰」（翻訳）

九月二十六日付貴翰(79)、拝受いたしました。総理衙門に上申するので、外交(80)について学んだことで、有益なところを詳細に書き送れ、とのご依頼、うけたまわりました。

外交というものは、広汎複雑、おおよそヨーロッパの時流とともに変遷を重ねてきたものなので、一言でいいつくせるものではありません。しかし時代とともに転変する歴史と時々に応じて変をみとおす才識とは、シヤンス・ポで考究されてきたものですし、シヤンス・ポが日夜たゆまず研究を重ねているのは、何より時をみて変を制するための学問ですから、そこで学んできたわたしが、愚昧もかえりみず、日々見聞してきた大略をつつしんで申し上げることにいたします。

いったい西洋の政治史はギリシアにはじまり、ローマにつづきます。ギリシアの興る以前、地中海沿岸の東南地方、たとえばバビロニアやエジプトで人々が豊かになりますと、難民が北方へ向かい、ギリシアの地に移住しました。それぞれ一隅《ポリス》に拠って、互いに食うか食われるかの抗争を、ひたすらくりかえしてきたところ、外寇《ペルシア》が何度も侵攻してくるにおよんで、諸部落《ポリス》は一致協力し、死力をつくして防衛したのです。〔マケドニアの〕王フィリッポス〔二世〕は、そうした機運に乗じて、はじめてギリシアの連合《(ママ)》をとなえ、王位をついだアレクサンドロスがその志を達成しました。かれはギリシア中の軍をこぞって東征し、その経略地はユダヤ・ペルシア・インドの地まで、連綿数万里に及びました。が、征服された国はみな対抗心をもち、領地を割譲して和平を望む意見など全くなかったものですから、外交というものは、まだ始まらなかったのです。

ローマ建国のはじめ、ほとんどそこに住む人がいなかったため、流民難民をまねきよせ、しだいに人口が増えてくると、その後、門戸を閉じ使者のやりとりもやめ、外人をよせつけないことにしました。たとえやって来る者がいても、元来のローマ市民とは同等の権利を享有できなかったのです。国力がさかんとなるにおよんで、ギリシアを蚕食吸収し、やがて地中海沿岸の諸国を併呑しました。戦争をしていた時代にさかのぼれば、使節を派遣し条約を結ぶ、という明文はなかったけれども、使臣《(ママ)》は殺さない、という慣例はあったわけでして、これを外交というものの嚆矢とみても、さしつかえないでしょう。

ローマは西洋を統一すること三百年、その支配はあたかも馬を御するかのようで、遠方より来貢するものはあっても、友好関係をとりむすんだ対等な他国というのは、聞いたことがありません。

コンスタンティヌスが東都を営むと、この都はその名にちなんで、コンスタンティノポリスと呼ばれ、子孫はローマを分有するようになりました。しかし東西ローマとも、数代へるうちに勢力は衰退し、北方からまずはゴート族、ついではアッティラが西ローマに侵攻してきて、西ローマはあえなく滅亡します。東ローマのほうは、ユスティニアヌス王《ママ》にいたって、大いに法典を整備し勢威をふるったのですが、それも一時的なものでしかありません。ムハンマドの教えが行われるにおよび、東ローマはしばしば回教《イスラーム》に侵攻されるようになって、最後にはトルコ（オスマン朝）に併呑されました。以上はすべて、勢力を競い合い、相手の併呑を目的としたのですから、外交というには、やはり十分ではないでしょう。

西洋に戦火がやみ、外敵の患がなくなってまいりますと、列国はみなローマ教皇《ママ》に(81)したがうようになりました。ローマ教皇は各国に対し、有事であれば人を送って補佐をさせ、各国のほうは教皇の代替わりになると、特使を派遣して祝賀します。およそ争いがあれば、ひたすら教皇におうかがいをたて、干戈にうったえるようなことはなくなったのです。

たとえばイタリアの地は、数十国に分かれ、フィレンツェやヴェネツィアなどの都市が、それぞれ自立しており、大事があれば、教皇に決してもらい、小事は使節をやって交渉しておりました。ほとんど争乱がやみましたのち、文をたっとぶ気運にみち、使臣の往来があったりしますと、そのたびに応変の交渉にすぐれた人材(82)があらわれたのです。フィレンツェがちっぽけな小国でありながら、ヴェネツィアの富強をくじき、フランスの攻勢をそぐことができたのは、マキァヴェッリ（Niccolò Machiavelli）の交渉がなくてはおぼつかなかった、といわれています。そのためマキァヴェッリの著述は、今にいたるまで、使臣の虎の巻として尊重されております。かれと前後して、ダンテ（Dante Alighieri）・ペトラルカ（Francesco Petrarca）・ボッカチオ（Giovanni Boccaccio）・グィッチアルディーニ（Francesco Guicciardini）ら、イタリア文芸の祖となる人々が輩出しました。韻文で顕れた者もいれば、散文で顕れた者もおりますが、とにかくみな栄えある使臣に選任された者ばかり、その文辞・礼儀がしばしば仁義をしめし、忠信をかさねるものだからなのです。わが春秋時代の晏嬰・叔向・公孫僑らにひとしい(83)といえましょう。ですが、その外交上の争点は、一国の安危に関わることにすぎず、ヨーロッパ全体の勢力均衡ではなかったのです。

いったいヨーロッパというのは、諸国が隣接しあっているので、国内の政治軍事はその国が自在に行えても、侵攻の野望をもった外敵が、スキにつけこんで友好国の脅威とならない保証はありません(84)。そこで列国は何度も盟約をむすんで、強国弱国・大国小国がたがいに協力提携することを約し、勢力の均衡をはかろうとしました。わが戦国時代の合従連衡と名称は異なれども、中身は同じものですが、ヨーロッパは明朝の末から、今にいたるまで、外交といえば、もっぱらここに主眼があります。

ひるがえって考えますに、東ローマが滅亡しますと、回教《イスラーム》が猛威をふるって、ヨーロッパ東部ではハンガリーをおそい、西はスペインに侵入し、中央はイタリアに攻め込んできました。ローマ教王《(ママ)》はふるえあがり、力をあつめて外敵に対抗したのです(85)。回《ムスリム》の侵攻がやんでみると、君主権はいよいよ衰微し、教皇《(ママ)》権がますます堅固になり、ドイツ諸侯は半ばが教皇の掌握するところとなりました。そこでルター（Martin Luther）がはじめて異説をとなえ、自ら新たな宗派を立て、ドイツ北部に布教すると、つぎつぎに改宗するものがでてきました。スペイン王のカール五世（カルロス一世）は、教皇の命を大義名分としながら、ひそかに勢力拡大の謀略を縦横にめぐらし、列国との婚姻関係を利用して、後継相続を口実に、イタリア・ドイツの諸侯をわがものとしていき、〔神聖ローマ〕皇帝の尊号をも加えました。かくてハプスブルグ朝の勢力がしだいに盛んとなります。フランスはスペインとドイツにはさまれた位置にありますから、こうした情勢に脅威をおぼえ、ドイツ北部の諸侯と連合して、国王三代・宰相二代、三十年にわたってオーストリア王と各地に転戦しました。かくてウェストファリア会議にいたるのです。

この会議では、スイス・オランダの独立をみとめ、皇位を世襲するオーストリアの権勢を失墜させ、ドイツ領邦の統属関係をさだめたもので、ここにいたって、勢力均衡が安定をみました。さらに使臣の等級ごとに威儀をわかち、会見挨拶の儀礼作法をさだめて、国家間の関係が険悪化するようなことがあると、兵力にうったえて戦火を交えなくとも、友好関係の修復がはかれるようになりました[86]。外交というものは、ここでまったく一新、現代ヨーロッパにおける使臣の往来・駐在というのも、じつにここが出発点なのです。

ウェストファリア会議でその野望をとげたフランス王ルイ一四世[87]は、さらに強大化をめざして武功をあげようとし、北はフランドルを攻め、南はブルゴーニュをとりました。折しもスペイン王カルロス二世が逝去して後継者がおらず、王位をアンジュー公フィリップという者に継がせるよう遺命しましたが、フィリップというのは、ルイ一四世の孫です。ヨーロッパ諸国はフランスの威権が日々増大するのでさえ憂慮していたのに、さらにスペインの王位をも手中にされては、虎に翼を与えるようなものだとおそれました。このときイギリスが強国となり、プロイセンがしだいに盛んとなってきまして、ドイツ諸邦・オランダ・サヴォイ公らと連合し、フランス王と十三年間にわたり各地に転戦、康煕五十一（ママ）年にいたって、ユトレヒト講和会議が開かれました。

この会議では、フィリップのスペイン王位継承は阻めなかったけれども、フランスとスペインの合体を禁じて、一国の突出した強大化は回避されました。またイギリスは地中海の要衝ジブラルタルを得、フランスは侵略地を返還することが定められて、フランスの覇権追求はくじかれました。ヨーロッパの勢力均衡は、かくて安定をとりもどしたのです。

まもなくプロイセンの勢力が盛んとなり、ロシアが領土を拡げてまいりました。乾隆十三（ママ）年、フランスに内乱《かくめい》がおこって、〔乾隆〕十五（ママ）年には国王を廃して民主之國《きょうわこく》[88]となりました。ナポレオンは一介の副司令官でありながら、イタリアに侵攻し、地中海をわたって東征、エジプトに武力示威しました。大位《こうてい》を襲《つ》ぐにいたって、あくなき外征をつづけ、向かうところ敵なし、他国の領土を奪い君公の封爵を廃し、ヨーロッパ全域を支配し、勢力均衡の形勢はまたもや崩れたのです。ナポレオンが敗れるにおよんで、列国は戦後処理のため、ウィーンで会議をひらきました。

ウィーン会議はナポレオンの侵略地を返還し、国境をもとに正し、ドイツ連邦を立て、オランダの領土をひろげて、フランスがふたたび東方に拡大しないようにしました。ポーランドを三分して、ロシア・オーストリア・プロイセンの勢力を均一にし、また使臣の等級を四つに分け(89)、それぞれの儀礼を明白にしました。かくてヨーロッパの勢力均衡を維持するしくみは、ますます周密となりました。

そもそも勢力均衡というのは、ウェストファリア会議からはじまったといわれます。けれどもこの会議に参加したのは、フランス・オーストリア・スウェーデン・スペインとドイツ諸侯にすぎません。プロイセンはルター派のため、イギリスは英国教という異端のために会議から排除されました。だから均衡を維持するといっても、数ヵ国の間だけにすぎず、ヨーロッパ全域を秩序づけるには十分ではなかったのです。ユトレヒト会議になって、イギリスもプロイセンも参加しました。ところがロシアは参加していなかったので、勢力を均衡させるとりきめとしては、まだ完全ではなかったわけです。

それにウェストファリア会議は、諸国が共同して条約を締結したとはいいますものの、スペインがオランダと結んだのはミュンスター条約ですし、神聖ローマ皇帝(90)がドイツ諸領邦をひきいて結んだのは、まずスウェーデンとのオズナブリュック条約、ついでフランスとのミュンスター条約です。フランスとスペインはまた、ピレネー条約を結んでおります。またユトレヒト会議では、イギリスがフランス王と、ついでスペイン王と条約を締結し、さらに他国王とそれぞれ条約を結んだのです。それなら、この二会議の結果は、数ヵ国がそれぞれ結んだ、勝手なとりきめにすぎず、列国が一同に会して締結する共同条約とはいえません。

国際会議というものは、条約を結んで信頼関係を築くよすがです。条約に加わるものが多ければ多いほど、信頼が明らかになって、遵守も忠実になります。したがってこの二会議できまった条約は、バラバラでまとまりがなく、共同で守ることのできるものではありません。まもなく各国が軽んじて、何の価値もないようにみたのも無理はなかったのです。

　ウィーン会議はそうではありません。ロシアが参加して、勢力の均衡は公のものとなり、各国が条約を共にして、相互の結びつきは強固となりました。それでも、住民の習俗に趣向の違いがありますと、領土を分かち境界をもうけて別の国を建てます。建国というのは、たんに山河の険を恃みとするばかりでなく、住民の習俗を同じくするところに結集団結し、その国の君・民となるものなのです。ウィーン会議は各国の国境をさだめたものですが、それは領土のバランスをとったにすぎず、相違する住民の習俗を度外視しておりました。そのため会議以後、ベルギーがオランダから分離独立し、オーストリアは東方《(ママ)》の領土を失い[91]、イタリアとドイツは分立した領邦を統合し、ギリシアとルーマニアは〔オスマン朝から〕独立し、藩封《(ママ)》ではなくなったのです。トルコ（オスマン朝）はそれまで局外の国だったのが、最近はヨーロッパと関わらざるをえなくなっております。こうしてヨーロッパは勢力均衡が安定したものの、東方で問題が起こってきたのです。

　そうだとすれば、外交というものは、はじめは併合ばかりを事としていたため、形をなさず、ついで、詭弁を弄してあざむいていたがために、できあがっても確立せず、最近では、勢力の均衡維持を優先したため、「信未だ孚ならず」（『左傳』荘公十年）となっております。「載、盟府に在り」て（『左傳』僖公二十六年）も、取るに足らない一、二の具文に頼るだけで、どうして和平を安定的にたもつことができましょう。

　いったいヨーロッパは国と国とが入りくんで境を接し、自づから一国だけ超然としていられない形勢にあります。ですからある国の権勢と利害は、とりもなおさず別の国の強弱とかかわってまいります。イギリスの利害は貿易にあり、世界中にその寄港地があります。ロシアの利害は南下にあり、そのため領土を日々拡張しております。フランスとドイツは仇敵視しあい、軍備をますます精強化しています。イタリアとオーストリアは旧領回復をなおあきらめることなくねらっております。ですから西洋の国際法学者のいうところは諸説紛々、それは説く学理が明晰でないからではなく、利とする立場がそれぞれに異なるからであります。おおもとは同じでも、学派が分かれて都合数十、どれが正しくて正しくないのか、わからないありさまです。そこで外交の当局者は、自分の利益になるよう、国際法をこじつけているにすぎません。(92) 外交のありようが、時とともに変遷してきたからには、外交に当たる才識も、とりわけ変をさとって時に応じることが重要だと知らなくてはなりません。外交というものが、何よりも局に当たるその人に依存するゆえんは、ここにあります。

フィレンツェの盛んなりしころ、各国に使した者は、一介の使者であったにすぎません。権限はとるにたらず、地位も低く、要するに、舌先三寸で政府の利害に関わりえた者です。

ウェストファリア会議からウィーン会議までの時期になると、派遣する使臣《ママ》はさながら、君主の名代です。スパイ術に長け、奢侈を誇れれば十分、求められるのは身分の貴賤だけでした。その人の賢愚など、どうでもよかったのです。専任せられた権限はあっても、成果を要する職責は負いません。ですから女性の身でありながら、使して外交交渉にあたる者さえおりました。(93) 一国を動かす者は、一、二人の能臣を得て宮廷にかかえておき、使臣を他国に派遣し、任国の事情をさぐらせ報告させます。そうしておけば、だまっていても自づから機宜はさだまって対処できるのです。使臣一人を派遣するのに、従者を数十人も侍らせ、任国の都の人士と交際させ、詳細に国情をさぐらせる事例さえありました。大きな国際会議がありますと、ようやく宮廷の能臣を派遣して、可否を交渉させるということになります。

今の時代は、新聞が自由に発行できますから、政府批判の議論はいよいよ盛んになり、議会の権限が重いので、民衆の感情も反映されうるわけです。汽船・鉄道が網の目のようにゆきわたり、交通が便利になって、国の利害関心は日々かわってゆきます。蒸気機関が人力をこえて稼働し、商工業が豊かになって、国の財源は刻一刻とひろがりゆきます。そのため外交交渉にあたる者は、もはや昔のように、ただ一、二の廷臣の意向をさぐれば、それだけで勝算あり、とみなすわけにはいかなくなりました。他国の民衆感情が自国を好むか憎むか、利害関心が自国にかなうか反するか、そしてその国が豊か貧しいかを洞察しなくては、条約をむすび、通商協定・関税をとりきめて、しかもだまされないようにすることはできません。難しさは往時より倍加しております。

かつて『鬼谷子』を読んだことがあって、諸侯の国に遊説するには、相手の性格・才識の賢愚、剛強か柔弱か、性急か緩慢かをみて、その好悪、勇怯、哀楽に即して説き伏せねばならぬ、饒舌沈黙、応変自在だといいます（『鬼谷子』捭闔第一）。しかし天下の諸侯がみなまるめこまれたのは、何か特別な技術があったわけではありません。兵法にいう「彼を知り己を知る」（『孫子』謀攻）にあるのでありまして、外交もこれにつきるのです。

そもそも「彼を知る」のは、やさしいことではありません。だから任地の新聞を講読してその勘所をさぐり、任国の議会を傍聴してその変化をおしはかります。官界の人士と交際し、おちついて動静をみつめ、民間の商人と接触し、ひそかに時機をうかがうのです。ここ百年で西洋の外交に長じた者といえば、まずイタリアのカヴール（Camillo Benso, conte di Cavour）、ドイツのビスマルク（Otto von Bismarck）、フランスのタレーラン（Charles-Maurice de Talleyrand-Périgord）、ロシアのゴルチャコフ（A. M. Горчаков）、イギリスのパーマストン（Henry Temple, Viscount Palmerston）、オーストリアのメッテルニヒ（Klemens von Metternich）に指を屈しますが、なぜかれらなのかといえば、公使《ママ》として、あるいは観光のため、長らく外国に滞在していたからなのです。いったん自ら政府の中枢に入れば、掌を指すように他国の民衆感情や利害関心をみすかしますし、かてて加えて、在外使節がつねに情報を送ってきますと、千里の外にある外国でも、まるで一室にいるかのように、距離のへだたりを感じさせないのです。

「己を知る」のも、また容易ではありません。自分の長所を知るには、自分の短所を知るにしくはありません。自分の長所を知ったればこそ、時節のくるまでそれを隠しておいて、ここぞとばかりに発揮できますし、自分の短所を知ったればこそ、これを明らかにしておいて、奮起しそれを矯めることができます。

「彼を知り己を知」ったからには、まずなすべきは、政策目標をさだめるにあります。目標がさだまらないと、心も力も集中できずに、計画も実行も成就しません。たとえばカヴールはイタリア統一を、ビスマルクは強国化を、ゴルチャコフは領土拡張を志し、みなその念願をかなえられたのは、あらかじめ目標が定まっていたからです。フランスのナポレオン三世は、はじめは民衆の人気を集めようと、〔クリミア戦争で〕イギリスに味方してロシアを攻めたかと思えば、ついでロシアに誼を示すために、停戦してイギリスを遠ざけました。〔イタリア統一戦争で〕イタリアに恩を売ろうとオーストリアを攻めたかと思えば、オーストリアと睦を修めるためにメキシコを攻め〔て、オーストリア皇帝の弟をメキシコ皇帝に即け〕ました。プロイセンがデンマークを攻めたときは、ひそかにその有利になるようにはかっておきながら、オーストリアに侵攻するや、しだいに脅威に感ずるようになりました。そしてプロイセンとことを構えるにいたって、ナポレオン三世のもとに他国から一兵の援軍もこなかったのは、以上のように目標が定まらなかったからです。政策の目標がさだまってこそ、外交というものを論ずることができます。

およそ天下のことは、たくさんの手があればもちあげやすい、片手では手を拍つこともできぬ。これは理の当然です。同じヨーロッパ世界のなかにあって、こちらとあちらに国境をくぎって建国しているのですから、小国は大国にしたがい、大国は小国を守り、危機には協力し、攻守あい助けることで、孤立が避けられます。

ですから、イギリスはフランスの援助を得てクリミア戦争に勝利し、イタリアはフランスと結びついて、緑のテーブルクロスの上【西洋では緑のテーブルクロスを敷いた上で公務を執ります。ウェストファリア会議の緑のテーブルクロスはなお現存しており、この目で見たことがあります】で志を達しました[94]。ベルギーは英仏の歓心を買って局外中立国となることができ、アメリカはフランスの援軍を得て独立することができました。以上は外交による同盟[95]が実際に役立った事例です。隣国が敵に味方するかもしれないがために、これと同盟をむすぶこともあります。たとえば、プロイセンがオーストリアを攻めたとき、フランスと結んで利で釣っておいたため、オーストリアは孤立し危機に陥りました。フランスを攻めたときには、ロシアとの関係を好くして同盟を更新したため、フランスは孤立して敗れたのです。

したがって、勢力均衡の局面ができあがると、列国の安危は、外交によっていかに友邦を得るかにかかってまいります。もっとも、友邦が必要だといっても、その相手は慎重に選ばなくてはなりません。イギリスの外交は利益だけが目的です。利益があれば友邦ですが、なくなればたちまち敵対します。イギリスの歓心を買っている列国はたいてい、実際の恩恵をあてにしたわけではなく、ただ敵を助けないという意味の援助をもとめているにすぎないのです。

いま外交の拙劣なものは、トルコにしくはありません。ロシアが日々強くなってきたのでロシアにつくと、三たび領土を割取されました。フランスが強大化をもとめて、しきりに外征を行うのでフランスに近づくと、二たびその権をうばわれました。さらに自国を守ってくれるというのでイギリスに親しむと、その国土のおよそ半ばを分割されてしまった[96]のです。

嗟夫《ああ》、回人《ムスリム》が東ローマを滅ぼしたときには、領土は拡大の一途、西欧はそのためにふるえあがりました。ヨーロッパから来た使臣《(ママ)》が往々にして侮辱を加えられても、とがめることさえできなかったのです。それなのに今や、時勢は窮迫、国内の行政財政は外人に干渉をうけ、民衆は貧しく国土はせばまり、ちっぽけな土地にたてこもって孤立無援、ほとんど国家の体をなさなくなったのは、いったいなぜなのでしょうか。変化たえない時勢にあって、時の流れにしたがって変わろうとしなかったからです。国内は政策目標が定まらずに、変化をわきまえる人士もとぼしく、国外は友邦がなく、変化に応ずる方法もなきにひとしく、かの千百年前のムハンマドが著したコーランをひたすら墨守するだけで、この千百年のちの世道の変化に対処しようとしております。これでは、日夜わき目もふらず、衰亡につきすすむのと同じ、ただ天下後世のために、古きに泥んで今に通じない、という悪しき先例をひとつ増やしただけのことです。なんと惜しいことではありませんか。

時々に応じて変をみとおす才識は、実地に用いるものですから、絶対にそなえなくてはなりませんし、時をみて変を制するための学問は、理論になっておりますから、努力して学ばなくては身につきません。とは申しましても、理論だけ論じていては、いざ事件がもちあがるたび、あわてふためいてしまいますし、漫然と実用をもとめていても、いざその時に臨んでは、目前の障碍ばかりが目についてしまいます。ですから理論と実用を兼ね備えないと、はば広い、かつきめ細かな対処はおぼつきません。

ことにあたっては、文をひき例をあげ、歴史を調べ時事を知り、国際法を利用して万全を期します。同じ事件の当事国で国情が異なれば、その国の制度・法律を調べ上げてその微妙なところを見通しておき、当事国でなくとも国境を接する国に対しては、地勢と物産を査察してそのすみずみまでわかっておきます。外交交渉のすえとりむすぶ条約は、たかだか数十条にすぎないものですが、その決定締結に数年かかることも少なくありません。数十条の条文そのものが、すぐに決められない、というわけではないのです。それを決める前に、妥当な線をみつけるため、国際法を援用し歴史を調べ、両国の体制・法律に背かないようにし、地勢・物産も意をつくして比較検討しなくてはならないからなのです。そのため、各国は外交官の人材を選抜するのに、外交の学問をきびしく課することにしているのでして、さもなくば、在外公館に無能の輩がたむろし、使節は使命を辱める結果になりかねません。

　按じますに、ヨーロッパ各国が外務《ママ》(97)を行うにあたっては、人材の登用にはさまざまなやり方があります。まず、在外勤務と本省勤務をまったく分かつ方法です。在外勤務は書記官などから公使・大使へ、本省勤務は局員から次官へとのぼってゆき、しばしば長年おなじ業務に専念する、というものです。ですから老練な外交官になれるのが長所なのですが、任地と本国で意思疎通がうまくいかず、事務が円滑に運ばなくなるという短所もあります。また、在外と本省の勤務を交えている方法もあります。たとえば、イギリスの新制度では、本省大小の局員と在外勤務の随員《アタシェ》・次席三席の書記官とは、外務大臣が相互に入れ替え任命を行うことができます。ほかの列強では、ふつう随員・書記官が本省へもどっても昇進はできませんが、公使にまでなれば、在外・本省の区別なく昇進できる、という制度もあります。

　人材の選抜も、さまざまです。幼年のうちに官立の養成学校に入って、在外使節になるための専門課程をうける、というやり方がありまして、年数をかぎって毎年試験を課し、採用すれば各地の在外公館で見習いをしながら、キャリアにしたがって昇進します。オーストリアの制度がそうです。このような官立養成学校の専門課程がないやり方もあります。定期的に募集を行い、出願申請した者に三ヵ月間の実習試験をほどこし、その間に要点を評価します。有能な者はただちに研修課程に入れて、本省に六ヵ月、在外公館に十八ヵ月、合計二ヵ年の研修をうけさせます。おわれば使臣《ママ》が評語をつけて、実職のない三席書記官の肩書を与え、ついで実職のない次席書記官に上げます。しかるのちに、在外公館の書記官などの官職に昇任させるのです。以上はイギリスの制度の大略です。あらゆる試験科目は、フランスが最近きめたものとそうは異ならず、若干簡略なだけです【フランスの新規則は、あとで詳述します】。法科の選抜試験を課して自ら志願させるものもあれば、法科の試験は課さずに抜擢任用するものもあって、それが各国の違いとなっています。

　もっとも、各国が外交官を登用するばあい、だいたい応変のできる人材を選ぶのですが、貧困下賤の人々は排斥されて選にあずかれません。フランスの外交官は、十八世紀後半以降、タレーランとギゾー（François Guizot）のほかには見るべき人材はおりません。なぜそうなるのか、といえば、二つ理由があります。

ひとつは、議会に政党が林立して、ことあるごとに内閣と対立するからです。首相が交代すれば、首相に信任された大使などは、必然的に交代が頻繁となります。新首相がひきついで、まだ時日のたたないうちに、国際会議があったりすれば、あわてて自ら出席するはめになり、これでは百戦錬磨のゴルチャコフ、ビスマルクやアンドラーシ（Gyula Andrássy）に、いいようにあしらわれるのも無理はありません。[98]

もうひとつは、新規採用の外交官は、富豪の子弟ばかりであることです。富豪の子弟というのは、だいたいがさつなもので、外国に赴任しても言葉は通じず、風土になじまず、公務をきらって研究もしません。金はもっているから社交だけはできますが、こんな連中がキャリアにしたがって昇進したところで、任に堪えるわけはありません。たまに、長年外国にくらし、その地の紳士商人たちと交際し、事情を洞察できる有能な領事はおります。けれどもキャリアに妨げられて、ほかの土地に転任するだけなのです。

光緒三年の春になりますと、外務大臣にながく在任した公爵のドカーズ（Louis Decazes）は、そのあたりの弊害を知りつくしたため、同治《ママ》八年制定の外交官任用規則に改訂をくわえました。以下その梗概を訳出しましょう。[99]

一、外交使節・領事を志望する法律専攻の学生は、文書課での学習を許可する。

一、法科・理科・文科の試験に合格し二ヵ国語に通暁する者は、見習クラスに入れて勤務を許可する。

一、見習期間は二年とし、うち一年を外国勤務とする。しかるのち外務省試験の受験資格を与える。

一、陸海軍の軍人、および工事監督・鉱山技師などの官僚で、外交使節・領事への転任を志望する者は、二ヵ国語ができれば、ただちに受験資格を与える。優遇措置として二年の見習期間は免除する。

一、試験に合格した人員は以下のような昇進ルートをたどる。初任は本省の局員として領事研修員であり、これは三席の書記官と同じランク。ついで各課の課長に昇進し、局員として正領事に抜擢される資格をもつ。これは次席の書記官と同じランク。さらに昇進すると本省の補佐官にして総領事となり、首席の書記官と同じランクである。同じランクの官職であれば、転出をみとめる。

外務省試験の規則は、マクマオン大統領が外務大臣に通達して(100)、以下のように決定したものである。

一、試験には外交使節の試験と領事の試験がある。毎年冬に行う。もし年内に実施するばあいは、本省がその二ヵ月前に掲示する。

一、受験資格は一度の試験にかぎって有効なものとする。

一、外交使節の試験には外務事務次官が試験監督となり、別に試験官四人を任命する。領事の試験は商務事務次官が試験監督となり、別に試験官四人を任命する。試験官は外務大臣が現任の公使および本省の補佐官・次官・総領事のなかから任命する。

一、試験は毎回(101)、まず所定の筆記試験をさきに行ってから、面接試験を実施するきまりとする。

一、試験は六科目。

第一に国法学。欧米の政治体制および立法・行政・司法の三権分立を論じるもの。さらにとりわけ、フランス政府各省庁の法律と中央地方政府でやりとりされた案件を論じる。

第二に国際法学説史。国際法学者の学派、学説を論じる。

第三に現代国際法。まず条約の交渉・締結・批准・履行・廃棄・更新の権利を論じるもの。条約には講和条約・同盟条約のちがい、援助するか保護するか局外に立つかのちがいがあり、領土の割譲・国境の画定・河川の利用、また、賠償金・犯罪者引きわたし・通貨・郵便・鉄道・関税・商船往来、くわえて、典籍・小説の印刷などの問題も、むすんだ条約によって異なるところである。第二に外国人に対する法律を論じるもので、戸籍婚姻の法律、在留外国人がフランス当局に、もしくは在外フランス人が外国当局にそれぞれ申し立てをする規程がある。第三に列国の戦時対応を論ずるもので、局外中立と交戦国調停の条項、国際会議招集と委員会運営の方式がある。第四に海洋問題を論ずるもので、漁業区域の境界があり、商船の国籍・軍艦の権利および臨検禁輸にかかわる規則があり、海洋遊弋と海港封鎖・船舶の返還・海賊の追捕および黒人奴隷売買の禁止にかかわる法律がある。第五に外交使節と領事を論ずるもので、外交使節の権利、使館員の規律、使館と領事が往来する手続、使館と領事館で作成する経費支出・俸給受領の帳簿書類の書式、くわえてアジア駐在の領事が有する裁判権などがある。

第四に外交史。ウェストファリアから普仏戦争まで、事実を逐ってその得失をくわしく論評する。

第五に商務。まずフランスの商業政策の沿革と関税制度を論ずるもの。関税制度には一般関税と協定関税とのちがいがある。輸出入貨物の通関にさいしても、その課税には従価税と従量税のちがいがあるし、従価税のばあいも、価格には公定価格と市場価格とがある。輸入貨物の場合、原料を再輸出するには保税倉庫制度があり、原料を製品に加工して輸出するには、いったん関税を支払って払戻をうける。ついで商船を論ずるもの。フランス商人を保護するため、本国と植民地の港を自由に往来できるようにし、外国商船には船舶税・倉庫税を加えて不利にする場合がある。いっぽう内外の商人をたくさん集めるために、港を開放して自由に出入でき、競争をさかんにする場合もある。舵手の雇用は長期・短期で価格にちがいがあること、関税にはとりすぎ、免除の利害があることなども、ここで扱う。

第六に経済地理。まず各国の国境・河川のありさま、山谷の形勢を論じるもので、人口・兵力・駐屯地をさぐる。ついで貿易港を論じ、軍艦・商船の数を調べる。第三に運輸の便を論じるもので、運航を便にするため、鉄道・汽船・ドック・倉庫があり、通信を通ずるために電信・郵船がある。またその郵船会社・鉄道会社には国によって公営・私設のちがいがある。第四に各国の特産品を論ずるもので、機械工場・石炭鉱石精製工場にはとくに留意する。第五に各国の通貨制度にちがいがあること、しかも以前から通貨統一を求める輿論があることを論じ、さらには各国財政の内容、借款期間の長短、および国債流通の円滑さなどを論ずる。

以上にすべて通じないと、試験は受けられない。

いわゆる筆記試験は、三回に分けておこなう。

第一回は英語とドイツ語。全部で三題あって、第一は現代のイギリス・ドイツの公文書の翻訳。書いてあることがわかるかどうかをみる。第二はイギリス・ドイツの議会議事録を訳して要旨をまとめる。全体を理解できたかどうかをみる。第三に簡単な英作文と独作文。通じる文章が書けるかどうかをみる。

第二回は外交科目。全部で三題あって、第一は現代国際法、第二は外交史、第三は地理・商務のいずれか[102]である。これは知識をみるだけのものであって、実用の力はわからない。

そのために第三回では、外交文書を配布し、なすべきことを答えさせて、理論と実用が兼ね備わっているかをみるのである。

面接試験は二回に分かれる。

第一は英語とドイツ語。三問あり、まずイギリス・ドイツの公文書を朗読、翻訳させ、発音、理解できるかどうかをみる。つぎに試験官がイギリス・ドイツの公文書を朗読し、ただちに受験生にその要旨をこたえさせ、聴いてわかったかどうかをみる。さらに英語・ドイツ語で議論し答えさせ、よどみなく応答できるかどうかをみる。

第二は、外交科目をいくつか口頭で質問し、その応答に誤りなきを求め、理論・実用ともに通じているかをみる。

以上がフランスの新たな外交官採用試験規則です。これで人材を求めれば、遺漏はないといえましょう。

しかしながら「これは本末転倒のやりかただ」という者もおります。「試験をうけようとすれば、二年の見習期間を要する。試験にうからないと職に就いて給与がもらえないから、見習期間は無給である。しかも、うち一年は在外勤務に出されて、さらに旅費が必要になる。これだけで貧乏書生は応募ができず、情実採用につながってしまう。けだし俸給がきわめて少なく、三席書記官の年俸では費用の四分の一もまかなえない。そもそも使臣の身になりながら、費用をケチるばかりで、供応が貧しく交際がせまくなっては、〈危邦の陋風に似て、尤も治國の盛観に非ず〉[103]、うらぶれてしみったれたところをみせては、外人の物笑いになるから、本国の要路者も望むところではない。そこで少しでも贅沢をしようとすると、俸給では足らないので、ポケットマネーでまかなうことになるわけである。かくて有志の人材は、財力がないために、外交官募集に応じる者が少なくなり、採用した者は外交官の数をまかなうに足らず、必然的に才識を持たぬ者でも、みだりに採用せざるをえなくなる。[104]ましてや、採用された外交官が長年の在外勤務[105]でポケットマネーからの支出を重ねても、昇進できるのは公使までである。外務大臣・国際会議の代表・大使は、だいたい議会の新進政治家が任命されるから、在外勤務の仕事に精通しているわけはなく、現場たたき上げの外交官が、逆に素人の連中に使われることになる。これでは、外国に使する外交官は、その名目を利用して外国旅行するばかりで、折をみて引退するから、職務に老練な人物が少なくなる。だから、本末転倒のやりかただ、というのである」。

それなら、いったいどうすればよいのでしょうか。志気を高めるため、俸給を厚くすること、その人材を精選するため、選抜を厳にすることです。しかるのちに選抜した人は、国内勤務であろうと在外勤務であろうと、外交実務に専念させて熟達できるようにすれば、大事のさいには変をさとって変に応ずる人材となるでありましょう。そうであってこそ、並みいる人の意気をくじき服さしめ、わが国の利権《（ママ）》を守り通すことができるのです。

汽船と鉄道が地球全体を行き交うこの時代にあって、自分の殻に閉じこもって外国との往来を断つなど、もはやできない相談です。それなら、その有利なところをこちらも利用し、自らの利源をふやし、できるだけ押しひろげるにしくはありますまい。国と民が富裕になり、条約をむすんで友好を修めれば、内外ともに平和、内憂も外患も心配しなくてよくなります。外交を学んでも、少しばかりの補いにしかならぬなど、どうして言えましょうや。

二　「マルセイユにて友人にこたえる書翰」（翻訳）

中國の現状に即して出使學堂の規則を起草せよ、とのご依頼[106]うけたまわりました。ひそかに思いますに、西洋各国に対する使節の派遣は、年々数十万両の国費をつかいながら、国事に何の利益ももたらしてません。朝廷にとってどうにもいたしかたないこととはいえ、実際のところ、ポストをふやして猟官者に迎合しただけの結果となっております。

いま、天下の自称「時務通」の方々は、口をそろえて「抜本的対策は、富強をはかり、鉱山を開発し、鉄鋼を製錬し、港湾・要衝の防御を固めるにある。これが実現すれば、國庫《（ママ）》は充実し軍備もさかんになる。かくてヨーロッパに対すれば、みなおそれおののくであろう。在外使節など、聘問專對《あいさつやりとり》の人材にすぎない。とうてい抜本的対策とはいえぬ」とおっしゃいます。

このようにいわれてから、数十年たちました。ところがどうでしょう、鉱山は手つかず、鉱石は埋蔵されたまま、砲台・軍艦はあっても使い物になりませんし、使えるものがあっても軍隊の体をなしておりません。いっぽう、派遣した使節は、ヨーロッパ中を奔走しているありさまです。これでは、いわゆる抜本的なところがまだ実現できていないばかりか、瑣末なところさえ、逆に外人に制せられ先んじられていることになりましょう。

それなら当面の計としては、やはりとりあえずまず、実行を優先しなくてもよいものにとりくみ、先んじることのできるような方法をもうけ、外人がわれわれを制してきたものを逆手にとって、われわれが外人を制するようにすれば、泥棒をみて縄をなうたぐいですが、それでも手遅れにはならぬ、といえましょう。

その方法とは何か。使節の人材を精選するほかにはありません。人材を精選するには、どうすればよいか。適切な養成をおこなうしかありません。


西洋人がわれわれに自国駐在の使節を派遣させたがるのには、二つの理由があります。ひとつは、中華の使臣《ママ》がその首都に駐在すると、大きな儀式があるごとに、国際的な慣例の序列にしたがって、他国の使臣とともに祝賀せざるをえません(107)。かれらはこうして、自国政府の装いを立派にしようともくろんでいるのです。これでは、使臣といっても、いわば刺身のツマにすぎません。

いまひとつは、西洋人が見栄を張りたがることです。欧米ではこの百年来、政治は一新、景気がよくて働き口は日々ひろがり、議会が開かれて民間の事情は政府にもわかります。税金は取った額がそのまま上申されるから、不正な着服はありませんし、裁判はよくよく審理が行われるから、むごたらしい拷問もありませんし。庶民は安心して暮らし、仕事を楽しみ、ひとりひとりが本分に打ち込んで、人の領分を侵すことなどしません。王道の行われた御代にはおよばないものの、覇道に支配された時世よりはいささかまし(108)、というところでしょうか。市街は清潔、道路は平坦、夜回りの警備はなくとも鍵を閉めなくていい治安ぶり。といっても、それは外面的な結果であって、由って来たる根本のところではありません。

それでも西洋人が、ことあるごとにこれを自慢して「中國は四千年の教化があっても、ここまでにはならなかった。われわれは百年のあいだに、既成観念をつきやぶり日々革新につとめて、ここまでになったのだ」といいます。かれらは中華の士大夫に、その原理を研究し、翻然と考え方を改めてほしい、と望んでいるのでしょう。そのためには、わが使臣に都会の繁栄ぶりを朝夕みせつけ、帰国したあかつきに模範とさせて、友好関係をこわさないのにしくはない(109)からです。そういたしますと、各国がわれわれに使臣派遣を強要するのは、見栄を張りたいのにはちがいありませんが、よろこんで手本を提供しようとの意図もあるわけです。

ところが実際には、使臣は赴任してきたら、任国元首に謁見して信任状を呈し、頌辞を捧げてしまえば、あとは小心翼翼、失態を演じなければ御の字、ほかに何も目に入らない状態です。首都の人士が名士を集めてパーティを開いても、ちょっと顔を出したら、すぐにひきあげてしまいます。門を閉じてひきこもり、すすんで交際しようという気はまるでありません。めずらしく交際があっても、相手は向こうでいわゆる幇間の輩でありまして、訪ねてくるのは多くは低俗な連中、見聞は例外なく庸劣、などという始末です。

これでは、西洋人の笑い者になるのが落ち、「東洋人は話にならない」と思われて、「トルコやペルシア（ガージャール朝イラン）は頭が開けていないから、邦交《こくさいかんけい》を知らなくてもいたしかたない、日本は猿マネの性分で、だれが賢か愚かも区別せず、何が根本で何が末梢かもわからない。われわれのことを学び始めたばかりだから、深く知らないのももっともだ。中國はわれわれがかねてより仰ぎ見てきたところ、四千年文物の邦である。しかもいま、使臣がはじめてやってきて、參贊《コンセイエ》・隨員《アタシェ》(110)の人々もそなわり、信任状・頌辞の捧呈も行った。完璧に儀礼慣行にかなっているのだ。それなのに、わが国の政治・経済・法律・軍事という重大問題は、まだ一度も訊かれたことがない。もう知りつくしているから訊かなくてよい、というわけでもないだろう。知らないで知ったふりをしているのだろうか。それとも、われわれを軽んじて交際に寄こしたものなのだろうか。あるいは中國もしょせん、トルコ・ペルシア・日本のたぐいなのであろうか」といわれたりするのです。

つまり既成観念に閉じこもること、外国に駐在しながら中國にいるのと同じなのでありまして、使臣《ママ》がはるばる西洋にやってきながら、重んぜられるに足らず、逆に軽んぜられる結果になるのも、ここからわかります。何とも惜しいことではありませんか。

それでも、使節派遣そのものがまずい政策で、おこなってはならない、というのにはあたりません。やはり派遣する人材がなお適切ではなく、その人材の養成に万全をつくしていないからです。

参賛・随員という名前はあっても、さしづめ失業救済のコネ人事のポストにすぎず、公務を補助する任にはなっておりません。そのポストに就いた者も、コネによるのは承知のうえ、数年間給料をためこんで、将来生活してゆく資にあてようと思っているにすぎないのです。

学問を研究するなら、その土地の言葉ができなくてはなりません。でも、やっと発音が板についてくるころ、交代の時期がおとずれ、あわただしく帰国して、呉下の阿蒙たるはあい変わらずなのです。いわゆる「洋務」とは何ぞや、と問われたら、中国から西洋に向かう船旅や、西洋の婦人が腕や胸をあらわにしている、といった品のない話題を記すにとどまります。少しは本質を分かっている者になりますと、西洋の政治は、おおむね利を重視して信を尊重する、と口にはしますけれども、それで終わり、です。なぜ利を重視するのか、信を尊重するのか、と問いつめますと、かえってくるのは、とりとめのない瑣事ばかり、根本原理のところは、まったく聞いたことがありません。

嗚呼《ああ》、朝廷が高い官位・手厚い俸給を用意して、特別にこのポストをもうけた本意は、まさかこんなことではありますまい。こんなはずではなかったのに、なりゆきでそうならざるをえなかったのでしたら、その間に生じた得失は、よくよく考えなくてはなりません。

そもそも絶域に使す[11]、というのは、周・秦の時代にはなかったことです。漢の武帝が勅命を下してから、宰相・将軍に比肩すべきものとなりました。使臣が矜持をもって重々しくあるのは、必ずや平素から識見・

胆略にあふれているからなのです。気品があってしかも博識でなくては、いざというとき対処できませんし、冷静沈着しかも寛大で余裕がなくては、相手を包容できません。また人間関係・情勢変化の機微に通じて、事理にさからわない悠然たる対処を行い、そしてついには、対立は萌したうちに芽をつみとり、損益はあらかじめ見通す、というわけです。さもなくば、とてもその「任に勝《た》へてしかも愉快」でおられようはずはございません（『史記』酷吏列傳序）。

董仲舒先生にも「士を素養せずして賢を欲求するは、猶ほ玉を琢《みが》かずして文采を求むるがごときものなり」という言があります（『漢書』董仲舒傳）。かねてより外交官の人材を重視してきた西洋をもってしても、この百年で傑出した人物は、ビスマルク、タレーラン、ゴルチャコフにパーマストンなど、わずか数人しか数えることができません。いわんや、わが華人は従来、外人と意思を疎通しようとせず、その歴史を読んだこともなければ、その言葉を学んだこともございません。このままはるばる外国に行ったからとて、その地の政教風俗の本末に精通することなど、できるはずはありますまい。たとえていえば、言葉を覚えかけの乳飲み子に、アーウーと口にしながら音楽をマスターさせるとか、まだ立つこともできない赤ん坊に、はいはいしながら礼儀作法にかなわせるようなものです。書物を読むとわかりやすいと水を向けようが、体罰を加えるぞと脅そうが、いずれにしましても、けっきょくは効果があがろうはずはありません。これは本人のやる気の問題ではなく、銓衡もせずに無理やり任用し、養成もせずにいきなり責任を負わせるからなのであります。

しからば、どうすればよいのでしょう。既成のものに安住できても、一から新しいものは考えがたい(112)のは人情の常、わたしのいう銓衡と養成は、何も世間をあっといわせる非常識な、高遠でとっつきにくいものではありません。ただ、いま同文館(113)などが上げている成果のうち、普通の人にもわかりやすい、できやすいのをとりあげ、修正をほどこして、体系的なカリキュラムにしたてたにすぎないものです。

上海に學院《ママ》を一つ設け、賤民ではない優秀な子弟のうち、四書五經を学び終え、ひととおりマスターした十五歳から二十一、二歳までの学生を入学させます。入学にさいしては、策論の試験を課します。[114]『歴代名臣奏議』の一節をあたえて、その趣旨を演繹させたり、それに反論させたりするのもよいでしょう。文章が素直で表現が暢達かどうかを主にみるものとします。

毎年十名を入学させ、三年間の課程とし、一年目はフランス語・ラテン語[115]を、二年目はリーダーを、三年目は作文を課し、それぞれに到達目標を設定します。またこれと並行して、漢文の中国史も読ませることにし、両立させなくてはなりません。くわえて、外国史・数学・物理学を講義する時間も設けますが、これは他日、社交に困らないようにするためなので、初歩的なところがざっとわかればよいものです。毎年、試験を行い、成績の悪い者は退学、良い者は進学をみとめます。

三年間たったら卒業試験をして合格した者は、総理衙門に送ります。総理衙門にとどまって事務にあたるか、外国に随員で出るか、いずれにせよ、このような見習期間を一年もうけます。各人はこの一年のうちに、英語とフランス法学通論を独習しておき、以後二年間にわたる学習課程に備えるものといたします。一年の見習期間が終わると、随行した使臣《ママ》の講評を附して、パリの公使館學館《ママ》に送ります。これはイギリスが北京〔公使館内〕に設立した通訳生（student interpreter）学校に倣ったものでして【イギリスの通訳生学校の俸給は、年六三二三ポンドにものぼります。パリの公使館學館には、校長を一人おくことにしますが、これはイギリスの学校に漢文秘書官（Chinese Secretary）を置くのにならったものです[116]】、ここで二年間、学習させます。

入学するとまず、見習期間の一年で勉強したことを、おおまかに試験をし、熟達度をみます。未熟であれば、再度の学習を義務づけ、熟練していれば二年間の課程に進むことにします。この二年間は、国際法・法律学・条約・経済学・財政学および各国の外交文書を研究し、フランス語と漢文の公文書および英語とドイツ語を実習いたします。

二年間の課程を終えると、総合試験をおこなって総理衙門に送ります。本国の総理衙門にとどまって司員[117]、あるいは在外公館で三等參贊に任じます。以上の通計六年間が、いわゆる体系的カリキュラムです。西學《ママ》にはまだいたって浅薄でしょうが、ともかく基礎はできたことになりますし、養成したうえでまず登用するには、筆記試験を用い、そこから二等・一等參贊ないし公使《ママ》などへの昇進には、実地の業績をみる、というわけなのです。

学生となってから參贊になるまで、六年間も要しますから、その人の才能・人品も自然と明らかになりましょう。三年間の勉強期間は、余計なことを考えず集中させるために、厳しく規則でしばります。次の一年の見習期間は、自主的な学習ができるかどうかをみるために、規則はゆるめます。三年の勉強期間にくわえ、一年の見習期間がありますから、いかに年少気鋭、傍若無人であっても、在外公館でこきつかうことで、角はすりへって、まるくなりましょう。その次の二年間の課程は、もっぱら西學を修得します。あせった詰め込みはせず、成績の点検は厳にし、虚心坦懐、納得いくまで学ぶことができるようにしむけます。無用の仕事をまわして時間をとられることをなくし、じっくり素質をみがきあげるようにするのです。

毎年養成する人材として十人しかとらず、さらに六年をかけないとモノにならない、となりましたら、三割が残るだけでしょう。それでも、十年もたてば、世間の気風も開け、読書人の積習もかわって、在外公館が人材不足を嘆かなくともよくなりましょう。さらには養成する人材は、前もって經書[118]を正規に修得し、くわえて儒教の精髄も定期的に復習させますから、根本がしっかりそなわって応用もきくはずです。将来、国内で昇進して国政を補弼する人物が、ここから出ないともかぎりません。

以上がはじめに述べた、とりあえず実行を優先しなくてもよいものにとりくみ、先んじることのできる方法をもうける、ということにほかなりません。これよりやりやすいものはないように思います。上海とパリの學館でかかる経費は、コネで任用された人々の俸給を各公使館がいっさいとりあげて、これにあててもかまいません。政府はあらたな経費をついやさずに、実際に役立てられます。成果がたとえ十年後にあっても、どうして人材養成の実行を憚ることなどありましょうや。

第四章　馬建忠と在外公館

一　「出使」と人材

前章に訳出した二篇の文章に対する位置づけは、すでにおおよそ定まっているかにみえる。欧米流の国際関係にもとづく「外交思想」を表明した議論、そしてつとに坂野氏がとなえたように、「専門人」「プロフェッション」としての外交官を養成するための、「専業化」の理念のみならず、制度・施設面もふくめた、斬新にして周到なる建議だというにある。[119] 上に訳してきたとおり、もちろんそれに異論はありえようはずもない。そして「外交官養成の議論」と定義づけ、その側面だけで論ずれば、たしかに原敬の著述などと比較もできよう。[120] この書翰じたいがやや、そうした一般的な論じかたをしていることもある。しかしながらこの文章を、当時のコンテキストにおいてみると、それは「外交官養成」の青写真・構想だけにとどまるものではない。

そもそも当時の清朝政府内で、「外交官養成」がいかにみられていたか、というより、どこまで意識にあったか、という問題がある。常駐の在外使節派遣を実現した一八七六年の郭嵩燾赴任以前において、プロフェッションとしての「外交官」、さらにその養成という概念は、肯定否定を問わず、きわめて希薄であった。

もちろん人材養成そのものを、まったく考えていなかったわけではない。なかんづく北洋大臣李鴻章らは、その問題を重視していたといってよい。この当時は、常駐使節派遣とほぼ時を同じくし、「格致・測算・輿圖・火輪・機器・兵法・炮法・化學・電氣學」の人材養成を目的として、「洋學局」などの施設、「洋務進取の一格」なる任官試験科目をもうけるよう建議していた[121]。けれどもそれは、「外交官養成」とは別であったし、同じく養成といっても、在外使節のそれは先送りにしてかまわない、とみなされていた[122]。

当時のいわゆる「出使」、すなわち在外使節の派遣にいたった経緯と目的そのものが、李鴻章の人脈・利害と密接に関わっていて、一般にいう外交とは隔たりがあった[123]。したがって、それを専門とする人材を養成する、という意識は、そもそも成り立ちにくかったし、たとえ人材養成の議論が存在したとしても、それがどこまで本気で、実施をみこしたものだったのかは、まったくの未知数であろう。

端的に言い換えるならば、「出使」したのは「専門人」の「外交官」ではまったくなかったばかりか、そこに「外交官」が必要だとも、当初は必ずしも考えられなかった。したがって当然、それにともなう人材の養成も、考慮の外にあったわけである。「外洋に出使」させる人材の乏しさを嘆きつつも、さしたるこだわりもなく、英語ができるというだけで、容閎・唐廷樞・曾紀澤を挙げてゆく李鴻章の筆致をみるかぎり[124]、そうとしかいえない。

初代「出使大臣」に任命され、渡欧した当の郭嵩燾も、その前後を通じて、そうした考え方では、選ぶところがなかったようにみうけられる。赴任以前から郭嵩燾には、清朝および士大夫の西洋あるいは「洋務」に対する態度を批判し、とりわけ人材の登用を根本とすべきだとする信念はあったし[125]、具体的には「出使」にしても、その人材にしても、その必要性・重要性を十分に認めていた。

「外国人の事情にあまねく通じておかなくては、変に応ずることはかなわないし、外国人のやり方をひろく研究しておかなくては、機をうかがうことはできない」と上書したのは、かれ自身がヨーロッパに出発する前であった[126]。また自ら駐英・駐仏公使をつとめたあとも、「出使の才」を三つあげ、まず現地の言葉ができ、社交的でなくてはならないこと、ついで変に応じ、機を見るに敏でなくてはならないこと、第三は古今の事物に通じ、博覧強記でなくてはならぬこと、をあげている[127]。これは人材の資質に関するかぎり、馬建忠のいうところとさしたる違いはない。

しかしその一方で郭嵩燾は、「出使」およびその人材において、ただちにその理想を実現できる、あるいはしなくてはならない、とは表明しなかった。当面は不必要だと考えたのか、不可能だとみなしたのか、それはわからない。ともかくもその言説をみるかぎり、意識にはあっても、実行を急ぐ切実な問題とはみなかった、というしかない[128]し、それはロンドンに「出使」して以降もそうである。「出使」の困難さを身にしみて感じながら、自分の不適任と任務の不要不急に結びつけるにとどまっていた[129]。それを「専門人」の必要と結びつけて、「外交官養成」を志向するにはいたらなかったのである。

二　公使館の危機感

ところが、現実に在外公館を支え、ヨーロッパで実務を担っていた人員のあいだには、そうした考え方と必ずしも一致しない方向が生じていた。はじめは上司の郭嵩燾とかわらなかったものが、次第に変化したのかもしれない。なかんづく大きな契機になったのは、おそらく郭嵩燾と劉錫鴻との対立であろう。

劉錫鴻は公使の郭嵩燾に同行した「副使」でありながら、その「路線」を異にし、「郭嵩燾と折り合いが悪く」なり、まもなく「召還された」人物である[130]。二人の確執は一八七七年、清朝本国で起こった郭嵩燾に対する弾劾で表面化したもので、とくに郭嵩燾が執拗に、劉錫鴻を非難する記述を残したところから、著名なエピソードとなっている。しかしそれは、郭嵩燾・劉錫鴻二人だけの問題にはとどまらない。ほかならぬかれらをトップとする、ヨーロッパの在外公館全体で、重大な問題とならざるをえなかった。

郭嵩燾弾劾の直接の原因をなしたのは、かれが総理衙門に送った「出使日記」たる『使西紀程』の刊行である。西洋をみだりに賛美している、と非難をうけた『使西紀程』は、しかしながら何もかれ一人の著述ではない。「出使日記」は、かれも弁明するとおり「隨員たちと談論した」ところもその材料になっており、資料の収集整理は、むしろ公使館全体の仕事であった[131]。したがってそれが弾劾をうけたばかりか、郭嵩燾本人、ないしは劉錫鴻ともども、「各國公使」の「撤回」が取り沙汰され、「出使」を「不急の役」としてその「經費」の転用まで求められた[132]ことは、ひとり郭嵩燾の問題にはとどまらない。公使館の存在意義が問われたにひとしいことでもあった。

そうした危機感は、とりわけ公使を補佐し、公使館を構成するスタフの抱くところであった。その代表的なものとして、郭嵩燾のロンドン赴任に随行してヨーロッパにわたり、駐英公使館參贊をつとめていた黎庶昌に、以下のような意見書がある。重要な史料なので、原語を残しながら、訓読体で引用しよう。

……現今國家、使を遣はし四出せしめり、外洋に在りても亦た中國の誼を知り、意、邦交を聯絡するに在りて、漸く融洽に臻《いた》れり。迥《はる》かに昔年の情事の比す可きに非ず。獨《た》だ一たび公事交渉に遇ふに至らば、則ち各國倶に頗る自ら尊大なり、純《もつぱ》ら國勢の強弱に任せて、以て是非を爲す。斯れ固より未だ盡くは理を以て喩すべからず。徒《た》だ禮義を執りて以て相ひ抵制するのみにては、彼且《まさ》に視て漠然と爲さんとす。私《ひそ》かに謂へらく、朝廷は此くのごとき時勢に處《を》りては、宜しく常に四海を鞭撻するの意、八荒を併呑するの心を有して、然る後に退きて以て自ら其の國を固むべし、と。

使を遣はし駐紮せしむるに至りては、處處、國體の關はる所と爲す、若し國家に益するを求めんと欲さば、特《た》だに公使の一職、其れ慎しみ其れ難しとするのみならず、即へ參贊といえども亦た未だ任に勝《た》ふと言ふに易からず。庶昌《われ》は西洋の語言文字に於て、素より未だ通知せず、奉使せること一年、徒だ能く其の大略を窺觀するのみにして、細求する從《よ》し無し。耿耿たり此の心、用《もつ》て憾事と爲す。此を以て益々洋に出づるは語言文字を以て先務と爲すを知るなり。

郭〔嵩燾〕・劉〔錫鴻〕兩星使の撰する所の日記は、西國の情事、大致綦《おほむねきは》めて詳しく、考察に資するに足る。惟だ郭侍郎〔郭嵩燾〕、彈劾を被りし自りの後、敢へて出だして以て人に示さず。原と朝廷使を命ずる所以の意は、亦た外國の情

形を探知せんと欲す、其の初恉、未だ必ずしも此くの如きならざらん。(133)

この文章は筆者が便宜的にパラグラフを区切ったように、大きく分けて三つのことを言っている。ひとつは清朝が常駐使節を派遣したことで、西洋の側も、清朝と名実ともにいわゆる国際関係に入ったとみなしている情況、そしてその現場では、もはや旧来の中國流の「理」「禮」「義」だけでは通用せず、西洋流のパワー・ポリティクスの外交を行うことが不可避となった趨勢を述べる。これは外交と西洋をことさら軽視する勢力に対する牽制であろう。

第二に、そのさい公使はいわずもがな、參贊をはじめとする在外公館のスタフも、大きな役割をはたすべき重要な存在であるべきだが、それにもかかわらず、自分はそうした付託にこたえられる技量がそなわっていない、まず語学に通ずることが重大だ、という現状を論じる。これはあるべき外交を担う公使館の存在意義と、それを黎庶昌はじめ、公使館スタフが必ずしもはたしえていない事情にふれたもので、公使館の存在じたいの正当性を疑問視する勢力を想定した回答になっている。

最後に、『使西紀程』をめぐる弾劾によって、郭嵩燾が日記を人にみせようとしなくなったこと、そもそも外国事情を本国に知らせるにあった公使館の使命は、そのために遂行が危ぶまれる、という窮状を述べる。これは郭嵩燾の弾劾、劉錫鴻との確執がおよぼした影響を解消しようとの意思によるものであろうが、それだけにこの事件の落とした翳の深さをうかがうことができる。

以上と馬建忠の意見書とを直接に関連づける史料は、まだみあたらない。けれどもいかに長くとっても、執筆時期が半年しか隔たらないそれぞれが、まったく孤立して存在した、とも考えにくい。このような意見が出てくる空気があればこそ、馬建忠の「パリ書翰」「マルセイユ書翰」もある、と考えることができよう。少なくとも黎庶昌のとりあげた三つの論点をその背景において、読むべきものと思われる。

三　馬建忠の意図と在外公館

第二章で論じたような馬建忠の役割に忠実なのは、「パリ書翰」のほうである。けだし中国人が、ヨーロッパで学んだ外交史・国際法の学理・制度を表現した、最も早い例であろう。西洋の事情をその見聞、修得したところに基づいて論じるのは、「李伯相に上申して留学課程を報告する書翰」と同断である。しかしよく読めば、そうした一見、西洋事情を紹介しているかに見える議論の展開のなかに、黎庶昌のあげる論点も、たくみに織り込まれていることがみてとれるであろう。

「パリ書翰」の前半は、大づかみにいってヨーロッパの国際関係史を論じたものだが、その流れのなかから、外交というものができあがってくる経緯とその重要性をしぼりあげたうえで、外交とは何よりも、外交官に依存すると喝破する。そして当代の外交に求められる資質をそなえた外交官の厳選の必要性をうったえる。

そうした資質は自然にそなわることは稀であるから、ヨーロッパではそれを会得するため、「外交官養成」を行う国もあるとして、書翰の後半はその現状を紹介する。その長短を評したのち、おそらく『孟子』盡心上の表現をふまえ、「誰れか交渉之學の小補すと謂はん也哉（外交を学んでも、少しばかりの補いにしかならぬなど、どうして言えましょうや）」としめくくるところ、業務としての外交・人材としての外交官を無用視する勢力を相手どった、関心のありようをうかがうことができる。

このように、「パリ書翰」が強調する外交と外交官の重要性は、たとえば黎庶昌も述べるところであって、ヨーロッパの歴史と現状で裏づけするかどうか、という違いはあっても、いわんとするところはほぼ共通する。情況認識を共有していたことがみてとれよう。

だが「パリ書翰」は、それぱかりではなかった。外交官の選任を厳にせよ、ととなえるにとどまらず、養成という論点をはじめて提示したことに、黎庶昌らとの大きなちがいがある。当時の馬建忠の独創も、そこにあった。ヨーロッパの事情をつぶさにみたばかりではなく、専門の学問を学んだかれならではの議論であって、さればこそ、この人材養成の論点を、つづく「マルセイユ書翰」で全面的に展開することが求められたのであろう。[134]

その「マルセイユ書翰」は、たしかに外交と外交官は重要だが、しかし機関としての在外公館が無用視されるのは、あるいはやむをえない、とする情況から説き起こし、ふたたび「使節の人材を精選する」必要をうったえる。そして今度は、そこでたたみかけて、「人材を精選する」には、とりもなおさず、「適切な養成をおこなうしかありません」と断ずる。

「精選」できていない現状の批判は筆鋒すこぶる鋭く、「適切な養成」のために提案する計画もラディカルである。坂野氏のいわゆる馬建忠の「悟性的抽象性」を存分に発揮した論旨になっており、かれ自身どこまで、「中國の情形に就きて（中國の現状に即して）」という要請を考慮に入れたのか、いささかはかりしれない。意地を悪くしてみれば、いずれにしても現状は大きく変わりようがないのを見越したうえで、その現状を手厳しく批判することによって、ヨーロッパで専門教育をうけた自らを高みに置いて売り込もう、という底意すら感じられる。実際、かれは帰国後「出使の才」として、在外使節候補者に登録されたのであった。

それでもかれなりの危機感と熱意は、十分うかがうことができる。「中国から西洋に向かう船旅」、「西洋の婦人が腕や胸をあらわにしている」ことしか論じられない、といって、いささか揶揄気味に現状批判をするくだりは、前者が郭嵩燾の『使西紀程』、後者が劉錫鴻の『英軺日記』に相当し、[135]いずれも「出使日記」を指しているから、黎庶昌がとりあげた第三の論点に対応する。黎庶昌がむしろ現行の「出使日記」を肯定することで、郭嵩燾・劉錫鴻の確執をおさめようとするのに対し、馬建忠は両者もろともに、痛烈な批判の鋒先を向けた。

この批判は、信任状を捧呈したら事足れり、という公使の行動様式に対するそれと一対をなしている。明言はしていないけれども、これは確執以後、まったく退嬰的になってフランスに赴任してきた郭嵩燾[136]、駐独公使に着任してまもなく本国召還が日程にのぼった劉錫鴻[137]、かれらの行動をさすことは明白である。いよいよ二人の対立が原因だとみてとれよう。

もっとも日記にせよ、行動様式にせよ、一概に非難、悪口とばかりは位置づけられない。在外公館の現状をいささか誇張しつつ指弾したのは、この程度しか情報提供と外交活動ができないままでは、人員の確執をくりかえし、活動の萎縮をひきおこし、ひいては公使館という施設も、外交という業務も認知されなくなってしまうのを懸念し、抜本的な組織と意識の変革をうったえた、とみることもできる。

そもそも科挙を「正途」とする中國の官界では、人材の登用は、養成とは次元の異なる別の概念であった。官僚人材の養成、教育という機能は、官の領域には存在しなかったのである[138]。もっとも当時の「洋務」にかぎっては例外で、同文館も船政局の學堂も教育機関ではあった。しかしそれは、西洋の専門技能を修得するにとどまり、決して高級官僚の養成まで射程におさめていたわけではない。

そのなかで、外交官を任用し公使館を構成するに、「インサービス・トレーニング」さながら、専門人材の養成選抜をそこに組み込み、在外公使や本国の外務官僚にも登用できるようにする、しかも「国政を補弼する」大臣をも視野に入れる、というのは、方法それ自体がおそらく、当時としては新奇きわまる、途方もない構想だった。馬建忠もそれをそれなりに自覚していたからこそ、「マルセイユ書翰」でわざわざ董仲舒を引用したのである。

当時実際に行われていた在外公館のスタフ登用には、なお明らかでない点が多く、なお多大な学問的検討を要するけれども、ほぼ「出使大臣」がその「幕友」さながら、なかば私的に人事権を掌握行使していたといってよい。そしてそれは、「出使」にかぎらず、「洋務」全体にもあてはまることで[139]、馬建忠じしんが当時ヨーロッパにいたのも、その例にもれないのである。「マルセイユ書翰」の述べる構想を実行したとするなら、従来の組織編成ばかりか、組織原理そのものを一変することになりかねない。「失業救済のコネ人事」を糾弾、「コネで任用された人々の俸給を」「いっさいとりあげ」るというのは、在外公館はもとより、「洋務」の人事慣行を否定することにもつながる。

そうした点だけをみても、かれの「外交官養成」プランは、おいそれと受け容れられるはずはない。「マルセイユ書翰」は遅くとも一八八〇年には、そっくり全文ではなかったにせよ、李鴻章のもとに届いていたらしく、その李鴻章も使節の人材養成については、すでに総理衙門に伝えたけれど、「恐らく眉叔（馬建忠）の學館章程は、未だ照辦する能はざるのみ」と述べざるをえなかった。[140] けだし関係者には一読の下、激烈な抵抗、あるいは故意の黙殺が予見できるからである。

黎庶昌や馬建忠の危機感は、幸いにして杞憂におわり、ヨーロッパの公使館は存続する。[141] しかしそれは、機関・施設の存続というのみならず、その制度や位置づけの面においても、旧情が継続するものだった。馬建忠が言いつのったような情況に、劇的な変化はみることはできない。九〇年代になっても、公使館はまだ「揺籃期」で、とても「人材」が「精選」されたとは思えないような、大所帯の「中国人の植民地（a Chinese colony）」だと評され、[142] 外交当局の「専業化」の論点も、やはり公使館当局から提起されていた。[143]

それなら、そこには何の変化もなかったのかといえば、そうともいいきれない。公使館は現実の外交交渉において、それなりの役割と効用を果たしていたからである。ロシアとのイリ紛争でめざましい成果をあげ、ヴェトナムをめぐってフランス政府を悩ませた「曾紀澤の外交」は、あまりにも著名であろう。それはもちろん、曾紀澤ひとりの力ではありえない。その活動を支えるに足るスタフが必要だったはずである。

かれはヨーロッパに旅立つ直前、李鴻章と会談したさい、随行させる人員には、「平日深く相ひ倚信するの人にして又た洋務に通ずる者、實に其の選無し」[144] といい、そして着任匆々、いま外国との外交案件を処理するには、熟練した人材の養成がもっとも重要、有益な書物の翻訳、重大な事件の記録報告はそれに次ぎます。固陋な議論にとらわれて、いざという時の備えをしないようでは、使臣も削減の対象となってしまいましょう。(145)

と述べていた。曾紀澤じしん、誰よりも公使館の課題を知悉していたといえよう。

これ以降、旧態依然の制度的な位置づけとは別に、公使館の内部あるいはそれを構成する人員のあいだで、「研修機能」がそれなりにそなわってきた。日清戦争以後には、在外公使の多数が在外公館勤務経験者で占められるようになる。(146)馬建忠が構想した方向への胎動は、かれが帰国した直後から、すでにはじまっていたのかもしれない。

馬建忠じしんはその間、しばしば「出使の才」と推薦をうけながら、けっきょく常駐の公使・外交官に任ぜられて、渡欧することはなかった。かれがふたたびヨーロッパの土を踏むのは、日清戦争の後になってからのことである。

かつて精力にあふれ、気力の充実していた壮年期に補佐をしたばかりか、激烈な批判の矢をむけ、急進的な改革論をとなえたヨーロッパの公使館は、二十年の歳月をへて、どうなっていたのか。すでに天命を知る年になっていた馬建忠は、それを実見してどのように感じたのだろうか。いまのところ、史料は黙して語らない。

第Ⅱ部　馬建忠と清末外交

腕利きの交渉家は、洩らして然るべき時機までは、秘密を見抜かれるようなことをしない（Un habile négociateur ne laisse pas pénétrer son secret avant le temps propre）。そればかりではない。何か隠しているということを、交渉相手に悟られてはならない。……交渉家相互の間では、情報の交換が行われる。情報を貰いたければ、与えざるをえない。この取引からいちばん大きな利益を得るのは、相手よりも眼界が広いので、訪れる機会を一層上手に利用できる人である。この人こそ、最も敏腕な交渉家である。

――カリエール
「交渉家の資質と行状について」(1)

総じて交渉を行うものが相手としなければならないのは、あるがままの事実、現実に今存在する状態であって、何時かこうなるかもしれないという将来の状態ではない。

――オルコック（Rutherford Alcock）、
1868年(2)

一身の栄辱を忘れ、世間の毀誉を顧みなくつて、そして自ら信ずるところを断行する人があるなら、世の中では、たとへその人を大悪人といはうが、大奸物といはうが、おれはその人に与《くみ》するヨ。つまり大事業を仕遂げるくらゐの人は、かへつて世間から悪くいはれるものサ。

――勝海舟「大悪人大奸物」明治28年(3)

第五章　李鴻章の幕下にて

一　帰国と「洋務」

馬建忠がフランス留学を終えて帰国したのは、一八八〇年の春。そのかれを待っていたのは、にわかに変動をきたし、緊迫の度を増しつつあった清朝の対外関係である。

すでに前年から、ロシアとの間でイリ紛争、日本とは琉球処分という重大な問題をかかえていた。ほかにも、ずっと継続してきたイギリスとの芝罘《チーフー》協定（煙臺条約）の批准、アヘン貿易問題などの交渉案件をふくめて考えると、北洋大臣の李鴻章はそのすべてに全責任をもつ必要はなかったとしても、ほとんどに関与せざるをえない立場にあった。一八八〇年代に入ると、その変動は加速し、李鴻章の役割もいっそう拡大してゆく。そして三年ぶりにその幕下にもどった馬建忠は、それに棹さして活躍の舞台としたばかりではなく、自ら情勢そのものを動かす役割を演ずることになる。

もっとも帰国してしばらくは、馬建忠が何にとりくんだのか、ひとまずわかるものの、そのくわしい足どりは、まだよく見えてこない。まず、一八八〇年五月の末から六月のはじめにかけ、天津に立ち寄ったイギリス公使ウェード（Sir Thomas F. Wade）・フランスの新任公使ブーレ（Frédéric-Albert Bourée）を訪ねて、李鴻章との会談の下準備をすすめた、という記事がある。(4) これは周知のように、イリ紛争をめぐり、本国の訓令に違って、ロシアとリヴァディア条約を締結したため、処刑判決をうけていた崇厚の免罪を求める英仏公使との交渉の一齣をなす。当時このような会談をくりかえし、列強の意向を背景にした李鴻章の動きが、ペテルブルグ条約の締結とイリ紛争の終結に向かう、ひとつの転機をなしたから、それなりに重大な出来事ではあった。(5)

ついで「中外官員往來儀式」と「洋貨內地科徵」に関する諮問をうけ、馬建忠が作成した答申書がある。(6)これは李鴻章とウェードが結んだ芝罘協定を契機とする。協定じたいは一八七六年九月に締結されていたものの、そのうち具体化を先送りした懸案の交渉が、ドイツの条約改訂交渉と連動し、総理衙門と列国公使のあいだで、一八七九年一一月からはじまった。(7)そして一八八〇年六月末、とくに清朝と外国の官僚間の交際や儀礼をめぐる規程、および外国輸入品の中国内地における釐金課税という、上述の二問題で協議をすすめるよう、ウェードから督促をうけた総理衙門が、李鴻章に相談をもちかけたところ、後者は部下の津海関道鄭藻如と馬建忠に、その検討を命じたのである。馬建忠がそこでさっそくしたためたのがこの答申書であって、これはのちに李鴻章から「條分縷晰、博考繁徵、意議正大」と絶賛をうけた。(8)

さらに時期を同じくする七月には、馬建忠はやはり鄭藻如とともに、ブラジルとの通商条約を締結する交渉に参与している。「其の中國の權利に關係する者、みな力《つと》めて與《とも》に辯論」、「權利を收回」するにつとめ、「西國各約に照《くら》べて挽回少なくなかっ」た(9)なかで、馬建忠が大いに寄与した蓋然性は低くない。しかしいずれの場合も、かれが具体的にどのような行動をし、いかほど実効ある役割を果たしえたのかは、やはりわからない。

だが以上のような馬建忠の活動は、「天津にくる各国の公使・領事が、口をそろえて称賛する」ところとなる。そのためか、七月の上旬に李鴻章から正式の推薦を得て、「專對之任」にたえることができる、と評せられるとともに、二品銜を加えられた。渡仏前には正五品の郎中、フランス滞在時に正四品の道員（道台）の資格をえたにすぎなかったから、これは「有用な人材」として「異数の待遇であ」ったといわれる。前述したように、「出使各國之用」として登録をうけたのも、このときだった。[10]かれは帰国当初、何より本国にて、ひいては外国に使して、外国当局との交渉にあたるべき人材だった、というわけなのである。[11]

ここまでさして顔のみえなかった馬建忠は、一八八一年に入ると、俄然きわだった活動を見せるようになる。まず三月には、朝鮮が西洋諸国とむすぶ条約案の起草にたずさわり、四月下旬には、旅順軍港の視察旅行に出かけ、七月には、英領インドに赴き、アヘン貿易をめぐって、イギリス当局と交渉をおこなった。冬になって天津・上海間の電報の敷設にともない、「電報章程」を起草した、という記録もあるけれども、これは確実なことはわからない。[12]ともかくここからはじまる数年間が、おそらくかれにとって、もっとも充実した時期であった。かれの活動に関わる記録史料も、このあたりから数を増し、かれが現実に果たした役割のみならず、それを裏づける個性も、また明らかになってくる。

そうした時期におけるかれの行動、もしくは職歴をたどると、まさにコルディエ氏が評したように、「よろず屋(Maître Jacques)」さながらである。[13]もっともその定義は、西洋的なプロフェッションの分類でいうから、そうならざるをえないのであって、当時の中国的な概念でいえば、けだし「洋務」という一語で括れるものだった。

したがってそれは、何もかれ一人にかぎった話ではない。かれのような類型の人材が、多かれ少なかれたどった道であり、馬建忠本人も、「よろず屋」にさほどの違和感をもったわけではなかったであろう。外国で最新の知識・技術を身につけた人材が、矢継ぎ早に「洋務」の現場の最前線に起用されるのは、むしろ当然のなりゆきであった。それでもやはり、なかんづくかれに注目しなくてはならない理由は存在する。

二　旅順視察

馬建忠の活動に関わる、まとまった記録として残っているのは、まず一八八一年四月、北洋軍のドイツ人軍事教官ハネケン（Costantin von Hanneken）に随行し、砲台を修築中であった旅順港を視察した旅行記をあげることができる。「旅順を勘するの記」と題するこの文章[14]は、船中もふくめた合計七日間の旅程を、日記体で記したごく短いものであって、そのためか、あまり注目されてこなかった。じじつ瞠目すべき記述があるわけでもない。ただ、当時と以後のかれの役割をみるには、考えさせられるところの少なくない文章である。

ひとつはこの視察旅行が、馬建忠じしんの記すところによれば、急遽、思いついて、たまたま出かけたものだということである。この年の春、「津沽に于役し」、四月二四日の午後、津海関でドックの帳簿をチェックしてから、大沽へ向かう汽船を探していたとき、津海関税務司デトリング（Gustav Detring）から、明朝出発するハネケンの旅順視察を聞きつけ、その場で便乗同行を決め、晩一〇時、戦艦の鎮海に搭乗した、というから、およそ公式な任務での出張旅行にはみえない。

その叙述の中心は、まず光緒七年三月二十八日（四月二六日）の条、旅順港内外の形勝をつぶさに描き、とりわけ黄金山砲台をめぐって、ハネケンとの議論を問答体で記すところである。軍港の施設と性能に関する疑問をぶつけ、それに対する回答を、砲台の設計・修築の責任者たるハネケンからひきだした、という構成となっている。

いまひとつ、その三日後、四月初二日（四月二九日）の条に旅順港の近郊で、砂金が採れることを記したところである。地元の業者から事情を聴取して、その採取の現状を記録し、あわせて、「西人の淘洗の法にならったら、数倍はとれるのに」、また、こんな近くに金鉱があるのを知っていれば、中国人が金を求めて海外に出ることもなかろうに、との感想を書き込んでいる。また同じ日には、遠からぬ地に石炭の鉱床があることを記録して、旅順は「遼海の關鍵」「北洋水師の總匯たる」のみならず、海軍の石炭補給基地にもなりうる地の利をしめると評価する。

要するに、施設建設や鉱山開発の詳細にわたるところは、専門家の解説を交えながら、論点をいわば箇条書きにまとめた、現地調査のメモ、ないしレポートの趣である。しかも必ずしも公務ならざる旅行の記録なのだから、これは調査復命書・意見書とはいえない。さしあたっては、自分の参考用にとっておいた手控えとみるのが妥当なところであろう。馬建忠じしんも今後、軍港工事をめぐって議論になったなら、それに加わっていこう、との希望を記している。そのかいあったのか、一八八一年一〇月段階で、北洋海軍の「水師營務處」という肩書を加えられ、一一月、李鴻章に随行して、のちにも登場する巡洋艦の超勇・揚威のうけとりに大沽へ赴いた。[15]さらに翌年には、海軍建設について公式な意見書を起草することになる。[16]

もっとも「旅順を勘するの記」のなかには、上のようないわば本筋とは関わりの薄い、二つの問題に対する論述があって、つとに着目されてきた。[17]そちらのほうが、この文章にとどまらない馬建忠の思考様式をよく示す、とみなせるからである。

ひとつは、三月二十九日（四月二七日）の条にみえる旅順の旧水師の頽廃ぶりである。同行した鎮海艦長の陸倫華からえた具体的な解説を交えながら記しつつ、しめくくりに以下のようにまとめている。

水師の名目と水師に支払う費用はあっても、水師が存在することの効能はない。これはすべて、牢乎とあらためられぬ旧例に固執してきた結果である。浪費だから削減しようと提案する者があっても、〔孔子が言うように、無駄な〕羊があってこそ禮が存立するのだ、といって提案者の口を封じてしまう。嗚呼《ああ》、旅順口の水師のように、天下の有名無実なるものは、決して少なくないのである。[18]

これは旅順旧軍の頽廃を「なまなまし」く記しただけにとどまらない。これをほんの一例とする「天下の有名無実なるもの」を指弾し、それに対する慨歎と危機感を表明したのである。このあたり、前章に見た「マルセイユ書翰」の「コネ人事」に対する批判とあい通ずるもので、かれの情勢認識・現状批判の一端を示すともいえよう。

第二は、翌四月初一日（四月二八日）の条にあるブーア戦争の記述で、いっそう論旨に関わってこないものである。[19]「洋文新聞紙」に載ったというトランスヴァール共和国の歴史記述を紹介しつつ、イギリスの所業を手厳しく非難して、こう結論づける。[20]

イギリス人は二百年来、もっぱら保護援助を口実に人の土地を併呑してきた。インドを助けるといってインドを併合し、カナダを助けるといってカナダ人を殺し、オーストラリア人を助けるといってオーストラリア人を殺し、トルコを助けるといってトルコの領土を削ったのである。考えることもやることも極悪非道、なのに各国の国際法会議で、全国の新聞で、礼をわきまえ義を守る国民・国家だと自称している。噫《ああ》、これはまったく、ヨーロッパ人が「イギリスの君主・大臣は自国の利益のことしか考えずに、みだりに国際法をいいたてる」というとおりで、口では高潔なことをいいながら、考えることは兇悪至極、トランスヴァールの狡猾な併合ぶりにそれがよくあらわれている。

欧文新聞の記事を翻訳、紹介するのは、海外事情を政府当局に知らせるため、同文館や在外使節がさかんにおこなったもので、「出使日記」にも多く記述が残っている。しかし少なくとも、この文章と主題にかぎっては、そぐわないようにみえる。国際法会議・国際法に言及するところ、むしろ前章にみた「パリ書翰」の論旨をうけた各論、具体例のようでもあり、ことによると、事後に加筆挿入したものかもしれない。

ただし、上の旅順旧軍を一例とする、とりわけ政治・軍事で「天下の有名無実なるもの」がおびただしい現状において考えれば、いっそう危機感をおぼえざるをえない対外情勢の一端として、当時のブーア戦争をあげた、ともみることができる。そうだとすれば、現在みられるこの文章のテキストは、元来は自分の手控えでしかなかった視察旅行のメモに、のちに改訂増補の手が入ったものとみなしても、一概に誤りだとはいえまい。結果として関係者、ひいては李鴻章の眼にふれることを目的とする、意見書・上申書のたぐいになった可能性はある。

三　インド紀行

この旅順視察からもどって、二ヵ月ほど経つと、馬建忠は香港と英領インドに赴き、イギリスの現地当局とアヘン貿易に関する交渉を行うよう、李鴻章から命ぜられた。今度は純然たる公務の旅行である。

命をうけた翌日、一八八一年七月一九日に天津で乗船し、午前一時、出発、煙臺に一泊し、上海に五日間滞在ののち、八月二日、香港に到着する。一一日、香港総督ヘネシー（Sir John Pope-Hennessy）らとの会見を終えて、香港を離れた馬建忠は、サイゴンに一晩停泊、シンガポールに二日滞在、ペナンにやはり二日滞在して、二九日、カルカッタに上陸した。四日間の滞在ののち、シムラにむかい、九月五日からそこに九日間とどまり、その間にインド総督リポン（George Robinson, Marquess of Ripon）、財務長官ベアリング（Sir Evelyn Baring）と会談した。一四日にシムラを離れて、一七日ボンベイに到着、プーナを訪問したのち、二四日にボンベイからインドを離れ、コロンボ・ペナン・シンガポールをへて、一〇月一二日に香港着、上海にもどったのは一〇月一八日である。そのあと天津に帰って、関係の交渉も行っているから、この年の下半期は、ほぼこの仕事に費やしたことになる。

上に列挙したような旅程のみならず、この使節行の背景、経緯、そしてみどころについては、その紀行たる「南行記」を周到に読み解いた坂野氏の論考があって(21)、新たに論ずべきところ、つけくわえることは、もはや何もないといってよい。この時期において、またかれの経歴において、この使節行と「南行記」がいかなる位置にあったのか、それだけ簡単に確認しておこう。

北洋大臣李鴻章は一八七六年、イギリス公使ウェードとのあいだに芝罘協定を結んで、輸入アヘンに対する課税もとりきめた。しかしこの協定は、イギリス本国政府がなかなか批准に応ぜず、およそまる九年後の一八八五年、駐英公使曾紀澤がロンドンで外相ソールズベリ（Robert Arthur, Marquess of Salisbury）と追加条約を結ぶことで、ようやく発効にいたる。批准が遅れたのは、まさしくこのアヘン課税問題が一因であった。芝罘協定が定めた趣旨は、内地でかかる釐金を洋関で輸入税と一括して徴収しようという税釐併徴にあったが、その額や方法で折り合いがつかなかったのである。

一八八一年のはじめ、従来から地方大官として、中国内地のアヘン生産を弾圧してきた左宗棠が、北京で軍機大臣・総理衙門大臣の要職につき、高率の輸入アヘン課税を提案したことで、にわかに内外で議論が高まった。李鴻章も七月、これに答えて対案を提出し、そのなかで、アヘン専売の「公司」を香港に設立するという具体的な輸入方法も提示している。[22] かれがまもなく馬建忠を香港・インドへ派遣した第一の目的は、この「一種のアヘン専売案」実現にいかほどの見通しがあるか、を調査させるにあった。

そもそも李鴻章のいうところによれば、ことさら馬建忠を派遣せねばならなかったのは、中国でイギリス公使ウェードと交渉をそのまま続けていても、「インド政庁の財源とイギリス商人の利益」ばかりを守ろうとして、一向にらちがあかない、という情況があったからである。いわばその頭越しに、イギリス植民地当局とあらかじめ話をつけておいて、外交交渉を有利に運ぼうとする企図があった。[23] そしてそのために、馬建忠は帰国したのちすぐ、李・ウェード交渉を再開せしめ、まもなく暗礁に乗り上げたそれを打開するため、自らもウェードと会談している。[24] しかしけっきょくこの時に、交渉が前進することはなかった。

そうした事情からみて、李鴻章のレヴェルでの会談交渉を下準備、お膳立てするにあったことでは、馬建忠の役割はこの場合も、やはり従前とかわっていない。異なるのはそのために海外に出なくてはならなかった、という点であり、そこで「出使各國之用」と嘱望されていたかれが、とくに起用されたのだともいえる。かれにとっては帰国後、初の海外への使節行となるわけだが、その意味ではあくまで、李鴻章の「私見」による、いわば事務レヴェルの非公式特使にすぎなかった。

そのあたりに着眼すれば、このインド奉使には、もう一つの側面があったことがみえてくる。漢文史料もしくはイギリス当局の史料だけによれば、この問題は当然のことながら、清朝とイギリスとの関係・交渉である。しかし馬建忠の役まわりを考慮に入れれば、必ずしもそればかりではない。

かれが香港・インド当局に打診を命ぜられたアヘン専売課税案というのは、もともとサミュエル(Joseph Samuel)なるイギリス人投資家が清朝当局にもちかけたものであった。洋関総税務司ハートは馬建忠の派遣を指して、デトリングの発案であり、李鴻章がサミュエルの「考えを横取りして出し抜いた」ものだと述べる[25]。それなら、なぜ「横取り」しなくてはならなかったのか、とりいそぎ馬建忠を派遣しなくてはならなかったのか、といえば、サミュエルをイギリス当局の代理人となかば勘違いし、その案を清朝のほかの当局が利用してしまう懸念をもったからである。アヘン課税は李鴻章じしんの重要な財源であって、その税釐併徴のあり方が、たとえば、洋関と左宗棠・総理衙門の主導で決まってしまわないように、いちはやくその向こうを張ったものだった。果然まもなく、ほかならぬ総税務司ハートがサミュエル案を支持するのである。馬建忠の使節行はしたがって、中英関係のみならず、清朝政府内部の主導権・財源をめぐる争いの所産でもあった。李鴻章にとって不可欠であり、かつ清朝にとって非公式とならざるをえなかったゆえんである。

このアヘン課税案交渉では以後、サミュエル案を支持したハートと、馬建忠の調査を下敷としたデトリング案とが並立競合するかたちになった[26]。ごく乱暴に整理すれば、アヘン課税・徴税をめぐって、いわば北京と天津、中央と地方、洋税収入と釐金収入が対立をきたした構図を、ここにかいまみることができよう[27]。インドに使した馬建忠は、ひきつづきこの問題にたずさわったわけではない。しかし以後も、北京・洋関に対抗する役割は、演じさせられることになる[28]。

もっともそのあたりのことは、馬建忠の紀行「南行記」にまったく言及がない。かれ自身の立場では、書面でふれるべくもない問題だったのであろうし、「南行記」の性格は、あくまで奉使復命書の一部をなす公的な日誌であり、第I部第二章に言及した、いわゆる「出使日記」に近いものだったからである[29]。

すなわち「南行記」は在外使節として、任務遂行の経緯を報告するとともに、任地の情況を視察し、その情報を提供するものにほかならない。直接の使命として、香港・インド当局と接触、会談した記録のみならず、視察の報告として、主にインドの歴史・政治のほか、なかんづく経済関係の記述が多く含まれている[30]。これがかれの情勢認識・現状批判・経済思想に大きく影響したのは、疑いのないところだろう[31]。

また馬建忠のインド奉使は、当のイギリス当局を別にしても、外国人のあいだでかなりの評判になったようで、かれが李鴻章幕下の要人として名をあげたのは、やはりこれがひとつの契機になっている。その記録の「南行記」についても、当時からひろくその原本の存在が知られていた[32]。なぜかれが以後、インドとアヘン貿易の問題に関わりをもたなくなったのか、精確に答えることは難しい。だが、足かけ五ヵ月におよぶインド奉使が、少なくともかれ自身にとって、少なからぬ意味をもった事実にまちがいはあるまい。

四　朝鮮の条約交渉

一八八一年二月二三日（光緒七年正月二十五日）、朝鮮の「洋務緊要の件」は以後、「屬國」との交渉を掌ってきた礼部を通さず、北洋大臣と駐日公使がそれぞれ、朝鮮側と直接に協議すること、その過程で「機をみて説得」せよ、という上諭が下った。[33]「洋務緊要の件」とは、朝鮮の条約締結の謂であり、いわんとするところは、自発的に西洋諸国、なかんづくアメリカと条約を結ぶよう、朝鮮を導くにある。馬建忠が旅順の視察に出かけるちょうど二ヵ月前に発せられたこの命令は、ふりかえってみると、かれの人生、ひいては清朝外交の方向を決定づける重みをもつことになる。が、その当時には、当の本人もふくめおそらく誰も、それに気づくよしはなかった。

一八七九年の琉球処分に大きな衝撃をうけた清朝は、朝鮮半島に対する日本の侵攻を未然に防ぐため、西洋諸国と条約を締結するよう朝鮮政府に勧告する政策をとっていた。その方法をめぐって、北洋大臣李鴻章と駐日公使何如璋が議論し、ひとまずの対策として、上のように決定されたわけである。[34]

この命をうけた李鴻章はさっそく、朝鮮がとりむすぶべき条約案の起草にとりかかった。その実務にあたったのが、鄭藻如と馬建忠である。[35]この草案がしあがって朝鮮政府に送られると、このときはそれ以上に、この問題が進展をみせることはなかった。馬建忠も旅順やインドに出かけて、ひきつづき朝鮮の問題にたずさわった形跡はみえない。

情勢が急速に動き出すのは、一八八一年末、朝鮮の吏曹參議金允植が天津への留学生を引率する領選使として、李鴻章のもとを訪れ、朝鮮国王の「密書」を手交し、条約の締結を提案してからのことである。二人の協議をへて、年が明けると、朝鮮国王の依頼を受けたかたちで、李鴻章が天津で朝鮮とアメリカの条約交渉をとりまとめ、しかるのち朝鮮で条約の調印を行う、という手順がきまった。そこであらためて、アメリカ側との交渉の俎上にのぼすべき条約案の起草がはじまる。馬建忠はさきに条約案起草にたずさわったためか、ふたたびその任にあたることになり、一八八二年二月には、清朝・朝鮮側の条約草案が確定した。[36]

馬建忠がその作業で、具体的にどのような独自の役割を果たしていたかはわからない。当時としては著しく朝鮮側に有利だとされる税率は、日朝交渉と日本の条約改正に影響を受けたもの[37]だった。また一八八二年の草案で新たに挿入した、朝鮮が「中國の屬邦」で、その「内政外交は自主だ」と表明する、いわゆる屬國条項も、のちに大きな問題となるものの、この段階ではなお、それまでの清朝と朝鮮の主張を明文化したにすぎない。条約草案のこうした特徴ある部分が、馬建忠ならではの役割でできあがった、とみなすことはできないのである。このときには、条約の体裁が法的にまちがいないかどうか、西洋諸国に提示してさしつかえないかどうか、かれはそうした法律上、形式的な部分の整理を主として分担していた、とみるのが妥当なところであろう。

アメリカ全権のシューフェルト（Robert W. Shufeldt）提督との天津交渉は、一八八二年三月下旬から始まり、四月の下旬まで、四回の会談と条約案のやりとりがなされた。アメリカ側が上述の屬國条項を拒否したことから難航した交渉は、この条項をさしあたりブランクとし、未決部分は朝鮮で条約を公式に調印するさいに調整を行うことで、ともかく合意にいたる。馬建忠はこの交渉においても、駐米公使に転出した鄭藻如の後任、津海関道周馥とともに、李鴻章のもとで実務にあたっていた。しかしそこで具体的に何をしていたか、必ずしも明白でないのは、それまでとやはり同じである。

そのかれが条約の調印に立会うため、清朝側の委員として朝鮮へ派遣されることが決まった。この委員派遣はかねてより、金允植・シューフェルトの双方から出されていた要請にこたえたものである。朝鮮とアメリカの意思疎通をはかり、かつまたロシア・日本の介入を排しつつ、首尾よく条約調印をはたすため、あわせて、屬國条項を復活もしくはその代替策を実現するため、清朝側としても、必要な措置であった。その任務じたいについてみれば、天津の交渉を通じ、ほぼ指針がきまっていたから、さほどの困難はないはずだった。したがってその委員に馬建忠を選んだ人事に、当時の主観的な意図として、いかほどの意味があったのかも未知数で、あるいは否定的にみたほうがよいのかもしれない。

ところが客観的な結果は、相応の意味をもたざるをえなかった。清朝と朝鮮との関係に対する、関係国およびその当事者たちの解釈と思惑のずれが、なお表面化しないまま厳存していたからである。朝鮮に乗り込んだ馬建忠は、形式的な条約の調印にとどまらない問題を、身をもって思い知らされ、対処を迫られることとなった。そしてまた、その問題に対するかれの判断と措置が、今後の方向を規定することにもなる。

五　朝鮮奉使

その馬建忠の朝鮮使節行については、すでに筆者がその過程と意義を徹底的に究明しており、新たにつけくわえることもないので、ここで詳しくはくりかえさない。大づかみな経過のみ、俯瞰しておこう。

一八八二年五月三日に大沽を出発した馬建忠は、翌日、煙臺に到着、五日にシューフェルトと会談し、馬建忠らは七日朝に、シューフェルトらはその二十四時間後に出発することを打ち合わせた。馬建忠は無事、八日、仁川濟物浦に到着するが、ほどなく着くはずのシューフェルトは、一一日の夜になるまでやってこなかった。このときはからずもやって来たのは、朝鮮に赴任した日本の辨理公使花房義質であった。

馬建忠はシューフェルトの不在中、自分の接待と政府との連絡にあたった朝鮮官人の挙動から、日本とのつながりに由来する朝鮮側の不遜な態度を察知して、憂慮をつのらせる。そこで朝鮮側の非礼を叱責、屬國条項の受諾を確認したうえで、条約調印を任された朝鮮政府派遣の副官金弘集と協力し、最後の調整をすすめることにした。

シューフェルトが仁川に到着して、ようやく馬建忠も懸案を解決すべく、五月一三日に交渉をもったけれども、その拒絶を翻すことはかなわず、屬國条項の復活はあきらめざるをえなかった。当初の手はずどおり、朝鮮国王が屬國条項の趣旨を明記した親書を、シューフェルトに託し、アメリカ大統領へ送ることで折り合いをつけることになる。

そのほか米穀の輸出禁止など、朝鮮側の希望をなるべくとりいれて条約条文に手を入れつつ、五月一九日までに、

「条約問題はほぼ決着」するにいたった[38]。

条約の正式な調印は、全権委任状など書類がそろって、信任状の交換など手続をまちがいなくすませてから行われた。五月二二日である。任務を終えた馬建忠は、同行の丁汝昌とともに、朝鮮国王の招きに応じてソウルにのぼり、五月二六日、高宗に拝謁した。

これで帰国の途につくはずだった馬建忠のもとに飛び込んできたのは、朝鮮と条約を結ぶため、イギリス艦船ヴィジラント号（*Vigilant*）とシェルドレイク号（*Sheldrake*）が来着した、との知らせである。翌日いそいで仁川濟物浦にもどった馬建忠は、清朝本国からの命令を確認し、また朝鮮政府から条約調印のため任命をうけた大官・副官の趙寧夏と金弘集の到着をまって、イギリスの全権ウィルズ（George O. Willes）提督と交渉をはじめた。この交渉はイギリス側が通訳をともなってこなかったこともあって、終始、馬建忠のペースですすみ、シューフェルト条約とほぼ同じ条約を呑ませ、六月六日に調印することとなる[39]。

その前日、天津駐在のフランス領事ディヨン（Charles Dillon）が仁川にやって来た。目的はやはり同じく、朝鮮と条約を締結するにあって、ウィルズが通訳の到着をまたずに、この翌日に条約を調印する、とあわただしく決めたのも、フランスに追い越されることを恐れたからである。もっともフランスとの交渉は、朝鮮側がカトリック布教を危惧して条約の締結に強い難色を示し、その禁止の明文化をめぐって、けっきょく折り合いがつかなかった[40]。馬建忠はディヨンが発ったのと同日、六月八日に朝鮮を離れ、翌九日に中国にもどっている。

馬建忠はこのように一ヵ月あまりの旅で、朝鮮政府にアメリカ・イギリスと条約を結ばせた。そのなかで特筆すべきは、やはり屬國条項の位置づけである。すでに筆者が述べたように、朝鮮が「中國の屬邦」で、その「内政外交は自主だ」というその文言じたいは、決して目新しいものではない。しかしその「屬邦」の実を明らかにし、「自主」を名目としてゆく、という清朝側の解釈と方針は、馬建忠がこの朝鮮奉使で発案し、はじめて明確化し、定着させたものである。その動機は上述のとおり、朝鮮現地の事情を実見したうえで、日本と結びつき、清朝を蔑ろにしかねない朝鮮政府の動向をおそれてのことだった。けだし清朝の具体的な朝鮮政策が転換する一大契機をなす。

この屬國条項は条約の正文には盛り込まれなかったものの、朝鮮国王が相手国元首にあてた親書というかたちで、必ず条約に附される慣例となり、清朝・朝鮮からは条約正文とひとしい効力があるとみなされた。まずアメリカ、ついでイギリス。フランスはひとまず挫折したけれども、ドイツがひきつづき、その範疇に入ってゆく。

もちろんこの朝鮮奉使は、屬國条項の位置づけばかりに費やされたわけではない。西洋諸国と条約をむすんだ以上、それが発効したとき、ただちに応じられるように、朝鮮側の具体的な態勢をととのえておく必要がある。しかしそれも、上に述べたような清朝による屬國条項の解釈にもとづくことになった。つまり表面的には、朝鮮の自発的な措置によりながらも、実質的には、清朝側の利害に即した指示をその内実とする。

馬建忠は早くも、アメリカとの条約締結時に、税関の設立や鉱山の開発などを朝鮮側と協議していた。が、その具体案を本格的に構想するにいたったのは、むしろ六月上旬に帰国してから、下旬にドイツとの条約締結・調印に立ち会うため、ふたたび朝鮮にわたるまでの、十日ほどの間であろう。この朝鮮派遣の命がくだった六月一六日には、その構想の一端を天津滞在中の金允植に漏らしてもいる(41)。

この二度目の朝鮮奉使は、六月一八日に天津をたち、二三日に仁川着、七月二日朝に朝鮮を離れているから、滞在期間は十日にも満たない。ドイツ側の全権は北京駐在公使のブラント（Max von Brandt）で、すでに朝鮮へ向かう前、天津で交渉をほぼすませ、やはりシューフェルト条約と同じものを締結する方針が決まっていた(42)。したがってこの使節行は、ドイツとの関係では、条約調印をみとどける、というほぼ形式的な作業だけにすぎない。

けれども朝鮮との関係では、それまでに練り上げていた朝鮮開港のプランを示し、協議の俎上にのせる、といういっそう大きな目的があった。かれの記述によれば、それは条約調印の前日、六月二九日に朝鮮国王の内密な諮問に答申する、という手順で行われている。そこでは、上にふれた税関設立・鉱山開発、その他の原則的な方針がもりこまれた。とりわけ注目すべきは、税関の設立運営は西洋人と中国人を招聘雇用してあたらせるよう、進言したところにある。もっともこの段階では、かれもいうように、なお「ひとりの意見」にすぎず[43]、やがて行われるはずの清韓間の公式な交渉の、いわば下準備として打診した、とみるのが妥当なところであろうか。

ドイツとの条約調印も首尾よく終え、帰国したのが七月三日、おそらく天津で復命など事後処置をすませたあと、馬建忠は同じ月の下旬、安徽へ向かった。服喪で帰郷中の李鴻章に面会するためである。二七日には天津を発っていたらしく[44]、三〇日、汽船に乗って出航南下した。上司の北洋大臣代行の張樹聲は、そのいきさつを七月二四日、以下のように報告している。

朝鮮はいまや西洋各国と条約をとりむすんだ。またたく間にその実施期日がくるであろうから、交渉・商務にかかわる一切は、あらかじめ準備をしておかなくてはならないし、軍隊の訓練と防衛の施設などの問題も、すぐにともなって起こってくる。朝鮮国王は奮起自強を願ってはいるけれど、外国との通交には暗く、国内に洋務に習熟した人がいないばかりではなく、西洋の語言文字に精通した人すらみあたらないので、朝鮮の君臣はひとえに中國を恃みとするほかはない。さきに馬建忠道台が朝鮮にいったとき、議約大官趙寧夏らは同行して少荃中堂（李鴻章）に面会相談したいと考えていた。日本は百方手をつくして、朝鮮をとりこもうとしているので、勢い中國が代わってとりはからわざるをえない。すでに開いている港は、中國の商人と取引できることを許したので、少荃中堂と書面で協議し、適切な通商規則を定めよ、との上諭をさきに拝受している。この二つの問題は、いずれも前例のないものであって、その複雑多端なところは、書面ではいいつくせず、少荃中堂と直接にじっくり相談しなくてはならないものもある。馬建忠道台は朝鮮にいったこともあり、この問題を知りつくしているので、かれを汽船で安徽に赴かせ、いっさいを面会して相談させたいと考えている。折しも少荃中堂からも電報が来て、馬建忠道台に相談しに来るよう頼む、との文面であった。……[45]

ここから西洋諸国と朝鮮との条約締結については、なおロシアとの交渉は残しながらも、ほぼ一段落ついたこと、開港してからの措置という次の段階に移りつつあったこと、そしてそこでは、二度にわたって朝鮮に使した馬建忠が、具体的な朝鮮政策を実際に策定し、朝鮮側に打診したうえで、李鴻章に上申し、その指示をあおいで、承認をとりつけようとするところまで、進んでいたことがわかる。

張樹聲、馬建忠にとどまらず、天津北洋当局の人々は、ほぼこれで大過なく、朝鮮問題の目鼻がついたと思ったであろう。ところが朝鮮現地では、かれらの思いもよらない事態が、すでに起こっていた。七月二三日に勃発した壬午変乱である。

第六章　「東行三録」

馬建忠の旅行記をあつめた『適可齋記行』は全六巻。前半が一八八一年、後半が一八八二年のもので、二年間に集中しており、かれの活躍のありようをよくあらわしている。前章にふれた「旅順を勘するの記」が一巻、「南行記」が上下二巻とって前半の三巻をなし、残りの三巻を朝鮮紀行がしめる。かれがたてつづけに三たび、朝鮮にわたったのに応じて、それぞれ一巻づつをあて、「東行初録」「東行續録」「東行三録」と名づけている。「東行初録」は朝鮮とアメリカ・イギリス・フランスとの、「東行續録」はドイツとの条約調印交渉を述べたものである。内容の概略は上述したところにつきており、この二巻分はほぼひとまとめに読むべきものであろう。

タイトルがほとんどかわらない「東行三録」はそれに対し、性格が大きく異なる。清朝側が当初、想定していなかった壬午変乱をいかに収拾したか、その経過を書きとどめたものだからである。「東行初録」「東行續録」に述べる成果を前提としながらも、朝鮮の内乱という事態に対処し、大きく情勢を転換させる結果をもたらし、なおかつその直接の相手が、日本であった。そうした意味で、この旅行記は清朝の立場から、日清、日朝、清韓の関係とその変貌を描いた一大ドキュメントなのである。

壬午変乱は史上有名な大事件だから、それに対する客観的な研究も、すでに少なからずある。けれどもその観点は日朝関係を中心とし、清朝に対する関心も薄いためか、(46)「東行三録」をさして有効に使ってきたとは思えない。近年では存在すら、十分には認知されていないようにみえる。そうした現状を突破するためにも、この旅行記をぜひ生のままで紹介せねばならない義務を感ずる。(47)

馬建忠の立場で一貫し、体系だった記述を、筆者の任意でズタズタにするのは、無用の作為というほかない。しかしながら文献史料として、一定の批判と校訂・増補は不可欠であり(48)、また文章としては、現在のわれわれに読みやすい形にすることも必要である。関連史料をなるべくつきあわせ、集成して、微細にわたる事実の復原を試みつつ、なるべくこなれた日本語に移すことを心がけた。また朝鮮の地名はわかりやすいように、適宜ハングル読みでルビをふり、主要な登場人物、なかんづく朝鮮の人々に註で説明を加えた。それが無用の作為でなからんことを願っている。

以下の訳文は、時期と局面に応じて、五つに分ける。それぞれの表題は、もちろん筆者が便宜的につけたものである。

一　壬午変乱の勃発と朝鮮行――一八八二年七月三〇日より八月一一日（翻訳）

光緒八年夏五月下旬（一八八二年六月末・七月初）、ドイツと朝鮮の条約調印を果たして、朝鮮から帰国した。

六月十六日（七月三〇日）、北洋大臣張振帥（直隷総督張樹聲）に命ぜられ、合肥傅相（李鴻章(49)）に直接お目にかかって上申するため、南下した。

十九日（八月二日）、上海まできたところ、電報でそこにとどまるように、との命令をうけた。この月の初九日（七月二三日）、朝鮮で叛乱がおこり、乱党は日本の公使館を包囲攻撃したばかりか、王宮にまで侵入した。日本人に死者が出たので、日本政府は大いに軍艦を集め朝鮮に遣って、捜査懲罰しようととりきめた。わが清朝の駐日公使黎蒓齋（黎庶昌）はこのことを振帥（張樹聲）に打電し、こちらも官吏を派遣して軍艦をひきつれ、漢江《ハンガン》にゆき偵察させてはいかがかと提案した(50)。これをうけた振帥は、派遣する官吏をわたしにしてよいかどうか、総理衙門に問い合わせたために[51]、とりあえず上海にとどまるように、との命令があったのである。

二十一日（八月四日）、「総理衙門から、ただちに天津へ帰還せよ、との命令書がきた」という訓電を拝受した。

その翌日、ふたたび訓電がきた。「天津帰還の必要なし、ただちに煙臺へゆき、丁禹廷軍門（丁汝昌）[52]と合流し、艦隊をひきいて朝鮮へ向かえ」とあった。そこでこの日の晩、汽船の海宴に搭乗し、翌朝明け方、出帆した。

二十五日（八月八日）、朝三時、之罘《チーフー》（煙臺）に到着した。禹廷（丁汝昌）と会うと、関係の書翰をまとめて手わたされた。相談して明日の午後二時に出航することをとりきめ、これを上申書にしたため海宴に託して、振帥にとどけてもらうことにした。

晩、東海関道方佑民（方汝翼）を訪ねて面会し、後方支援のとりはからいを頼んだ。この日、各艦では糧食を買いととのえ、石炭を積み込む作業に追われ、夜を徹してもおわらなかった。

二十六日（八月九日）、十二時、佑民（方汝翼）がわれわれのところに答礼にやってきた。

午後三時、丁軍門（丁汝昌）とともに〔軍艦の〕威遠に搭乗して出帆した。威遠が先頭、次に超勇、その次に揚威と、列をなして東へむかった。

二十七日（八月一〇日）、午後、仁川《インチョン》港に入った。これよりさき、湾内に入ったら、動静をうかがうために途中の立岐島《イプキド》で停泊しようと、丁軍門と申し合わせていた。ところが湾内に入ってみると、漁船は平常どおりに行き交っているので、そこで月尾島《ウォルミド》に直行した。

夜一〇時、錨をおろした。そこには金剛という名の日本の巨艦が先着していた[53]。こちらの艦隊がつくと、舢板《サンパン》をよこしてあいさつにきたので、こちらも礼式どおり、答礼の使いを遣った。このとき朝鮮の校理官魚

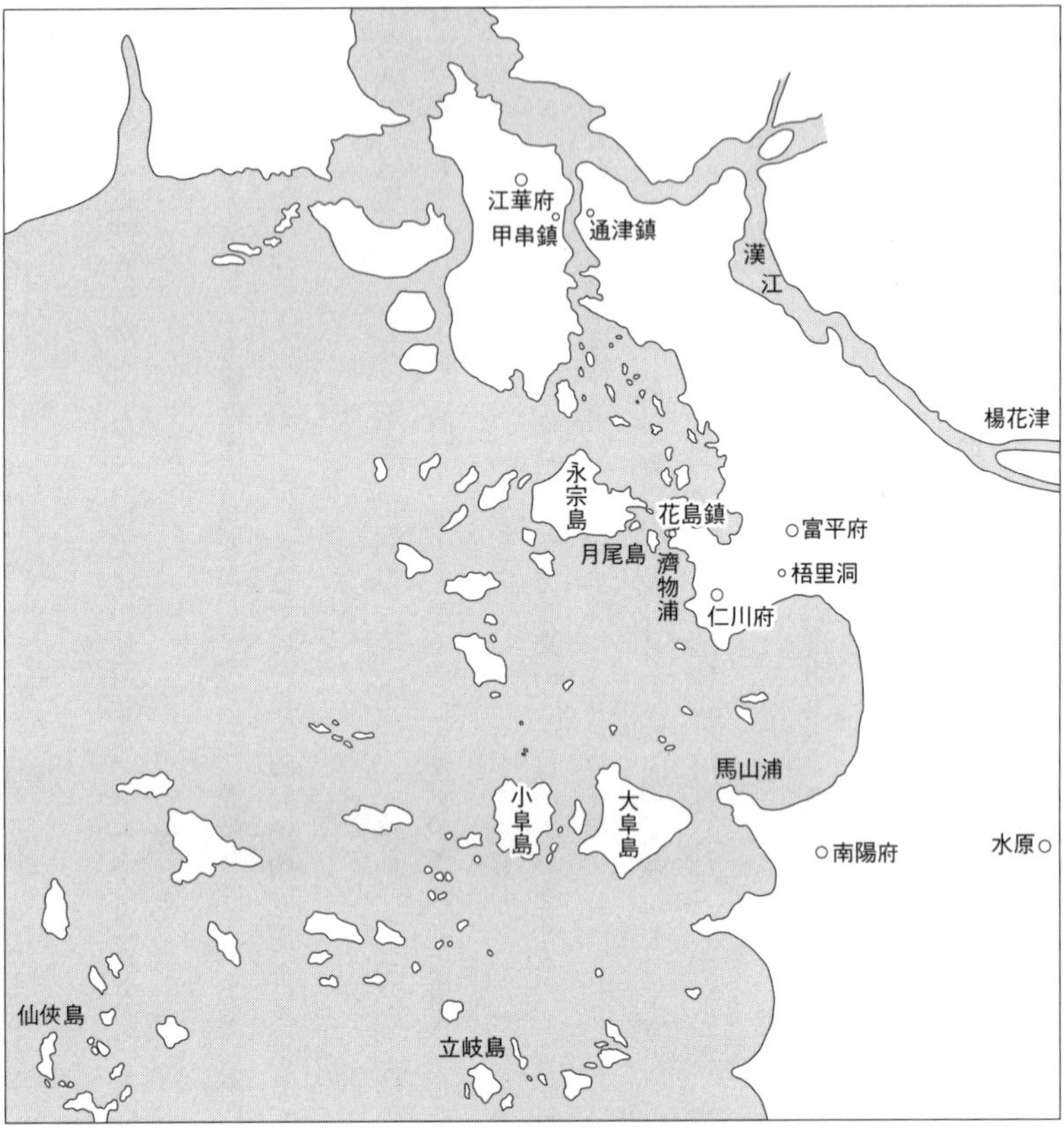

江華府
甲串鎮
通津鎮
漢江
楊花津
永宗島
花島鎮
富平府
月尾島
濟物浦
梧里洞
仁川府
馬山浦
小阜島
大阜島
南陽府
水原
仙俠島
立岐島

仁川・南陽沿岸図

允中は、超勇に乗船していたので、とりいそぎこちらの船（威遠）によびよせ[54]、かれに随行している朝鮮人に依頼し、近岸の花島《ファド》別将（金弘臣）のところにいって、ことのいきさつをくわしく調べさせた。

午前二時、この朝鮮人がもどってきたけれど、やはり要領を得ないので、魚允中の腹心の側近を、夜が明けてから王京《ソウル》にやって、さらに偵察活動を続けさせることにした。

「国王はいまどちらにいらっしゃいますか。ご無事ですか」

「国王は京《ソウル》でご無事です。王妃（閔妃）は亡くなりました」

「政を主《つかさ》どっている朝臣は誰ですか。国王にどのような不満があるのですか」

「政を主どっている朝臣が誰なのかはわかりません。明日さぐりましょう」

「初九日（七月二三日）に、乱党が内乱をおこした情況はどんなものだったのですか。内乱をよびかけたのは誰ですか。その後ほかのところでも、同じ動きはあったのですか」

「兵卒が内乱を起こしたことにはじまりますが、俸米の支給が遅れたので騒ぎを起こし、宰相の李最應・金輔鉉・閔謙鎬ら、五人を殺害しました。ついで無頼の者が天然亭の日本公使館に放火し、日本人六人《ママ》を撲殺しました[55]。日本人は仁川に避難しましたが、兵卒は追撃し、さらに日本人六人を殺しました。そのあとやっとおさまって、ほかの場所では騒ぎはありません」

「日本の軍艦はいつ入港したのですか、いまどこに停泊していますか。軍隊の数はいくつですか、もう上陸しましたか。国王は誰か人を派遣してかれらと協議したことはあるのですか。日本の使節の井上馨《ママ》は来ましたか。かれらが〈捜査懲罰〉といっている[56]のはどういう意味なのですか」

「日本《ママ》の軍艦一隻が二十四日（八月七日）にやってきましたが、すぐ立ち去りました[57]。今日《ママ》また一隻（金剛）が入港し、兵隊九十名あまりが二ヵ所【花島・甲串津《カプチョンジン》】に分かれて上陸し、鎮将（金弘臣）に面会して、王京の城内外に公使館を設立したいと要請したほかには、くわしくは存じ上げません。〈捜査懲罰〉の挙はまだなさそうです」

「俸米の支給が遅れたので乱を起こした、というその詳細はお調べ上げになりましたか」

「兵卒は升目を減らされたことで倉庫役人と口論になり、役人が上役に訴え出て兵士がとらえられたため、兵士たちはあつまって騒ぎだしたというものです。ただ宰相たちが殺されたのは、やはり人望がなかったのだ、というのですが、しかし仔細がありそうで、適切な情報とは思えません。一介の鎮の役人〈花島別将金弘臣〉のいうことですから、おいそれと信用できません。明日、腹心の者を王京《ソウル》の親友のところにやって内密に調べさせます」

「明日はどなたを王京へ派遣なされますか。わたしから以前の〈議約〉大官〈趙寧夏〉・副官〈金弘集〉に手紙を書いてはいかが(58)と思いますが」

「大人《あなた》が手紙をお出しになっては、公表しないと返答ができません。実情はかえってつかみづらくなるでしょう」

「それでは、手紙はやめておきましょう。王京に派遣する人には、内乱が起こった理由と、目下貴国が処置している状況とをしっかりさぐって、すみやかにもどってきていただきたい。そうすれば北洋大臣への報告にも好都合ですから」

「おっしゃるとおりにいたします。さきに花島《ファド》まで人をやって探らせたさい、かれに〈大人が軍艦を率いてやってこられ、わが国をまもって〔日本とのあいだを〕調停なさる〉とふれまわらせました。花島鎮の官吏はみな歓呼し、すぐ仁川府使へ報告に行き、明日、船上へ面会に来させようとしておりますから、咨文のことは(59)、かれにおっしゃってはいかがですか」

「そのことは仁川府使が来たとき、あらためて考えましょう。しかしいま乱党は、貴朝廷はもう捜査して処分に付されたのですか」

「兵士が日本人を殺したこと、もし伝聞のとおりなら、殺害した者は処刑してでも、やはり懲罰を加えねばなりません。さもなくば日本側と交渉できません。これすらまだやっていないのは、とりわけ大失策です」

「日本側との交渉については、貴国が捜査処分してから、あらためて考えなくてはなりません。ですから明日、わたしはとりいそぎ貴国王にお願いして、直々に適任の大官を派遣していただき、協議しようと思っています。これはもう猶予なりません」

「明日、人を王京に派遣したのち、あらためてご相談に預かりますが、日本側がうけいれるなら、やはり調停を提示してもかまわないでしょう」

「もちろん機をみてお答えになってよい」

「日本と朝鮮があい譲らなければ、仲裁調停に頼らねばなりません。さもなくば、齟齬錯誤なきを期せません[60]」

とあった。

二十八日（八月一一日）、朝六時、魚允中が超勇から書翰をよこしてきた。朝鮮は内乱きわまる状態だ、

「さらにわが国の情況をさぐってみますと、そのありようは一変、痛哭にたえません。乱をおこした人は別におります。外国との通交に関わった朝臣はほとんど皆殺し、仁川府使（鄭志鎔）でさえ服毒自殺したのですから、ほかはいうまでもありません。すぐにもお目にかかるべく参上したいところですが、人目がはばかられますから、かないません。暗くなってからおうかがいいたしたく存じます。全艦隊に命じて、くれぐれもわたしの消息を漏らさないようにお願いいたします。さもなくば、人をやって上陸偵察させることができません[61]」

八時、新任の仁川府使任榮鎬が、軍校（成箕連）と花島別將（金弘臣）をこちらの船までつかわしてきた。

前後して来た二人とも、白の衣冠であった。「どなたのための喪服ですか」と訊くと、「王妃が薨《みま》かったからです」との答え、

「なぜ薨かられた」

「乱党のせいです」

座をもうけて、それぞれとひとしきり筆談した。

一〇時、日本の書記官近藤真鋤が〔金剛の〕艦長相浦紀道をともなって会いに来た。「わが海軍少将仁礼景範は、病気なので同行できませんでした」といい、話しているなかで、初九日（七月二三日）の事件に遭遇したときの事情と近日耳にした情況にも説き及んだ。

「初九日の事件に遭われたはずですが」

「朝鮮の乱兵が突如、公使館に突入してきて、わが兵《（ママ）》が防いで死者が七人出ました。さらに〔駐朝辨理公使〕花房〔義質〕と仁川までのがれたら、また乱兵が襲来し、わが兵《（ママ）》が防いで、死者が六人、その間をぬって朝鮮の民船に逃げ込み、次の日になるまで、そこにいました、幸いにイギリスの測量船（フライングフィッシュ号）に出会って、それに乗せてもらって日本にもどったのです」

「さぞかし驚かれたことでしょう。しかし乱兵はどんな理由で蜂起したのですか」

「昨日、聞いたところでは俸米を減らされたために蜂起したということですが、くわしいことはわかりません」

「王妃はどうして暴《には》かに卒《な》くなられたのですか。大臣も数名の死者が出たらしいのですが、その理由は何ですか」

「聞くところでは、李昰應（興宣大院君）が兵士たちを恃んで叛乱をおこし、王妃に面会にゆき、〈これをお飲みいただかないと、叛乱はおさまりますまい〉といって、毒酒をすすめた、ということです。大臣

たちの死は理由がわかりません。いま李昰應は大権を専らにし、猖獗をきわめております」

「それでは国王すら、おそらく自主(ママ)できないでしょう。花房公使はお越しになりましたか」

「花房公使は今日明日中に来るでしょう。着いたらすぐ王京《ソウル》に向かい、乱の原因を解明して、あらためて朝鮮政府と交渉を行います。昨日すでにわたしから王京に書翰を送り、〈公使が近いうちにまいります〉と伝えました」

「わが北洋大臣（張樹聲）はさきに、わが東京駐在公使（黎庶昌）の電報に接しまして、ただちにこちらへ軍艦を派遣し、もらさずさぐりを入れ、内乱のおこった事情を仔細に調べさせるということで、わたしがやってまいりました。ちょうど西洋各国と条約をむすんだ直後ですので、はなはだ疑わしく、すぐ人をやり、ことがおこった原因をつきとめさせたうえで、あらためて〔乱党を〕捜査処分するつもりです。いまもっとも緊要なのは、国王を乱党の手から救い出す策を講じることです。花房公使がこちらに来られましたら、わたしのほうからご相談に伺いましょう[62]」

魚允中の書翰に書いてあることの裏づけもとれて、すべて腑に落ちた。近藤らはしばらくして辞し、乗艦して礼砲を十五発はなって、丁軍門（丁汝昌）に敬意をあらわした。こちらも同じ数を答砲し、かつまた十一発をはなって、海軍少将に敬意をあらわした。日本の海軍少将は、清朝でいうと三等水師提督にあたるから〔礼砲を少なくしたの〕である。

午刻（一二時）、ふたたび魚允中を威遠に招き、じっくりと筆談し、ようやくこの事件について、だいたいのことを把握できた。

【允中との筆談。「乱党が事件をおこしたいきさつは、少しでもわかったのですか」

「煩をいとわず、そもそもの事の起こりから、お話ししましょう。いまの国王は傍系から入って嫡統をご相続なさいました。実の父親は大院君（李昰應）といい、財物女色に貪欲なお方です。国王が幼少の身で王位を継承なされると、実父たるかれが国権をほしいままにし、人身・財貨の掠奪ばかりか、好んで人の命さえ奪いました。さらには、さしたる理由もなく日本と通交を拒絶し、あわや開戦というところまでいったのです。この時、国王は王位とは名ばかり、お歴々の方々も手を束ねて唯々諾々、しかも大院君に味方する人々は多数にのぼっておりました。国王が成人され、朝政を総攬なされますと、これに協力する臣下も出てまいりまして、大院君の権力を奪って、あらゆる弊政を一掃いたしました。日本とは旧来の通交を回復し、西洋各国と条約を結んで、国家の命脈をつなごうとしたのです。ところが、かの大院君は権勢をうばわれたのを恨んで、ひそかにならず者を養い、ずいぶん以前から謀叛をねらっておりました。こっそり火薬を王宮にしかけて放火したことも一度ではありません(63)し、火薬暴発で忠臣たちを焼き殺そうともしたのです(64)。〔実父なので〕人倫の道にかかわる、と国王はおっしゃって、大院君の処断はお控えになり、その羽翼を断つことで、しばしば宥めつつ脅かすにとどめられました。昨年の秋、大院君は一味をあつめ、日を期してクーデタを起こそうとしました。幸い密告者があって逮捕できたのですが、徹底的な究明処罰はしなかったのです(65)。大院君は自分が殺されない地位にいるのをいいことに、クーデタを計画、〈邪を斥けよ、外交《(ママ)》を絶て〉と煽動したので、無知な民衆は大院君のもとに結集したのです。昨年のクーデタ計画は、三段階で進めるつもりだったようです(66)。第一段階は王宮の直接攻撃、第二は志を同じくしない朝臣の皆殺し、第三は日本人殺害です。ですから今回の事件は、とりもなおさず昨年のクーデタの焼き直しです。一言でまとめれば、いま、わが国興亡の秋です。大院君がいては誰もあえて、外国との通交を口にしようとはしないからです。

　聞くところでは、いま乱党は、国王の以前から信任する大臣を殺害してから、宮中に押し入り、国王と妃嬪はみな避難したにもかかわらず、かの大院君は王妃をとらえて殺害、太王妃（神貞大王大妃趙氏）は無理やり宮中に帰還させられ、国王は廃せられはしなかったものの、幽閉され外朝と連絡を絶たれてしまいました。外国との通交にかかわった朝臣は、草の根分けて一人残らず皆殺しです。民衆は難を避けて疎開しました。国のありようは一変したのです。いまいそいで調停していただかなくては、日本人はきっとゆきすぎた報復を行って、民は塗炭の苦しみを味わい、社稷は失われるでしょう。かの大院君もきっと、ひろく大砲武器をあつめて死守しようとするでしょうが、それでも国内の民は命を失います。それでどうして政がたちゆきましょうや、どうして乱がおさまりましょうや」

「お話しになった事情は、どこでお調べ上げになりましたか」

「前半は朝鮮本国におりましたとき、じかに聞いたことです。後半はあらためて調べさせたもので、大づかみにわかったところです」

「いま京《ソウル》に入った人はいつもどってきますか」

「明日かえってきます」

「いささか遅きに失します。明日は威遠を天津にもどし、いっさいの事情を北洋大臣（張樹聲）に報告したうえで、至急、軍隊をよこしてもらい、乱党を撲滅しようと思います。いかがでしょう」

「まったく感激です」

「ですが朝鮮国王の親筆もなければ、臣民の哀願する連名状もありません。これでは出兵に名分が立たないことを恐れます。どうしたらよいでしょう」

「目下、幽閉されておりますから、国王の親筆は得られません。臣民の連名状もすぐには無理でしょう。在職中のものは脅されて従っておりますし、国王を補弼してきた臣下は死を免れても逃亡しておりますから、連名状など書きようもありません」(67)

そこで相談のうえ、翌朝に丁軍門（丁汝昌）が威遠に乗って天津にもどり、振帥（張樹聲）に面会して対応策を申しあげることを決めた。わたしはそれにそなえて、偵察結果を振帥あて報告書にまとめることにした。

おおよそ以下のとおりである。

謹啓。さきに六月二十五日に煙臺から、出発の日を知らせる上申書をお送りいたしました。もうご覧のことと存じます。その翌日の午後三時、朝鮮へ向け出航しました。二十七日の晩九時、漢江《ハンガン》河口の月《ウォル》尾《ミ》島《ド》につき、錨をおろしました。日本の軍艦一艘が先にここに停泊しておりました。このとき魚允中は超勇に搭乗しておりましたので、すぐ伝令をやってこちらの威遠に来させ、人を近岸の花《ファ》島《ド》別將（金弘臣）のところにやって、乱のおこった確かな実情を偵察させることにしました。まもなくその結果を知らせてきたところ、まだそんな切迫した情勢でもなさそうでした。

ところが翌朝、魚允中から書信がきて、「さらにわが国の情況をさぐってみますと、そのありようは一変、痛哭にたえません。乱をおこした人は別におります。外国との通交に関わった朝臣はほとんど皆殺し、仁川府使（鄭志鎔）でさえ服毒自殺したのですから、ほかはいうまでもありません」とありました。まもなく新任の仁川府使（任榮鎬）が、軍校（成箕連）と花島別將を前後して、こちらの威遠に遣わして来ました。かれらはみな喪服を着ており、筆談の時、あからさまには乱の首謀者、王妃や大臣たちが害に遭った事実を指摘しなかったのですが、言わんとするところは、魚允中の書面と符節を合しておりました。そこでふたたび伝令をやって、魚允中を威遠に来させて、筆談をいたしました。かれの言うには、「さきほど、偵察にやった人から聞いて、だいたいのことがわかりました。初九日の事件は、国王の生父興宣君李昰應が、人を集めて乱をおこして、王宮に押し入り、王妃を捕らえて殺害したもので、太王妃は無理やり帰還させられ、国王は廃せられはしなかったものの、幽閉されて外朝と連絡を絶たれてしまったのです。志を異にして外国との通交にかかわった朝臣は、草の根分けてほとんど皆殺し、民は難を避けて疎開しました」との由。また日本公使館の書記官近藤真鋤が会いに来て、かれも「李昰應は旧軍の蜂起に乗じてクーデタをおこした。王妃に面会に行って毒を飲ませて弑した。いま大権はかれひとりが掌握、猖獗をきわめている」といっておりました。

今月二十一日、二十二日付の、朝鮮領選使金允植が津海関道周馥にあてた書函、および二人の筆談などがあって、これによりますと「昰應が徒党をくみ、社稷を危機に陥れようとしたものです。その叛逆のありさまはずいぶん前から明らかでした」とのことで[68]、ここにあらためて、魚允中と花島別將ら、また近藤真鋤の言もあわせ考えれば、初九日の乱は、昰應が君側の奸を清めるという名分にことよせて、現国王の羽翼を断ち切り、ゆくゆくは王位に即こうとねらうものであるのは、疑いありません。

いったい、今の朝鮮国王李熙なる者は、中國《わが》大皇帝が冊封して、朝鮮に君臨する者であること、いうまでもありません。にもかかわらず、昰應は国王の実父であるのをよいことに、王妃を殺し、国王じしんをも幽囚したのです。その専恣にして、忌憚する心がないのは、もはや明らかでしょう。さしあたって国王を廃しようとまでしていないのは、人心がまだ定まらず、兵力も十分に集まっていないために、いささか遅疑しているだけなのです。もし中國が少しでも逡巡して、とりいそぎ平定をはからなくては、その害は名状しがたいものとなるでしょう。

そこで今後の計略でございますが、ここは何より、閣下のご決断をお願いするほかありません。上奏をなされると同時に、陸軍六營に動員をかけて、即刻、天津にある威遠・湄雲・泰安および招商局の汽船に乗せて朝鮮に向かわせ、疾風迅雷の勢いで王京《ソウル》を取り、不意に襲って乱の首謀者を捕らえれば、乱党はまだ布陣もととのえておりませんし、防御態勢もゆきとどいてはいないでしょうから、一撃で粉砕できるのは火を見るより明らかです。昨日、丁提督（丁汝昌）から、「もし軍隊の派遣が必要なら、あらかじめ国王の玉璽入りの書面もしくは臣下たちの連名状がなくてはならぬ」という閣下のご命令[69]があると聞きました。しかしながら、その国王は幽閉されております。閣下の文書をわたして玉璽入りの返書をしたためてもらおうとしましても、宮中は外朝から遮断されておりまして、連絡がつきません。別途に趙寧夏・金宏集《(ママ)》らにあて書翰を送り、味方する朝鮮臣民を糾合し、援軍要請の連名状を用意させようとしてましても、寧夏らはもう殺されているかもしれません。しかも目下、昰應は大権を一手に握りつつありますれば、途中の交通の要衝や城門の内外には、おそらくもれなく手の者を配置していることでしょう。こうした根回しが漏れたりしたら、味方の死を速めるだけではなく、叛逆者たちにもこちらの計画が知れて、あらかじめ防御を整えさせてしまい、今後の処置がますますやりにくくなるでしょう。そのため、思い切って援軍の急派をお願いするものです。

仁川・南陽《ナムヤン》などの港は、王京《ソウル》からわずか百里しか離れておりませんが、周りは山ばかりで、乱党がひそみやすい地形です。進軍は少しづつ慎重に途切れなく行い、後顧の憂いをなくすようにしなくてはなりませんから、先発隊がなくては深入りできません。ですから兵力は少なくとも六營が必要なのです。すぐにそろわないようでしたら、手近でどなたの部隊でもかまいませんから、すぐに派遣できそうなものを選んで、とりあえず小銃部隊と大砲部隊をそれぞれ一營、とりいそぎよこしていただき、まず海岸の占領をお願いいたします。こうしておけば、各營がおっつけ集まってきても、すぐ進軍にとりかかれるでしょう。もうひとつお願いしたいのは、総理衙門と書面でご相談いただき、南洋大臣に打電してその軍艦二隻を徴用させてもらえないでしょうか。軍糧を搭載するとともに威容を壮んにするためです。必要な弾薬も補給にそなえ、軍械所にそれぞれ出荷輸送を命じていただきたく存じます。

こんなにも急ぐのは、ひとつには乱党が、時日のたつ間に蔓延すれば、たちまち撲滅しがたくなるのを恐れてのことです。いまひとつは日本の花房義質・井上馨らが、そのうち艦隊をひきいて漢江に集結させるだろうからです。もしそのときになっても、中國が何の動きもおこさなければ、日本側は大軍をともなって、先に漢城《ソウル》に行き、自らの手で［乱党を］「捜査懲罰」してしまうにちがいありません。そうなったら朝鮮国内は、その害毒を受けるのは必至です。また今後、日本は乱党平定に成功したということで、ますます強鄰《ママ》の気焔を逞しくしましょうし、中國は救援が及ばなかったということで、にわかに屬國《ママ》の失望を招くかもしれません。それでは藩服《ママ》はいよいよおぼつかなくなり、國威《ママ》もそのために傷がつくのは免れないでしょう。時宜を失っては、深く悔やむことになりかねません。

もともと建忠《わたし》が船に乗って天津に向かい、閣下からしたしくご指示を受けるつもりでした。しかし花房義質たちが日ならずやって来ますので、臨機応変に対処できるよう、朝鮮にとどまったのです。わが軍が到着するまで、なんとかかれらの行動を遅らせるとともに、朝鮮国内の詳細な情勢を探っておきたいと考えました。そこで丁提督（丁汝昌）が威遠に搭乗し、この報告書を持参して相談にあがることにしました。書面に尽くしていないことは、すべてかれが直接申し上げるでしょう。

以上、朝鮮の国事が危うく、すみやかに援軍を派遣して乱を平定すべき事情を、つつしんで詳細に報告するものです。ご指示を鶴首してお待ち申し上げます。各營が朝鮮に到着して以後も、建忠はこのまままとどまって軍中で補佐すべきでしょうか。それともただちに天津に帰還すべきでしょうか。これについてもご指示に従いたいと存じます。

追伸。この報告書をまだ書き終わらないうちに、日本の軍艦がまた二隻《ママ》やってきました。多数の兵隊を載せております。丁提督が天津にもどりますと、いくら速くとも、往復に六日はかかりましょう。その間こちらが軍艦二艘では、はなはだ貧弱で劣勢、花房が来たらあなどられるのではないかと恐れます。各營に即刻、朝鮮へ向かうようお命じください。要するに、事ここに至りましては、一日早ければ早いほど有効であり、遅くなればなるほど被害が大きくなります。建忠は藩封《ママ》を顧恤《ママ》し、國體《ママ》を保全せんがために申し上げましたため、思わず言葉が過ぎてしまったかもしれません。ひとえにご寛恕いただければ、と存じます(70)。

再啓。晩の六時になりまして、新任の仁川府使任榮鎬が威遠に来ましたので、筆談をいたしました。

話をきくと「十年も宮仕えしてこなかったのに、國太公（李昰應）に起用いただいた者です」といいましたので、この仁川府使が李昰應の一派であることがわかりました。そこでかれにいいつけて、王京《ソウル》まで至急、人を遣わして内密に、こちらへ大臣をよこして日本の問題を相談させるよう、執政に伝えさせました。いまの執政は昰應ですから、人をこちらによこしてくるとなれば、きっとその腹心でしょう。いま王京との連絡が通じなくなりましたので、大院君の腹心の派遣がかなえば、その動静を少しはうかがうこともできるでしょうし、また〔魚允中が吹聴させた〕〈日本を調停する〉という説を利用して、甘言をくらわせ、恩恵を示し、われわれに疑いをもたないようしむければ、今後やりやすくなろうかとも思います(71)。

日本公使花房義質がもうすぐ来るというので、わたしは一人、漢江河口にとどまって待つことにした。さらに新任の仁川府使任榮鎬が来たので、訊いてみると、初九日以後に國太公（李昰應）に登用された人物だとわかった。かれにとりいそぎ執政に連絡をとらせ、すみやかに腹心の大臣をこちらまで相談によこすよう、伝えさせることとした(72)。また日本の日進という軍艦が来た。商船一隻（品川丸）をともない、兵隊七百余名を載せている。その日の晩、報告書を作成して持参上申を丁軍門（丁汝昌）に託した。夜になって〔天津へもどる威遠をひきはらって〕、揚威に移乗した。

二　日・朝との交渉――八月一二日より一六日（翻訳）

二十九日（八月一二日）、朝四時、威遠が出航していった。

一一時、日本の日進という船が港湾に入ってきて停泊した。

一二時に魚允中が訪ねてきた。ちょうどブリッジで座をもうけて話をしかけたとき、また日本の商船（明治丸）が港湾内に入ってくるのが見えた。主マストに国旗を掲揚してあるので、花房が着いたとわかった。まもなく、かれが通訳を挨拶によこしてきた。わたしは「このたびはとんだご災難でした、しばらくしたらお見舞いにうかがいます」と答えた。ついで軍士に命じて礼砲十三発を放った。

五時半、こちらから花房の船を訪問し、かなり長い間、話し合った。

「初九日の乱党の蜂起はけっきょくだれが首謀者なのか、ご存知ですか」

「くわしいことはわかりません」

いいながら、朝鮮の執政（李昰應）がさきに釜山《プサン》からよこしてきた咨文《ママ》(73)を見せてくれた。そこには「乱党の蜂起は、日本人を殺害しただけではなく、朝鮮の朝臣をも何人か殺害している。この災禍はまことに両国の不幸である。幸いに國太公は威望もとより著れ、お出ましになり鎮められた。もう人心はおさまっている」とある。

「この文書には朝鮮側の非が一言も書いておらず、けしからん」

「四方に探索の手をのばしまして、この事件は実は乱党がおこしたものとわかりました。去年の、企てはありながら未遂におわった党派と同じです。朝鮮朝廷の意思に出たものではない以上、一方的に責任を問うわけにもいかないかと思います。乱党蜂起は、どの国にもあることです。不幸にして、折あしくそれに遭遇されたわけですが、この事件はどうなさるおつもりか、聞かせていただけませんか」

「こちらにやってきたのは、事件がおこった原因を調べるにあります。しかるのちあらためてどうするか決めるつもりです」

そこで日本外務省が各国公使にあてた咨文《ママ》(74)をとりだし、「これしか方法はありません」といった。

「咨文《ママ》の内容はきわめて平和的で、貴国が公平な処置をなされようとしていることがうかがわれ、感服にたえません。貴国ご派遣の軍隊はもう上陸したのですか」

「すでに命じて百ないし二百名を上陸させました。あす自ら仁川に行って駐在するつもりです」

「兵を動かすのは少しお待ちになったほうがよいでしょう。不日、王京《ソウル》に直行なさる、と聞きましたが、そうですか」

「もし朝鮮朝廷が大官をこちらによこして対処するというなら、王京ゆきはしばし延期してもかまいません」

「昨日すでに仁川府使が王京に人をやって、すみやかに大官をこちらに派遣し、協議させるよう要請しております。明日には来るはずです。やってきましたら、すぐお知らせします。ただ聞くところによりますと、国王は幽閉され、自主《(ママ)》できない、とのこと、もし卒然、兵をお進めになりましたら、国王はおそらく害に遭うでしょう。国王が保全されなければ、外国との通交を憎んできた大院君（李昰應）が、たちまち大権を専らにして、この事件も容易に落着いたしますまい。とはいえ貴国の軍艦も、遠征があまりに長期にわたりましては、不都合でしょう。ですから当面の策としては、なんとか国王に自主を回復させることのみです。そうすればそのあとはやすやすと事が運ぶでしょう」

「たいへん結構です。貴国が調査対処のため、君《あなた》をご派遣になったと聞き、たいへん喜んだのですが、国王に自主を回復させるのにどんな妙策がありますか」

「これはきわめて重要な問題ですから、詳密な調査で真相をみきわめてからでないと、策は定められません。要するに、お互い一致協力して、表むき別々に、裏でしめし合わせなくては、うまくいかないでしょう」(75)

三十日（八月一三日）、朝四時、超勇と揚威の艦長はそれぞれ、小汽船に乗り南陽《ナムヤン》に測量をしに行った。趙寧夏《(ママ)》・金宏集が花島《ファド》から書信を寄こしてきて、「早暁急行いたします。ご指示下さい」とあった。わたしは舢舨《サンパン》に命じて海岸まで迎えに行かせた。

八時、永宗《ヨンジョン》僉使宋啓憲が会いにきて筆談をし、まもなく辞した。

花房が答礼にやってきて、しばらく話し込んだ。

「お手紙拝受、趙〔寧夏〕・金〔弘集〕のお二人がやってきたとの由、深く感謝いたします」

「かれらは昼にこちらにやってくるはずです。会いましたら、そちらにうかがうよう伝えますが、いかがですか」

「お願いします。午後に出発いたしますので、もし間に合わず船中で会えなかったら、こちらから花島にまいります」

「かれらは執政（李昰應）が協議をまとめるために派遣したものですが、貴国の最終的な要求を知りません。僭越ながらご教示いただき、前もってかれらに伝えておいて、すみやかに交渉がまとまるようにすれば、いっそう好都合なのではないでしょうか」

「こちらの要求は向こうの出方によります。もし修好を望んで来るのなら、こちらの要求は、謝罪・乱の首謀者の懲罰・兵費の賠償・見舞金の支給・今後の日本人居留の安全確保のみです。しかしそうでないのなら、予断を許さないものがあります(76)」

花房が辞すると、魚允中がまたやってきた。今度は朝鮮の官人二人と一緒である。一人は校理金玉均といい、もうひとりは史館記注徐光範という。最近まで日本にいたが、国難を耳にして、花房と一緒に帰ってきた者たちである(77)。しばらく話し合った。

午後二時、趙使（趙寧夏）・金使（金弘集）がやってきた。喪服でつかれきった容姿、憂い深き表情である。人払いをして長時間にわたって筆談をした。

【以下はその筆談、趙寧夏が筆をとったものである。

「ずっとお目にかかりたいと渇望のすえ、ようやくご尊顔を拝することができました。ですが、わが国が前代未聞の変乱に遭遇しながら、おめおめと生き長らえているのは痛恨の極みであります」

「はじめ南方へ赴き、伯相（李鴻章）にお目にかかって、一切のご指示を承ってまいるつもりでした。上海まできたときに、突然わが駐日公使（黎庶昌）から電報がとどきまして、初九日の事件を聞きました。我が北洋大臣（張樹聲）は総理衙門と相談して、至急こちらに向かい一切を偵察するよう命ぜられたのです。丁軍門（丁汝昌）は昨日、天津にひきかえしましたが、数日もしないうちにもどってきます。そのあかつきにはこの事件も目鼻がつきましょう。ですが、かさねて花房公使に会いましたが、たいそう不満で、対処はおそらくかなりの困難が予想されます。お二人には、この事件の顛末を正直に申し上げていただきたい。こちらにまいりましたのは、貴国のため大局のためでありますから、ゆめ軽々しくお考えなきよう」

「わが国は財政が困窮しており、年来、軍費もまかなえず、しかもたびたび外国と条約を結んだりしましたので、不逞の兵卒民衆がこれを口実に煽動して乱を起こしたのです。初九日、反乱軍はまず宰相を殺してその家をうちこわし、翌日、さらに王宮に咆哮（ママ）しました。名状すべからざる混乱となるなか、大院君（李昰應）は変を聞きつけて急行し、反乱軍をしずめてようやく解散させたわけです。数日間、上は大臣から下は通訳書記に至るまで、その家をうちこわされ、命を落としてしまう者も多くいました。初九日の夕刻、反乱軍が蜂起したばかりのとき、不逞の輩は〈この機に乗じて反乱を起こそう、日本人を皆殺しにしてやる〉といったのです。ですから國家（ママ）は何よりもまず、避難してもらうよう内密に花房に通報しました[78]。おかげで公使と随員が兵を率いて災禍を免れました。害に遭ったのは、折悪しく外出していた関係者たちで、反乱軍は花房を取り逃がした、と耳にして仁川まで追撃し、さらに何人かを殺害したのです。このように、わが國家は自らを救う余裕すらなかったにもかかわらず、あらかじめ日本側に知らせて事なきを得させたわけですから、日本が朝鮮に遺憾なところは何もないはずです。先日、伴接官尹成鎮が近藤真鋤に会って、やはりその顛末を伝えますと、近藤も少し納得したようです。小邦《わがくに》の有事にて、上國（ママ）にご心配をおかけしたのは痛恨の極み、大人《あなた》にご足労とご高配をいただきますのは感激の至り、何とも顔向けのできない次第です」

「お二人がこちらに見えられたのは国王のご命令によると思いますが、どんなご命令でしたか」

「内乱が平定されてからは、政府の大小の政務は、さしあたり大院君が決しています。いま大人《あなた》が来られたのにあたり、これまでしばしばご教示を蒙ってきたということで、とくにわれわれを遣わし、ご指示をいただいてこい、とのご意向でした」

「大院君がお二人を派遣されるにあたり、日本に対処する方策を何かおっしゃってませんでしたか」

「日本は過日、議政府に書面で通知し、兵五百を京城《ソウル》城内に進駐させたい、といってきました[79]。ところがいま見ると、すでに千人が上陸しております。これでは議政府はどう答えたらよいのかわかりません。日本に対処する方策などあるのでしょうか。取り乱さんばかりに書信や礼物を施し、事変の顛末をつぶさに伝え、あわせてこれまでどおりの修好の条件を提示しているのに、それでも不満だというのは、どうしても納得いきません。どうしたらよいかご教示ください」

「花房はお二人が来たことをもう知っています。朝来訪して、会いに来るよう伝えてくれ、ととくに頼まれました。行けますか」

「わかりました。少し前に名刺を届けさせましたが、それなら帰路ちょっと立ち寄ろうかと思います。いまご教示いただけるなら、おっしゃるとおりにいたします」

「日本政府は軍艦を出動集結させ、すでに各国に通知もしていますから、この問題の解決は、弁舌だけでは争い難いものがあります。そこで中國も軍艦をこちらによこして動静をみることにしました。しかし解決が遅れれば遅れるほど、不利になります。乱の首謀者の懲罰はしばらく措きましても、殺害された日本兵の家族への見舞金が相当の額になりますし、このたびの日本の軍艦・軍隊の出動にかかった経費は、駐留が長引けば長引くほど、貴国が他日、その分を賠償せねばならなくなります。ですからこの問題は、すみやかな解決が重要です。それには執政（李昰應）がまず、心腹の大官を派遣して、うまく言って交渉につかせ、謝罪を名目としていただき、しかるのちわたしが、あらためて横から調停するほかにはなく、これなら解決しやすくなるでしょう。とはいえ花房は、〈この問題は国王直々に出て来ていただくか、さもなくば大院君（李昰應）ご自身が交渉に来ていただかなくては、解決できない〉といっております。思いますに、日本の今回の出兵は名分がありますので、他国の調停のかなわぬところもありますけれども、国王が直々に交渉のためお出ましになるのは理不尽ですから、お二人のうちお一人が明日、とりいそぎ京城《ソウル》にもどり、ひそかに大院君に、専断をもって自らこちらにお越しになって、花房と協議なされるよう、申し上げていただきたい。幸い、大院君は威望もとより著れ、しかも我々がこちらで保護しますれば、日本側もあえて無礼をはたらくようなことはありますまい。これは請け合います。けっして貴国にひどい結果にならぬようにいたします。遅疑されれば時機を誤り、以後の情勢は予断を許さなくなりましょう」

「ゆきとどいたご教示、感激です。こちらにまいりますさい、国王から命をいただき、大院君からも意を承り、もし大人《あなた》からご教示いただければ、相談のうえ決定するから即刻知らせるように、とのことでした。ですからつつしんでご教示のとおりに上申いたします。しかし今後のことは予断をゆるしません。花房がいますぐ京城に行くとすれば、いったいどうすればよいのでしょう。ご面倒ながら大人にもおいでいただくしかないと思いますが、いかがでしょう」

「花房はもともと王京《ソウル》に向かうつもりだったのですが、〈王京は乱党がまだ平定されてないので、にわかに入京すれば不測の事態が生じかねない〉と再三説得すると、花房も仁川で数日待つことにしました。ですからとりいそぎ、大院君に京城を出て交渉いただきたいのです。そうすれば、花房の京城行きも阻むことができます。これが遅れればどうなるか、わたしにもわかりません」

「あらかじめご説得いただいたとは、感じ入ります。つつしんでただちに申し伝えます」

この筆談には、ほかにもやりとりした三ヵ条の問答があったが、趙〔寧夏〕・金〔弘集〕の二人が残すのを拒んで、その場で破り捨てた。そしてこの筆談も、自分の書いた正本はもちかえりたいと懇請した。

「王宮の襲撃ではどうして、王妃だけが薨られたのですか。聞くところでは、王妃がお亡くなりになったのは、誰かのさしがねだということですが」

「それは臣子たるもののあえて口にすることではありませんし、また臣子の言うにしのびないところです」

「いま魚允中と金玉均が超勇におります。お会いになってはいかがですか」

「目下、国事は危機きわまっております。もし以前に大人にお世話になっていなければ、殺されていたでしょう。道園〔金弘集〕は家はうちこわされ、身は何度もとらえられそうになっています。何とか助かっているのは、大人と旧知だからなのです」

金〔弘集〕も口をはさんで、

「魚・金は知人ですから、本来なら少しだけでも会うところですが、このような危地きわまる境遇ですので、会わないほうがよいでしょう」

「いまひとつ、内密におうかがいしたいことがあります。お二人は以前から国王の信任もあついと思いますし、またここしばらく一緒に仕事をしてまいりましたから、立ち入ったことを言わせてください。国王はいま決して、自主《ママ》できておられないと思うのですが」

「おっしゃるとおりです」(80)】

かれらが辞するに際し、花房に会いにいきたいと言ったので、とくに英語で意を伝える書翰をしたため、二人に託して、花房に手づからわたすよう申しつけた。

五時、また軍隊を乗せた日本の商船（和歌浦丸）が港に入ってきた。くわえて先に煙臺に駐在していたアメリカ軍艦モノカシー号（*Monocacy*）がつづいて入ってきた。モノカシーの艦長は副艦長に命じて「明朝あいさつにまいります」と伝えさせた。

しばらくしてブリッジで眺めていると、花房が上陸したのが見えた。この二日間で上陸した日本兵は七、八百人、濟物浦《チェムルポ》に宿営しているのは二百人、進軍して仁川に宿営しているのは五百人あまりである。

夜九時半、揚威の小汽船がもどってきた。鄧副艦長（鄧世昌）は「南陽《ナムヤン》の港はけっこう便利です。明日また詳細な測量にいきます」といっていた。

七月初一日（八月一四日）、朝、ブリッジに登ると、日本艦の小汽船が舢舨《サンパン》を曳航しているのがみえた。兵隊を次々たえまなく運んで、上陸させているのだ。

九時、朝鮮の行承政院左承旨尹用求が、国王の名刺を持参して挨拶にきた。興宣大院君李昰應の名刺も持ってきた。その名刺には、わきのほうにかなり細かい字で数行「賤齒六十三、雲監胡同《（ママ）》[81]に家住す。子、載冕、年三十六、曾て翰林編修爲り、現《いま》宗人府一品・戸曹判書・元戎[82]に任ず。孫、三あり、幼稺なり」と書いてあった。わたしも名刺をわたして、それぞれにお答えすることにした。用求は、大公主（徳温公主）の子であって、国王（高宗）とは中表兄弟《いとこ》にあたる[83]。ついでかれとすこし筆談した。

まもなく金宏集《（ママ）》の書翰がとどいた。「昨晩の一〇時、趙寧夏といっしょに仁川で花房と会いました[84]。そのあと寧夏は夜に日を継いで、急ぎ漢城《ソウル》にゆきました」とあった。

一一時半、アメリカの艦長コットン（C. S. Cotton）が会いにきた。話を聞いてみると、アメリカ外交当局は日本と朝鮮のあいだに事件があったと耳にし、電報で軍艦を中国から朝鮮によこし、形勢の変化を偵察し、あわせて日本に進軍をあせらないよう勧告せよと命じた、との由、そのアメリカ外交当局の訓電[85]をみせてくれた。さらには「さきほど仁礼景範に会って、この事件の顛末を訊くと、ごまかして答えようとしません。花房に会わせて欲しいといいますと、〈船にもどったら、すぐお知らせします〉というだけで、いつなのかは何も言ってくれません。まったくけしからんことです」といった。それでわたしのところに、初九日の事変のことを聞きにやってきたのだ。二つ返事で、聞いた情報をかれにおしえてやり[86]、王妃の惨殺のところまで話が進むと、きわめて驚いて「もしそれが本当なら、ますます急いで花房と会って、はやった進軍入京を防がなくては。このままでは、国王の身が危ない」といった。そこでわたしは「アメリカ外交当局の訓電の趣旨をありのままに書翰にしたため、仁礼を通じて速やかに仁川へ送って、会見の期日を決めれば、花房も会ってくれるかもしれません」とアドヴァイスした。コットンは辞去すると、軍艦〔モノカシー〕にもどって礼砲を十五発はなって、わたしに敬意をあらわした。こちらも同じ数を撃って答礼した。

一時半、魚允中が来て筆談したが、立ち入った話はせず[87]、まもなく辞去した。王京《ソウル》に偵察に行っていた、魚允中の通訳で、姓を金という人がもどってきて、「漢城《ソウル》では住民が恐慌をきたし、みな先をあらそって山あいに避難し、繁華街は人ひとりいなくなった。仁川では日本軍が横行して家畜を掠奪し、家々がたいへん苦しんでいる。そんななかにも挽回の希望はある、みな王師（清朝軍）が来るのを首を長くして待っている」と。

五時、アメリカの軍艦を訪ねてコットンに答礼したところ、今度はアメリカ艦隊司令官に上申した書翰[88]をみせてくれた。そこでも仁礼景範に不満を漏らしている。立ち去るにあたっては、ふたたび十五発の礼砲でわたしを送ってくれた。

揚威にもどると、花房からの漢文・英語の書翰が一通づつ届いていた。一つは「日本本国から来た知らせによれば、〈元山《ウォンサン》では六月十七日（七月三一日）に朝鮮の乱党が観察使衙門をうちこわす事件があった。日本の居留地は厳戒態勢を布いたため、幸い巻き添えにはならなかった〉」とあった。もう一通は、わたしが昨晩、趙寧夏がもどるまで王京《ソウル》行きを延期するよう、書翰で頼んだのを応諾した返書であった。

八時一五分、また日本の比叡という巨艦がやってきた。これで漢江にいる日本の船舶は六艘になって、意気はなはだ盛ん、舢板《サンパン》の往来も頻繁で、港湾内の喧噪も夜を徹している。わたしは、といえば、ただブリッジでひとり息を殺して坐っているしかない。

初二日（八月一五日）、朝、鄧副艦長（鄧世昌）が来て、「昨日、南陽《ナムヤン》の測量からもどりました。南陽は水深があり岸が近く、軍艦の停泊に便利です」といった。それで思い出したのは、日本兵上陸後のその虚実・動静は、全然しらない、ということだった。そこで花房あてに一通手紙(89)を書いて、使い走りに「手紙を届ける」という口実で、ついでに偵察してくるよう命じた。

八時、永宗《ヨンジョン》簽使（宋啓憲）が興宣君李昰應の書翰をとどけにきた。「漢城《ソウル》の人心はまだ不安です。一歩たりとも離れることはできません」とあった。わたしがさきに書面で、こちらに来るよう招いたので、こう答えてきたわけである。

一二時、日本の海軍少将仁礼景範が挨拶にきた。謙譲な言葉遣いで、親交を結ぼうとしているようだ。中国語もヨーロッパの言葉もダメなので、ちょっといただけですぐに立ち去った。礼砲十一発で敬意をあらわした。

正午には酷暑になる。巡洋艦の揚威は鉄板で装甲してあり、船室はせまいから、それだけで蒸し暑さをきわめるのに、さらに機関室で火を焚いていて、これでは蒸し風呂にいるのと同然だ。温度計はうなぎのぼり、華氏九六度（摂氏三五・六度）になった。

四時、偵察にやった使い走りがもどってきて、くわしく復命した。花房の返書には、「明朝、漢城へ出発する」とあった。

九時、趙使（趙寧夏）・金使（金弘集）が仁川から来訪した。「花房は入京を決意しました。ひきとめましたが、ダメでした」といい、袖から興宣君（李昰應）の再度の手紙をとりだした。治安の維持に役立て、また直接お目にかかるため、すみやかに漢城へお越しいただきたい、とわたしに頼む文面であった。そこで長時間、二人と筆談した。そのうち、少しでも嫌疑にふれそうなものは、二人が手当たり次第ことごとく抹消した。

「さきに花房にお会いになって、何といってましたか」

「すぐ兵を率いて、京《ソウル》にゆくといってました。何度とめてもききません[90]。それでかれがどうするのかをみとどけて、日が暮れてから、日本の出してくれた小汽船に乗って申し上げにまいったのです」

「さっきかれから書翰をうけとりましたが、そこにも〈明朝兵を率いて京にゆく〉とありました。大院君がこちらに来られれば、花房の入京を阻止できると考えていたのですが、もうとりかえしはつかないでしょう。しかしかれが入京したら、政府が十分にもてなさなければなりません。四、五日後には我が軍も到着しますし、他国の軍艦も来るでしょうから、かれらの意気も次第に奪われてゆくでしょう」

「丁軍門（丁汝昌）が到着されなくとも、大人《あなた》にはご足労ながら、ぜひとも王京にお越しいただきたい。敝邦《わがくに》の上國《（ママ）》におすがりするのは、至愚の女子供でも骨身にしみて、感激するところでございますれば、ここはご足労ですがぜひ、まず京にお越しいただきたいのですが、いかがでしょう。国王もそうお考えです」

「貴国の人心はまだ混乱しています。くわえて日本軍が集結到着しておりますれば、わたしも我が軍が来るのをまって、軍隊をそろえてそちらに向かって、声威を張ると同時に、日本側を牽制する必要があります。さもなくばうまく対処できません。それに他国の軍艦もこちらにきていますから、誰も応対する人なしではすみません。アメリカ艦の艦長（コットン）は花房と日本の提督《（ママ）》（仁礼景範）にすこぶる不満で、わたしには好意を持ってくれています。もしこの間隙に乗じて、ほかの国と連合すれば、日本に打ち勝つ手だてになるかもしれません[91]」

「明朝、王京《ソウル》にお帰りですか。もしお帰りでないのなら、明日の朝九時、こちらへ来ていただけませんか。舢舨《サンパン》で濟物浦の埠頭までお迎えにあがります。午後アメリカ艦にご同道ください。かの艦長ははなはだ好意的で、〈前に釜山で朝鮮の東萊觀察使から招かれたことがありまして、今でも感激にたえないことです〉といっております」

「ちょうどこちらからお願いしようと思っていました。このように言っていただいて、いっそう深謝いたします。つつしんで仰せのとおりにいたします」

「今日の午後、手紙を書いて南陽《ナムヤン》府使に薪を集めていただくようお願いしたのですが、事前に連絡がつきますか」

「おっしゃったとおりに命じておきました。貴翰は濟物浦で拝見しました」

「花房は入京して何をするつもりなのか、また誰を相手にするつもりなのか、いってませんでしたか。大院君は日本軍が入京すると聞いても、なお成算があるのですか」

「花房が軍隊を率いて入京する目的については、かれの言では〈友好国に内乱がおこったなら、義として保護しなければならないし、乱軍乱民は懲罰しないわけにはいかない〉ということでした。また大院君を相手にするのを望んではおらず、国王に引見してもらって申し上げたい、とのことでした。大院君は日本軍が入京すると知ったら、どうしようもないでしょう。おろおろしてしまって、早めに手を打たなかったのが恨めしい」

「わたしも自ら軍隊を率いてこなかったのが悔やまれます。そうしていたら、我が軍が先着して、とっくに日本側の意気を殺いでいたはずでした。しかし三日のうちに丁軍門（丁汝昌）が軍隊を率いてやってきます。日本軍と紛糾を起こさないよう、わが軍は南陽に上陸しなくてはなりません」

「さきに花房に会ったとき、〈日本軍がもし入京されるなら、中國も敝邦《わがくに》のことを心配するでしょう。いまとなっては、お二人とも兵を率いて入京されるべきです〉と申し上げました。ですからかれも、中國軍の来ることは知っています。ですから南陽でお待ちになることはありません。入京駐紮いただければ、我が國の大小の臣民には、干天慈雨です。ご高配いただけないでしょうか」

「南陽は上陸地点にすぎません。軍が上陸したら必ず直行入京します。わが軍が来たら、薪や食糧を軍営に供するよう民に申しつけてください。代価はきちんをお支払いし、掠奪のようなマネは決してさせないよう厳命いたします」

「わかりました。我々も同行させていただきたい。命はお預けいたします」

「もちろん同行はこちらからお願いしたいところです。国王も我々が行くのを聞けばお喜びになるでしょうが、いまはご内密に願いたい。そのときになれば、しかるべき措置をとります。お二人には今後とも実情をお知らせいただきたい」

「国王のお喜びは名状しがたいものでしょう。仰せの向きは肝に銘じておきます[92]」

別れぎわ、薪を集めて待っておくよう、南陽府使に命じることを頼んだのは、わが軍が数日もしないうちに来て、たくさんの兵隊がおびただしい数のかまどを作るので、勝手に薪を切り出しては、都合が悪いからである。

初三日（八月一六日）、九時、魚允中が揚威に訪ねてきて、筆談した。

「何かわかりましたか」

「情況をさぐりえただけです。日本船に一昼夜おりましたが[93]、きっとひと騒動起こるにちがいありません。彼の人は頑迷固陋で、国王の側から離れようとしません。あえて外務《ママ》を口にする人もおらず、ただ党派を引き用いて仇敵へ報復をはたすばかりで、死者は日々増えています。日本に対しては、和議をはかるのか、戦端を開くのか、けっきょく定見がありません。反乱軍をけしかけ、日本側にことをおこす口実を与えているだけです。彼の人を除かねば、國は最後には亡びます。痛哭のきわみです」

「あなたは王妃が彼の人に毒殺されたことを知っているのですか。どんな真相でしたか」

「王妃には内助の功がありましたので、彼の人が宮廷に入って、反乱軍で脅して薬を飲むよう迫ったのです」

「反乱軍が蜂起したのは、俸米を減らされたからだと聞いてますが、その減らした糧食は国庫に帰したのですか、それとも私腹を肥やしたのですか」

「それがすべてのはじまりです。わが国は最近、財政が窮乏し、財政をつかさどる大臣の施策が宜しきをえなかったため、軍隊の月給もとどこおり、月はじめに俸米を給与するさい、倉吏は古い穀物をばらまいたばかりか、秤量もごまかしたのです。そのため、給与をもらう軍人たちは、倉吏と口論となって何人も殴り殺しました。倉庫を管轄する当局は軍人を逮捕して処刑しようとしまして、軍人たちは罪もないのに無理やり逮捕された、と訴えたけれども、釈放をゆるされなかったのです。そこで兵士たちは各所に訴えに走り回って、某人のところに訴えますと、彼はそこで〈宮廷に入って擾乱を起こし閔哥《ママ》を殺せ〉という書きつけをわたしました。つまり日本と通交をはたした連中を殺せば、國家は安泰だという意味です。かの軍人とならず者どもは、それであんな前代未聞の悪行をなしたのです。彼がもしそのかさなければ、こんな変事を起こすこともなかったでしょう」

「だとすれば、外戚を殺害し、ついで日本の公使館を包囲攻撃し、かつて条約交渉にあたった臣下に掠奪殺害を行おうとしたのも、みな彼のやらせたことなのですね」

「そのとおりです」

「あした超勇が南陽《ナムヤン》へ向かいます。丁軍門（丁汝昌）の来るのを待ちうけるためです。あなたもご同行いただけますか。趙・金のお二方もわたしとともに、初五日（八月一八日）か六日（八月一九日）には、南陽へ出発します。我が軍がついたならすぐ上陸して、王京《ソウル》へ直行します。しかし彼の人の軍は非難すべきとはいっても、いかんせんその証拠がなくては、手の出すのもさしさわりがあります。これはどうすればよいでしょう」

「証拠などというものは、ことが定まってから人に釈明するためのものです。ご心配なら、趙〔寧夏〕・金〔弘集〕とわたしが連名をして証拠といたしましょう。上陸してから人民に文書を作らせればよいでしょう。また人民にアピールして公憤を起こし、八道《ぜんこく》に檄文を発し、七月十七日（八月三〇日）を期して一斉にこの賊を討たせてもよいでしょうが、はたして期日どおりうまくゆくかわかりません。いずれにしましても、罪状を明々白々に文中で声明しましょう。〈この賊にもし少しでも人としての道理があったなら、誰があえてその権力を奪うであろうか。権力が奪われるとするなら、それはもっぱら、無辜の人民を誘拐殺害し、富裕な人民を掠奪し、他人の妻女を姦淫し、士大夫を侮辱したためであり、国中の人々が切歯して権力を失うに至ったのだ。人がことさら権力をとりあげたわけではないのである〉と」

「上陸してから人民に連名状を書かせるのはたいへんけっこうです。もうすぐ趙・金が来て、わたしといっしょにアメリカ艦にいきますので、いっそう外国とのよしみを固くできます。アメリカは貴国の内乱が起こったいきさつを聞いて、はなはだ残念がっていて、また日本公使が入京をあせって、相談にも来ないのにもたいそう不満ですから、これも好機といえます。三、四日のうちには、イギリス・フランス・ドイツの船がこちらにくるでしょう。各国の力で日本の意気を殺ぐ方策はきちんとあります。あなたも日本艦にいらっしゃったのですから、花房が入京するのはどんな目的か、ご存知でしょう」

「かれは進軍を延期したのですが、わが国の大臣の書翰をみて急遽、王京に向かうことにしたようです。きっと向こうで騒ぎになりましょうから、くれぐれも復讐は乱の首謀者にとどめ、民に危害のおよばないようにしてください、と頼んでおきました。かれもそれは納得してくれましたし、日本の右大臣岩倉

〔具視〕と外務卿井上〔馨〕も和議を主張しております。いま入京して国王に謁見したいのは、国王の信頼あつき臣下と交渉させたいのであって、某人とは交渉したくない、との由です。まず進軍したのは六百人だけです。各国と通じるのはたいへんけっこうです。なるほどいい方法ですね(95)」

建忠《わたし》が按ずるに、魚允中の発言で「彼の人」「某人」というのは、大院君〔李昰應〕を指す。

一一時、趙使〔趙寧夏〕・金使〔金弘集〕を海岸へ迎えにいった小汽船が、二人をつれてもどってきた。まず昼食を出してもてなして、その後、筆談は何枚にものぼったが、すべて破り棄てられた。でも乱党の所業は、ますます明らかになった。

一時、清輝という名の日本船舶が到着した。漢江にきた日本船はこれで七艘となった。

三時、趙使・金使といっしょにアメリカ艦を訪ねた。艦長のコットンは手厚く迎えてくれた(96)。

夜九時、日本の〔前〕天津駐在領事竹添進一郎(97)が、花房の命をうけて揚威に会談をしにやってきた。ながらく筆談して、一二時を過ぎるまで、辞去しなかった(98)。

「つつしんでご厚意にお礼を申し上げるよう、花房から仰せつかっております」

「本来、花房公使をすぐにでもお訪ねしようと思っておりましたが、こちらの艦上に人がいなくなりますので、あいにくできませんでした。本当に申しわけなく思っています。わたしも数日のうちに王京《ソウル》へ行くつもりですので、お目にかかれるでしょう。さらに執事《あなた》には手紙で、このことを花房公使にあらかじめお伝えいただきたく存じます」

「このたびの事件は当初、真相がよくわからず、わが国の人心が動揺いたしました。幸いわが政府は、朝鮮が開国してからまだ時日を経ておらず、二十年前の日本と同様、外交《(マヽ)》に習熟できなかったものだと判断し、武力にうったえてその曲直を争うことはせず、国際法にのっとって穏便にすませようとしております。とはいえ、暴徒がまだ余勢を駆って、意気盛んだと耳にしたので、護衛のために軍隊をつけ、軍艦に乗ってこちらにまいりました。わたしも動静を偵察するよう命ぜられてまいりましたが、仁川の情況を目の当たりにして、だいたいわかりました。朝鮮政府もどうやら暴挙はいささか後悔しているようですので、明後日に帰国して事情を復命し、日本政府の懸念を解こうと思っておりますが、いかがでしょう。もしなおご心配でしたら、あと数日帰国をひきのばしてもかまいません。忌憚なくおっしゃってください」

「初九日の変乱は猖獗きわまり、王妃を毒殺、重臣を殺戮、外国と関係した諸臣を誅殺することとなってしまいました。いま内乱はおさまっていますが、それでもまたぞろ復活するやもしれません。この事件の解決ははなはだ困難です。なぜなら執政（李昰應）の人は国王に任命されたわけではなく、執政と交渉しようとしても、その執政の名分が正しくありませんし、国王と交渉しようとしても、国王は自主《ママ》できないからです。いま花房公使は漢城《ソウル》に向かわれましたが、まずどこから着手されるおつもりなのでしょうか。乱党が暴動を起こし、公使館を攻撃したといっても、それは朝鮮政府の命令によるものでは決してありません。それはいわずとも自明でしょう[99]」

「この事件の解決はたしかに困難です。しかしその曲直を断じて、朝鮮を平定してしまおうというのは、ほとんど干渉にひとしいものです。花房の考えはわかりませんが、私見を述べさせていただきますと、朝鮮政府が国王の命令をかざして、この事件について協議しようというのなら、我々からみれば、ともかく名分は正しいということになります。その国情についてみれば、党派の政権争奪であって、開国か鎖国かを争っているわけではありません。ですからすみやかに交渉を決着させて、そのうえでおもむろに曲直を調べることにしてもよいのではないかと存じます[100]」

「いかにもおっしゃるとおりです。貴国と朝鮮は〔対等の〕與國《ママ》ですので、その内政をどうこうすることはもちろんできません。けれどもこの事件を解決するには、公使館を攻撃した乱の首謀者を懲罰すべきで、それとあわせて、善後策も講じるべきだと思います。乱党を除かないと、善後策はけっきょくうまくいかないからです。花房公使におかれましては、朝鮮政府とのすみやかな交渉決着をよしとされるのも、なるほどごもっともです。しかしわたしは大局からみるがゆえに、朝鮮の朝政を焦慮しているのです(101)」

「我が国の意はもっぱら交誼を更新するにあり、朝鮮の乱につけこんで掠奪をはかろうとするものではありません。ですから朝鮮への要求も、乱の首謀者の懲罰と善後策の策定にすぎません。わたしはすみやかな決着のみを切望しています。もし時日が遅延すれば、朝鮮の乱民がふたたび暴動を起こすかもしれず、そうなったら我が国は軍隊をもって、その罪を問わねばならなくなります。そんなことになれば、朝鮮との交誼は絶たれ、アジアの全局もいっそう危うくなります(102)」

「まことにおっしゃるとおりです。善後策はどうすればよいですか。執事《あなた》におかれましては、すでに成案をおもちでしょう(103)」

「損害と軍費の賠償を求めるのは、万国共通ですから、これにはしたがわざるをえません。しかしわが国の場合は、決してこれで利益をあげようというのではありませんから、きちんと実額を算定してとりすぎにならないようにいたします。善後策につきましては、公使・領事およびその家族が、その人民に親しめるよう、朝鮮国内の各地に旅行できるようにすること以外にはないように思われます。朝鮮が深く外人を憎むのは、そもそも外人を見ることが少なく、そのために往々にして猜疑するにすぎないのです。朝鮮人が日本人を猜疑したがため、こちらの商人もそれに怒り、猜疑憎悪が相乗的に高まってきました。そうだとすれば、ヨーロッパ諸国が朝鮮にやってきたあかつきにも、きっとそうなります。万一不幸にして朝鮮の暴徒がヨーロッパ人を襲撃するようなことになったら、事態はもっと重大です。ですからいま朝鮮の計としては、外人と会うのに慣れるのが何よりまずなすべきことでしょう(104)」

「朝鮮はことのほか貧しく、国庫は空っぽ、民間も窮乏しております。この事件が決着しましたら、死傷者への見舞金は人情にのっとるものですから当然ですが、あまりに多すぎては、朝鮮側も応じることができません。軍費につきましては、何とも申しあげられません。朝鮮はそんなに多額の財政をもっておりませんから、たとえ貴国が実額で計算したところで、いつまでたっても賠償は終わりますまい。内地旅行については、朝鮮民間人に外人と会うのに慣れさせるのは、まったくおっしゃるとおりです。ただ内乱の直後では、あまり性急に実施できないでしょう。以上、いかがでしょう[105]」

「日本国内は人心落ち着かず、賠償を名目にそれを鎮静させようとしているだけです。朝鮮の貧しいのは、こちらもよく知っています。決して無理なことはないと思います。もし我が国が貪欲であるなら、朝鮮が我が国民・国旗を凌辱した罪を責めて、過当な賠償を求めるか、あるいは島嶼の割譲を求めてもおかしくはなかったはずです。しかし我が国はそんな下心はありません。これは絶対に保証いたします。そもそも朝鮮はわれわれをつねに猜疑し、〈今の日本もやはり昔の日本とかわらず、朝鮮の土地を奪おうと、また朝鮮の財宝を奪おうと思っているのだ〉と思っています。ですから今回は我が政府はつとめて公平に、万国公法にのっとって処理したいと考えています。もしわたしの言をお疑いなら、花房が朝鮮と交渉し終わる日をお待ちになられたく、それでわたしが欺いていないことがおわかりになるでしょう」

「おっしゃるとおりなら、優待して見舞金を給すとするだけで、こと足りるのではありませんか。まだ記憶に残っていることがあります。わが国の雲南の役のさい、イギリスも軍艦を動員結集いたしました。ところが決着がついたときには、見舞金の名目しかなかったことです[106]。しかも国際法に照らしてみましても、交戦した国々も軍費賠償を必ずしもとっておりません。黒海の戦いでは、ロシアが和を乞うたところ、イギリス・フランスは戦費賠償を求めませんでした[107]。イタリアは多くの戦争で敗れておりますが、それでもいままで軍費賠償をしたことがありません。戦いに敗れてすら、軍費賠償をしない例があるのです。貴国の場合は與國（ママ）を優遇するご意向であり、出動した軍艦は、與國を守るためだとおっしゃいます。それなのに、それを口実に賠償を求めるというのなら、〈仁〉で始まったのが、[108]〈利〉で終わった、と他国から笑い者になるかもしれません。以上、私見ですが、いかがでございましょう」

「なぜ我が国の人心が動揺しているのか、少し述べさせてください。朝鮮人がわが国に来たら、わが国はすこぶる優待しております。それなのに去年は、朝鮮人は我が国民を三名撲殺し[109]、今年はまた京城《ソウル》の公使館を包囲攻撃しました。公使についてみますと、脱出して仁川まで逃れたところ、仁川府使はだまして公使が眠ったのに乗じて、わが兵器を奪って数人を殺害したのです。ですからわが国の人々は、憤然と征韓の説をとなえております。我が政府はこれをおさえるべく、賠償という名をかりて人心をなぐさめようとしているだけで、他意はありません。いわゆる軍費につきましては、陸海軍の兵隊は日本側でも俸給を支給しますし、軍艦には経費のわりあてがありますから、実際にこの朝鮮遠征にかかった経費だけを計算したなら、もちろんそんなに多額なわけではありません。これも政略のうちでありまして、実際には代価を求めるのが目的ではないのです。見舞金につきましても、負担できないほどの巨額の支払いを迫るつもりはありません。〈仁〉で始まり〈利〉で終るとは、あまりにもわが国の実情をみない言ではありませんか[110]」

「〈仁〉で始まり〈利〉で終るというのは、局外の者がそう邪推するかもしれぬ、と申しあげただけです。貴国の人心がさきに事変が起こったのを耳にして、公憤にかられたのもあたりまえです。もし執事《あなた》が探り得た実情を、ご帰国ののち政府にご報告になり、〈乱党がことを起こしたのは、公使館を攻撃し、日本人を殺害しただけではなく、朝鮮の臣民もみなその災禍を被り、王妃にさえ毒牙は及んだのです〉とおっしゃっていただければ、日本国民もこれを聞いて、疑いもきれいさっぱり晴れるでしょう」

「聖賢の書を読んだことがありますので、〈義〉と〈利〉のちがいくらい存じ上げております。もしわが国に〈利〉を貪る野心があるなら、自らこのように海をわたって奔走などいたしません。中国におりましたとき、何度も中堂（李鴻章）やお歴々と国事に言及いたしました。欺いたことなどない、と信じております。今回のことも、帰国して政府に申し上げますれば、疑いがきれいに解けること疑いありません。閣下《（ママ）》にも日本の意図がどうなのか、すみやかに中堂にお伝えいただければ幸いです[111]」

「近いうちに機会がありますから、上申書を送って申し上げましょう。ただし内密にお伺いしたいことがあります。要求額はいかほどになりますか」

「これは名目だけですので、いくらという問題ではありません。すみやかに交渉がまとまるなら我が方はこれを掲げないかもしれないのです」

「この筆談を写して朝鮮政府に見せてもよろしいですか[112]」

「けっこうです。黎公使（黎庶昌）は東京で、人心の騒がしいのをみて、あるいは疑いを抱かれたかもしれませんが、今となれば、我が政府の言をお信じでしょう。貴政府も海を隔てておりますから、日本をお疑いかもしれません。[113]閣下におかれましては、ご所見とわたしの言をお伝えになって、その疑心を解かれれば、両国の幸いです」

「つつしんでおっしゃるとおりにいたしましょう。黎蒓斎（黎庶昌）に書翰を送り、総理衙門に報告させます。これはわたしの権限内のことですから[114]」

「朝鮮にふたたび暴挙があれば、わたしのいったことも画餅になります[115]」

「諄諄と朝鮮政府に説きました[116]。貴国の軍隊が入京されましても、必ず平静に応対するでしょうから、不虞の事はもう起こりますまい」

三　清軍の到着——八月一七日より二五日（翻訳）

〔光緒八年七月〕初四日（八月一七日）、朝、昨夜に竹添と筆談した大意を書面で趙使（趙寧夏）・金使（金弘集）に伝えて、とりいそぎ王京《ソウル》に報じさせた。ついで竹添が即日、帰国するかもしれないと思って、蒓齋（黎庶昌）公使にあて書翰をしたため、変乱が起こった顛末を略述し、あわせて「朝鮮は貧しい国なので、あまりに巨額を要求しては、応じることができない」という趣旨を、折にふれて日本政府に伝えるよう頼んでおいた。

一二時、超勇に命じて南陽《ナムヤン》に移動させた。というのも、丁軍門（丁汝昌）が帰国して援軍を要請しにゆくにあたって、あらかじめかれと、「日本軍は仁川から上陸しているので、きちんと区別できるように、また混乱を避けるためにも、わが軍は南陽から上陸すべきだ」と約していたからである。だから六月三十日・七月初一日に何度も小汽船を派遣して、測量させておいたのである。そろそろ禹廷（丁汝昌）が軍を率いて来そうな頃になってきたので、これを待ち受けるため、まず超勇を移動停泊させた。趙使・金使も随員の呉某を派遣し超勇に同行させて、南陽府使（李命宰）に軍隊が使う薪を集めるよう督促させた。

三時、竹添進一郎を答訪した。竹添のいうには「さきほど花房から手紙がきました。〈昨日、楊花津《ヤンファジン》に宿泊、朝鮮側は進軍停止を勧告するも拒否、軍を率いて漢城《ソウル》に直行することにした〉とありました。入京するまで、次の手紙は来ないでしょう。何も異変がなければ、とりいそぎ商船に乗って、帰国し政府に報告しようと思います」と。(117) 長居せずにさっさと辞去した。日本艦は礼砲として十五発撃った。

初五日（八月一八日）、午前、趙使・金使と承旨尹用求が、揚威に来訪し、いっしょに南陽へつれていってください、と申し出た。あわせて、花房が王京に入り、城内の木覓山《モクミョクサン》（南山《ナムサン》）のふもとに軍隊を駐屯させた、と教えてくれた。そのため文官を派して舢板《サンパン》に乗り、竹添がまだいるかどうかを問い合わせにやると、二通の書翰をもらってもどってきた。一通は花房の手紙で、「長らく仁川にとどまっていたら、おそらくほかに変事が生じましょう。そのため直行し、初三日（八月一六日）無事、漢城《ソウル》につきました」とあった。もう一通は竹添の手紙で、「花房は漢城到着、すでに朝鮮政府と交渉をはじめています。朝鮮側はずいぶん鄭重にもてなしてくれます」とあった。

一時、日本の商船明治丸が出航した。(118) 揚威もまもなく錨をあげた。航行中、人目につくので、趙使・金使とは話し込むことができなかった。

五時半、南陽《ナムヤン》の沿海についた。小汽船で趙使・金使を送って上陸させることにする。武官に同行を命じ、上陸すべき海岸までどれくらいの距離、障碍があるかを探らせたのだが、夜半まで待っていても、もどってこなかった。

初六日（八月一九日）、八時、小汽船がもどってきた。〔こんなに遅くなったのは、〕昨夜、座礁してしまい、夜明けに潮が満ちるまで、海岸にたどりつけなかったからだ。船内で一晩、野宿することになって、趙〔寧夏〕と金〔弘集〕たちには申しわけないことをした。

今日は炎天下で、ジリジリと暑く、不快きわまりない。禹廷がもどってくるのを指折り数えて、もう七日をこえている。援軍がもうくるだろうと思って、ブリッジに立ち、暇さえあれば、望遠鏡で西をながめていた。

初七日（八月二〇日）、八時、海上を見張っていた者が、立岐島《イプキド》の向こうに煙がたちのぼっています、と報告してきた。いそいで高いところに登って目を凝らして見てみると、汽船が五艘、西からやって来るのが目に入って、水兵たちはみな顔をみあわせて表情をほころばせた。

九時半、先頭は威遠、ついで日新、以下、泰安、鎮東、拱北、と続々到着した。(119) これよりさき、振帥〔張樹聲）は、丁軍門（丁汝昌）とわたしに朝鮮渡航を命じたときに、幫辦山東軍務呉筱軒軍門（呉長慶）を勅命で派遣していただき、軍を率いてひきつづき朝鮮へわたらせたいことを上奏なさるおつもりだったのだ。(120) いま到来した威遠を見ると、前方マストに帥字旗をかけているので、呉軍門（呉長慶）がお越しになったことがわかる。

すぐさま舢板《サンパン》に乗って面会しにゆき、丁軍門とも会って、訊いてみると、来着した五隻の船は兵隊二千をつれてきたもので、まだ二營きておらず、南洋の軍艦に乗ってのちほどやって来るとの由。わたしも近日の情勢をかいつまんで話した。

そのあと、振帥の書翰を拝読し、さっそく進軍を協議した。わたしは、花房はとっくに王京《ソウル》へ着いており、その交渉がどのようになっているのか、わからないので、まず自分が漢城に急行します、筱帥（呉長慶）はそのあとすぐに、大軍を率いて進発されてはどうか、と提案した。丁軍門は水軍の部署がまだ定まっていないので、同行できなかった。筱帥は右營の管帶《たいちょう》呉孝亭（呉兆有）に命じ、その部隊を率いて、わたしに随行させた。

四時、友人呂秋樵（呂增祥）君(121)といっしょに小艇に乗りこみ、潮に乗じて馬山浦《マサンポ》にいった。五時半、海をみわたすと、舢板《サンパン》十隻が我が軍士を満載し、小汽船二艘が曳航していた。続々と着いて上陸したのは、七時になってからで、孝亭（呉兆有）は「もう日も暮れて行軍は難しいので、海岸に駐屯する」といった。

友人（呂增祥）といっしょに馬に鞭打って夜行した。すぐに月が沈んだので、道を照らすため、松明を燃やした。山あいを経るたび、深い林のなかに、人影がたくさん立っている。敵なのか味方なのかまったくわからないが、王京《ソウル》の問題は火急を要するので、いちいち振り返っていられないと思って、がむしゃらに五十里を突っ走った。

一二時、南陽《ナムヤン》府署に到着した。そこにいたのは、趙寧夏ひとりだった。「〔金〕宏集《(ママ)》は昨夜、命をうけて京《ソウル》にもどりました。国王は今日、花房を引見しました。宏集はこれまで日本との交渉にあたってきたので、とりいそぎ召還したのです」との由。話し込んで午前二時を過ぎるまで寝なかった。

初八日（八月二一日）、九時、〔海岸にとどまっていた〕右營が到着した。

まもなく李昰應から書翰がとどいた。この前日、花房が提案した七ヵ条の要求書とその協議記録の写しも同封してあり、さらには「花房は三日の期限を切って、回答を求めてきました。すみやかに王京にお越しになって調停をお願いいたします」との文面があった。こうなっては、漢城《ソウル》への進軍は、いよいよ急がれる。そのため、すぐ孝亭に相談したいから来てくれ、と申し入れた。

ところがやって来たのは、ようやく正午になってからである。〔今日は〕水原《スウォン》まで進軍し、明日王京に着けるようにしよう、と相談をもちかけると、孝亭はどうしてもダメだといってゆずらず、憤怒を押し殺して立ち去った。(122) どうもおかしい、と思って、人をつけて随行させて様子を見させた。その人の報告では、「この部隊は兵士たちは山中を行軍して、暑気あたりで発病したものが多数にのぼる」という。それでかれがいらついて、怒らんばかりだったのも合点がいった。とはいえ、わたしが身ひとつで漢城に入っても、おそらく軽んぜられるのがオチだ。筱帥ももうすぐくるだろう、と思い直して、ここでとりあえず待つことにした。

午後、趙寧夏と密談する。筆談は何枚にものぼったが、すべてその場で破り捨てた。この夜はそのまま南陽に泊まった。

初九日（八月二二日）、朝、宿舎を出て少し散歩していると、道のわきに官庁みたいな建物が見えた。扁額に「唐城館」とあり、「金陵翁」という署名がある。(123) 通訳に訊いてみると、「ここは明の時代に冊封使が立ち寄ったところなのです」という。宿舎にもどると、〔趙〕寧夏がやって来て、「王京から馬百七十四、牛車十乗を軍用にお使いいただきたく送ってまいりましたので、人をよこしご査収いただくよう、筱帥に書面にてお願い下さい」と告げた。

八時、筱帥（呉長慶）から書翰がきて、「右營は病気で行軍できない。張仲明（張光前）副將を派遣し、その麾下の後營を向かわせたので、この部隊と進軍を急いでほしい」とあった。しばらくすると、仲明（張光前）が会いに来た。訊くと、兵隊ももう来ている、というので、もう二十里いって九浦《クポ》まで進めておきましょう、といった。そのついでに、全軍だと動きが遅いので、明日の晩に必ず漢城《ソウル》に着くため、疾走できるように軽装の小銃隊二百名を選抜していただきたい、沿途の軍糧はその地方の官吏に代金をわたして用意させておくので、と頼んだ。仲明は、わかりました、といって辞した。

午後、筱帥を待っていたが来ないので、書翰一通、書き置きを残しておいた。

まもなく四時になって、友人（呂增祥）といっしょに馬に乗って出発、九浦につき、仲明と落ち合った。屈強な兵がたくさん見えていて、もう小銃隊を選んだものと見える。少し言葉を交わしたあと、野営のテントから出て、また馬に乗って疾駆した。

二十五里ゆくと、水原《スウォン》〔留〕守鄭箕世が国王の命を奉じ、道の左側にて出迎えた。さらに五里進んで、水原に到着、通判署に宿泊させてもらう。按ずるに、朝鮮の官制では通判の位は府使の上にあるので、建物は広い。趙寧夏・魚允中もあいついでやってきた。みな落ち着いて坐ったところに、張副將（張光前）の小銃隊がもう外に来ている、との報告がきた。すぐ空き地に駐屯させた。この地の朝鮮の官吏たちがテントを並べて食事を運んだ。ほどなく右營《(ママ)》も到着して、駐屯した。この官署は通訳によると、国王の行宮でもあったという。(124)

初十日（八月二三日）、仲明（張光前）が先発し、わたしもやや遅れて出発した。水原を出ると、松林のあいだに広い道が通っている。雲が空一面にひろがって日差しが差し込まず、涼やかだ。

二十里ほどすすんだところで、昰應が昨日昼に発送した書翰をうけとった。「花房は、朝鮮政府は期限が

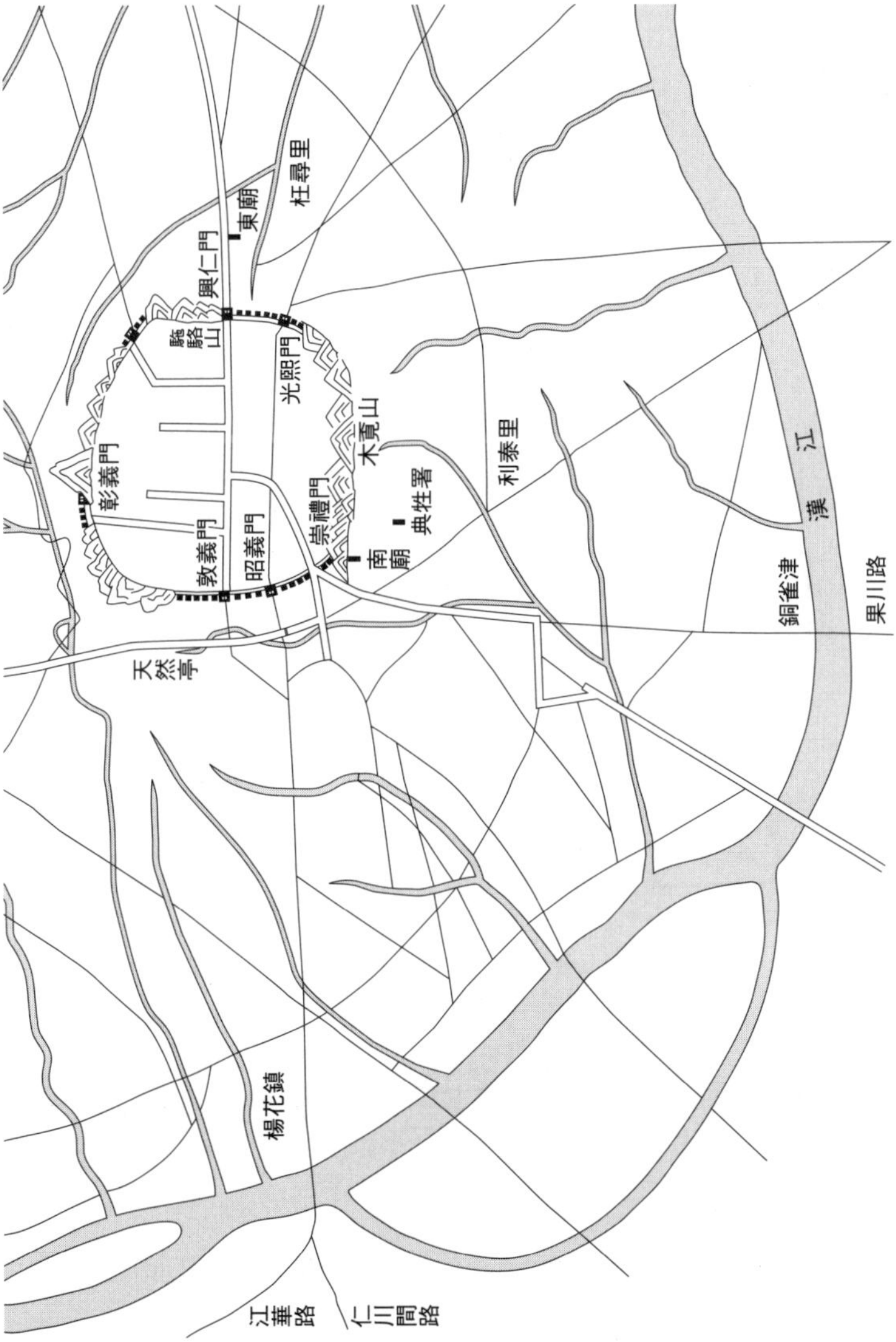

ソウル近郊図（出典：W. W. Rockhill, “Korea in its Relation with China.”）

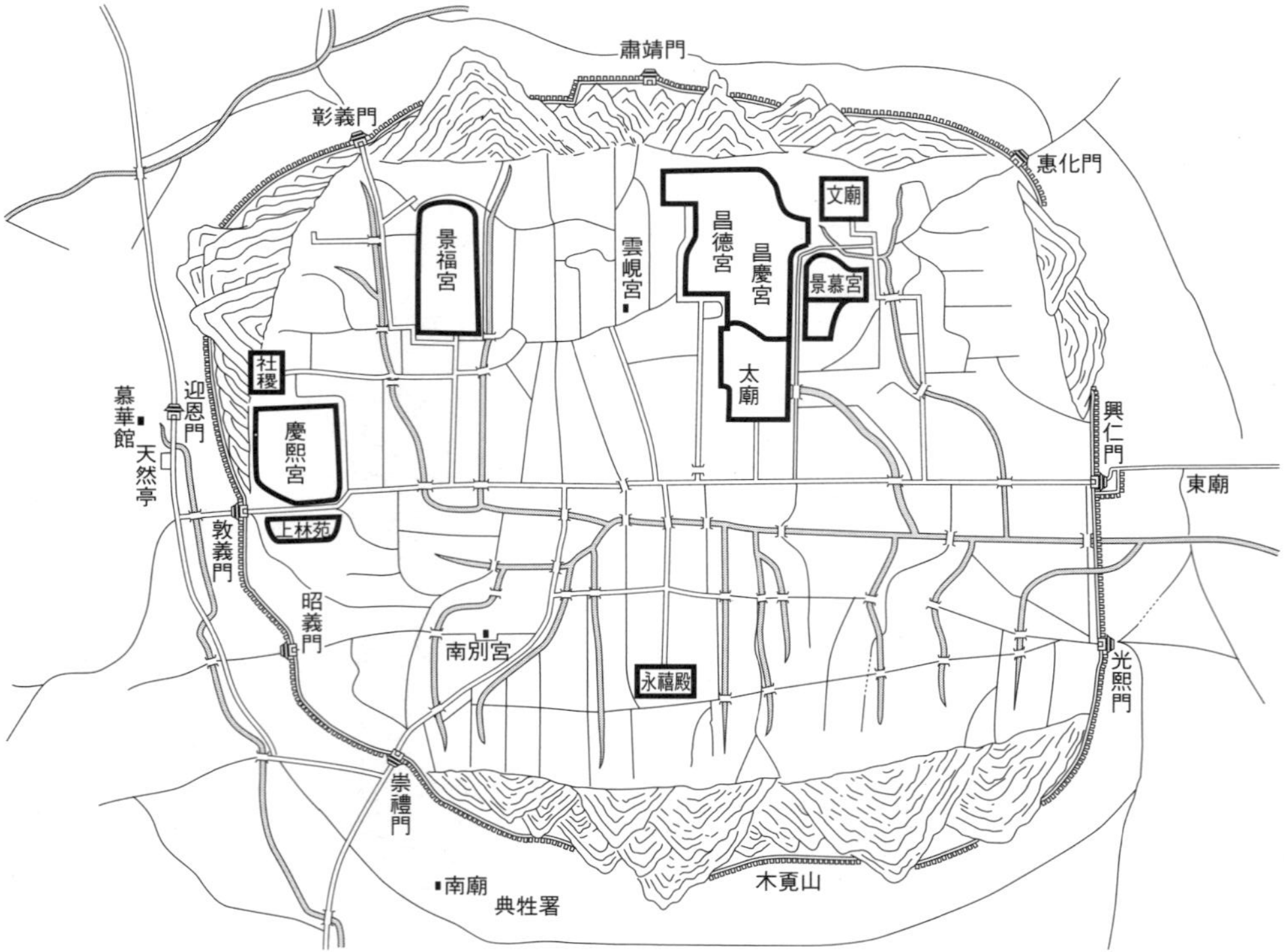

ソウル地図（出典：Rockhill, “Korea in its Relation with China.”）

来たのに回答しない、といって、朝に京《ソウル》を退出し、楊花津《ヤンファジン》に行き、船の準備をして待つつもりらしい。どうやら決裂も辞さない考えだ」とある。そこで〔趙〕寧夏に頼んで、ただちに人を遣って駿馬で楊花津まで駆け、花房がもう北行して漢江をわたったかどうか、を調べさせた。

一一時、果川《クワチョン》につく。国王と世子は、至急に名刺をとどけ、また慰問するため、中使[125]をよこした。寧夏はこの中使に訊ねて、是應が日本を軽侮したために、こんなことになってしまったのだ、とわかった。

まもなく、偵察に遣った騎兵がもどってきて、「日本公使はもう漢江をわたりました」と報告した。しばらく休んでから、また出発した。南天《（ママ）》山[126]に来て、軍士は数百丈の高さを登って、滝のような汗をかく重労働であった。

二十里すすみ、銅雀津《トンジャクジン》につく。韓文奎[127]が渡し場で出迎え、小船数十艘を用意して、兵隊をのせ次々に川を渡らせ、船からおりた進軍部隊の先導をした。〔入京すると〕道のわきでながめる人々がおびただしくなった。

薄暮、南別宮に入った。是應父子は〔南別宮で〕わたしの到着をまっており、挨拶を交わして歓談した。そののち、花房の残していった書翰に返書を書いた。またその書記官の近藤真鋤が病気でまだ出発していないのを知り、近藤に手紙を書いて、会見を申し入れ、日取りはいつがよいか、問い合わせた。国王と世子はまた名刺をもたせて挨拶させてきた。李祖淵・趙準永[128]が前後してやって来た。夕食ののち、ふたたび是應と筆談して、歓をつくした。

九時、近藤の返書がきて、「病がひどいので、お会いしに行けません」とあった。

十一日（八月二四日）、朝、是應はかさねて荷囊《かばん》・摺疊扇《せんす》をプレゼントしてくれた。またわたしが仁川に行くので、大院君じしんの輿を南別宮の宿舎にとどけて、どうぞお使い下さい、と提供してくれた。

そののち筱帥（呉長慶）と禹廷（丁汝昌）に手紙を一通づつ書き、最新の出来事を伝えることにする。

一一時三〇分、出発。途中きわめて蒸し暑く、まるで蒸し風呂にいるようだ。

五時、梧里洞《オリドン》でいったん休止し、輿から馬に乗り換えた。

六時半、仁川到着。花房と会談した。

「王京《ソウル》でなさった交渉の大要は、近藤からうかがいましたが、くわしいいきさつを教えていただけないでしょうか」

「本月初三日（八月一六日）、楊花津《ヤンファジン》まで軍を進めると、朝鮮政府はわれわれの〔ソウル〕入城を阻止しようと、官吏を船の渡し場によこしてきました。〔ソウル〕城外で交渉しては都合が悪いので、かまわず進んで入城しました。入城するとすぐ、国王に引見の日取りを決めてほしい、と申しあげましたが、朝鮮側はまた、いっこうにとりあわず、初七日（八月二〇日）になってやっと国王に拝謁し、七ヵ条の要求書をおわたししました。[129] あわせて、交渉にあたる官僚をご任命いただき、三日以内にご回答いただきたい、とお願いしました。国王はすぐ首相（ママ）洪純穆（ママ）（洪淳穆）を議事全権大官（ママ）に任命なさいました。[130] ところが、初八日（八月二一日）になってうけとった洪相（洪淳穆）の手紙には、〈重ねて山陵の吉地を実地踏査するよう任命をうけました。三、四日後にならないと京《ソウル》へは戻ってこられません〉とあった。さらには〈山陵は朝鮮《わがくに》の重大事ですので、我国《にほん》の要求は、もどってからあらためて交渉いたしましょう〉という。[131] いったい、国王は三日の期限なのを明らかに知り、目の前で洪相を議事全権大官に任命なさいました。そうしておきながら初八日（二一日）、任命したはずの人を突如、ほかの地へ出張させるのは、自家撞着ではないでしょうか。しかも其国《ちょうせん》の山陵を重大事だというのは、わが国のことを軽んじていること、明々白々である。向こうから、こちらとの交渉を断ってきた以上、わたしも期限満了と同時に、以上の意見を国王に申しあげて京《ソウル》を退出したのです」[132]

「初七日（二〇日）は大院君ともご会見になったはずです。大院君はどういう官職なのですか。お訊きになりましたか」

「かれとの話では、自分の官職にはふれませんでしたが、やはり国政には参画しているようです」

「国王が修好を望んでおられるとお考えですか。金宏《（ママ）》集たちの意思はいかがですか」

「国王はご聡明ですから、修好を望んでおられるでしょう。金宏集らは講修官だといっても、実は交渉の権限がありません。かれはひそかに、〈わが国の近事は、まことに痛哭にたえない〉と近藤にいっておりました」

「それなら、君《あなた》からご覧になっても、国王は交渉を切望され、大小の臣下も同じ意向なのに、意向はあっても実現に及ばず、こんな局面になってしまっている、とおわかりだと存じます。〈朝鮮になお政府があるのか〉とおっしゃいますが、さきに船中で申しあげたことをおぼえていらっしゃるでしょう、〈朝鮮の事勢は、国王の自主《（ママ）》を回復できるかどうかを先務とせねばならぬ。国王が自主できない間は、とりもなおさず他国も政府と交渉はできない〉と。政府の主は執政の人ではないからです。これを万国公法に照らしますと、トルコ・エジプトでは、反乱軍が各国の人を殺傷した事件が起こったさい、各国はその君主が自主できるようになってから、交渉をしています[133]。わたしはすでに四方より情報をあつめ、国王は何も関与できないことがわかっています。たとえば、さきにご出発にあたり、国王に上呈なさった奏文は、国王はまだご覧になっておられない。ほかの者が封を切って、わたしに見せてくれたのです」

「それは大院君にちがいない」

「説明の必要はありませんね。昨日、貴翰を拝読、〈すみやかにご挨拶しお話したいところですが、朝鮮政府が我々との交渉の路を閉ざしてしまったものですから、長く滞在できず申しわけありません〉[134]とありました。今こちらにまいりましたのは、朝鮮のために間に立って調停しようというのではありません。〔さきに申し上げた〕〈朝鮮の事勢〉を説明もうしあげ、問題を誤認していただかないようにするためです。朝鮮国王はいま〈自主（ママ）できない〔のなら当然、問題は国王の『自主』回復が先決となるはずな〕〉のに、貴公使《あなた》は軽率にも〈政府〔大院君〕と交渉〉をお進めになろうとしておられます〔から誤認だといいたいのです〕」。〈交渉〉がまとまらねばいわずもがな、たとえ〈交渉〉がまとまっても、他日国王が〈自主〉を回復されたら、その〈交渉〉で決まった事柄は、やはり空談になります。さらに今もし決裂となったら、将来おそらく朝鮮政府がこれを口実とするにはとどまりますまい。わが國が今回、軍隊をともなってまいりましたのは、ただ乱党の懲罰が目的です。貴国政府もすでにお聞き及びだと思います。お信じになれないなら、どうぞすぐにでも、乱党と〈交渉〉をまとめてください。わたしはおそらく今後、多事になりますから、これはあらかじめ申し上げねばなりません」

「貴国の派兵は、もともと乱党の懲罰が目的だとは、わたしも確信して疑うところはありません。しかしわが海陸軍の兵隊はみな〈貴国は〔日本と〕戦端を開くつもりで、こちらに軍隊を動員して来たのか、さもなくばこの機に乗じて、朝鮮を奪取するつもりではないか〉といってます」

「わたしも少しは聞いてます。軍人は無知なものですから、そうした疑いをもつのも、何ら怪しむに足りません。わが國の軍士も〈こちらに進軍してきたのは、日本と交戦するためだ〉とか、〈盛京も軍隊を動員し、朝鮮との境に入っているのは、後方支援のためだ〉とかいっております。みな事実に違う風聞です。かりに盛京が朝鮮との境に軍を動員しているとしても、それは騒乱を防ぐためにすぎません。朝鮮の土地を奪取するとの議論については、わが政府にそんな意思は決してないと断言できます。わが政府の意は、朝鮮がその国を保有し、寸土も失わないよう望み、またその内政外交が自主（ママ）できるよう願っているだけです」

「わが政府の意も、朝鮮の内政が自主できるよう望むもので、わたしもそうした命令を受けています。しかしそれは、きわめて困難です。どうなさるおつもりですか」

「わが軍は着いたばかりで、すぐには策を決定できません」

「実力行使も辞されぬおつもりですか」

「わが軍が来たのは、自衛のためにすぎません。貴国の軍隊動員と同じです。もしうまく騙すことができなければ、実力行使もやむなしでしょうか」

「実力行使の必要があるなら、わが軍も援助いたします」

「実力行使にはおよばないでしょう。万一そうなるなら、そのときあらためて、あなたとじっくり相談しましょう[135]」

八時、仁川府署を発ち、間道を急行し、三十里ほどして花島《ファド》につく。もう九時半になっていた。〔仁川府使（任榮鎬）が随行していたので、あいさつを交わして別れた。

十二日（八月二五日）、花房が花島鎮の宿舎にわたしを訪ねてきた。近藤も昨晩、仁川へきて、花房と同行している。しばらくのあいだ、じっくり膝をまじえて話をした。

「昨日、遠路はるばるお訪ねいただき、わが国のことをお話しくださって、たいへん感謝しております」

「今回お訪ねしたのは、朝鮮の国情を説明し、後日の足がかりとしようと思っただけなのですが、これからどうなさるお考えですか」

「なお仁川にて二、三日まつつもりです。もし朝鮮政府が大官をこちらに派遣して協議しないのなら、後事がどうなるかも言い難いものがあります」

「昨日、朝鮮政府は有名無実だ、とご説明いたしました。たとえ大官を派遣しようと、交渉する権限などありません。もしそのために決裂となるのなら、人の乱につけこむにひとしいではありませんか」

「朝鮮にもし政府がないとすれば、その内政を変革せねばなりますまい。それもだめなら、武力に訴えねばならぬのは必至です。あえてお尋ねいたします、わが国がこの挙に出たら、他国が妨げることはありましょうか」

「貴国と朝鮮とは與國《ママ》の関係にありますから、内政に干渉などできません。これはさきに申し上げたとおりです。もし武力に訴えられるのでしたら、他国がこれを阻むかどうかは、その国が朝鮮とどのような関係にあるかによります」

「それでは、貴国が朝鮮の内政を変革するおつもりですか」

「もしやるとすれば、本来の姿にもどして、国王が自主《ママ》できるようにするだけです。これを変革とはいえますまい。朝鮮政府が最後まで大官を派遣しないばあい、ぎりぎり何日間ご滞在になりますか」

「三、四日にすぎません」(136)

一〇時、花島《ファド》を出発、梧里洞《オリドン》で休止し、ふたたび馬からおりて輿に乗り換えた。晩七時、王京《ソウル》に急ぎもどった。もどってみると、丁軍門（丁汝昌）がすでに海軍の兵隊百名を率いて、午後には宿舎（南別宮）についていた。呉筱帥（呉長慶）も大軍をひきいて銅雀津《トンジャクジン》を渡り、漢城《ソウル》と目と鼻の先で宿営を張っていた。昰應は、わたしが帰還した、と耳にすると、時をうつさず訪ねてきた。そのためかれを夕食にひきとめて、十二紙ほど筆談して別れた。そのあと禹廷（丁汝昌）といっしょに〔ソウル〕城外に出て、筱帥と会談して密議を凝らした。午前二時を過ぎてやっと宿舎に帰って就寝した。

四　大院君拉致と済物浦条約——八月二六日より三〇日（翻訳）

〔光緒八年七月〕十三日（八月二六日）、午前八時、〔魚〕允中・〔趙〕寧夏があい前後してやってきた。允中はわれわれの宿舎（南別宮）にかくまい、寧夏をまず宮中につかわし、国王を慰問させた。

一二時、呉軍門（呉長慶）が宿舎にやってきた。丁軍門とわたしをさそい、昰應の私邸（雲峴宮）へ挨拶にゆくのである。呉軍門の儀仗がずいぶんものものしいので、何のたくらみもないとみせかけるため、従者はお減らしになったほうがよい、と勧めた。

到着すると、昰應は息子・孫をつれて、門の外に出迎えにきていた。なかに通されて座につき、しばらく歓談を楽しんだのち、あらためて邸宅を数ヵ所、案内された。意匠はすべて上品にととのい、配置も不自然なところはない。どうやら閑静明媚な山水が、この老人の頭のなかにそなわっているらしい。

辞するに際し、呉軍門のほうが先に出向いて挨拶にお見えになったのだから、すぐ馬を用意して答礼にこられよ、といっておいた。

かくて呉軍門は〔ソウル〕城を出て、黄松亭軍門（黄仕林）の宿営地で待ちうけることにした。そこがもっとも城内に近いからである。わたしはひとまず、禹廷といっしょに南別宮にもどった。禹廷は麾下の海兵四十名をあらかじめ水原《スウォン》に派遣して、待機させた。わたしのほうは、赫蹶の書[137]をしたため〔魚〕允中の袖中にもたせて、暗くなってから、中營にたちよって何營官（何増珠[138]）とともに宮廷へ行き、国王の保護にあたらせた。さらに〔後營の〕張營官（張光前）を派遣して、軍士百人で城門を守らせ、何かあったらすぐ察知できるようにした。そのほかは〔ソウル〕城内を巡察して、万一に備えた。こうしていっさいの手配をすませて、丁軍門といっしょに黄〔仕林〕の宿営にいくと、もう屈強な兵士百人と人夫十六人が、旅装をととのえて待機していた。

この日は小雨。四時になったばかり。昰應が数十騎を率いて答礼にやってきた。宿営の幔幕内に招き入れ筆談にさそい、二時間ほどたち、紙を二十四枚つかったところで、あたりをみまわすと、そばには朝鮮人は誰もいなくなっていた。みな部下の兵に拘束されたのだと知り、いまならいける、と思って、急いで筆を走らせて、問いかけた。

「朝鮮国王が皇帝に冊封されたものなのはご存知でしょう」

「もちろん存じ上げております」

「国王が皇帝に冊封されたものならば、一切の政令は王から出なくてはならぬ。にもかかわらず、君《あなた》は六月九日に事変をおこして、大権をわがものとし、敵対派を誅殺、私人を引いて登用し、皇帝が冊封した王を傀儡に祭り上げてしまった。王を欺くのは皇帝をないがしろにするにひとしい。赦すべからざる大罪だ。しかし王にとっては父親にあたるので、ここで罪には問うまい。これからすぐ馬山浦《マサンポ》まで輿を召し、軍艦で天津に行っていただこう。そこで朝廷の処分をお待ちになるがよい」

昰應はぞっとして、周囲をみまわした〔が、誰も守ってくれる者はいない〕。呉軍門〔呉長慶〕・丁軍門〔丁汝昌〕、二人とも立ちあがって幔幕の外に出ると、わたしも昰應の腕をとって、さあ輿にお乗りなさい、とうながしてつづいた。

このとき軍士は二列、剣戟がびっしり立ち並び、人夫が輿をかついで待っている。昰應は、自分の輿じゃない、といって乗ろうとしない。やむなくわたしが、かれを輿のなかに押しこむと、屈強な兵百人、蜂が群がるように輿をとりかこんで出発した。丁軍門〔丁汝昌〕は馬にとばして後を追っていった。

呉軍門〔呉長慶〕は時をうつさず〔ソウル〕城内に急行し、張營官〔張光前〕・何營官〔何増珠〕に厳戒を命じ、同時にまた、警戒すべき動きがないか、探りの者を出した。まもなく提灯をもった者が宿営の外にあつまってきた。その数、数十対にもなる。何者か、と訊いてみると、みな昰應を迎えにきた、というので、かれらもとらえて帰さなかった。

夜半、探りの者がもどってきて、「城内には警戒すべき動きはございません」と報告する。そこで、〔魚〕允中・〔趙〕寧夏あてに手紙をしたため、ことの次第を述べ、あわせて挙行すべき六事を立案し、国王に内密に申し上げていただきたいと頼んだ。(139) この夜は、黄〔仕林〕の宿営に泊まる。雨の音は朝までやまなかった。

十四日（八月二七日）、朝、雨。七時、呉軍門の宿営にゆき、ざっとあとのことを相談すると、すぐ辞して〔ソウル〕城内に入った。黄軍門（黄仕林）は軍士を六十名えらび、宿舎（南別宮）まで護衛につけてくれた。

しばらくして寧夏がやってきて、内密に国王の感謝の意を表明した。しかし昰應は国王の実父なので、最後までよくよく保護してくれるように、わたしに頼んだ。

乱党を一掃する問題をかれと相談したところ、寧夏のいうには、「乱党は数千人、すべて兵籍に属し、その多くは〔ソウル〕城外東の枉尋里《ワンシンニ》（往十里《ワンシンニ》）・利泰里《イテリ》（梨泰院《イテウォン》）の二村で、一族こぞって住んでおりますから、乱の首謀者だけを捜査逮捕しようと思っても無理です。それに、二つの村に蟠踞しては、大々的に叛乱を起こす情勢にもなりそうで、朝鮮の将校で、果敢にこの本拠地に深入りできる者などおりません」とのこと。

正午、国王は、全権大官李裕元(ママ)・副官金宏集(ママ)を任じ、仁川にゆき、花房と交渉せよ、と命じぜられた。それに先だって、戸曹(ママ)尚書金炳始[140]を宿舎（南別宮）に遣わし、初七日（八月二〇日）に日本公使が国王に上呈した七ヵ条の要求書を持参し、指示を求めさせた。

【ここにまず日・朝が締結した条約八ヵ条を収録する。[141]

日本歴(ママ)七月二十三日・朝鮮歴(ママ)六月初九日の變、朝鮮の兇徒、日本公使館を侵襲し、職事せる人員は、多く難に罹るを致す。朝鮮國の聘する所の日本陸軍教師も、亦た慘害を被る。日本國は和好を重ねんが爲め、妥當に議辦し、即ちに朝鮮國、下に開せる六款・及び別に訂める續約二款を實行するを約し、以て懲前善後の意を表はす。是に於て兩國全權大臣は名を記し印を蓋し、以て信憑を昭らかにす。

第一、今自り二十日を期し、朝鮮國は兇徒を捕獲し、渠魁を嚴究し、重に従ひて懲辦する事。日本國は員を派し眼同に究治す。若し期内に未だ捕獲する能はずんば、應に日本國に由り辦理す。

第二、日本の官胥の害に遭ひし者、朝鮮國に由り優禮もて瘞葬し、以て其の終を厚くする事。

第三、朝鮮國は五萬圓を撥支し、日本の官胥の害に遭ひし者の遺族・並びに傷を負ひし者に給與し、以て體恤を加ふる事。

第四、兇徒の暴擧に因りて日本國の受けし所の損害・及び公使を護衛せし水陸の兵費の内五十萬圓は、朝鮮國に由り填補する事。年毎に十萬圓を支《はら》ひ、五個年を待ちて清完す。

第五、日本公使館に兵員若干を置きて警に備ふる事。兵營を設置修繕するは、朝鮮國之に任ず。若し朝鮮國の兵民、律を守りて、一年の後、日本公使、視て警備を要さずと做さば、撤去するを妨げず。

第六、朝鮮國は大官を特派し、國書を修め、以て日本國に謝する事。

大日本國明治十五年八月三十日・大朝鮮國開國四百九十一年七月、日本國辦理公使花房義質・朝鮮國全權大官《（ママ）》李裕元・朝鮮國全權副官金宏《（ママ）》集。

日・朝の議定せる續約二款を照録す。朝鮮國と日本國は、嗣後益す親好を表はし貿易を便にする爲め、茲に續約二款を訂定すること左の如し。

第一、元山・釜山・仁川各港の閒行里程、今後擴めて四方各五十里と爲し〔朝鮮里法〕、二年の後を期し〔條約批准の日自り起して、周歳を算へて一年と爲す〕、更に各百里と爲す〔事〕。今自り一年の後を期し、楊花鎮《ヤンファジン》を以て開市場と爲す事。

第二、日本公使・領事・及び其の隨員・眷從の、朝鮮内地各處に遊歴するを任聽する事。遊歴地方を指定し、禮曹由り照を給し、地方官照を勘して護送す。

右、兩國全權大臣、各々諭旨に據り約を立て印を蓋し、更に批准を請ひ、兩個月の内を待ち《（ママ）》〔日本明治十五年九月・朝鮮開國四百九十一年八月〕、日本東京に於て交換す。(142)】

わたしはこの要求書の裏に、承認すべきもの、拒否すべきもの、改訂すべきものをそれぞれ挙げて、コメントをくわえた。
【忠《わたし》の筆談にいう。「日本公使（花房義質）が要求した八《(ママ)》ヵ条には、そのままみとめてよいもの、絶対みとめてはならぬもの、改める必要のあるものがあるので、試みにそれぞれ申し上げる。〔前註(141)にかかげた要求書の〕第一条はみとめるべきものだが、期限は切らないほうがよろしい。乱党が危害を及ぼしたのは日本人だけではなく、朝鮮の王妃・大臣をも殺害したのだから、もし厳重に捜査処罰しなくては、国法といっても何の意味もなしますまい。第二条はみとめてよろしい。第三条もみとめてよろしい。見舞金の銀五万円は、十三人の家族に分配するなら、要求のしすぎとはいえまい。第四条は力をつくして争うべきものだ。どうしてもやむをえないなら、第三条の見舞金にくりこんで、五万円に若干の額を上乗せしてもよい」

そこで前に濟物浦で船中にいたとき、竹添進一郎と交わした筆談をみせた。

「第五条、遊歩区域の拡大(143)はさしつかえあるまい。しかし貴国の人心はまだ落ち着いていないので、数年後という期限を設けてあらためて実施することにすればよろしい。咸興《ハムン》・大邱《テグ》の開市については、陸地の貿易となるので、日本人にはじめさせてはならない。楊花津《ヤンファジン》は漢江の埠頭ではあるけれども、王京《ソウル》に近接しているので、貿易を許しては弊害があるのではないだろうか(144)。第六条の公使・領事の内地遊歴は、もとより公法にかなっていることではあるが、大乱が平定されたばかりなので、公使たちが内地に遊歴するときには、前もって地方官に通知しておかなくてはならない。第七条、京《ソウル》内に長期にわたって大軍を駐屯させるのは、絶対にみとめてはならない。公使の身の安全をはかるについては、若干の武官を随行、公使館に駐屯させてもよいが、しかしそれを条文で謳ってはならない。日本政府に使節を派遣して慰問させるのに関しては(145)、別に不都合なところはない。ただし花房にも〈日本政府のほうからも、王妃・大臣の殺害に対し、お見舞いを申し上げる国書を朝鮮国王に捧呈すべきだ〉と言明したほうがよい。そうしないと、日朝の関係に傷がつくであろう。けだし朝鮮には日本に駐在する使臣（ママ）がいないのだから、特に使者を派して慰問させるのも、ゆきすぎとはいえない。以上の数ヵ条をうまく処理できれば、情理にも背くところはない。ただこちらの言い分はもってまわらずに、直截明快に伝えなくてはならない。承認してよいものは、すぐにゆるし、拒否すべきものは、絶対にみとめない。後ろ盾にできるところがあるのだから、おそるるにたらず、との態度を言外に示せば、日本側は表向き国際的な正義にそむくこともできず、内心は清朝をはばかって、決裂してしまうようなことにはならぬ」と。(146)】これをもちかえらせ国王に上呈し、まず可否を決したうえで、しかるのち、二使（李裕元・金弘集）にわたして、そのとおりにさせようとした(147)。

三時、上将軍（訓錬大将）李載冕が来て、昰應がもどってこないが、どうしたのか、と問い合わせてきたので、いろいろ言い訳して、ひとまず帰るよう説得した。昨日、昰應は単身、出発したので、このとき、国王が旅装の従僕をよこして乗船させることとし、大院君の猶子《おい》の〔李〕載元(148)もきて、大院君に会ってご機嫌をうかがおうとした。あらかじめ丁軍門（丁汝昌）に紹介状を書いて欲しい、というので、数行書きつけてわたした。

傅相（李鴻章）・振帥（張樹聲）に上申書と書翰をそれぞれ二件、発送した。以下は傅相あての上申書。

忠《わたし》は十二日（八月二五日）に仁川から〔ソウルへ〕もどりました。丁提督（丁汝昌）もこの日に海兵百人を率いて、筱帥（呉長慶）の大軍とともに急ぎ到着しました。筱帥は〔ソウル〕城外に駐在し、丁提督は〔ソウル城内に〕入って南別宮に滞在、忠《わたし》と方針を相談して、「わが軍は各地にバラバラにいて、いずれも朝鮮の官吏が接待しており、かれらと筆談することもあろうから、人がふえ、守秘も徹底しがたいから、時間がたつにつれ情報漏洩の恐れがでてくる、それに日本軍はすべて城《ソウル》を出てしまったので、今ことをおこしても、日本から余計な容喙をうける恐れはあるまい、断じてぐずぐずしてはならない」ということで、話がまとまりました。そこで具体的な計画を立てるに、「翌午（八月二六日の昼）に筱師をおさそいして、いっしょに昰應に挨拶にゆき、かれが城外にまで答礼に来たら、そのときすかさず、軍中で身柄を拘束し、護送のうえ船に乗せる。他方で告示を出して、中朝《ママ》の恩恵を宣布し、軍民が驚いて不測の事態をひきおこさないようにする。そのさい乱党に反抗の動きがあったとしても、首謀者がいないとなっては、脅されて従った者たちは、すぐ投降するだろう。深刻な事態にはきっとなるまい」と方針計画が決まりました。そこで深夜、城外に出て、以上の意見を筱師に申し出て、協議しました。筱師の意見は、「まず外国との交渉にケリをつけたうえで、内乱を除くのが適切ではないか」というものでしたが、忠《わたし》がすぐさま、「朝廷が朝鮮のため、外国との交渉を主持《リード》しようというのは、国王をたすけるためであります。いま昰應が権を専らにし、国王には実権がありません、もしこのまま日本側と交渉を妥結させようとしても、それが難しいのはいうまでもありません。たとえ妥結できたとしても、それは昰應を助けることであって、国王を助けることにはならず、こんな筋の通らない話はありません。だからここは、さきに内乱を除くのが適当です」と反論すると、これを聞いた筱師もようやく納得、ためらうことなく実行にうつすこととなりました。かくして、次日の午後、忠《わたし》と丁提督はともにまず城外に集まり、しばらくして、昰應も宿営にきました。そこでうまくいいくるめて、日暮まで長らく筆談をしました。さきにかれの護従《ボディガード》を捕らえ、しかるのちかれの身柄を拘束して、出発させました。王京《ソウル》より南陽《ナムヤン》の海港まで、百五十里の距離がありますから、途中に遺漏があっては困りますので、丁提督が自ら小隊を率いて、護送し乗船させました。忠《わたし》のほうは、王京《ソウル》の城外東に数千の住民のいる地区があり、みな乱党だと聞き知りましたので、南別宮に留まることにしました。手近なところで乱党の指揮官どもを捕らえれば、乱党もちりぢりになってゆくでしょう。さらに筱師が城外に駐屯しておりますから、抑えも十分に効いております。

ところで思いますに、昰應は内乱を起こして大権を奪いましたから、その罪は本来、赦されるべきものではありません。しかしかれは国王とは実の親子の関係にありますから、法にのっとって厳罰に処せば、国王の立場もありません。だからといって、そのまま朝鮮国内にいては、またぞろ乱党が息をふきかえすやもしれません。やはり閣下の当初の計略どおり、昰應を中國に抑留しておくのがよいかと存じます。昰應を終身、富貴の立場に置いておけば、恩も義も両立することでしょう。これはすでに振憲（張樹聲）に上申してご相談もうしあげ、昰應を中國に安置するよう奏請いただきたい、と願い出ております。ですが、乱を定めたのちは、朝鮮国王はかならずますます奮起をはかるでしょうから、朝鮮再興にあたりましては、閣下がおられなくては、いったい誰がその指揮をとられるのでしょう。ましてや、日本は狡詐多端、あくなき野望をもっておりますれば、忠《わたし》のごとき菲材では、ご指示をあおがなくては、ころげ落ちて恥をかかせることにならないかと深く恐れます。伏して望みますのは、時局の困難をお考えのうえ、ぜひご出馬いただきたいということです。さすれば、朝鮮は幸甚、大局も幸甚であります。

振帥（張樹聲）あての上申書。

先月二十八日（八月一一日）の上申書は、丁提督（丁汝昌）からおうけとりいただき、ご覧のことと存じます。それから以後につきまして、以下、申し上げます。

次の日、日本公使花房義質も朝鮮に到着しました。日本の軍艦・汽船の来着したのは、前後あわせて七艘、乗船する兵隊は千数百人であります。花房はすぐに漢城《ソウル》へ進軍するつもりだったが、建忠《わたし》がどうにか引き延ばしを試み、初三日（八月一六日）になるまで、京《ソウル》には入れなかったのです。建忠もすぐ後を追って行こうかとも思いましたが、わが軍がまだ着いておらず、したがえる人もなく単身で乗り込んだところで、乱党に危害を加えられる恐れがあるばかりではなく、日本側にも軽んぜられるだろう、と思い直して、このまま船中で動かず、待つことにいたしました。閑暇ができましたので、さらに乱のおこった事情の調べを続けますと、だいたい前回お送りした上申書の趣旨と符節を合しております。これより先、建忠は昰應をこちらの船におびきだそうと思って、「花房が軍隊をひきいて入京したら、蹂躙きわまるにちがいありません。もし太公《あなた》が仁川にお越しになってご交渉いただけば、日本軍の進軍もなくなるでしょう」と伝えておきました。そこで昰應は三十日（八月一三日）に、趙寧夏・金宏《(ママ)》集を任命、急ぎこちらによこし、かれらに書翰を託していうには、「内乱はまだ平定されていません。一歩たりとも漢城を離れることはできません。謹んで二人を遣わしましたので、速やかにご調停をいただきたい」とありました。寧夏らが揚威にきて会見すると、「初九日の事変では、かろうじて逃れることができましたが、いまはまだ危険なので、命をお預けいたしたく存じます」といって、二人とも花島鎮《ファド》にいすわりました。筆談のうち、少しでも嫌疑に関わりそうなものは、すべてすぐ破り捨てました。初五日（八月一八日）、南陽《ナムヤン》の海港に停泊地を移動しました。趙〔寧夏〕・金〔弘集〕もまた超勇に乗って、いっしょに行きました。南陽は仁川の西百二十里、以前に丁提督と約し、わが軍の来着を南陽上陸に変更しておけば、〔仁川にいる〕日本軍との紛糾は避けられるだろうと、しめしあわせておいたもので、そのためあらかじめ行って待ち受けたわけです。初七日（八月二〇日）、筱師（呉長慶）と丁提督が軍隊を率いてやってきました。託されました貴翰を拝読し、すぐにどう軍を進めるか協議しました。花房が入京してずいぶんたち、交渉がどうなっているかわからなかったので、先行を任せていただき、筱師はそのあとに続いて、大軍をひきいておいでください、と申し上げました。丁提督は水軍の部署配置を行わなくてはならず同行できないため、筱師は右營管帯の呉總兵兆有（呉兆有）に命じて、同行させました。ところが南陽についたばかりのところで、軍士に病人が多いため、進軍できなくなりました。ちょうどこのとき、昰應が書翰をよこし、「日本公使が要求書七ヵ条をつきつけ、三日の期限を切ってきた。速やかにお越しになってご処置いただきたい」と懇請する文面でした。筱師はこれを耳にすると、あらためて後營の張副將光前（張光前）に命じ、部隊をつれてこさせました。建忠はそのなかから鉄砲隊二百名を選抜し、軽装で疾走急行することにしました。

初十日（八月二三日）、漢城《ソウル》に到着しました。ついてみますと、花房はすでに期限が来たのに朝鮮政府が回答しないため、この問題を軽視していると責め、その前日に決裂《（ママ）》して退京したことが判明したのです。昰應は建忠《わたし》がつくのを耳にし、あらかじめ息子の訓鍊大將載冕とともに、南別宮で待ち受け、歓迎して力添えをしてくれるよう頼んできた。わたしもいつわって表向き、なごやかに相手をして、「中國の兵がやってきましたのは、ひとえに日本を牽制せんがためです。他意はありません」というと、昰應も納得して疑いませんでした[149]。

朝鮮はこのとき内憂も外患も極点に達しました。とはいいましても、外患が生じるのは、内憂に原因がありますから、内憂を除去するのは、外患よりも急を要します。今日の計としては、以下のようにするにしくはありません。朝鮮のためまず内憂を除き、朝鮮国王に自主《（ママ）》できるようにし、しかるのちに日本公使を召して、「先日の事件はすべて乱党のせいであって、国王には何の責任もありません。いま上國《（ママ）》の力をあおいで乱党を討伐し、もとどおり正しい政権になりました。ですから、もとどおりの友好関係を復したいと願います」と弁明したうえで、日本の要求した条項を日本公使と落ち着いて交渉する。このようにしましたら、大義名分も正しく、物事の筋道もたちます。ですから次の日（八月二四日）、一方で筱帥（呉長慶）に書翰を出して軍をお進めになるよううながし、他方で自らは仁川に急行して、上のような趣旨を花房につたえて、問題をはきちがえないよう説得しました。仁川に到着してから、花房に何度もくりかえしまして、かれも決裂《（ママ）》の意向はひるがえしましたものの、まだ脅迫しようとのたくらみは十分にみうけられます。そこでお願いしたいのは、非公式に総理衙門と協議いただき、朝鮮で内乱が勃発した、そして中國が代わってそれを平定したいきさつを日本政府、および朝鮮と条約をむすんだ西洋諸国に布告するよう、総理衙門に要請していただきたい、ということです。過日の事件が朝鮮国王の意に出たものではないことが知れわたれば、花房がいかにゆきすぎた誅求をしようとしても、日本政府のほうが公議《（ママ）》に屈して固執できなくなるでしょう。今後の処置がうまくいくかどうかは、まだ予断を許しません。職道《わたし》はひたすら非才をつくして臨機応変に処し、過激に走って日本との友誼《（ママ）》を傷つけず、詭弁を弄して藩封《（ママ）》に損害を与えず、閣下のご期待に萬一でも副うように期すだけにございます。

八時、魚允中と金允植が、国王の命令を奉じて、告示(150)の写しを携えて宿舎（南別宮）にやってきた。告示に昰應のことが非難してあるので、それに反論したのである。けだし朝鮮は以前から礼教をたっとぶ国だが、とりわけ人倫については、きわめてやかましい。だから六月初九日（七月二三日）以後、昰應が宮中に入って居すわると、国王が慶尚道《キョンサンド》に逃れてはどうかという意見すら出したにもかかわらず、朝臣はやはりみなわが身のことだけ考え、びくびくして、一日とて過ごせないようなありさま、けっきょく誰も危局を救う挙兵などしなかった。これはもともと、そうするには力がなかったことにもよるが、それよりも、国王父子骨肉の争いに臣下が容喙できるものではなかったからである。いま出兵討伐によって藩封が再興した。都《ソウル》の人士はみな内心喜んでいるはずだが、あえて口には出さない。〔趙〕寧夏たちにしても、筆談となれば密室で行い、少しでも裏面の事情にかかわり、不敬の大罪を犯すような文言があれば、必ずズタズタに引きちぎって焼却しなくてはやまなかった。本日（八月二七日）朝、わたしは呉軍門（呉長慶）の宿営中で、この告示を起草し、そこではいささか昰應の悪行を述べた。国王にはさしさわりがあるとわかっていたが、わたしの名前も列してあるのだから、力づくで阻止してわれわれに反対するようなことにはならないであろう。告示が出るにおよんで、国王は果然、魚〔允中〕・金〔允植〕二人をよこして、反論させたわけである。けだし父親たる大院君との私的な関係を考えたばかりではなく、世間の耳目を覆い隠そうとしたものでもあろう。そこでわたしは以下のように書きつけて、二人に示した。「太公（李昰應）の罪状は、日月のように明らかだ。弁明がなくとも、罪が増えるわけはないのはもちろんだし、弁明したとて、罪が軽くなるわけでは決してない。わが聖朝《（ママ）》は(151)、孝によって天下を治めており、親・貴についても当然、わきまえている。断じて子たるものの立場がないようなことはしない。君たちももどって、このような趣旨を国王に伝えて、よくよくお慰めいただきたい」と。

九時半、金宏《(ママ)》集が来て、日本との条約交渉について議論した。

「昼間ご教示いただいたところは承知いたしました。ですがそこには、まだいくつかよくわからないこともございますので、あらためてご指導を賜わりたく存じます。見舞金五万円に軍費をくわえるとするなら、いくらにするのがよろしいでしょう」

「日本の軍艦には経常の経費があり、陸軍にもきまった軍費が支給されているはずです。こちらに動員されてきても、輸送費がかかっただけのはずです。見舞金と合わせても十万円で十分でしょう」

「なるほどよくわかりました。分割での支払いという例はあるのですか」

「財政に余裕がおありでしたら、一括払いをして利息のつかないようにするのがよろしい。一括払いする余裕がないのなら、何年かに分割してもよいでしょう。花房も一括払いを強要しないと思います」

「楊花津《ヤンファジン》の開埠は、許してよいでしょうか」

「大きな弊害がないのでしたら、許可してさしつかえありません。仁川はもう開港しており、楊花津というのは、仁川に出入する商品を売買する地でしかありませんから、楊花津を開港するといっても、実質上、仁川とは別の開港場をもうけることにはなりません。まして楊花津も、水上での通商になるから、すでにもうけてある開港場とも、ちがいはないのです。大邱《テグ》・咸興《ハムン》などの地がやはり陸路での通商になって、流弊が大きくなるのとは同一視できるものではありません。もっとも、交渉のときには、まずいっさいを拒否すべきです。それはきっと通らないでしょうから、やむをえなければ、楊花津の取引をみとめるのとひきかえに、軍費賠償は拒否するようにしてください。彼に掴み茲に注ぐ《ギブ・アンド・テーク》のでも、失策とはいえますまい」

そして〔さる八月一六日に〕揚威で竹添進一郎と交わした筆談をみせた(152)。朝鮮の時局を論ずるに、宏集の右に出る者は、そうはいないだろう。

議論はきわめて綿密にわたり、宏集はこの筆談をもちかえった。朝鮮の時局を論ずるに、宏集の右に出る者は、そうはいないだろう。李裕元というのは、以前から是應の党派であって、排日派である。かれを全権大臣に任命したのは、日本を排斥する者に日本と講和させ、それにことよせて、外国との通交を拒めないようにしたのだという。

十五日（八月二八日）、朝、慶軍の會辦營務處袁慰亭（袁世凱）がやってきて、乱党討伐について密談し、その内容を呉軍門（呉長慶）に伝えるよう依頼した。午後に慰亭（袁世凱）はもどってきて、呉軍門は決まったとおりにいたします、と報告した。慰亭はすぐさま、一切の発令にとりかかろうとしたが、わたしはとめて、「是應はすでに縛についているといっても、その子の載冕は、まだ訓練大臣《（ママ）》として兵権を握っている。乱党が是應の拘束を知ったら、今度は載冕を奉じて乱をおこすかもしれない。前もって、かれをおびき出してとらえてからでなくては、ことはおこせない」といった。

そこで五時、至急手紙を出して、ご相談したいことがあるので、載冕に南別宮まできていただきたい、と伝えた。載冕は父の二の舞をおそれて、母が病気なので、と返書にしたため、その党派である李永肅に持参させた。その永肅に、わたしは「いま載冕を召しましたのは、どうすれば父君のお許しが出るか相談したいと思ってのことです。お父上のことがどうでもよいのならともかく、お父上のためを思われるなら、お越しいただきたい」といい、その旨、紙に書きつけ、永肅にわたして持ってゆかせた。

一〇時、金允植がやってきた。わたしと慰亭（袁世凱）はかれに、入朝して国王の親筆をいただいてくるようながした。討伐の成功を期してのことだ。

允植が辞し、載冕がやってきたので、かれを一室に監禁し、軍士に刀を抜き身にして守るよう命じた。

二時、允植が呉軍門とわたしにあてた国王の公函を袖に入れてやってきた。だいたい「乱党が多く住んでいるのは、枉尋里《ワンシンニ》・利泰里《イテリ》です。すみやかに兵を動かして討伐に向かわれたい」と書いてある。
このとき慶字親兵後營の張副將光前（張光前）は、南別宮の西に部隊を駐屯させていたので、かれらに命じて小東門（光熙門）から〔ソウル城外に〕出て、右營の呉總兵兆有（呉兆有）・正營の何副將乘鰲（何乘鰲）と合流して、枉尋里にゆき包囲し乱党の捜査逮捕にあたらせることにし、利泰里へは、慰亭（袁世凱）が本隊にもどり、呉軍門（呉長慶）に別働部隊を出してとらえていただくことにした。これで布陣は定まった。もう三時。友人（呂增祥）と二人だけ、寝台の上で蝋燭をともし、じっとすわって待つことにする。

十六日（八月二九日）、朝、張副將（張光前）が任務をすませてもどってきた。訊ねてわかったのはこうである。

枉尋里は小東門の外、半里くらいのところにある。地勢は両側に山がせまり、その中に大通りが通っていて、家々が所狭しと並び建っている。呉總兵（呉兆有）は兵を率いて通りの両端をおさえ、張副將は賊の本拠地に踏み込んで、捜査逮捕にあたった。だんだん空が白んできて、我が軍が不意をついてやってきたのに気づくと、その一半は武器を持って逃れて、山麓を駆け上り、一半は通りに出て、抵抗しに向かってきた。村にはところどころに一般庶民も暮らしているから、軽率に銃砲をつかって、かれらを巻き添えにするわけにはいかないので、刀剣で格闘するほかなかった。張副將（張光前）は百三十人あまりを生け獲りにし、何副將（何乘鰲）は後詰めにあたったが、それでも二十人あまりを捕らえた。ほかはみな散り散りに逃げ去った。利泰里のほうは呉軍門自ら逮捕に向かわれた。そこは駐屯地に近いので、軍がつくまえにうわさをきいて、遠くに逃げ去っていたため、わずか二十人あまりをとらえたにすぎない。この作戦で捕らえたのは合計百七十人あまり、全員を軍門（呉長慶）の本営にひきたてていった。

このように聞いて、乱党はもう散り散りになって、載冕は何もできないだろうと判断して、優しい言葉をかけて釈放した。

とりいそぎ馬を用意して〔ソウル〕城外に出て、呉軍門と会って、二人で手分けして〔とらえた百七十余人の〕処罰をきめた。

四時、宿舎（南別宮）にもどった。数日間、国王は毎日、朝晩の二回、中使を挨拶によこしている。この日はわたしがもどってきたと聞いて、特別に都承旨尹用求を遣わし、名刺を持参させ慰労させた。

十七日（八月三〇日）、朝、李應俊が天津から帰国して、会いに来た。「長い道を車馬に揺られ、難渋な旅はひと月になります」という。(153)

〔趙〕寧夏と〔魚〕允中があいついでやって来て、ざっと話して、すぐ別れた。

午後、〔金〕宏《（ママ）》集の書翰をうけとり、日朝の講和が成り、この日の夜に調印することを知った。(154)

【金宏集から来た書翰に言う。「眉叔大人閣下。おかわりなくお過ごしのこととお慶び申し上げます。わたしは十五日（八月二八日）の晩、仁川到着、夜、花房に船中（比叡艦上）で会見し、〔日本側の出した〕要求書七ヵ条の交渉をはじめたのですが、依然としてまとまらず、夜明けがた、花島鎮《ファド》にもどりました。十六日（八月二九日）の晩、ふたたび夜を徹して論争しました。花房は強要脅迫に終始し、強硬でまったく譲歩しようとせず、しかも翌日の昼に調印するよう求めてきました。事ここにいたっては、ご教示にしたがうことができません。ただ、大人《あなた》がこちらにいらっしゃらず、臨機応変にご指示をいただけなかったのが悔やまれるばかりです。まして賠償金が多すぎますから、おめおめ君命に背いて帰る結果になって、死ぬほど恥ずかしく憤っております。交渉経過は、記録がございません。交渉で改訂した八ヵ条は、花房が今しがた持って帰って、船中にて清書しているところなので、いずれも写しを同封できません。別にメモした梗概がありますので、ご覧いただければ幸いです。匆々。十六日亥刻」

七月十七日、金宏集から来た書翰に同封するメモ。「第一、〈十五日〉は〈二十日〉に改めた。別に以下の注記を加える。〈日本は員を派し眼同に究治す、若し期〔内〕に未だ捕獲せずんば、應に日本國に由りて辦理すべし〉。我々は、これでは大いに体面にかかわるので、何度も反対したけれども、日本側は最後まで、折れようとしなかった[155]。第二・第三は、原案どおりにみとめた[156]。第四、公使館の被害および軍費は、当初はその額に言及していなかった。ところが今晩になって[157]、いきなり五十万円、五年以内の清算、という要求を書き込んできた。そのため手をつくして減額を求めたけれども通らなかった。花房の狡猾なること、想像を絶して、憤懣やるかたない。〈賠償〉の二字は、〈塡補〉と改めた。第五、〈閒行〉は五十里の範囲とし、二年後に百里とする。楊花津の通商開放はやむをえず、承認した。咸興《ハムン》・大邱《テグ》のほうは断固、拒否した。第六はみとめた。第七は、〈公使館は兵員若干を置きて警備す〉と改めた。兵員の数は情勢をみて決定するとのこと。別に以下のように注記する。〈朝鮮兵民、律を守りて一年以後、更に警す可く無くんば、則ち撤去するを妨げず〉。第八は、〈使を派せし後、日本も亦た當に國書を以て慰問すべし〉[158]とした」[159]

決まった条文をみたところ、大きな欠陥はなさそうだが、しかし朝鮮は貧しいので、花房がむりやり、五十万円の年払いを書き込んだのは、はなはだ重い負担になるのではないか。さきに〔金〕《(ママ)》宏集が仁川に向かう直前、宿舎（南別宮）に指示をあおぎにきたので、「これは日朝間の問題だ。わが中國は表に立たずに日朝間をとりもつことはできても、あからさまに介入するのは具合がわるい」と答え、逐条の分析を書き込んで、持ってゆかせた。ところが宏集らは、内憂がやっとおさまったばかりなのに、外患がまた起こってはたまらない、と思って、日本側の圧迫をしのげず、心ならずも条約をまとめてしまった。心中おだやかならず、本当にもうしわけなく思う。ここからも、日本はことあるごとに難癖をつけ、野望達成をのぞんだのであり、その慎みのないこと、無頼とかわらないことがわかる。

五時、軽騎で王宮の周囲をまわって、わが軍の取締情況を視察した。おしのびはあぶないですからおやめになったほうが、ととめる者もいた。

晩八時、〔差備譯官の〕高永喜が宏集から命ぜられて、仁川よりもどって、国王に拝謁した。国王はかれに命じて、わたしに会いにこさせた。[160] かれに訊いてみてわかったのは、日本政府はひきつづき井上毅を議官《ママ》として派遣してきた、このたびの交渉は、多くかれが主導したものだ、ということである。

五　復命と帰還——八月三一日より九月五日（翻訳）

〔光緒八年七月〕十八日（八月三一日）、朝、これといった事はなかった。

午後、金允植が宿舎（南別宮）にやって来たので筆談をした。允植は人となりいささか迂鈍、一つのことを談ずるたび、はっきりした返事がかえってこない。

晩七時、〔魚〕允中が国王に命ぜられて、覚書をもって問い合わせに来た。[161] 手づからこれにコメントを書き入れて返した。

允中が辞すると、また〔趙〕寧夏がやって来た。「大官を拝命いたしました。宏集は副官、李祖淵が従事官に任ぜられました」といい、帰りの船に便乗して天津にゆき、傅相（李鴻章）・上憲（張樹聲）に面会して政治上の要件を申し上げ、また北京にまいりまして謝恩の奏文を上呈したいと願い出た。

まもなく、宏集もやって来て、「やっと仁川よりもどってまいりました」といった。筆談をはじめるや、条約交渉のさいに威嚇されたといいつのった。まったく恨めしい。

【筆談「第一条は、花房はどのように〈辦理す〉るといっていたのですか」

「その条の注記は、当初〈應に日本國に由り役を差して自ら處辦す〉という文言になっておりました。わたしは〈『役を差して自ら處辦す』という文言でも、われわれからみてさしさわりが[162]ありますから、『辦理』というどっちつかずの文言のほうがましです〉と主張して、そのために改訂したものです」

「日本はどんなやりかたで〈辨理す〉るのか、誰を処罰するのか、何人処罰するのかは明言していませんでしたか」

「そこまでくわしくは訊いておりません」

「軍費の五十万円というのは、日本側はどのように算出したのですか。竹添の発言はお伝えになりましたか」

「〔全権〕大官《（ママ）》（李裕元）の後に控えておりましたので、あえて切り出すことはできなかったのですが、五十万はまったく法外だと判断しましたので、まず〈わが国の国庫は空っぽでとても応ずる余力はありません〉と言ってみると、花房も〈もちろんそれは存じ上げておりますが、後日、鉱山を開発すれば十分にまかなうことができましょう。期限どおりに完済できなければ、日本が自ら採掘を行って、完済してから鉱山を返還いたしましょう〉と答えました。これははなはだいわれのないことです。竹添の発言はあからさまにはいわなかったのですが、だいたい〈『今回の出兵は何も戦いをしかけようとするものではない、もっぱらアジアの大局を維持する目的だ』という貴国のご厚意には感謝いたしますが、いま賠償のことで脅迫なさるなら、それは『「仁」で始まり「利」で終る』ことになりませんか〉(163)といって、その額を減らすようもとめました。すると花房は、また〈鉱山技師の招聘と採掘機器の調達は日本からすること、後日の電線敷設は日本が担当すること、それに咸興《ハムン》・大邱《テグ》の通商開放、あらかじめこの三件を約束されたい〉と要求し、その見返りに減額するのは、たった十万円にすぎない(164)のです。ですから〈こんな強要をのむくらいなら、減額せず五十万円にもどしてもらったほうがましだ〉と答えたのです。くわえて〈ロシアの黒海の戦〉および〈中國の雲南の事件〉をいうと、向こうもなるほど、と納得しました(165)。けれども〈これは利益のためではない。貴政府が民衆を納得させられなかったので、この変乱になったのだ。今回は懲罰金である〉といったのです。ここまで無礼なことをいわれては、憤懣やるかたありません」

「日本はずいぶん前から、朝鮮の鉱山をねらっておりました。いま執事等《あなたがた》は中國にゆかれて中堂（李鴻章）に面会なさるのですから、その件をとりしきっていただけるよう、よくよくお願いして、日本の野望を絶って朝鮮富国の基礎をたてなくてはなりません」

「日本側は〈貴国は財はもっていても使い方をしらない〉といいますから、その野心はみえみえです。ここで向こうの希望をみとめなかったのは、さきに大人《あなた》のご指示をいただき、技師を招いて採掘してもらいたい、と申し上げていたからにほかなりません(166)。ですから採掘が始まりさえすれば、自力でその賠償額を支払うのも余裕綽々です。それにわが国がいかに貧窮しているとは申しましても、毎年節約すれば、十万円を捻出できるかもしれません。年に十万を失ってでも、日本の採掘は断じて許しません。いま以上のようなご教示をいただきましたから、中堂にお目にかかったさい、ぜひこのことをお願いするつもりです」(167)

というわけで、二日後、二十日（九月二日）の朝に漢城《ソウル》を出立することを約した。

夜、傅相（李鴻章）と振帥（張樹聲）に上申する意見書をそれぞれ二件したためた。以下は、傅相あて上申書〔一通目〕。

漢城到着以後、手配してまいりました日・朝交渉の問題、および李昰應をおびき出して拉致した情況につきましては、すでに上申ずみでございます(168)。

汝昌《わたし》は、十三日の戌刻、水兵数十名を率い、李昰應を護送して出発いたしました。この夜、雨がふりつづき、ぬかるみがひどかったのですが、護送の道中とまるわけにもいかず、軍士たちはふりしきる雨のなか、空腹を忍びながら、およそ百七十里の強行軍、次の日の昼に馬山浦《マサンポ》に到着、昰應を軍艦の登瀛洲に乗せました。この時、仁川海岸に停泊していた日本の軍艦も、次第にこちらへ停泊場所を移して来て集まっておりました[169]ので、そのまま港にとどまって、水軍の指揮をとり、威容をさかんにして牽制しようとしました。

建忠《わたし》は十四日、朝鮮国王にお願いし、朝鮮政府から従前の友好関係を回復したいとの希望を花房に書面で通知し、すぐに全権大官李裕元《(ママ)》と副官金宏集《(ママ)》を任命派遣し、仁川に急行させ交渉させました。その一方で、〔ソウル〕城外東の乱党を捜査逮捕することにふみきりました。けだし王京《ソウル》の軍籍にある者はおよそ一万人、そのなかばは枉尋里《ワンシンニ》と利泰里《イテリ》で一族あつまって住んでおり、代々兵隊を世襲し、官をあなどり民をしいたげること、抜きがたい積習となっています。朝鮮国王が九歳のみぎりご即位になり、昰應は実父ということで摂政の任にあたりました。その間十年あまり、臣民は怨みをふくんでおりました。その後、国王が成人されますと、王妃閔氏も代々勲功があった家柄の出身[170]でしたので、その父兄は国王を補佐し、大権をその手にとりもどそうとしました。そこで志を同じくする朝臣たちは、昰應の長年の悪行をあげつらい、あいついで上奏弾劾しました[171]ので、昰應は政権を失って引退のやむなきにいたったのです。ところがしばらくすると、王妃の父兄はいずれも火中に死にまして[172]、国じゅうの人はみな、昰應のしわざだと思いました。とはいえ、かれが国王の実父という手出しできない立場にいるため、国王もひとまず見逃し、また王妃の従兄《(ママ)》（閔謙鎬）を顕要の地位につけて、政権の補佐をさせました。昰應はそこで、民衆と結託する計略をめぐらせ、ひそかに枉尋里・利泰里の軍人たちと手とむすび、かれらを自分の勢力としたのです。去年、かれの次子《(ママ)》李載先が、王族姻戚で功績ある家柄の少年数名と国王弑殺、王位簒奪を謀ったけれども、ことをおこさないうちに計画が漏れて獄死しました[173]。そのために昰應は怨みが積もり重なり、それにつれ、弊害をなすこと、いっそうひどくなって、今年六月〔初九日〕の事変がおこったわけなのです。いま昰應は縛につきましたものの、その長子載冕は新たに訓錬大将として兵権を掌握しておりますれば、乱党どもは拉致を聞くや、あらためて息子の載冕を擁して乱をおこすおそれがありました。そこで十五日の晩、前もって載冕を南別宮におびきだして拘禁し、水兵数十名で守って逃げられないようにし、しかるのちいっさいの作戦の手はずをととのえました。この日の夜に、呉軍門（呉長慶）は慶軍の會辦營務處袁中書世凱（袁世凱）を宿舎までよこしてくれました。補佐のためです。またさらに金允植も、呉軍門および建忠あて国王の親筆を持参し、すみやかに枉尋里・利泰里へ派兵し、乱党を討伐し、朝鮮朝廷をもとどおりにしていただきたい、と依頼してきたのです。切迫感にあふれておりました。そこで慶字親兵後營の張副將光前（張光前）に麾下の全軍をひきいて、小東門から城外に出て、慶字左《（ママ）》營の呉總兵兆有（呉兆有）・慶字正營の何副將乘鰲（何乘鰲）と合流して、枉尋里の乱党を捕獲しにいかせました。そこは両側に山がせまって、その間に大通りがつらなり、家々が所狭しと並んでいます。呉總兵（呉兆有）は兵を率いて、通りの両端をおさえ、張副將（張光前）は賊の本拠地に踏み込んで、捜査逮捕にあたりました。だんだん空が白んできて、乱党は我が軍が不意をついてやってきたのに気づくと、その一半は武器を持って逃れて山麓を駆け上り、一半は通りに出て抵抗しに向かってきました。ところどころ一般庶民も暮らしておりますから、軽率に銃砲をつかうわけにはいきません。二時間ばかりの白兵戦のすえ、張副將は百三十人あまりを生け獲りにし、何副將は親兵で後詰めにあたったが、それでも二十人あまりを捕らえまして、そのほかはみな建物の裏からこそこそ逃亡しました。こちらの負傷者は二名。まとめてとらえようとしたときになると、乱党はもはやこれまで、もう逃げられないと思った者はみな、刀を自分の腹につきたて、胃腸が露わになるほどに切り裂きました。つかまるくらいなら死んだほうがマシとおもっているのは、ここからもわかります。利泰里のほうは呉軍門ご自身が逮捕に向かわれました。そこは駐屯地に近いので、軍がつくまえにうわさをきいて、遠くに逃げ去っていたため、わずか二十人あまりをとらえたにすぎません。この作戦で捕らえたのは合計百七十人あまり。建忠はその日のうちに呉軍門の本營にゆき、ともに尋問に臨み、その首謀者と罪状の明白なもの十人を処刑し、そのほかは情状を酌量して、許せる者はみな釈放しました。[174]と申しますのも、六月初九日の変乱では、脅されて従った者もおりますから、もし捕縛したものを罪の軽重を分かたずにみな処刑したなら、このような連中はきっと追いつめられて、かえって歯向かうようなことになるでしょう。その首謀者だけを処刑すれば、脅されて従った者はみな、処刑はされないのだと悟って、安心して乱党から離れてゆき、その気がないのに叛乱に走らせるような災禍もおこらないでしょうし、同時に叛乱そのものを未然に防ぐことにもなりましょう。乱党は数千いたのに、わずかこの十人を処刑しただけでは、みせしめには不十分だといわれるかもしれません。しかし上國（ママ）の威福で戦慄させました以上、多くの乱徒が逃亡いたしましても、もう拠点はありませんから、糾合をよびかけるすべもありませんし、今後ちりぢりに潜伏したとて、すぐ追捕するのもむつかしくありません。それに載冕はその地位に居たたまれなくなり、即日、兵権を解かれたいと願い出たのです。

ちょうどこの間に、振憲（張樹聲）からの書翰、および同封の総理衙門あて書翰の草稿の写し[175]を拝受いたしました。お申し越しの全体的な計略は、いま現場でやっております情況とまったく合致しております。憶えていらっしゃるでしょうか、汝昌等《われわれ》が朝鮮にきたばかりの時も、すみやかに昰應を生け捕りにするのが先決でありました[176]から、汝昌が天津にもどるにあたり、建忠は「日本を調停する」という風説を利用して、昰應に疑いを抱かせないよう、親交を結んでおいたのです。陸軍が到着いたしますと、建忠はまず小隊二百名をひきいて、王京《ソウル》に直行しました。昰應は〔ソウル〕城内の南別宮を宿舎として用意してくれました。このとき、城内に入るのはおやめになったほうがよい、と言ってくれる者もおりました。しかし建忠は、前来たときに城内の南別宮に滞在したことがあるのに、今回は城外にいては、むこうはきっとそのために疑い、危惧してあらかじめ防備をほどこすであろう、それでは、たちまちうまくいかなくなる、と思いまして、毅然とそこで宿泊し、さらにいつわって昰應との親交を深めました。果たせるかな、かれは深く信用して、けっきょく縛についたという次第なのです。こうしなくては乱党の捜査逮捕はおぼつかなかったでしょう。朝鮮の宗社が瀕した危機を安泰に復したばかりか、日本がひそかに抱いていた奸謀も実現できませんでした。これみな、皇上のご加護、中堂（李鴻章）の威望、そしてかの振憲の臨機応変のご決断を仰ぎまして、ようやく収めえたちっぽけな功業でございますが、ことにあたった者たちも、及ばずながらよくやってくれました。陸軍のほうは、呉軍門（呉長慶）から勲功者の推奨がありましょうから、それは措きます。海軍のほうは、まず汝昌が援軍依頼のため、威遠で天津に一時帰還したとき、仁川にはわずか超勇・揚威の巡洋艦二隻があるだけでした。それに対し、日本は軍艦が七隻いたにもかかわらず、この艦長たちは交際の時機をのがさず、おちついた態度で相手につけいるスキをあたえませんでした。また陸軍の到来上陸ののちも、昰應を護送して元兇をにがさず、載冕を監禁して乱党が推戴できないようにいたしました。さらにその後、日本の軍艦が南陽《ナムヤン》に停泊地を移すと、各艦はふたたび暗黙のうちに牽制をし、日本軍を軽挙妄動できないようにいたしました。ですから、建忠が呉軍門と乱党を捕獲することができましたのは、その間、日本をずっとおとなしくさせておいたからなのでありまして、目立った功績は陸軍にありますが、背後で縁の下で支えていたのは水軍なのです。水軍の功績も、おさおさ陸軍に劣りますまい。そこで推奨を明らかにするため、ぬきんでて功績のあったものを適宜、推挙したいと存じますが、いかがでしょうか。すでに振憲に上申して、ご指示をいただきそれに遵って行うことにしております。[177]

〔傅相（李鴻章）あて上申書、二通目。〕

　さきに十四日、上申書をしたため、日・朝交渉の問題をくわしくご報告いたしましたが、すでにご覧のことと存じます。十三日に昰應の身柄を拘束したあと、すぐ国王に、あらためて旧好を修めたいとの意向を、朝鮮政府から日本公使花房義質に書翰で通知するよう、お願いしました。国王はそこで翌十四日、全権大官《（ママ）》に李裕元、副官に金宏集《（ママ）》を任命派遣し、仁川に赴いて交渉を行わせることとされたいっぽう、同日の昼、あらかじめ戸曹尚書《（ママ）》金炳始に命じ、日本の要求書を携え宿舎にきて指示を求めさせました。そこで忠《わたし》はただちに、日本の要求条項をそれぞれ、認めてもよい条、認めてはならぬ条、修正すべき条に分け、とくに「第四条の軍費賠償は、力のかぎり抵抗すべきだ。同時に、後ろ盾があるから日本は恐るるに足らず、との態度を暗に示して、日本の威圧的な態度をくじけば、万事うまくまとまるだろう」と回答しておきました。その夜、金宏《(ママ)》集が宿舎に来たので、かれと筆談し、ふたたび全体にわたって、一つ一つ詳細に指示を出しました。翌日、宏集らは仁川にむかいました。十七日、宏集から書翰がきて、「花房は八方手をつくして強要してきました。忠《あなた》が仁川にいらっしゃらず、直接ご指示をあおげず、心ならずも交渉をまとめてしまったのは恨めしく、死ぬほど恥じ悔いてます」とあります。とりきめた条約の大要を列挙する文書が同封してありましたので、見ると各条おおむね、忠《わたし》がもともと出していた指示とそんなに隔たりはありません。ところが賠償のみは、これを「塡補」といいあらため、なんと五十万円の額を認めていたのです。

伏して思いますに、このたびの日・朝の紛争で、日本側は海陸両軍を朝鮮に集結させ、城下の盟を朝鮮に要求しました。当初、朝鮮の臣民は岌岌として危く、一日も過ごしていられないありさまでした。まことに総理衙門のご憂慮のように、内乱がおこったばかりか外敵もせまり、事態は危急で、日本人に制せられざるを得ない趨勢にあったのです。しかもアメリカの軍艦も朝鮮にきて、やはり「各国の岡目はみな、日本が朝鮮を力づくで服従させようとすること、今にはじまったことではなく、今回は出兵に名分があるのだから、必ず領土割譲を要求せねば終わるまい、との観測だ」と言っておりました。果たして花房が漢江に急行してきましたが、中國の軍艦がさきに着いていましたため、はや意気は殺がれておりました。このとき丁提督（丁汝昌）はすでに威遠に乗り、援軍要請に向かっており、港に停泊しているのは、超勇・揚威の二艦しかなかったのですが、船中の士卒に、平静にふるまうよう指示いたしました。花房と会談したときも、ふたたびかれに「中國はまもなく水陸大軍をよこしてまいります」といい、表向き「乱党を排除する」といいながら、言外に「藩《(ママ)》封を保護《(ママ)》する」意思を示しますと、花房の語気はますます平和的になってまいりました。初三日、竹添進一郎が船にきて筆談したとき、ついに「島嶼割譲の要求は、日本政府はけっして考えていない」と口にし、くわえて軍費賠償に言及しました。かれにくりかえし反論すると、かれもあえて自説に最後まで固執しようとはしなかったのです。そして花房が王京《ソウル》に着いて提出した七ヵ条の要求書にも、領土割譲にはふれず、軍費賠償もいくらかは言及しておりません。もしこのときすぐ、日本と交渉をまとめていたら、七ヵ条のなかには、きっと議論修正できるところも多かったにちがいなかったはずです。だが日本側の設定した期限がきても、朝鮮側は回答せず、またもや決裂となるに及んで、花房はふたたび、〔領土割譲を〕要求しようと考えるようになってまいりました。そのため漢城《ソウル》に到着しますと、翌日すぐ、仁川に急行し、かれに大義をさとし、あわせて「わが政府は朝鮮を保護し、絶対に寸土も失わせない」といって、あらかじめかれの奸謀を封じようといたしました。十四日になって、金宏集が仁川に行き花房と交渉することになりましたが、この日はちょうど呉軍門（呉長慶）と乱党捕獲の協議をしておりましたので、金宏集にひそかに指示を与えるだけにしておきました。十五日、乱党の件がひとまずかたづきましたので、すぐ仁川に急行し、金宏集とともに主張しようかとも思ったのですが、日本側がこのたび条約交渉で、多大な要求をもちだしてくるのは必至で、もし中國があからさまに表にでて主張し、同時に花房の固執がこれまでどおりだったばあい、こらえて譲歩しようものなら、大いに国威を傷つけますし、だからといって、譲ろうとせず決裂に至ろうものなら、たちどころに戦端が開かれるだろう、と思い直しました。ですからこのまま王京にとどまって静観し、万が一のことがあったなら、そのときあらためて、横から調停に乗り出すことにしたのです。ところが朝鮮国王は、内憂がやっとおさまったばかりなのに、外患がまた起こってはたまらないと深く恐れており、宏集らはこの国王の意を深く体しましたから、日本の脅迫をうけ、草卒のうちに調印してしまったのです。

伏して思いますに、日本と朝鮮のこのたびの紛争では、軍隊もうごかさず、領土の割譲も免れ、陸路（咸興《ハムン》・大邱《テグ》）での通商も始めなくてよく、わずかにこの五十万円の軍費を、賠償ではなく「填補」といいあらためて、出すこととなりました。これを日本側が言いがかりをつけ要求しようとしていた心づもりと比べれば、すでに重きを避け軽きに就いた、というべきでしょう。しかし朝鮮の貧瘠はもとよりひどいのに、かさねてこんな出費を増やさせては、と反省自問して、自責の念はまことに深いものがあります。

いま金宏集らは、仁川からもどってきており、交渉はもう終わったのですが、朝鮮国王は積弱に鑑み、つとめて奮起の手だてをはかり、すでに趙寧夏・金宏集・李祖淵に命じて来華させ、閣下に拝謁して直接にご教示をいただくため、自分との同行を願い出ましたので、時をおかず二十日には、船にもどって帰国するつもりです。こちらで治安維持にあたり、ひきつづき乱党を追捕するなどのことは、呉軍門（呉長慶）が軍隊を統率してこちらにいますので、臨機に処置してくれましょう。

追伸。このたび朝鮮は大乱を経たばかりで、生まれ変わるにひとしい情勢にあります。あらゆる善後処置は、閣下のご裁決をあおがなくては、とても手の着けようがありません。趙寧夏らも、朝鮮国王に「中堂（李鴻章）に面会するまでは、帰ってきてはならぬ」と命ぜられました、といっており、きわめて鄭重な物言いです。帰国したとき、まだ閣下が北上して天津にお戻りでなかったら、ただちに寧夏らをつれて安徽にまいりますので、ぜひお会いいただきたく存じます。[178]

十九日（九月一日）、朝、呉軍門が軍を東門（興仁門）に移したと聞いたので、馬をとばして見にゆき、そのついでに朝鮮を発つことを伝えた。

九時、宿舎（南別宮）にもどって荷物を点検する。〔魚〕允中が王命をうけて、朝鮮国王の謝恩上奏文、および総理衙門と北洋大臣あての咨文[179]の草稿を、袖に入れてもってきた。

午後、国王・世子がともに、それぞれ中使をつかわし、贈物を四品もってきた。固辞したけれども、どうしても、といわれて、やむなくいただくことにした。

その後、餞してくれる朝鮮の官人たちがきて、宿舎は一杯になった。

二十日（九月二日）、朝、国王は承旨官を遣わし、名刺をもたせて見送らせ、次に会う期日を決めさせようとした。くわえて「趙使（趙寧夏）・金使（金弘集）が天津についたら、ぜひ傅相（李鴻章）・上憲（張樹聲）にお目にかかって、したしく教えをいただきたい」といい、そのため、あらかじめ紹介の労をとってほしい、とわたしに頼んだ。

まもなく、天津からきた手紙をうけとる。

一〇時、趙・金たちとともに、南別宮より出発した。

一時、果川《クワチョン》で休息、国王はふたたび挨拶のため、中使をよこした。

七時、水原《スウォン》で休息、日中はかなり暑いので、日が暮れてから、ふたたび出発し五十里すすんだ。南陽《ナムヤン》の宿舎につくと、もう午前二時になっていた。

二十一日（九月三日）、朝、南陽の宿舎で書翰をしたためる。一通は呉軍門あて、もう一通は花房公使あてである。(180)

しばらくして馬山浦《マサンポ》を出発、午後、埠頭に到着。

潮が引いて出発できるのを待つ間に、ふたたび天津から来た書翰をうけとる。昨日、汽船の鎮海がもたらしたものだ。そのなかに張振帥（張樹聲）の手づから書いた手紙があった。総理衙門の公函を引用して、(181)「今回の出兵で李昰應を生け捕りにできれば、希有の功名だ」とある。さらに傅相がわが駐日公使黎蒓齋（黎庶昌）にあてた電報二通を引用してあり、やはりともに「この出兵のポイントは、昰應の制圧にある。(182)これさえできれば、あとはすんなり解決しよう」という。いまごろ昰應はもう天津についていることだろう。

四時、潮が半ば引いたころあいをはかって、小船で鎮海まで渡り、鎮海に乗ると湾外への出航を命じ、威遠まで行って乗船した。丁軍門（丁汝昌）は艦長に命じ、明日の明け方に出発させることにする。同時に朝鮮の各官を船室に案内して、おちついてもらった。

二十二日（九月四日）、朝五時半、出発する。空は青く澄みわたり、海は波ひとつない。夜に入って、風がブリッジの横を吹きつけ、船がずいぶんかたむいた。

二十三日（九月五日）、午前九時、之罘《チーフー》に到着。傅相（李鴻章）はすでに昨日一〇時、〔招商局の汽船〕保大に乗って北上されたことを聞き知った。そこで上陸して、方佑民（方汝翼）海関道を表敬訪問し、また仲兄相伯（馬建常）にも会えた。

四時、天津にもどるため船に乗った。

第七章　清末外交の転換

一　壬午変乱と馬建忠

壬午変乱で馬建忠の果たした役割は、これまでおおむね、大院君を排除した果断な処置と日朝間を調停した老練な外交といわれてきた。要するに、有能な交渉家、優秀な外交官だというところだろう。しかし以上のように、かれの記録を読んでくると、それればかりではありえない。

壬午変乱そのものが、清朝にとっては予期せぬ事件であった。朝鮮現地に派遣されたかれ自身、そのため情勢把握と対策案出に慎重を期さなくてはならなかった。朝鮮・日本という相手があった以上、清朝の予想、思惑どおりにことが運ぶか、まったく未知数だったからでもある。果たして一方の当事者たる日本の出足は敏速で、しかもその意図をなかなか摑むことができなかったため、馬建忠が現実に置かれた状況は、けっして容易なものではなかった。日本の花房義質とかれにしたがう軍隊に、ソウル入城の先を越されて、いわば窮地に立たされてしまう。

かれはそうしたなかにあって、何度も朝鮮側、日本側と折衝を試み、事態を好転させようとつとめた。最終的に大院君を拉致、乱党を討伐することになったのも、当初からの計略にふくまれていたとはいえ、臨機応変、予断を許さない情勢に的確な対処を講じたことで、どうにかこぎつけることのできた結果だったのである。

そもそも趙寧夏・金弘集らとの再会、日本側と大院君の交渉の不調、花房義質の退京などは、かれ自身は与り知らぬ、ほとんど偶然としかいえない出来事である。かれは断片的なそれぞれをつなぎあわせて、所期の目的をほぼ果たすことができた。それはしかし、大院君の排除、日朝間の調停という具体的な、目につきやすい行動だけにはとどまらない。その実現にあたって、かれが魚允中・趙寧夏らを通じて、国王・政府を掌握したことは、いっそう重大であろう。

　馬建忠はそれまで、二度にわたり朝鮮に赴き、アメリカ・イギリス・ドイツと条約を結んできた。直接の相手こそ米英独だが、ねらいは朝鮮であり、日本である。ひそかに日本こそ諸悪の根源だと見さだめ、条約の締結を通じて、日本と朝鮮がむすびつかないよう、着々と布石を打ってきたのである。壬午変乱はそれが無に帰しかねない事態だった。そのあたりは、当時、服喪中の李鴻章に代わって北洋大臣をつとめ、かれを朝鮮に派遣した張樹聲の言葉によくあらわれている。

> 日本ははやくから、朝鮮を専制《いいなりに》しようともくろみ、陰で日本につく朝鮮の臣下も少なくなかった。幸い朝鮮国王は「漢に依ること天が如し」、中國も最近、朝鮮に西洋各国と条約を結ぶよう指導したため、日本はその奸策を施すすべがなくなった。[183]

これは壬午変乱以前のこと、それが勃発すると、

> 朝鮮は以前より、日本の制する所《いいなり》となってきた。ところが最近、直接に西洋各国と条約をむすび、日本もたびたび、朝鮮と税則を交渉しながらまとめることができず、日本は不満に思っている。折しも朝鮮が〔日本の〕公使館を包囲攻撃し、死傷者が出てしまった。日本がにわかに軍艦を派遣したのは、それを口実に威嚇し、自らの野望を達せんとするものにちがいない。[184]

と日本の動向に懸念を示し、そして最悪の帰趨を予見して、

今もし、朝鮮で内乱蜂起のさなかに日本軍が到着したなら、日本は清朝に先んじて問罪の師という名分で、清朝に代わって内乱鎮圧をやってしまうかもしれず、日本につく朝鮮の人たちも、この機に乗じて主導権を握るであろう。日本の兵力はわずか千あまりにすぎないけれど、烏合の衆同然の朝鮮乱党を平定するに余りあるのは、明白だ。日本が朝鮮で大功をたてれば、公使館包囲攻撃と公使迫害追放の事件もあるから、それに朝鮮側が報いることは難しく、後に禍根を残すことになろう。またわが屬邦でありながら、日本にその内乱を代わって平定させることになっては、ますます日本につく朝鮮の人たちを増長させるし、中國字小の義に傷がつき、いよいよ日本が朝鮮を惑わす企てをほしいままにしてしまう。(185)

という。この最悪の事態を防ぐこと、換言すれば、朝鮮に対する日本の武力行使を回避し、清朝をまったく介在させぬ日朝の直接交渉、ひいては日朝の結託をも未然に阻止すること、馬建忠の使命は、何よりもそこにあった。その使命をひとまず果たした、というばかりではない。その過程で、変乱勃発以前にかれが打っていた布石にもどすことも、自身にとって、そして清朝にとっても、重要な課題であった。

一八八二年九月四日、朝鮮をあとにし、七日、天津に帰還した馬建忠には、朝鮮政府から派遣された謝恩兼陳奏使の趙寧夏、副使の金弘集、従事官の李祖淵が同行していた。いずれも前章の訳文中に活躍した、馬建忠の旧知の人々である。かれらの使命は、表向き壬午変乱の平定に「謝恩」し、大院君の帰還を「陳奏」することだった。しかし実質的な目的は、前註(45)の引用文にいう「議約大官趙寧夏らは同行して少荃中堂〔李鴻章〕に面会相談したい」とした希望の実現にある。つまり開港後の朝鮮の対外関係および清韓関係のありようを、北洋大臣に帰任した李鴻章と会談をもって、具体的に定めようとするものであった。

壬午変乱は、馬建忠が二回の朝鮮奉使を通じて、その方針・腹案を策定し、朝鮮国王・李鴻章の双方に提示しつつ

あったさなかに勃発した。朝鮮側の混乱はいうまでもない。清朝側も当の馬建忠が、李鴻章との打ち合わせを急遽、とりやめて朝鮮に赴かねばならなかった。作業は中断停止のやむなき状態にあったのである。この謝恩兼陳奏使はとりもなおさず、その再開継続を意味するものだった。

そして趙寧夏は、九月初めから一一月の末まで、李鴻章らと断続的に協議した結果、借款・海関設置・鉱山開発をとりきめ、外国人顧問のメレンドルフ（Paul G. von Möllendorff）および下僚の中国人スタフを雇用し、一二月のはじめ、清朝から赴任する官僚らとともに帰国した。シューフェルト条約調印時から、馬建忠が「屬國」の実を明らかにするため、構想してきた具体的なことがらは、ここでようやく、実際のかたちとなって現れた。かれの手腕を評価するなら、そこにまで、眼をくばるべきだと思う。

馬建忠はその一方で、朝鮮政府に表向き直接に、日本と済物浦条約を結ばせた。清朝の側としては当初から、日本に武力を行使させないねらいがあったから、そのためには、対立を表面化させない「平和主義」で、日本と折り合っておかねばならない(186)。日本を納得させるには、朝鮮の対外的な「自主」も、不可欠であった。かくてかれの活動は、自らさきに新たな定義を与えた「属国自主」に即したものとなる。かれ自身の考え方が、自然にかれをして、そうした行動をとらしめた、というほうが、いっそう事実に合った表現であろう。

大院君拉致と乱党討伐では、清朝が公然と朝鮮の内政に干渉しながら、条約の締結では、あからさまな介入はなく、ほぼ日本の思惑どおりにすすんだ。それまで朝鮮の独立自主を当然視していた日本側の立場からすれば、馬建忠は矛盾するほかない二事を同時にやってのけたわけである。日本政府は以後、対朝政策をすすめるにあたって、そのはざまで逡巡せざるをえなかった。済物浦条約でえた足がかりを利用し、壬午変乱における清朝の行動と措置に不満をもつ金玉均らとの接近をはかりながら、あらためて朝鮮進出の機会をうかがうことになる。

かりに馬建忠が、身につけた西洋近代的な観念と思考を何より優先する外交官にすぎなかったのなら、はたしてこうした事実経過になっていたかどうか、わからない。かれは何よりも、現実の朝鮮に対する清朝の利害関心とそれをめぐる国際情勢、そこから生じるあらゆる局面をみすえて、即応した布石を打ったのである。それは決して狭義の外交交渉にとどまるものではなく、やはり当時の「洋務」にふかく関連している。

一八八四年末の甲申政変につながるこの動向に、しかし馬建忠がひきつづき、関わることはなかった。かれは朝鮮側の懇請[187]にもかかわらず、メレンドルフたちとともに朝鮮へ赴任はしなかったからである。その任についたのは、実兄の馬建常（馬相伯）、一種の身代わりであろう。兄たちが朝鮮へ旅立つころ、かれ自身はすでに、別の仕事に没頭していた。

二　ひろがる「屬邦」問題

「東行三録」のしめくくりには、日記体で綴られる紀行と直接には関係しない、二通の上諭を収めており、これは前章では訳出しなかった。第一は光緒八年八月十二日（一八八二年九月二三日）に下されたもので、壬午変乱の勃発と平定の経過を清朝の立場から述べて、大院君を拉致し去った処置を説明した文面である。第二はその三日後に下された、大院君の返還帰国をもとめる朝鮮側の要請を却下したものである。あわせて、大院君拉致を正当化せんとするのは明白で、すなわち馬建忠の処断をオーソライズした文書である。これを自らの文集、しかもその掉尾にあえて収録した馬建忠本人のねらいは、また別にあるだろうが、この上諭がくだされた文脈は、この時期の問題としておさえておかなくてはならない。

変乱の経過を述べたところは、前章の訳文に重なるので、くりかえし紹介する必要はないものの、それを正当化する文言として、書き出しとむすびに、以下のようにいう。

朝鮮は我が國大清の屬國爲りて、世々藩封を守り、素より恭謹を稱す。朝廷視ること内服に同じく、休戚相ひ關はる。……呉長慶の部する所の官軍は、仍ほ著して暫らく朝鮮に留りて彈壓せしむ、該國の善後事宜は、並びに李鴻章らに著して悉心商査せしむ、用て朝廷の法を酌し情に準じ藩服を綏靖するの至意に副へ[188]。

書き出しのセンテンスは、それまでの清朝の朝鮮との関係の、いわば建前をくりかえしたもの、むすびは、この壬午変乱の結果、清朝のとった措置を述べたものである。両者が一貫した論理となり、朝鮮に対する措置を導き出す関係として、いわゆる「屬邦」の理念が位置したところ、しかもそれを清朝が対外的に、公式に宣布したところに着目すべきである[189]。

かくて朝鮮半島方面では、馬建忠のたび重なる使節行をへて、新たな定義の「属国自主」を軸とする日清韓の関係再編が本格化した。しかしその「屬邦」という関係は、朝鮮に対してだけではなかったし、朝鮮半島の情勢が孤立して存在していたわけでもない。

第五章第四節にもふれたように、清朝が朝鮮に危機感をいだいた直接の契機は、日本の琉球処分にあった。時系列的にいえば、むしろこの琉球問題が朝鮮へ波及した、とみるほうが正確である。清朝にとっては、両者とも同じく「屬邦」であったからで、その危機に対する具体的な措置・行動を導きだすに、「屬邦」関係という抽象的な理念が位置していたことも共通する。

もっとも、「屬邦」という関係を表現する理念・措辞は同じでも、現実の利害・軽重も同じとは限らない。琉球処分で鋭く対立した日清は、明治政府が提案したいわゆる「分島・改約案」を軸に交渉をすすめて、妥協を模索する。清朝側からするその争点は、琉球の分割と復国の是非にあって[190]、けっきょく決着をみなかった。清朝の交渉方針がこのように一定せず、また以後も、たえず懸案としてもちあがりながら、必ずしも重大な問題たりえなかったのは、清朝側の認識では、琉球問題は多分に、喫緊の現実的利害に関わらない「面子」の問題にすぎなかったからである。

しかしそれが波及するところ、「面子」ばかりではすまなかった。ここまでみてきた「朝鮮問題」がその好例であり、さらに「越南問題」がある。ほぼ時を同じくして、南洋大臣の劉坤一、駐露・駐仏公使曾紀澤が漏らしたように、これは「琉球隔海の地にくらべて、いっそう緊要な」、「もとより琉球とは比較にならない」問題であった。[191] そして「取ろうと棄てようと利害に影響しない琉球とは、同列に論ぜられない」[192]「朝鮮問題」と同じように、「いっそう緊要な」この「越南問題」に登場してくるのが、馬建忠なのである。

やがて清仏戦争を惹起するヴェトナム、もっと正確にいえば、ハノイを中心とする北部ヴェトナム、いわゆるトンキン地方の支配権をめぐる紛争は、「現象としてきわめて複雑」な経過をたどる。[193] けれどもその本質的な構図は、筆者が明らかにしたように、トンキンに対する「保護」の争奪にほかならない。[194] 条約にもとづいて「保護権」を主張するフランスと、「屬國」関係にもとづいて「保護」を主張する清朝との相剋と妥協のくりかえしが、いわゆる「越南問題」を構成した。いっそう正確にいえば、フランスと対抗する過程で、清朝は境域を接するトンキン「保護」の必要を自覚し、これを「屬國」関係とむすびつけることで、現実の行動を正当化する理論武装をしたのである。

この点、すでに前章でみたように、壬午変乱で「藩封」の「保護」という建前をもうけたこと、また一八八五年、露朝密約におけるロシアの朝鮮「保護」に直面して、清朝が自らの朝鮮「保護」をあらためて認識、自覚したこと[195]に似ている。ヴェトナムの文脈では、

中國のいう屬國とは、外国のいう保護にほかならない。……〔一八七四年の〕フランス・ヴェトナム間の〔サイゴン〕条約〔第二条〕にいう「フランスはヴェトナムの自主の權と一切の外国に従属しないことを認める。もし匪賊の騒擾や外国の侵略があれば、フランスはただちにその防衛を援助する」とは、ヴェトナムが中國の屬國ではない、と明言したうえで、

フランス自身の「援助」を許そうとしたものである。ヴェトナム蚕食に都合がよいよう、「保護」にことよせたわけで、日本が琉球を滅ぼしたやり口と同じだ。それなら中國がヴェトナムを争うには、まず屬國の名を争わなくてはならぬ、屬國を残そうとするには、まず保護の実がなくてはならない(196)。

という発言が、そのあたりの機微をよく物語る。

李鴻章もいうように、それまで朝貢国に対しては、「内政に関与しないばかりか、保護する、という明文すらなかった(197)」。しかし「近来、フランスが侵略してヴェトナムは日ましに危うくなっている。清朝としては辺境の安全のため、この外藩を残したい」。そのためには、「力をつくしてこれを保護しなくてはならぬ」。そうした「保護」を正当化するためには、ヴェトナムが「屬邦」であらねばならず、昔日にはさして重要とはみえない冊封と朝貢が、今日では「屬邦」を立証する、「いっそう緊要な關鍵となった(198)」。以上のような李鴻章の論理は、前註(196)の引用文とはちょうど逆の筋道をたどっているが、いずれにせよ、「屬國」と「保護」を名実一体とする外交方針が醸成されてきたことはまちがいない。

その李鴻章が一八八二年の一一月に、「朝鮮問題」とは異なって、いささか偶然、かつ不本意ながら、この「越南問題」を担当させられてしまう(199)。フランス語のエキスパートたる馬建忠が、「朝鮮問題」を差しおいてそこに駆り出されたのも、やむをえないなりゆきだったのかもしれない。

三　馬建忠と対仏交渉

(1)ブーレ交渉

フランスはヴェトナムに対し、ずっと以前から侵略を始めていたし、それにともない、清朝と何の交渉もないわけではなかった。しかしヴェトナムをめぐる清仏交渉が、にわかに活潑になってきたのは、一八八〇年代に入ってからである。中国と境を接するトンキン地方にもフランス軍が介入してきて、それまでいわば傍観していた清朝当局が一転、激しい抗議をはじめたからである。

駐仏公使を兼任する曾紀澤が、パリで続けてきた交渉は、一八八二年四月にフランス軍がハノイを占領したことで、いっそう厳しいものになった。清朝との関係決裂を恐れたフランス側は、交渉の舞台を北京に移し、北京駐在公使ブーレが一〇月から、総理衙門を相手に妥協を模索することになる。(200) しかしトンキンに「保護権」をもつとする側と、ヴェトナムを「屬國」とみなす側、この両者の原則的な対立は解消できなかった。

ブーレは冬季を上海で過ごすため、翌月一一日に退京したから、自然、総理衙門との交渉はひとまず中断する。ところが総理衙門は、ブーレが立ち寄るはずの天津にいる北洋大臣李鴻章に、交渉の続行を依頼していた。李鴻章が「越南問題」を担当せざるをえなくなったのは、このときである。しかもこの交渉は、いわば急転直下、実質的にわずか二日間でまとまった。一一月二七日、天津のフランス領事館で李鴻章とブーレが会談し、おおよその合意がなり、翌日それにもとづいて共同の文書を作成したのである。(201) この交渉で通訳をつとめ、かつ文書の起草、翻訳にたずさわったのが馬建忠だった。

この文書、いわゆる李・ブーレ覚書三ヵ条は、端的にいえば、トンキンの勢力圏分割をとりきめたものである。しかしその趣旨はすでに、総理衙門の北京交渉で俎上にのぼっていた。北京では妥結しなかったものが、なぜ天津でまとまったのか、その究極的な理由はわからない。けれども残った記録にみえるかぎり、馬建忠の存在と役割がそこに大きく関わっていた、といわざるをえない。

ブーレと清朝側の争点は、上に見たようにトンキンの「保護」と「屬國」をめぐる矛盾にあった。李・ブーレ覚書はこうした理論的な概念の矛盾を「棚上げ」して、実際の行動を規定することで合意したものである。「棚上げ」するには、条文の文言を双方ともに納得できる表現にしなくてはならない。覚書第三条の仏文テキストが、トンキンの「保護権（protectorat）」といわずに「監視（surveillance）」という表現にとどめ、漢文テキストでそれを「巡査保護」としたのは、けだしその典型である。「屬國」を主張する清朝にとって「保護」は言わなくてはならず、「保護権」を主張するフランスにとっては、清朝の「保護」を言ってはならなかった。両者を調整し「譯出」したのが馬建忠である。かれの報告によれば、覚書のテキストは「ブーレ公使が起稿し、三時間の長きにわたって討論し、草稿は七たび八たび改めて、ようやく完成した」[202]のである。

いわば「屬國」と「保護」を名実一体とする清朝の外交方針を、フランスとの交渉の場で、具体的に表現かつ実現しようとしたのが、馬建忠の役割であった。朝鮮の「屬邦」関係を定義し、具体化したかれならでは、のはたらきだったといってよい。

李・ブーレ覚書は一二月に入って、フランス本国にも伝えられ、これが確定すれば、当面、清仏の衝突は回避できるはずであった。馬建忠はこのとき、休暇をもらって帰省したのを機に、上海へ南下したブーレおよびフランス側の動静をさぐり、随時、李鴻章に連絡するよう指令をうけていた[203]。結果として以後のかれは、一貫して上海を中心に行動することになる。

ところが年が明けると、雲行きが怪しくなってきた。フランス本国の政権が交代し、李・ブーレ覚書が否認されたばかりか、ブーレその人も駐華公使を解任されてしまう。ブーレと接触して、この情報をいちはやく摑んだのも、上海にいた馬建忠だったから、当然かれ自身、さまざまに考えるところがあったにちがいない。もっともこの時点で確認できるのは、フランスが「翻覆」した以上は、「前議」のままおさめることはできない、非は向こうにあるのだから、こちらは弱みをみせてはならぬ、という献策[204]ばかりである。

いうまでもなく、北京政府の態度は硬化し、戦争をも辞さない構えをみせ、李鴻章に広州へ赴いて軍隊を統率せよ、との命令をくだした。しかし李鴻章は上海まで南下すると、そこで動かず、清朝との交渉にあたるよう任命をうけた全権特使の駐日公使トリクー（Arthur Tricou）の到来をまって、六月に交渉を再開する。今度はブーレとの場合とはちがい、李鴻章じしんが望んで着手した交渉であった[205]。その決断の背後に、情報蒐集にあたっていた馬建忠の存在を想定するのも、あながち的はずれではあるまい。

一八八三年一〇月までつづいた、このトリクーとの交渉は、しかしながらフランス側が李・ブーレ覚書の趣旨、つまり清朝の妥協できる「保護」の分割を認めず、トンキンの全き「保護権」確保を前提としたため、当初から難渋をきわめ、容易に打開の目途がたたなかった。李鴻章を補佐し、交渉の通訳で活躍した馬建忠すら、業を煮やしてフランス側の通訳官に、「もうフランス政府など相手にしない」と言い放った、という[206]。

(2) フルニエ交渉

その間にフランスは、直接ヴェトナム政府とフエ条約を締結し、フランスの排他的な「保護権」を明文化した。いよいよ清仏間に妥協の余地がなくなり、トリクーは交渉を打ち切って日本に帰任し、トンキン現地では山西《ソンタイ》・北寧《バクニン》の会戦が起こり、清軍が敗北する。清朝側の劣勢は外交的にも軍事的にも、明白になってきた。

李鴻章はこうした客観情勢の変化をよく認識していた。すでに一八八三年一〇月末、トリクーとの交渉失敗を総括して、フエ条約の有効性を認めざるをえないこと、それを無効化させようにも、そのためにトンキンからフランス軍を排除する軍事力がおぼつかないことを上申している。[207] かれが翌八四年三月に、親しい間柄の税務司デトリングが香港でお膳立てした、これまた旧知のフランス海軍中佐フルニエ（François-Ernest Fournier）との和平交渉を積極的にすすめたのも、[208] そうした動機からであった。

まずデトリングが北上して、天津でフランス側の講和条件をつたえ、ついでフルニエが北上し、五月のはじめに交渉がはじまり、一一日にいわゆる李・フルニエ協定が結ばれる。その間に清朝側では、フランスの要求を検討して、交渉は許可しながらも、清朝とヴェトナムとの旧来の関係を継続すること、賠償金支払を認めないこと、などの条件を李鴻章に課した。フルニエは上海で馬建忠と会って、かれとともに天津にむかい、その途上で一定の予備折衝はすませていた。天津での本交渉で問題になったのは、やはり条文の表現措辞である。

この協定できまったのは、フランスによる現行の中国・ヴェトナム国境の「尊重」、清軍のトンキンからの撤兵、清朝によるフランス・ヴェトナム間の条約の「尊重」、フランスは中國の体面を傷つけないこと、などである。この場合も李・ブーレ覚書と同様に、漢文・仏文両テキスト間に看過すべからざる齟齬がみられる。

「尊重」というのは、仏文テキスト respecter の直訳だが、漢文テキストではそれぞれを「保全護助」「概置不理」と記しており、かなりニュアンスがちがう。これはむしろ故意の訳出で、双方を妥協させようとした作為の典型であろう。李・フルニエ協定はそうした作為のために、「あいまい」な条文に満ちたものとなった。「紛争を実質的に終結させる内容をもちながら」、「あいまいさ」[209] が残らざるをえなかったのは、ひとえに清仏の原則的な立場と現状とを折り合わせたことにつきる。それはトンキン撤兵問題で、清仏の齟齬をひきおこし、戦闘の再開を導く禍根になった[210] 一方で、あらためての和平の基礎をも提供するものでもあった。

この交渉でも、通訳にあたった馬建忠の具体的な役割はわからない。デトリングが終始、大きな役割を果したたのは否めないところである。[211] しかしかれに劣らず、馬建忠の交渉ぶりは、李鴻章によれば、「頗る柔剛操縦の宜しきを得」たものであり、[212] 切迫した危機のなか、和議を成立させ戦争の回避ができたのは、その力が多くをしめるという。こうした評価は、内外一致するところでもあった。[213] 李・ブーレ覚書の場合と異ならない、協定条文の「あいまいさ」、妥協的な性格からしても、かれが実質的に交渉をとりまとめたとみて、まちがいないであろう。

周知のとおり、この協定を実行にうつす段階で、手違いが重なって、ついに清仏は全面的な戦争状態に入ってしまう。一八八五年になって、総税務司ハートの工作が効を奏し、六月初めに戦争を終結させる天津条約の締結にいたった。この天津条約は、李・フルニエ協定を下敷にし、李鴻章の名義で締結したものである。けれどもその実質的な交渉は、いっさい北京のハートとかれを補佐したパリのキャンベル (J. D. Campbell) がすすめた。そこにはもはや、李鴻章の介在はおろか、馬建忠の姿もなかった。[214]

四　名声と悪評と

馬建忠はどうも、運のめぐりあわせが悪い人らしい。少なくとも後世の客観的な眼からみると、そのように思われる。

「朝鮮問題」では、何度も朝鮮に足を運んで自ら案出、企画した政策は、けっきょく自分の手で試みることなく、他人に活躍の場を与えるだけになった。その他人の最たるものが、袁世凱である。「越南問題」でも、その本質をとらえて、清仏の相剋を事実上、終熄せしめる条文をとりきめながら、最終的な清仏和平は、別の人がなしとげてしまった。これで声望の絶頂に達するのが、総税務司ハートである。[215]

そのためもあってか、李鴻章の外交として名高い、この時期における清朝の対外関係の展開、そしてとりわけ朝鮮・ヴェトナムという、重要な「屬國」との関係転換は、かれが重大な局面で不可欠な役割を果たしながら、それが知られない結果となっている。スタフとしてのかれは、それで本望なのかもしれない。が、後世の歴史家がそれに倣っていては困るのである。

しかし一見、不運とも思えるその境遇は、自然のめぐりあわせだけではなかった。明らかに人為、故意の翳が濃厚である。

まずかれが名をあげたのは、上でつぶさにみた壬午変乱での活躍にあった。その褒賞として、李鴻章から推薦を得て、「海關道」に昇任すべき人材として登録が決まる。(216) ところがまもなく、吏部から異議が出て、その人事は却下となった。規則にあわない、というのがその理由だが、(217) それだけではなさそうである。

壬午変乱の決着は、北京の官界では必ずしも、芳しい評判をえられなかった。日本に対して譲歩のしすぎだというにある。とりわけ済物浦条約の五十万円の賠償金、および日本軍のソウル駐留に批判的な意見が多く、これを実質的にとりむすんだ馬建忠に、非難の声が集まった。

その最たるものは、いわゆる「清流」の翰林院侍讀學士張佩綸の弾劾上奏である。(218) 吏部の異議却下もむしろ、そのあたりに影響をうけたものであろう。張佩綸じしんはこれを「やや牛刀を試した」と称するように、(219) その対象とするところは、下僚の馬建忠にとどまらず、むしろ李鴻章その人にあった。ねらいは李鴻章の政策を批判するにあっても、即時の直截な公言ははばかられるので、まずは重用した馬建忠を標的にしたてたわけである。

もちろん李鴻章がそれに気づかなかったわけはない。また弾劾の趣旨そのものに、事実に合わない部分もあった。済物浦条約締結は馬建忠が直接関与していないし、賠償金や日本軍駐留はかれが極力、反対していたものだったから、李鴻章はそのあたりをつぶさに弁明し、このときはとりあえず事なきをえている。(220)

「清流」がこれであきらめるはずがない。かえって李鴻章の「暮氣」「恇怯」、つまり退嬰と軟弱を嘲笑して、(221) 機会あれば非難の声をあげようとねらっていた。そこで槍玉にあがるのはやはり、馬建忠であった。

ついで馬建忠が名をあげたのは、李・フルニエ協定の締結である。すでにみたとおり、内外の評判があがった、というばかりではない。締結の当日、ふたたび李鴻章が「海關道」「出使之任」に昇進すべき人材として、登録を推薦している。[222]この時期の李鴻章としては、何としても馬建忠を外交官、在外公使にしたかったものとみえ、またその適材たるは、衆目の一致するところでもあった。[223]「海關道」はこの時期、対外折衝の能力を要する任務で、多くの例がしめすとおり、「出使大臣」になる前につとめあげておくべきポストのひとつである。

しかし上述のとおり、李・フルニエ協定が効力をもちえず、清仏が開戦すると、にわかに暗雲がたれこめてくる。このとき馬建忠は、輪船招商局の経営に参画するよう命ぜられていた。[224]一八八四年五月、天津で李・フルニエ協定をまとめたあと、上海にもどった馬建忠を待っていたのは、招商局の汽船運航に対するフランス海軍の脅威である。かれはフランス艦船の清朝船拿捕を未然に防ぐため、買い戻す密約をふくんで、招商局の船舶をアメリカのラッセル商会（Russell & Co.）に売却譲渡し、星条旗のもとで航行できるようにした。この手の偽装譲渡では、事前の密約を反故にさせず、原状に回復するのがすこぶる困難なものだが、馬建忠は清仏戦争終結後、その手間のかかる仕事をみごとにやってのけたのである。

偽装譲渡そのものはうまくいっても、周囲の理解がえられるとはかぎらない。それまでも、ヴェトナムをめぐる清仏の相剋では、李鴻章の路線に対する不満が、とくに「清流」の間にくすぶっていた。さすがに壬午変乱のときほど、はたらきは目立っていなかったため、馬建忠を公然と名指ししたものは、この時まではさほどみあたらない。けれども構図としては、やはり「朝鮮問題」のそれと同じである。[225]だからこの偽装譲渡事件は、非難の声をあげる絶好の機会を与えることになった。その攻撃に温度差はあっても、この場合に共通していたのは、「洋夷」と通謀結託した馬建忠の処刑を前提とする点である。[226]これも李鴻章の前に、お気に入りの馬建忠をたたく、という戦術にほかならない。

李・フルニエ協定締結のさい、李鴻章がおこなった馬建忠推賞に対し、かれの「來京」「引見」を命じる上諭が下っていた[227]。そしてまもなく、馬建忠処罰の声があがった折しも、総理衙門に人材が必要だというので、「洋務」に練達する馬建忠の「來京引見」が重ねて、くりかえし命ぜられた[228]。それが何を意味するのか、本人はもとより、庇護者の李鴻章も気づかないはずはない。李鴻章は何かと理由をつけて、馬建忠入京の命令にしたがわず、馬建忠を上海にとどめて、なかなか北上させなかった[229]。それでもたび重なる上諭には抗しきれない。

馬建忠は一二月の上旬、北京に入った。折しも朝鮮では、甲申政変が勃発、李鴻章はこれを機に、かれをふたたび朝鮮現地へ派遣し、虎口を逃れさせようと、「朝鮮問題は建忠でなくては、処理できない」と上奏する。いっぽう北京の非難の声は最高潮に達し、「街市の傳言」では、その処刑は必至、菜市口の刑場もあわただしい、ともっぱらの評判だった[230]。

結果は案に違って、馬建忠には咎めもなく、新たな任命もなかった。「本来なら重罪に処すべきところ」、招商局の財産買戻しは、かれにしかできないことなので、それに専念させ、ほかの任務についてはならない、買戻しに失敗すれば、李鴻章もろとも重罪に処す、との厳命である[231]。馬建忠と会見した醇親王や軍機大臣が、かれの「才辯を稱《たた》へ」て、その身を保全しようとした好意に出るのか、「匪人」「細民」のかれを政治の枢要から遠ざけようとした悪意に出たのか、その命令の真意はわからない[232]。いずれにしても、かれの政界における立身出世が、これでほぼ、絶望的になったことだけはまちがいないであろう。

こうした李鴻章の勢力と対立する「清流」という構図は、周知のところであろう。すでに本書第Ⅰ部にみた公使館の文脈でもあったし、以後もずっと続いてゆくものでもある。しかしそれは、いわゆる「洋務派」対「清流」の党派という単純な二項対立ではなかった。馬建忠の身の上だけをとってみても、「朝鮮問題」では「清流」の非難は、むしろ朝鮮駐留軍の呉長慶や袁世凱に端を発した[233]ものであり、輪船招商局の偽装譲渡事件では、招商局経営の主導権を争っていた盛宣懐がけしかけたといわれる。[234] それならむしろ、李鴻章の幕下、「洋務」内部における勢力争いにほかならない。その一方が「清流」との対立関係を利用し、「清流」を操る局面さえあったことになろう。

馬建忠は留学の経験があるばかりでなく、西洋に適応できた人物でもあった。西洋・日本と切り結ぶ局面で、清朝の利害を譲ることなく、たびかさなる折衝をたくみにこなしてみせたのは、そこによるところが大きい。その反面、どうも清末政界、官場においては、裏面の人脈づくりや寝技的な策動が不得手なタイプのようにみえ、また十分にありえたこととも納得できる。だがそれは官人として、ときに致命的な欠点となった。かれ自身もこのとき、弾劾誹謗の声のなか、半ば自嘲して「社交は苦手で、とうに出世はあきらめた」と漏らしている。[235]

帰国して五年、文字どおり「奔走」[236]を続け、中国近代史上の重大な転機に看過できない役割を演じたはずの馬建忠は、かくて何ら報われることなく、失意の時期を迎える。

第Ⅲ部 馬建忠と清末経済

貴族と商人との一体どちらが国家に有用であるかは、にわかに定め難いことだと思う。――髪粉を入念にふりかけた貴族は、国王が幾時にお目覚めになり、幾時にお寝《やす》みになるかを寸秒違わず心得ており、また大臣の控の間で奴隷の役を演じているくせにいかにもおえら方の様子をしている手合だが、商人はその国を富み栄えしめ(un Négociant qui enrichit son Pays)、その事務室からスラートやカイロに指図を与えて世界の福祉に貢献している連中なのである。

――ヴォルテール(Voltaire)
「商業について」(1)

Like diligence on the part of the labourer, the enterprise of the man of property can only be called forth where there is security for person and property; . . .

――William Cunningham,
"The Conditions of Material Prosperity."(2)

ヨーロッパはフランスのコルベール、イギリスのクロムウェルが政治をとってからのち、さかんに保護、干渉政策をおこなった。各国の政治家はかれらにならい、これこそが国を強くする最高の手段だと主張し、のちには民間のどんな事業にもかならず干渉した。……平心に論じて、現在のヨーロッパ文明に対して、干渉政策というものが全然貢献するところがなかったと言いきれるだろうか。もしそれを通過しなかったとすれば、かれらの国力、民力は、あれほどまでに充実することができただろうか。わが中國は専制政体とはいうものの、従来、政府が民間の事業に干渉することは、全然なかったのだ。

――梁啓超『新中國未來記』「第三回」(3)

第八章　企業経営の時代

一　輪船招商局

故郷ともいうべき上海に腰をおちつけた馬建忠は、一八八四年の春から、兄の馬相伯とともに輪船招商局の業務にたずさわるようになった(4)。その直後にとりくんだのが、かれの経歴上、転機となったラッセル商会への偽装譲渡である。残っている記録によれば、この挙じたいが、かれの発案によったものであり(5)、清仏戦争の開戦に直面して、戦時の船籍・航行など、法律・国際法にくわしいかれならではの仕事だったともいえよう。さきに見たように、かれは上諭で命ぜられて、その事後処理に専念し、それを首尾よく成功させたあとも、ひきつづき招商局に残ってその経営に参画する。

(1) 馬建忠の位置

輪船招商局というのは、中国最初の近代的な汽船会社で、一八七二年の開業以来、一貫して北洋大臣李鴻章の勢力のもとにあった企業である。十九世紀が終わるまでのその歴史は、ごく大づかみに区分してみると、創業から一八八〇年代前半まで、ついで一八八五年から九一年にいたる時期、それ以後の約十年間という、およそ三期にまとめることができる(6)。

招商局でもっとも重要な地位をしめた人物は、いうまでもなく、李鴻章の配下で交通・通信関係の事業を一手にひきうけていた盛宣懐である。[7] しかしかれに着眼するだけでは、上の三つの時期は必ずしも判然としない。盛宣懐は開業当初から、およそ三十年間を通じ、ほぼ一貫して招商局と密接に関わりつづけたからである。こうした時期の三分はむしろ、かれの下にあった実務組織が、それぞれに異なっていたところに鑑みたものであり、馬建忠はちょうど第二の時期に、招商局に入った。というより、かれの存在と役割が、その前後と分かつ、独立した特徴を有する時期を形づくった、というほうが、いっそう肯綮に当たっている。

第一の時期に招商局を牛耳っていたのは、買辦出身の広東人商人、徐潤と唐廷樞であった。この時期を全体的に通じてみれば、招商局が発展をとげた過程だといってよい。一八七七年の旗昌公司（Shanghai Union Steam Navigation & Co.）買収などによって、規模・事業を拡大させてきたからである。[8] しかしそれは、まったくの順風満帆ではなかった。一八七八年の総税務司ハートの改革案[9]や、一八八二年に招商局の経営に参画した、やはり買辦出身の広東人鄭観應の意見書[10]などが物語るように、多方面にわたって改善の余地がみられるものであった。そうした潜在的な問題点をかかえたまま、招商局は第一の転機を迎える。

盛宣懐は一八八〇年代初頭、旗昌公司買収にかかわる不正経理疑惑で弾劾をうけ、いったん招商局から離れるのを余儀なくされた。そのかれがふたたび招商局に送りこまれてきたのは、一八八三年のことである。[11] この時期、上海を中心に恐慌[12]がおこって、招商局もその影響で資金繰りがとみに悪化し、なおかつそれが明るみに出たからである。盛宣懐はこの機をのがさず、まず恐慌で財産を失った徐潤を、ついで外遊から帰国した唐廷樞を排斥して、着々と招商局の支配態勢を固めてゆく。[13] そんな折、広東方面に転出した鄭観應と入れ代わるかたちで、馬建忠は招商局に入ってきた。清仏戦争のさなか、一八八四年から八五年にかけて、事実上の招商局経営陣更迭が行われ、その結果、あらたに着任した要人の一人が、馬建忠だったわけである。

盛宣懐はこの時期以降、天津・煙臺の海関道を歴任して、上海には不在がちながらも、ようやく掌中にとりもどした招商局の支配権を手放すはずはなかった。いっぽう馬建忠は、ほぼ一貫して上海にあり、実地に招商局の業務に関与していかねばならない立場にあった。のちに二人が衝突して、馬建忠の排斥に至るのは、こうした異なる立場がしからしめた宿命だったのかもしれない。

馬建忠が一八九一年に招商局を去ったのち、盛宣懐はふたたび、鄭観應を経営陣に迎え入れた。そして鄭観應は周知のとおり、またもや活潑な招商局改革案の提示をはじめる[14]。その意見書はかれの著名な著述『盛世危言後編』にまとめられたばかりか、当時の招商局を明らかにする史料としても使われてきた。つまりこれまでは、鄭観應の不在だった時期の、鄭観應からみた弊害を指摘、強調する記録に依拠して、招商局経営の特徴をしめしてきたわけであり、その不在時期とは、馬建忠が招商局の業務を任されていた期間にほかならない。その時期の特徴として、しばしば言及されてきた招商局の「官僚的性格」、「官僚化」が強まった趨勢[15]とは、ひとつにはこうした史料のあり方にもとづくものであり、したがってそれが、客観的に適切な歴史像であるかどうかは、やはり再考の余地があろう。

すでに指摘があるように、馬建忠が招商局に入った時期から一八九〇年代はじめ、ひとまず引退するまでの、とくにいわゆる企業家《アントルプルヌール》としてのかれの活動は、かれ自ら記録として残そうとしたものが、何も伝わっていない[16]。これはたとえば、鄭観應の場合とは対蹠的である。最近は招商局の内部資料も見られるようになりつつあって、かれ名義の文書もしばしば目にする。それでも馬建忠が、具体的にそこで何をどのようにみて、判断したのか、何をどのように実行し、なしとげたのかは、必ずしも明らかにならない。これまで必ずしも一致した評価がなかったように、かれの位置づけが難しいのも、けだしそこに起因する。

以下、十分とは到底いえないけれども、断片的な史料を綴りあわせながら、馬建忠の活動経過を大づかみに跡づけよう。それはすでに従前の研究が、正面切ってではないにせよ、多かれ少なかれ着手してきたところである。今日の史料水準のうえにあらためて、筆者なりの叙述にまとめてみたいと思う。

(2) 盛宣懐と馬建忠

清仏戦争が終わった一八八五年六月、李鴻章はラッセル商会へ譲渡した招商局の船舶、その他の資産の回収にとりかかるよう、馬建忠に命じた。馬建忠は数ヵ月かけて、その買戻し交渉をひととおりとりまとめると[17]、まもなく「正式に」招商局の會辦に就任する。盛宣懐もほぼ時を同じくして、やはり「正式に」招商局の督辦となった[18]。

この督辦・會辦というポストはわかりにくい。會辦は「會同督辦」を縮約した語[19]で、文字どおりには、督辦を補佐する、というくらいの意味である。しかしその「督辦」を日本語に訳すにしても、字面そのままに「監督し処理する」という辞書の説明を鵜呑みにするだけでは、理解したことにならない。督辦はいわゆる「官督商辦」なる経営方式と不可分の地位であるから、この方式をわかっておくことが、督辦・會辦理解の前提となる。

とはいえ、そもそも「官督商辦」の実態と効用がわかりにくい。それはまず、「愛国主義」が否定的なイメージを付与し[20]、さらには、中国革命の進展に応じて唱えられた、すぐれて政治的な「官僚資本」なる概念と不可分に関連せしめられたことで、価値評価をともなった概念枠組が、その実態解明に先んじて、定まってしまったからである。そろそろ当時の史実経過と社会構造から、「官督商辦」の内実をみなおしてよい時期にきており[21]、馬建忠の活動をあらためて跡づけることは、その手がかりのひとつになるであろう。

ごく簡単にいってしまえば、「官督商辦」とは清朝政府の政策方針で設立した大型の企業を、官僚の監督のもと、商人の経営にゆだねることである。招商局は開業まもなく、政府直営から「官督商辦」に移行した。そこで経営をとりしきったのは、上述の徐潤と唐廷樞であり、かれらのポストを總辦という。いわば総支配人であった。その裁量はかなり大きかったので、「商辦」のほうが強く、「官督」はほぼ有名無実であったともいわれる。

その「商辦」経営がつまづき、徐潤・唐廷樞を排斥した後をうけた馬建忠の會辦時期が、「官督」を強化する方針に転じたことはまちがいあるまい。商人が任ずべき總辦を置かなかったのは、それを表現するものであろう。そして先にふれたとおり、督辦の盛宣懷が招商局本社のある上海にいないことが多かったから、いわばその代行をする官人の會辦が、現場に置かれたと考えるのが適切である。これが「官僚化」と評されるゆえんにほかならない。

この會辦には馬建忠のほか、沈能虎・謝家福が任命されて、その職責を分担した。まもなく謝家福が辞するので、馬建忠と沈能虎が會辦として招商局本社のトップにいたことになる。[22] 謝家福はのちに、当時のことをふりかえって、「馬道台（馬建忠）は肩書は會同督辦でありながら、実際は商總を兼ねていた」[23]という。「商總」はこのばあい、商人の任ずる總辦のことであるから、それ以前に徐潤や唐廷樞が果たした「商辦」の機能を、馬建忠が「官督」の任にある會辦でありながら、事実上「兼ねていた」、つまり馬建忠は本社の経営実務の統轄にもあたっていた、ということになる。そこで当時の招商局経営は、良くも悪しくも、かれの果たした役割が最も大きかった、とするみかた[24]が出てくる。

盛宣懷ははじめ、馬建忠をきわめて高く評価していた。一八八五年八月、招商局の整理再編にあたって、馬建忠と仕事をともにした印象を李鴻章につたえて、「馬道（馬建忠）は仕事にひたむきで、ラッセル商会ばかり信用するのを除けば、まったく申し分ない」といい[25]、さらには、

> 中堂（李鴻章）がどうして眉叔（馬建忠）をそんなに賞識《ほめ》るのか〔、いぶかしく思っておりました。が〕、上海へ来て数ヵ月になり、ようやくかれがすばらしく頭がよく、何かにつけ気が合いまして、徐〔潤〕・唐〔廷樞〕など比較にならないことがわかりました。短所といえば「軽率」の二字くらいのものですが、最近かれには、もっぱら熟考を心がけて、さきの過失を埋め合わせるよう、懇切に忠告しておきました。わたしは終始かれと誠心誠意つきあって、意見のくいちが

うことができても、納得いくまで何度も話し合っております。これまで、督辦と會辦とがこれほど心をあわせたことはございません。[26]

とも報告している。これでみるかぎり、二人の関係は当初、うまくいっていたようである。

その「督辦と會辦」の関係とは、馬建忠本人にいわせれば、自身を「小夥計」、李鴻章と盛宣懷を「兩東家」と見立てるものであって[27]、これは多分に謙譲のニュアンスをふくみながらも、やはり自身の役割を「東家《やといぬし》」たる「督辦」にやとわれた「夥計《しょうにん》」、いいかえれば「商總」のなすべき「商辦」だと自任していたことを物語っている。[28]盛宣懷と馬建忠の役割分担はおおよそ以上のようなところで、後者は事実上、現場の経営をとりしきる立場にあった。「官督」「商辦」というカテゴリーは、それぞれ盛宣懷と馬建忠に還元できるわけだが、それが必ずしも、各々の督辦・會辦というポストの職務と合っていなかったことは注意しておかねばならない。

(3) モース、沈能虎と馬建忠

そうした事情を別の角度から見てみよう。当時は奇しくも、清仏の和平と足並みをそろえて、日清・清韓の関係もひとまずの安定をとりもどした時期でもあった。甲申政変に対する日清間の天津条約は、いうまでもあるまい。その後まもなく明るみにでた露朝密約事件も、がんらい清朝が送り込んでいた、朝鮮政府外国人顧問のメレンドルフをその首謀者として、中国へ召還することで決着した。その善後処置として、メレンドルフの後任に選ばれるのが、メリル（Henry F. Merrill）とデニー（Owen N. Denny）という二人のアメリカ人である。[29]そして清仏戦争の後始末というべき、招商局の資産回収とその後の経営建て直しにも、同じくこれを補佐するアメリカ人の顧問が送り込まれた。のちに中国史家として著名になる洋関職員、若き日のモース（Hosea B. Morse）である。[30]このモースの眼にうつった招商局のありさま、あるいはかれ本人をふくめた馬建忠の人間関係は、なかなかに興味深い。
モースの業務ははじめ、招商局の資産回収を補佐することだけだったようであり、だとすれば、その任務にあたって馬建忠と緊密に協力した蓋然性は、決して低くない。二人はそこでまず、親交を深めたように思われる。[31]
モースはその仕事が一段落つくと、ついで招商局の会計監査に任ぜられ、一八八六年三月、李鴻章に招商局の経営状況と改善点などを報告した。それが好評だったのか、以降は李鴻章の要請で、経営そのもの、とくに外国人・外国商社に関わる部門で協力することになる。[32]そんな業務経験を通じ、かれが招商局に対して下した評価は、決して芳しいものではなかった。
まず督辦の盛宣懐について、招商局を管理する、という自分の権限をつよく主張する人物だと述べる。それは決して肯定的な評ではなく、その権限を「すぐれて重大な問題（very important matters）だけにかぎったなら」まだしも、微細なことまで管轄し（control detail）たがるので、かれの上海不在は「延滞と紛糾をひきおこしかねない」と考えて、盛宣懐の駐在地は再考すべきだ、と李鴻章に進言しようとしたこともあった。[33]
ついで当時の招商局は「督辦・會辦が多すぎる（having too many directors）ため、危険をはらんでいる」と断じる。トップは二人で十分であって、「ひとりは重大な問題（important matters）に」最終的な決定権をもち、とくに「官務（official business）」を担当する「督辦（Chief Director）」、もう「ひとりは總辦（Managing Director）」で、招商局本社の経営に専念して、微細な問題いっさいを管轄す（have control of all matters of detail）べき」だと考えていた。さらにモースは、「商務に経験のない人物」を"Director"に任命することに反対し、招商局本社の業務にあたる"Director"は、「この経験」が不可欠であると同時に、「東洋の商業言語たる英語の読み書き」ができなくてはならない、と記している。[34]
これは第一の、巨細を問わず管轄権を及ぼそうとする盛宣懐に対する批判の延長線上にある改善構想だが、本社業務にあたるべき"Director"の条件は明らかに、モースがとくに経営手腕を高く買っていた唐廷樞[35]を念頭に置いたものである。言い換えれば、モースは現状批判として、徐潤・唐廷樞の總辦時代への回帰をとなえたことになるわけで、それなら当然、批判の矢は督辦の盛宣懷のみならず、總辦不在の招商局で督辦の代理を果たすべき現任の會辦にも、向けられるはずであった。

果たして會辦の一人、沈能虎に対する批判は手厳しい。沈能虎は浙江省海鹽の人、かつて李鴻章の捻軍討伐に従軍し、のち義和団事変当時には、直隷通永道に任じた。モースが招商局において、任命すべからざる、必要な「経験」を欠く"Director"と言ったのは、かれを指してのものだった。さらには、沈能虎が招商局の業務を管轄してしまうと、招商局にはかつてない損害となる、とさえ述べており[36]、かれの存在こそが、モースに現状批判と前体制回帰をとなえさせた、とも読める。

そうしたなか、同じ會辦の馬建忠に関しては、ほぼ手放しといっていい称賛である。

馬建忠が招商局本社の總辦（Managing Director）になれば、もっとも適任であろう。かれの有する勢力では、督辦となって官務をとりおこなうことは（to *tu-pan* and conduct the official business）できないのではないかと思う。けれども商務に多少なりとも経験があり、汽船会社というものが、中國の官場流に経営し（conducted on Chinese official lines）なくてはならぬわけではないことを、本当に理解しているのは、かれしかいない[37]。

「経験があり」というのは、沈能虎と対比した典型的な言い方で、まさに馬建忠をその対極にある人物だとみなした発言である。モースにとっては、かたわらに馬建忠という人材のいたことが、上述の構想を描かせる根拠をなしていたのであろう。

以上をまとめると、「官督」「商辦」のカテゴリーは、各々"Chief Director"と"Managing Director"の専轄に弁別すべきであり、前者は政府との折衝をふくむ大綱を統べ、後者は社内の具体的な経営一切を掌握する、というモースの全体的なプランがうかがえよう。盛宣懐と馬建忠が前者・後者それぞれに、擬せられていたのは、あらためていうまでもあるまい。そして現状では、その分担がなお、十分なかたちでは実現していないことも、同時に読みとるべきである。それが盛宣懐・沈能虎の批判にむすびついているばかりか、ひいては一八八五年以降の督辦・會辦体制そのものに対する批判をなすと解することもできる。

このようにみてくると、モースの記すところと考えあわせるべきは、上に述べた盛宣懐と馬建忠の役割分担と督辦・會辦体制との齟齬であろう。事実上「官督」「商辦」のカテゴリーに対応していた、盛宣懐を「東家」、馬建忠を「夥計」とする役割分担は、後者を唐廷樞に代位するとみるモースの観察の根拠になっていた。それにもかかわらず、督辦の代理たる會辦、しかも複数いるそのうちの一人にすぎない、という馬建忠の制度的な地位は、その活動に大なる掣肘をくわえるものだったと想定できよう。

まず第一に、モースが指摘する盛宣懐の管理権、「微細な」「商辦」の範疇にまで容喙しかねないかれの「勢力」に対し、馬建忠が手腕をふるえる「勢力」、権限を必ずしも有していない現状がよみとれる。それは會辦でありながら、不在の「商總」の役割を担っていたところに由来する境遇だった。現場・実務の立場から盛宣懐の意向と合わない局面も、少なくなかったことは容易に想像できる。

ついで注目すべきは、「中國の官場流」に懐疑的だという馬建忠の態度である。もっともそれがいかなる内容なのか、精確なところはわからないし、そのまま事実であるかどうかも、現在の史料情況では判断できない。だからモースのこの評言をもって、モースと「伝統主義分子(traditional elements)との相剋」と総括し、馬建忠がいわゆる「官督商辦の経営方式に」「なじまない」考え方で一貫していた、と断ずるのはなお躊躇される[38][39]。しかしモースがそう表現した馬建忠の態度・行動が、モースの称賛と共鳴、ひいては協力をもたらし、またその反面、馬建忠じしんを

「中國の官場」から孤立がちにさせていたことは、ほぼ事実とみてよいであろう。

以上のような形勢が現実にあらわれた局面は、同じ會辦だった沈能虎との関係悪化である。かれは上の叙述からもわかるように、モースがたいそう嫌った人物であり、そのために招商局の「官僚化の典型代表」ともされてきた[40]。もちろんこの性格づけは、いささか一方的に失する。沈能虎の具体的な識見や能力、活動や役割は、馬建忠以上にわからないからである。同僚であった謝家福は、「商總」を兼ねた馬建忠に対し、沈能虎は「會同督辦の分に循ひ、以て商務を稽察し」た、と述懐しており[41]、それが事実なら、制度上本来の督辦・會辦体制、および會辦の職務により忠実で、盛宣懷の代弁者・代行者の位置を占めたのが、沈能虎だったとはいってよいだろう。

馬建忠との関係でいえば、同じく會辦でありながら、一方は「商務」を実践し、他方はそれを「稽察」する、というあたかも上下の監督関係になったわけであり、馬建忠が盛宣懷を上司として、その直接の指示には甘んじて遵っても、同列たる沈能虎の監督にまで従順だったかどうかは、すこぶる疑わしい。事実、馬建忠は一八八六年の一二月までに、何度も盛宣懷に書状を送り、

沈〔能虎〕道台がいたるところで疑忌しますので、いっしょに仕事ができません。中堂〔李鴻章〕の知遇は感じておりますので、辞めたいとは申しませんが、かれとは部署をかえていただかねば、明春には招商局を離れるしかありません。

と訴えていた[42]。モースもほぼ同じ時期に、馬建忠が沈能虎と対立して、辞意をもらした事実を記し、馬建忠がやめるなら、モース自身「も辞任する」と書きとどめている[43]。けだし同一の事情を述べたものであろう。

このあたりの具体的な経過と要因はわからない。けれどもモースが馬建忠に傾倒すると同時に、盛宣懷に批判的だった志向を考えあわせると、ごく単純化していえば、盛宣懷の意を体する沈能虎の路線あるいは勢力と、それとは必ずしも親和しない馬建忠という対立の構図があったことは確かであろう。

その構図にしたがえば、沈能虎―盛宣懐のラインは、北洋大臣の李鴻章と直結しうるのに対し、馬建忠のほうは原則として、李鴻章と協議するたび、盛宣懐を経由しなくてはならない。そのため招商局の運営をめぐって、勢力を争うという事態になったなら、馬建忠がいかにモースら外国人の支持を得ていたとはいえ、沈能虎に比して不利だったのは、火を見るより明らかであろう。

モースが元上司の津海関税務司デトリングに送っていた書翰をみるかぎり、かれも沈能虎と業務をともにすることが多くなり、それにつれて、嫌悪と対立を深めたようである(44)。そして一八八七年七月中旬、招商局の汽船保大号の成山岬座礁事件をきっかけに、モースは八月二日、辞任のやむなきに追い込まれた。これは座礁した保大の外国人船長ピータースン（R. Petersen）を、モースが沈能虎の許可なく決めた、ということで責任を問われたものだが(45)、馬建忠もその責任者と目されている(46)。これで直接に、馬建忠の立場が悪くなったばかりではない。モースの辞任は、かれからデトリングを通じ、李鴻章につながる好意的な、裏面の連絡経路も断たれたことを意味したから、馬建忠にとっての逆風は、いっそう強まることにならざるをえなかった。

まもなく煙臺に盛宣懐を訪ねた沈能虎は、馬建忠の「仕事ぶりが強引に失して心配です」と上申し、あらたに陳樹棠の會辦就任を要請している。これは実現しなかったものの(47)、盛宣懐じしんも馬建忠との関係が、当初ほど円滑にいかなくなってきたことを感じていた。一八八八年の五月には、沈能虎に「眉叔（馬建忠）に対する〔李鴻章の〕寵眷は日ましにあつく、招商局は〔馬建忠〕一人にまかせる意向だ」といい、自らの督辦ポストの交代さえ口にしている。盛宣懐は次第に、馬建忠を脅威と感じつつあったようである(48)。

そして九月、台湾省の汽船を招商局に合併する事業計画がもちあがったさい、馬建忠は主として経費の問題から、つよく反対する。この意見が盛宣懐とあわなかったばかりでなく、李鴻章の不興をも買った(49)。このころから、それまでいわば潜在していた対立の構図が、李鴻章をもまきこんだ形で、表面化する情勢となってゆくのである(50)。

二　国立銀行の設立構想

このように輪船招商局に入ってから数年のうちに、馬建忠にとっては、次第に困難、不本意なことが多くなりつつあった。そんななかでも、おそらくかれが積極的で、かつその存在感を示した企ては、決して皆無ではない。航路の新設も提言しているし[51]、台湾開発の計画もみのがせない[52]。その代表的な事例として、一八八七年の国立銀行設立構想をとりあげよう。

これは清朝とアメリカとが共同で中国に銀行を設立、これを「官銀行（National and International Imperial Bank and Mint）」とし、あわせて電報局と共同で、電話を敷設する、という構想であった[53]。一八八七年七月一六日、盛宣懐・馬建忠らが契約書に署名し、まもなく定款の草案も作成されている。アメリカ側ではバーカー商会（Barker Brothers & Co.）をはじめとするフィラデルフィア・シンジケート（Philadelphia Syndicate）が、清朝側では商人が出資して、五千万両の資本金を集め、天津に本店を、上海はじめ他の条約港に支店をおき、「生意の規條は、悉く美國官銀行の格式に倣ふ」、つまりアメリカの国立銀行にならった規則で経営する、ととりきめられた[54]。

この事業計画は、そのシンジケートを代表してポーランド系アメリカ人ミッツキィエヴィチ（Count de Mitkiewicz）が、天津を訪れて李鴻章にもちかけ、だいたいの合意に達したものである。しかし米清双方とも、そこにいたるまでのくわしい経緯は、なおよくわからない。ひとまず明らかになる範囲で、清朝側の事情をたどっておくと、それは実に一八八三年までさかのぼる。

(1) 前史

一八八三年は周知のとおり、それまで清末金融界を牛耳ってきた胡光墉の阜康銀号が、生糸投機の失敗から倒産し、上海で恐慌が起こった年である。恐慌は条約港はじめ、中国の主要都市に波及し、[55] 為替送金や内外の借款を阜康銀号はじめ、胡光墉の信用決済網に頼ってきた、当時の清朝財政にとってゆゆしき事態となった。[56] そればかりか、上述した徐潤の破産もその影響をうけた事例であって、「洋務」事業に対する華商の出資が冷え込むきっかけにもなったのである。李鴻章はそのため、一八八五年になって、「國家銀號」設立の提案にふみきった。以下はかれが「面奏」した、というその提案内容で、その動機、経緯、関心をよくあらわしている。

西洋諸国ではみな國家銀號があり、自ら利権《ママ》を掌握しております。……中國では咸豊年間、官銀号が紙幣を発行したことがありますが、方法によろしきをえず、民間の信用をえられなかったので、以後とりやめたままとなっています。その間、全国各地で商人による為替送金が行われました。そのうち胡光墉の開設した阜康銀号が、もっとも広汎な取引をしておりました。ところがこれも経営に失敗して、倒産し欠損を出してしまいました。そのため人々はみなおそれをなして、手をだそうとしなくなっております。

近年来、北京・地方で貨幣流通は円滑を欠き、商業がさびれておりますのは、まことに公家《ママ》にとって利益ではございません。すみやかに西洋の制度にならって改革すべきでしょう。総税務司ハートがさきに上呈した「續旁觀論」は、國家銀號の創設をもとめておりました。折しもイギリスのジャーディン・マセスン商会のケジック（James J. Keswick）・ミッチ（Alexander Michie）らが國家有限銀行の創設を願いでてきております。その大意は、「西洋の銀行にならって、中国人・外国人から株式を募集して資本とし、公金を費やさない。経営に人をえて、運用によろしきをえるだけで、國家にとって、利益はじつに多大となる。この事業は信実の二字がかなめだ」というものです。

「紙幣の発行が多すぎれば、通貨投機という流弊をひきおこしてしまうのではないか」と疑惧する向きもあるかもしれません。しかし西洋の銀行では、紙幣発行のさいには、いつでも兌換できるように、少なくともその額面の三分の一は、現金を準備として銀行内に常備しておくことが、規則で定められております。ケジックらの上申では、「どれだけ紙幣を発行するか、頭取が適宜きめるのであれば、発行量の多寡は資本・取引の状態を基準としなくてはならない。紙幣の量は制限を設け、濫発しないものとする。額面の多寡にかかわらず、紙幣は兌換ができさえすれば、信用をえてどこでも通用する。たとえばイングランド銀行（英國官銀號）の〔ポンド〕紙幣は、中国の各条約港で流通しているのである。紙幣のすべてに対応して兌換できる量の現銀をそろえるにはおよばない。かえって輸送に困難をきたすだけだからだ。現銀は三分の一を常備しておけば、十分やりくりできる」とあります。俗にいわゆる通貨投機がおこるのは、兌換できる現銀がなく、まったくの紙切れになってしまうからでありまして、このたびはそんな弊害はありません。

……

　上申してきた定款には、「海関・各省の税銀は、すべて銀行にあずけおく」との一節がありまして、これについては、「関税をしばらくあずけいれないとするのなら、この銀行の諸事にわたるとりきめが、適切に決定してからにすべきで、さもないと内外から信頼できるとはみなされない。各関の税銀がひきわたされ、その預金・送金の業務を行ってこそ、株主も疑義をさしはさまなくなろう。その預金は長期・短期さだまっていないとはいえ、公家《（ママ）》はいくばくかの利息をえられるし、官銀號の信用もあがるだろう」との由です。

　以上をまとめましょう。イギリス・フランスの銀行は、すでに中国の条約港に支店を設けております。聞くところでは、多くの華商がそうした銀行に株式投資をしたり、預金したりしています。ここ連年、各省は香港上海銀行から借款をしてまいりましたが、その香港上海銀行はしばしば、各港で華人の投資した株式を購入、転売して利益をあげているのでありまして、これはまさしく、知らぬ間に中國の利権をうばうにひとしいものです。こちらが自ら官銀行を設立し、銀幣を流通させ、商人たちに大いに信用できるところを示さなくては、利権をとりもどすのは、ここしばらくは絶対に無理でしょうし、また優勢な西洋商人に対抗することもできないでしょう。しかしこれまでの積弊によって、官は民の信用をうけるのは無理ですし、商人すら商人から信用をえられません。もし戸部や各省の委員が開設したら、おそらく信用する者は少なくなり、何より資本が不足いたしましょう。内外の商人の力を結集して、着実に実行しなくては、長続きしないでしょう。

「國家銀號」「官銀號」「官銀行」という原語は、すべて同義で、西洋式の「国立銀行（National bank and mint）」を表現するいいまわしである(57)。この構想は引用文にもいうように、ジャーディン・マセスン商会の関係者がしめした、具体的な銀行設立案に端を発するもので、同じ年に起こされた神機營借款を、同商会が供与したことに関連する提案だと思われる(58)。李鴻章からみれば、胡光墉の倒産とハートの提案をうけ、自らすすんで、この銀行設立案をとりいれ、胡光墉に代替し、なおかつ外国銀行に対抗しうる西洋式の金融機構、国立銀行設置の構想としたわけである。だがこれは、まもなく戸部の反駁をうけて、沙汰やみになった(59)。

国立銀行の設立問題は、しかしながらそこで、完全に終わったわけではなかった。翌年、駐米公使に任ぜられた張蔭桓は、次のように述べている。

さきに「銀行の規則は、アメリカのもの（National bank Act）がもっともすぐれている。そのきれいな刊本を探してきてほしい」と李傅相（李鴻章）に頼まれていた。……傅相は銀行の創設を望んでおられるが、朝廷では反対論が少なくないし、根拠のない風評が、『申報』でますますひろまっている。わたしは去年の八月二十七日（一八八五年一〇月五日）、召見のとき、この点についてもご下問をうけた。傅相が建議なさっていたのをまったく知らなかったので、「この事業はきちんと資本を満たし、適切な人材を任用すれば、うまくいくでしょう。さもなくば、大きな弊害をきたします」と上奏した。ひきつづき傅相にお会いし、「このことは富強の要義です。久しく課題になってきたもので急を要します。公家《ママ》のために利源を開発しなくてはなりませんが、なみたいていの手配ではすまないでしょう。地丁・鹽課・關税・釐金の四項にいささか整理をくわえて、地丁・鹽課はこれまでどおり、布政司・鹽運司から戸部に送金し、紙幣ではうけとらない。關税・釐金の二項はすべて銀行に帰して運用することにし、戸部は毎年そのうち三百万両を紙幣でうけとり、うけとったらすぐ支出することにしてはどうか。戸部が紙幣をためこまなければ、人々を驚かすことにはなるまい、と進言してくれる人もいますが」と申し上げたが、傅相はいいともわるいともおっしゃらなかった。[60]

ここからわかるのは、イギリス在華商社と提携しての「國家銀號」設置を断念した李鴻章は、明言をさけながらも、今度はアメリカとの提携をめざして、関係者を通じ準備をはじめていたことである。この年一〇月の時点では、まだ本格的にとりかかった様子はないから、[61]やはり一八八七年に入って、ミッツキィエヴィチが来華したことで、にわかに本格化したことだったのであろう。[62]

(2) 銀行設立構想の特徴と挫折

李鴻章のレヴェルでは、その間のくわしい経過は必ずしも明らかにならないものの、ワシントンに駐在した公使の張蔭桓と連絡をとり、アメリカ政府当局の了解をとりつけながら、話をすすめていたことがわかる。もっとも事業計画の具体化までも、かれらが手を下していた形跡はみいだせない。そこで注目すべきは、ミッツキィエヴィチがひとまず天津で事業の合意をとりつけた後、帰国して資金の調達を行うにあたり、清朝の側で同行、渡米した人物が馬相伯だった事実である。[63]そのいきさつや活動の詳細は、やはりなお明らかにならないものの、計画の具体案づくりにあたり、馬建忠兄弟が積極的に動いていたとみてよい。

一八八七年七月の日付がある「中國官銀行」の定款草案には、「中國國家」がこの銀行から借款をするには、額に制限がなく担保も必要ない、「外國國家」が商社から借款する例にならう、と謳っている。また、鉱山開発・機械工場・鉄道建設では、詳細な事業計画と見積りをとったうえで借款供与を契約し、担保はその事業収益と所有財産をあてる、という。さらに、紙幣の発行、「金銀銭」の鋳造ができる、という条文もある。[64] これは利率や担保など、馬建忠がかつて鉄道創業案で提示したことのある借款構想とあい通ずるものがあり、また次章にみる「富民説」の末尾にも、「国債」と実業借款の言及があるし、海軍建設案では、「銀銭」鋳造・紙幣発行・「金幣」併用に説きおよんでいる。[66] そうしたところからみて、この「中國官銀行」設立計画は、それまでの経緯を前提としながらも、遅くとも馬建忠が実際の立案と折衝にたずさわった段階で、その意見をかなりとりいれたものだった、とみることができるだろう。

しかしこの計画も、実現はしなかった。その主たる原因を的確に指摘するのは困難で、目についたものを列挙するにとどめざるをえない。まずあげられるのは、ほかの外国銀行・商社の反対である。こうした銀行が設立されれば、中国の通貨・借款、あるいは通信をはじめとする事業などの金融業務は、その銀行が一手にひきうけることになって、利権が奪われる、との危機感をつのらせたからであり、とりわけ上海では、イギリス系の新聞でさかんにそうした声がとなえられた。[67]

いまひとつは、さきの銀行設立計画をも挫折せしめた反対派官僚の批判である。これは総理衙門が翻訳した外国新聞所載の関係記事も、少なからぬ影響を与えていた。[68] そのうち『實録』が書きとどめた記述をあげておこう。

地方大官がひそかに外国商人と銀行を創業しようとしているので、禁止の勅命をだしていただきたい、との弾劾上奏があった。「李鴻章はいまアメリカ商人のミッツキィエヴィチと、資金をつのって華美銀行を開業し、官が保護するという契約を交わした」という。外国人の利を貪る野心は油断もすきもないので、中華《こちら》が交渉するには、少しでも注意を怠ると、たちまちその術中に陥る。銀行を共同で開業するのは、きわめて重大な問題で、後への悪影響も憂慮される。李鴻章はもし外国商人と話をまとめたのなら、なぜ上奏して裁可を得ないまま、あわてて契約してしまったのか。李鴻章はありのままを上奏答申せよ。

くわえて「このたびの銀行の出資開業は、道員馬建忠らが通謀教唆したものだ」ともあるが、それは本当か。あわせて答申せよ。(69)

一八八五年の段階でひとたび挫折を経験していた李鴻章が、反対を予想していなかったはずはなく、それに対する対策を講じなかったとは考えられない。そこで着目したいのは、上の引用文であがっている銀行が、すでに具体化していた「中國官銀行」ではなく、「華美銀行」という行名になっていることである。

当時の契約書や定款草案をみると、李鴻章らが設立を構想していた銀行は二種あった。ひとつは先にみた「中國官銀行」、いまひとつは一千万米ドルを資本とする「華美銀行」と称するもので、(70)なぜ時を同じくして二つの銀行設立案があったのか、両者はいかなる関係なのか、その精確なところはよくわからない。確かにいえるのは、弾劾上奏の対象となったのが「華美銀行」しかみあたらないこと、(71)そして李鴻章も、「中國官銀行」はあたかも存在しないかのように論じていることである。

ドイツ公使ブラントとの往復書翰の写しを送るので、ただちに回答を用意されたし、との由、うけたまわりました。……いわゆるアメリカ商人の官銀行設立問題につきましては、雲をつかむような話で、弁明するほどのこともありません。先月、アメリカ商人ミッツキィエヴィチが天津にきて、「アメリカ本国の富商某々たちは、銀山を所有しおびただしい銀をもっている。アメリカでは金ドル貨が通用しているので、数千万の銀をもっていても、殖やせる手がない。そこで中國の条約港で、富裕な華商と共同で出資して銀行を開業したいと思う。各国の銀行が独占的な利益をあげないように、もし政府が多額の借款をするなら、年利を三、四パーセントとし、商人への貸付は五、六パーセントとする」と提案いたしました。鴻章《わたし》はいきさつをくわしく訊ねて、まんざら根拠のない話でもないと思いましたし、また〔駐米公使〕張樵野〔張蔭桓〕の以前の手紙にも、「ミッツキィエヴィチはアメリカの巨商《シンジケート》の代表者だ。また中國の条約港にはいずれも銀行があるから、アメリカ商人にだけ、開業してはならぬ、と禁じることはできない」とありました。まして華商と共同出資するのですから、筋の通った話で、いっそう「名正しく言順ふ」(『論語』子路)といえましょう。鴻章は通商を管轄する者として、拒絶するいわれはない、と判断しました。そこでかれをいったん帰国させ、適切な規則を作成し、ふたたびこちらにきて詳細に上申したうえでとりおこなわせます。ミッツキィエヴィチが今月初めに帰国してから、各国の商人が風聞に動揺し、アメリカ商人が利息を下げたことで、自分の取引を奪うのではないか、とみな恐れております。ドイツ人はブラント公使をそそのかして、かれからそちらにクレームをいわせたのです。でも実際のところ、決して官銀行を設立するものではありませんし、しかもできあがった事業でもありません。将来もし提案どおりにできあがったにせよ、じつに有益無害であります。(72)

これはドイツ公使から抗議をうけた総理衙門の求めに応じ、李鴻章が銀行設立計画について説明した書翰の一節である。こうした筆致から蓋然性が高いとみられるのは、「中國官銀行」というあからさまな国立銀行では、内外の抵抗をうける懸念が強かったために、「華美銀行」という中米合弁の銀行を、いわば民間ベースで開設する案も、ほぼ同時につくっておいて、「官銀行」計画に対し、実際に批判が出たのを機に、「中國官銀行」から「華美銀行」に事業計画をさしかえた、という経過であろう。(73) 両者の定款草案をつきあわせてみると、なかんづく借款の供与、通貨の発行、配当の利率、そして「生意の規條は、悉く美國官銀行の格式に倣ふ」という業務の枢要重大な部分が共通しているから、やはり上述のような二段がまえの戦術で、「華美銀行」は「中國官銀行」に取って代わったのだとみることができる。(74)

しかし李鴻章は、そうした策を弄しながらも、けっきょく折れざるをえなかった。そもそも反対派の論点は、事業計画の内容や財政経済的な効果よりも、銀行設立における李鴻章の専権・越権と外国との通謀、およびアメリカへの「利」「権」譲渡に対する非難にほかならない。「華美銀行」定款草案の第七条、「金銀錢」の鋳造およびそのデザイン決定は、朝廷の専轄事項であって、銀行ごときのなすべきことではない、という議論はその典型である(75)。それをうけて下された重ねての上諭で、「いま上奏弾劾があいつぎ、衆議沸騰のありさまだ。李鴻章はアメリカ商人と契約した事実があるなら、即刻とりやめにせよ。すみやかに答申を上奏すべし。ひきのばしは二度と許さない(76)」と命ぜられ、ついに断念を決意したのである。

　そこで李鴻章が上奏した「答申」は、以下のとおり。かれなりにそのいきさつを総括、整理したもので、味読に値する。上にみた総理衙門あて書翰と重複する箇所もあるが、煩をいとわず引用しよう。

> わたしは光緒十一年八月に謁見いたしました折、財政に裨益するため、口頭にて官銀號開業を試みるよう、お願い申し上げました。その後、戸部から異議が出て、沙汰やみとなりましたので、わたしも弁明はいたしませんでした。
>
> 　本年の五月、出使美國大臣張蔭桓の函をうけとりましたところ、「アメリカの大商人ホワートン・バーカー（Wharton Barker）とミッツキィエヴィチが、条約港で新式電話会社（德律風《テレフォン》新式傳聲公司）を中國電報局と合弁したいと願い出ております」とありました。ミッツキィエヴィチが書状をもって天津に会いにきましたので、すぐ道員盛宣懷に命じて、かれと協議させました。いま各港にはすでに多くの在華外国商人が自ら電話を敷設しており、当面それにくわえて増設する必要はない、ということになりました。
>
> 　ミッツキィエヴィチはさらに「アメリカの富商はみな銀山を所有しているが、アメリカは金ドル貨が通用しているので、数千万の銀をもっていても、殖やせる手がない。各港の英仏独の銀行をみると、いつも高利をむさぼっており、中國の官も商も大いに不満をもっているはず。そこで条約港で、富裕な華商と共同で出資して銀行を開業したいと思う。各銀行が独占的な利益をあげないように、もし政府が公共事業で借款するなら、欧米の国債に準じて、年利を三、四パーセントと

し、商人への貸付は五、六パーセントとする」と言ってまいりました。

わたしの考えでは、条約港にはずいぶん前から各国の銀行がありますから、そもそもアメリカ商人にだけ、開業してはならぬ、と禁じることはできませんし、華商と共同出資するのですから、わたしは通商を管轄する者として、当然に提携すべきだと判断しました。そこで、津海関道周馥・東海関道盛宣懐・招商局員馬建忠に命じて、ミッツキィエヴィチとくりかえし協議させ、明確な提案がでてまいりました。

その大意は「華人株主とアメリカ人株主はそれぞれ、公正な取締役を任命して経営に当たらせる。政府当局・商人に貸し付ける場合は、利息を大幅に下げる。鉄道や鉱山開発などの事業の場合には、融資はその時々に応じて契約をすることとし、ほかに担保を入れることはしない。もし返済がとどこおったら、政府が代わって追徴し、それ以上の賠償を要求しない。必要な外国製物資の買付で、ほかの商社よりもコストがかかる場合には、ほかの商社から買い付けてもよいこととする」とあります。以上はすべて重要な項目をあげたもの、商取引の現場で普通に行われているきまりでありまして、まったく独占の権を与えてはおりません。これは民間の取引でありまして、官は指示を出してとりしまるだけです。國家官銀行を設立するのではありませんから、わたしが契約をむすんで出資開業するものでは全くありません。私見によりますと、もし提案どおりにできましたら、目下の弊害を救えるばかりか、金融も円滑になり、商業も自づからさかんになりますので、まことに有益無害でありましょう。ミッツキィエヴィチにはいったん帰国し、ホワートン・バーカーらとくわしく協議準備したうえで、あらためてこちらにきて、上申したうえで、とりおこなわせることを諒承させました。

しかしこのように大枠はあらかた決まりましても、目下はまだ最終決定というわけではありません。わたしといたしましては、ここで公にして局外の人たちの騒ぎを起こしたくありませんでしたので、あわてて上奏するのはさしひかえておりました。ミッツキィエヴィチが帰国したのち、各国の商人が風聞によって、アメリカ商人が中国にやってきて、利息を下げて、自分たちが独占してきた取引を奪うのではないか、と深く憂慮し、新聞にいろいろ書き立てておりますが、雲をつかむような話で、まったくでたらめです。ドイツ公使ブラントは総理衙門に通告を出し、誇張してあの手この手でまどわそうとしました。もちろん別に下心あってのことです。さきに総理衙門から書翰にて、ご下問をいただきましたので、あらためて、公家《ママ》には有益無害だ、と申し上げておきました。同時に張蔭桓とも手紙で相談し、かれから「戸部銀庫には影響ないし、利権《ママ》を独占するわけでもない、しかもアメリカ商人の利権をこちらが掌握する、という計画なのに、あにはからんや、廷臣たちが西洋人の新聞の反対キャンペーンにまどわされて、誤解が誤解をよび、上奏弾劾があいつぎ、聖慮を悩ませることになった」という電報をもらっております。まさしくわたしが不安をおぼえ焦慮するところにございます。しかし、衆論の納得がえられず、皇上が弊害の増大を恐れていらっしゃる以上、それにつつしんでしたがわないわけにもまいりますまい。いますでに、アメリカ商人ホワートン・バーカーに打電して、華商とアメリカ商人の合弁計画は、即時とりやめを命じました。

　道員馬建忠につきましては、洋務に精通し、何年も輪船招商局の経営にあたってきて、すべてにおいて適切でした。わたしはこの案件は貿易商況に関わることなので、とりあえず各海関道とともに協議に参加させたわけでして、決してかれが通謀し、そそのかしたものではありません。またかれが外国人と親密な関係をとりむすんだこともありません。華商の共同出資を禁じて、この案件はとりやめになったわけですから、かれについても、おかまいなし、としていただきたく存じます。……[77]

以上はもちろん、李鴻章の立場からする経過説明にすぎない。かれに関わるだけでも、ここには記さない事情があろうし、そのほか外国側なども含めれば、まだまだ不明な要因があるのは、想像にかたくない。けっきょくはっきりしているのは、ただひとつ、この国立銀行設立計画も実現しなかった事実である。その経済上の機能や効果、位置づけをはかりうる前に、政治の場で争いとなって、企画倒れに終わってしまった。

　そこで記録に残った論争において、またもや馬建忠の名前があがっているのは興味深い。その要因としては、やはりまず、かれが実地に事業の立案や遂行にあたってきたからであろう。もちろんそこには、表にはでてこない事情もあったはずで、あえて馬建忠だけを名指しすることには、それなりの複雑な理由を想定すべきである。少なくとも馬建忠じしんの行動や考え方、そしてそれらがどのように見られたか[78]も作用していた、とみることができよう。では、その考え方とは、いかなるものだったのであろうか。

第九章　「富民説」（翻訳）

國を治めるには、富と強とが根本であり、強を求めるには、まず富をもたらさねばならぬ。そのかみ康熙・乾隆の御代には、洋税・釐金を徴収しなくとも財庫は満ち、海外貿易に禁令があって[79]も商店は充足していた。ところが太平天国以来、洋税と釐金の収入は毎年二千万両[80]あまりにも達し、商人の貿易は毎年二億両にのぼるのに、財政は赤字をきたし、民間に蓄えが少なくなった。百年あまりをへだてて朝野の貧富は、どうしてこれほどのちがいがでてきたのであろう。

むかしは中國の人が中國の物資を運ぶことで、中國の財貨を融通しあっていた。政府で必要とするものがあっても、国内でそれを求めたにすぎない。これなら「之を中府に取りて之を外府に藏する」（『春秋穀梁傳』僖公二年）のとちがいはなく、めぐりめぐってもとにもどり、財が外に失われてゆくことはない。

いまはそうではない。西洋と条約をむすんで以後は、外国がわが銀とひきかえる貨物は年々ふえ、こちらが外国の銀とひきかえる貨物は年々へっている。にもかかわらず各省の兵器・船舶購入もふえつづけている。こうして輸入額は輸出額を上回り、輸入超過は年三千万両をくだらない[81]。三十年もすれば外国に流れる銀は、十億両にもなる。資源は開発されず鉱山は閉鎖されたまま。これでどうして、銀が尽きず民が貧しくならないことがあろうか。

しかし貿易というのは、中國だけにあるわけではない。世界五大洲、百いくつもある国、みなそうなのであり、朝鮮が条約を締結してから[82]は、国を閉ざして通交を絶っている国は、皆無になった。イギリス・アメリカ・フランス・ロシア・ドイツ・英領インドなど、貿易によって富をもたらさないものはない。かつてそうした国に滞在して、その国が富を求める源を調べてみたら、基準とするのはみな貿易であった。輸出が輸入を上回れば、利益が出る。輸出が輸入に等しくてもまだ利益があるが、輸入が輸出を上回ると、利益はない。かのイギリス・アメリカのような国でも、輸出入でいつも利益があがるというわけではないから、その損失を補うために、鉱山を開発して天然資源の利益をとろうとするのである。資源の開発でも損失の穴埋めができなくなって、わが中華の民から補おうと、遙かにいくつもの海を越えるのもいとわず、門戸をこじあけて条約を結んだのである。

そうだとすれば、天下の大計は明白だ。中國を富まそうとすれば、輸出をふやして輸入をへらせばよい。輸出が多ければ、外に流れた財は、こちらにもどってくる。輸入が少なければ、まだ外に流れていない財も、もはや流出しなくなろう。

輸出入のバランスがとれず、財が流出してもどりにくい場合には、鉱山にそなわっている財を採取するのにしくはない。鉱山にそなわっている財を採取すれば、失業者も中國から出てゆくことはないし、資源も外に求める必要はない。こうして輸出入のバランスをとれば、おのづから不足はなくなる。以下いくつかに分けて論じてみよう。

まず第一の方針として、輸出を増やすには、中國の特産物の品質を上げて売れ行きをのばすようにすればよい。

輸出特産物の最たるものは、生糸と茶である。条約をむすんだ当初は、アヘン・綿製品の輸入に十分みあっていた。ところが近年、英領インドがさかんに生糸・茶を産出するようになって、わが利益を奪っている。インドは十年あまり前、生糸の輸出はわずかに百万ばかり、茶の輸出はわずかに五百万ばかりであった。去年、生糸の輸出は二百七十万あまり、茶の輸出は一千六百万あまりにのぼる。日本の生糸・茶も最近、売れ行きをのばし、毎年一千万にとどかんばかり。中國の生糸は毎年、輸出額三千二百万両あまり、茶もそれくらいである。(83) ここ十年あまりを通算したら、中國の生糸・茶は数百万両の増加しかなく、インド・日本の連年の増加にははるかに及ばない。もしその品質向上が間に合わなければ、むこうは日々増加して、売れ行きが拡大を続けるばかり、六千万あまりでかわらないこちらの年収は、すべてうばわれてしまうところまでいくであろう。

その品質向上の方法には、三つある。

一つめの方法は、生糸と茶を根本的に研究しなおすことである。以前にイタリア・フランス両国の養蚕家を調査したところ、桑は適切な栽培方法をとっているので、葉がよく茂り、蚕は優良な種を選ぶので、大きく丈夫に育つ。また硬化病が癩病に似ていると知って、薬を与え隔離して、伝染させないようにしている。(84) 繭は羽化する直前に加熱して乾燥させ、長期の保存ができるようにする。(85) 以上はすべて、わが中國の養蚕の書物や学説で聞いたことのないものである。しかし向こうでは、人々に教育するため、これを専門の学問として設けている。だから繭糸を繰る時期は、七、八回のシーズンくりのべすることができるようになり、生糸を完成させる工程でも、五、六個の繭をあわせただけの細さにまで仕上げることができる。品質は桑と土に左右されるので、中國産の柔軟で丈夫なのにはおよばないけれども、色彩・光沢がムラなくきれいなので、よく売れるのである。

いっぽうインドの茶栽培では、土地と時候の適否をみきわめるうえに、芽が出るときに葉をつみ、枝を切り、すべてを日光にさらし、火で焙り、水でしめらせ、濃淡に色づける。人力でやる場合もあれば、機械を使う場合もあるが、いずれも一定の手順がある。だから茶そのものの品質は、中國産のものにおよばないけれども、色・香り・味は十分、濁りはなく渋味もなく、舌に甘い。売れ行きがしだいにひろがりをみせているのももっともだ。

中國のいまなすべきは、養蚕・産茶を行っている省の総督・巡撫に通達を出し、管轄下の各地に対し、西洋のやり方を研究し、成見にとらわれずに、その長所にならうよう命じさせることである。さもなくば、本来わが特産品であがるはずの利益は、すべて外国産に奪われてしまうであろう。

二つめの方法は、生糸商人・茶商人の資本を合併することである。外国が商務で（ママ）[86]優勢に立っているのは、会社組織があるからだ。およそ大きな事業・大きな取引をやるには、零細な資金を糾合して大きな資本としなくてはならない。そうすればたとえ欠損が出ても、しばらくもちこたえることができて、外国商人に制せられることはない。

中國の生糸・茶の輸出にかかるコストは、およそ六千万両あまりだが、ほとんどバラバラの零細商人が問屋を開いて行うものである。まず、産地の買付で競争し、生産者がそれにつけこんで値段をつりあげるので、コストがかかる。ついで、競争が過当に陥って、もともとの資金が回収運転できなくなると、銭荘から資金を借りて利息をしはらうので、いっそう仕入のコストがあがってしまう。最後に輸出販売するさい、外国商人はこうした事情を見透かして、ことさら時間をひきのばし、すぐには買値をいいださない。そのうちに銭荘からの借り入れは返済期日が迫り、利息も重くなるので、早めの売却をはかろうとして、やむをえず、こちらから値段を下げる。商人はかくてその値下げでまた競争に走り、さきに暴騰していた価格は、またたく間に暴落する。毎年、生糸・茶商人が数百万の損をするのも、もっぱらこのためである。

いま、もしこのバラバラの商人の資金を併せていくつかの大会社をつくり、役員を選出し経営を任せれば、仕入れ値は交渉しやすく、つり上げの心配もいらない。資本が大きくなるために借入金も少なく利息も軽くすむ。品物が港についても売り急ぐ必要はなく、外国商人の鼻息をうかがう必要もない。適切な時期を待って売ればよく、欠損を出すものも少なくなろう。

三つめの方法は、生糸・茶の釐金・洋税を軽減することである。条約をむすんだとき、準拠すべき先例がなかったので、粤海関の帳簿を調べたうえで五パーセントの税率をさだめた。茶は一擔《ピクル》（約六十キログラム）につき、銀五十両前後だったので、その税額は一擔あたり二両半としたわけである。ところがいま、二等の茶一擔の価格はわずか十両になっているのに、あいかわらずこの額を徴収している(87)。それに釐金がくわわるので、すべてあわせると、商品そのものの値段に匹敵することさえある。これでは、茶商人が苦しまないわけはない。

外国で商人を保護する政策は、何よりも輸入品の税金を上げ、輸出品の税金を下げるにある。ところが中國の税制はあべこべである。したがっていまのうちに、茶そのものの価格変動に応じて課税の軽重をきめ、釐金もそれをにらみながら、逓減しなくてはならない。洋税・釐金の税率を下げれば、価格は安くなり、価格が安ければ、輸出は増える。輸出が増えれば、洋税・釐金の収入はふえる。一日を計算しただけだと減収になるかもしれないが、ひと月ひっくるめて計算すれば増収になっているはずであり、はじめ収入が少なく、赤字になりそうでも、おわりにはきっと収入が多くなって、黒字になろう。近来、各地の関・卡では、寛大なとりたてなら日々成績があがり、厳格なとりたてだと次第に成績がわるくなっている(88)。どちらが有利か一目瞭然であろう。

ましてや税率表は、決して不磨の大典ではない。条約改訂のとき、税率の軽い外国商品は、価格に応じて上げればよい。マニラ葉巻やワインなどは、外国では課税がきわめて重く、百パーセントのものだってある。ところが〔中國の〕税率表では、いずれも外国人が消費するものだとして、すべて免税になっている。条約を改訂したなら、その課税を重くし、そして輸出税を下げれば補いがつく。総理衙門の首脳がこの主張をまげなければ、各国もきっと折れないはずはない。このようにして、生糸・茶の二大品目は、その品質を向上させ、その資本を大きくし、かてて加えて、その洋税・釐金を軽減するようになれば、将来の売れ行きが日本・インドの品物に対抗し、年に輸出を数千万に伸ばすことも、自然にたやすくなってゆこう。

中國の特産であがる利益についていえば、生糸と茶のほか、牛革・羊毛・蔗糖・草緶《むぎわら》・棉花・磁器・大黄などもあって、いずれも外国に輸出されている。これらもやはり随時、品質を向上させなくてはならない。以上がいわゆる、輸出品の品質をあげて、流出したわが財をとりもどす、ということである。

ついで第二の方針として、輸入を減らすには、外国品を模造し、そのシェアをうばえばよい。

輸入品はアヘン以外だと、外国産の綿布・綿糸が多くをしめる。イギリスの織機はおよそ十五万台、アメリカは十三万台、インドでも二、三万台ある。一台で一昼夜二疋の布を織るから、三十一万台で一日に六十二万疋の綿布ができる。とりあえず一年を三百六十日と数えて計算すると、一年に二萬二千三百二十万疋の綿布ができる。この十年の中國の輸入綿布は、毎年およそ一千五百万疋で銀三千万両に相当する。それなら、英米の各工場でできる布のうち、中國市場向けはわずかに百分の七にすぎない。外国産綿糸については、十年あまり前には、輸入は年わずか十万両あまりにすぎなかった。ところが何年もたたないうちに、細く白い品質のために直隷などの諸省が競って購入するようになり、去年の輸入綿糸は、銀一千三百五十万両の額にのぼった(89)。

中國ではどこでも、棉花が生産されている。たとえば江蘇の松江・太倉は、年間の棉花生産は五、六百万擔を下らない。いま、自分のもっている棉花を捨てて、わが華民に外国産の綿布・綿糸を着用させるにまかせては、國家の大計をはかる者が富をもたらす方策を追求する、という趣旨とはまったくかけはなれてしまう。

かつて光緒五年《ママ》、北洋大臣李〔鴻章〕は〔上海機器〕織布局設立を上奏した(90)。ところが十年たっても、まだ成果はあがっていない。その理由をたずねると、資本が充分でなく、担当者も適任というわけではないからだという(91)。目下のところ、あらためて整理を行って、十年間はほかの織布工場の設立をゆるさないこととしている。しかし設置されている織機は、二、三百台にすぎない。一日に織ることのできるのはわずか五、六百疋、一年に十八万疋を得るばかり(92)、わずかに輸入綿布の八十分の一にしかあたらない。これでは、十年間で外国人の利益を奪うといっても、その九牛の一毛にひとしい。くわえて織布用の機械は莫大な費用がかかるから、織布生産が少ないと、コストがかかるばかりで欠損が出る。生産が多ければ、コストも少なくなって利益が安定して得られるようになる。

そこで提案したいのは、現在の織布局に増資するか、別の新しい織布局をつくり、毎年の生産高をせめて、輸入の十分の一にまでもってくるようにする、ということであり、こうしないと、利權《(ママ)》をとりもどす良策とはいえまい。適任の人を得てうまくはじめることができれば、十年しないうちに見るべき効果があがるだろう。しかるのちに、この方法を絨《ビロード》・呢《ラシャ》・羽《キャムレット》・氈《ブランケット》など毛織物の生産にも順次、及ぼしてゆくこともできよう。中國が少しでも多くの製品を生産すれば、外国の利益はそれだけ減るのであり、中國の工商はそれだけの生計を得ることができる。

以上がいわゆる、外国品を模造し、まだ外に流れていないわが財を流出させないようにする、ということである。

第三の方針として、財がいっさい流出するおそれのないようにしておこうとするなら、鉱山にある財を開発すればよい。

鉱産物は多種多様だが、役に立つのは石炭と鉄にしくはない。ただし石炭と鉄は富をもたらしてはくれても、そのものが富だというわけではない。それ自体が富なのは、金鉱・銀鉱におよぶものはない。

科学者のいうように、蒸気機関の発明は、わずか四十年前にすぎない。にもかかわらず、欧米各国を縦覧するに、鉄道は五、六十万里の長さにおよび、汽船は六十万隻あまりが梭のようにゆきかい、鉄塔は天をもつく高さ、坑道は黄泉にいたらんばかりの深さ、そのうえ川や湖に架橋し、山脈にトンネルをうがち、海岸をうめたて、巨大な砲台を建設している。電気・火炎・光・熱はその本質がいずれもとらえどころのない、実体のないものだが、いまでは人間が使えるようにその効果を発揮させて、有史未曾有の工業技術を成立させたのである。そのためにかかったコストは、二百億両は下らないだろう。

どうしたら、ここまでになるのか。まさか今の人の才力が昔の人にはるかに勝っているというわけではあるまい。それならなぜ、かように開発が急激なのか。それはほかでもない、道光の末年、大地は資源を惜しまず、カリフォルニアとオーストラリアのあいつぐ金鉱発見があったからなのである。

もっともカリフォルニアは、明の中葉にアメリカが植民地になってから、道光の末年にいたるまで、およそ四百年ある〔ので、誤りだといわれるかもしれない〕が、道光の末年から同治十年までは、二十年あまりにすぎない。そのあいだに採掘された金銀は、百二十億両にも達しており、これを前の四百年間の採掘量と比べてみても、倍は超えている。また同治十年から現在にいたるまで、鉱山採掘の機械は新式で簡便なものとなり、採掘量がさらに倍加した。この四十年間で金銀の産出は、以前の百倍となっている。だから巨額の懸賞金を出して、優良な鉱山を開発し、天下の人材を駆使できるわけで、これまでのありさまを完全に改めてしまう勢いである。いま中國は海軍を創設し、〔兵器〕製造につとめ、〔山西・湖北の〕鉄鉱山を開発し、蘆溝橋から漢口に至る鉄道を敷設しようとしており、これは数千年未曾有の事業である。[93] もしこれをまかなうに、内地に流通するわずかばかりの金銀に頼むだけでは、おそらくはまったく足らないであろう。

かつて鉱山技師から金鉱のことを聞いたことがある。「ひとつの大陸には、必ず数万里におよぶ山脈があって、これが主脈をなし、長い主脈には鉱山がある。南北アメリカではロッキー山脈が主脈であり、カリフォルニア・メキシコ・チリの金銀の鉱山がそこに分布する。オーストラリアではブルーマウンテンズを主脈とし、メルボルンの金鉱はここに埋蔵がある。アジアではパミールを主脈とし、西北はウラルにのび、東南はチベットをへて雲南・四川に達し、鉱山はそのあいだにみえかくれしている。パミールの北脈は、南北の天山山脈を経て、アルタイ・ケンテイの諸山にのび、内興安嶺・外興安嶺をめぐって、長白山に達し、朝鮮の咸鏡道・奉天の旅順から南下して海をわたり、海底を上下し、島嶼を錯綜させつつ、〔山東省の〕榮成・登州・莱州の諸山にのびて、泰山でおわるまで、いたるところ金銀をはじめとする鉱山がある」。南北の天山山脈は、砂金がもっとも豊富で、採取する者はなはだ多く、記録にこと欠かない。ロシアは外興安嶺で金を採っていて、年数百万両の額にのぼる。わが内興安嶺の漠河でも、ようやく労働者をあつめて採掘にとりかかり、産出は豊富である[94]。吉林の諸山では以前、金匪《ママ》が数万人、集まって暮らしていた[95]。朝鮮の咸鏡道などでは、砂金をとるものが七万人あまりいて、政府に税を収めてもなお、毎年の金の輸出は銀二、三百万両の額にのぼる[96]。

さらにわたし自身、〔山東省の〕寧海・招遠などの鉱山に行ったことがあり、そこで往時ひらいた坑道をみたことがある。長さは数十里、深さは数十丈、断崖には無数の掘削の痕があった。その工事ぶりから計算して、きっと数百万の巨額をかけたものだろう。いま遺棄された品質の劣る鉱石、精錬で出た屑が山谷に満ちているけれども、これを取って分析してみると、いずれも金の成分を含んでいた。そこで鉱山技師に頼んで実地踏査してもらって出た結果は、金脈は豊富で諸山の尾根に連綿とのびており、長さは六、七十里、間断なく続いている、とのこと。鉱脈に穴を掘って鉱石を採取して分析すると、一トン中に一両強の金が得られた。欧米の技師はこれを、カリフォルニア最初の鉱脈になぞらえるまでしたのである。古人が工費をあのように惜しまなかったことに、また、鉱山技師もこのように証明したことに鑑みれば、それらが有望なのは、明らかである。山東の東部三府は南北の幅が三、四百里を越えない半島が海につきだしていて、土地は広くないけれども、北脈とあわせて計算すれば、その鉱山の豊かさはカリフォルニア・オーストラリアに匹敵しよう。しかも黄海に臨んでいるから、輸送に便利で、南北の中間に位置しており、資材調達も容易だ。外興安嶺・内興安嶺のように氷雪地帯に近く、人口希薄なところと比べると、その工事の難易は、雲泥の差があろう。

最近、平度の金鉱が開業したけれども、投資資本があつまらず、借款の連続でどうにか運営している。また当初まねいた技師は、鉱脈の深浅長短・金含有の多寡・硫黄と金の分析精製の難易を見積もることができないのに、工場建設・機械購入・坑道掘削をいっさい任せてしまい、間違っているとわかったころには、もう借款の返済期限が来ていて、あらためての借り入れはできなくなって、その担当者は進退きわまってしまった。局外者は事情を察せず、金鉱が十分でないのが悪いのだという。(97)

しかしながら、平度は開業してから今にいたるまで、機械と建物に二十万両あまり、貯蔵経費に二、三万両、労働者の賃金十万両あまり、技師の俸給五、六万両、借入金の利息四、五万両かかっているが、現在ある未精製の硫化鉱石は三十トンあまりで、十万両あまりの価値に相当する。もしすべての借入金を基金に転化させ、期限どおりの返済をしなくともよくなれば、獲られた浮遊選別ずみの粗金(98)、硫化鉱石で経費を相殺計算してみると、やはり利益の上がらない鉱山ともいえない。

中國で利益をあげている鉱山といえば、開平炭鉱しかない。開平も開業してから、やはり十年あまりの間は、利益があがらなかった。何度も欠損を出して、ようやく今日のようになったのである(99)。もしすべての投資資本を返してしまうよう命じたら、平度とかわらない赤字になるだろう。もし平度がまったく開平と同じように資本をもてば、たとえ今は昔の開平のように危険であっても、将来は今の開平に勝る安定をえないともかぎらない。現在その維持に力をつくさず、閉山させてしまっては、九仞の功も一簣に虧くことになる。それでは、平度の鉱山が惜しい、というばかりではなく、中國の鉱業全体がもう永遠に振興しなくなるかもしれない。

北洋大臣李〔鴻章〕にお願いしたいのは、まず平度の鉱山に対し全体的な見積りをほどこし、いくらの資本を追加増資すれば、操業を続行して、将来の借金返済に確たる見通しをつけられるのかを把握されたい、ということである。くわえて、〔同じ山東の〕寧海・招遠の金鉱も、確実な実地踏査を行い、坑道の掘削から、鉱石の採掘、破砕して粉末にし、水銀をくわえて濾過し、そして加熱しての硫黄除去と金の精製にいたるまで、一日に鉱石はいくらとれるのか、破砕した粉末はいくら、労働力・資材費はいくら、鉱石一トンから金がどれだけとれるのか、利益がどれだけあがるのか、以上を逐一確実にみつもって、数年たってあがる利益と必要な経費の多寡を合算して、なんとか開業にもっていかれたい。そうなれば、数年もたたないうちに、金銀は泥土のなかからかぎりなく出てきて、金鉱がさきがけとなって、ほかの鉱山があとにつづく。かくて利益の源はひろがり、そうなれば南北の鉄道も、長城以北の耕作牧畜も、次第に振興してくるであろう。

アメリカは建国してからわずか百年、国民はみな凡庸である。英領オーストラリアは、発見からわずか百年しかたっていない。それなのに、ともに鉄道は縦横に走り、耕作牧畜はきわめて豊かであり、世界屈指だ。これはすべて金山を開発してから、財をあつめてここまでになったのである。

以上は中國が西洋のやり方を研究しないというのなら、どうでもよいことである。しかし中國が西洋のやり方を研究して富をもたらそうとするのであれば、金鉱からはじめるにしくはない。さもなくば、民間は貧しく、財政は不足、富をもたらす手だてもなく、ただ扼腕するばかりになる。天はわれを見棄てたまわず、中國にはもともと山に金の埋蔵があり、われわれの採掘利用を待っている。にもかかわらず、それを知らないのであれば、富裕な家の祖先・父が子孫のためにと金を部屋に残してくれたのに、子孫はうけとり使うことを知らない、というに似ている。重ねて惜しまれることではないか。

そうはいっても、以上に述べてきた三大方針をまとめてみると、国産品を研究するにも費用がかかるし、外国製品を模造しようとしても費用がかかり、鉱山採掘にも費用がかかる。財を得ようと思うなら、まず財をつかわねばならない。耕さずに収穫できる、困難に遭わずに獲得できる利益など、天下にはありえない。目下、政府は財政が苦しく、民間ではたくわえがつきていて、國も民もこのような膨大な事業をはじめる余力などない。それなら上下とも困窮したまま、それで安住してしまうのか、それともその苦境を救う何らかの策を講ずるのか。

わたしの意見はこうである。もっともよいのは、西洋にならって、商務衙門というものを設立することである。これを海軍に統合し、地方では南北洋大臣が兼務してもよいし、べつに商務に詳しい有能練達な人材を選んで専任させてもよい。後者のばあい、主要貿易港に駐在して、その地の南北洋大臣と協力することにする。

しかるのちに、この商務衙門が外国から二、三千万両の借款をする。債券には商務衙門自ら署名してもいいし、べつに華商總公司なるものを設置して、それが名義を出してもよい。この借款でえた金額の使途は、もっぱら商務に限定し、十年をかぎって使えることとする。利率は年に四、五パーセント、元利あわせて償還を行い、二十年満期で完済する。さもなくば六・五パーセントまでは利率を増して、五、六十年間は利払いのみとし、そのあとすぐに元利一括の償還を行う。借款が確実に獲得できれば、さきにあげた三大方針、金鉱・織布・絹茶のうち、容易なものから商務衙門が着手して、困難なものへと順次すすめてゆく。

そのやり方はおおむね、商人が株式を集めて会社を設立することを基本とする。資本が十分だとの保証書とひきかえに、借款で得た資金を会社へ貸し付ける。毎年利息をとって借款の返済にあてる。商務の大局にかかわる事業であるにもかかわらず、株主になって投資すべき商人が、二の足をふんで資本があつまらないこともあろうから、そんなときただちに、借款の資金を呼び水とできるようにするのである。華商に貸し付ける場合の利息は、もちろん外国から行った借款の利率よりは高くする。そうしないと、借款の利払いと金銀為替レートの差損補填ができないからである。こうして、着手した当初は欠損がでるかもしれないけれども、この資金からかぎりなく融通することが可能となる。

あるいは「中華の銀が外国に流出しているために、商務を研究しているのである。いまそれなのに、商務を理由に年間数百万あまりの借款の利息を支払うのでは、流出がさらにますことになり、利益がでないうちに害があらわれて、本来の目的を失うことになろう」と批判する者がいるかもしれない。

しかしまさか知らないこともあるまい。商務が振興すれば、輸入は減り輸出は多くなる。こうなれば以前、外国に流出していた華商の銀が、今度は外国商人の銀に変じて、中國に入ってくる。しかもまず外国の銀を入れて中國の金をとり、さらにその中國の金で外国の銀を売却するのだから、まさしくかれの矛でかれの盾を破るにひとしい。毎年わずかばかりの利払いなど、名目は華商が出すことになっても、現実にはやはり外国商人から埋め合わせをとることになる。流出などありえない。

あるいはまた、「西洋各国では商人が会社を設立し、商務を振興し、相互に貸借をして、その額は往々にして数千万にのぼる。それでも官が名義を出しているなど、聞いたことがない。つまり、官が商のために借りるという説は、外国で行われたことはないのである。中國で始めようなんて人はいるものか」と批判する者がいるかもしれない。

しかしまさか知らないこともあるまい。外国商人は他国の内地に出入し、不動産を購入し運用することに制限がないのであり、しかもその国の商人と資本を出し合って、会社をたてることもできる。だからイギリスの富裕な商人は、欧米各国でおよそ無数の商社を開設し、また欧米の鉄道・電信会社や金銀の鉱山には、イギリス商人の株主がいて、その事業を指揮している。逆にイギリスの領土で活動する欧米各国の商人も、いたるところにいる。そのため、商人の相互貸借は自分でできて、その国の政府から保証をもらう必要はない。

中國の場合、そうではない。外国人は不動産購入もできないし、国産品の加工もできない。また華商も外国商人と資本を出し合って会社を設立することはできない。たがいに軽んじて信用しないので、借款は政府が保証を与えざるをえないのである。もし信義ともに篤い大臣が、その任について承諾したうえに、上奏して規則を制定し、國家がそれを担保したなら、外国の富裕な商人も借款を出そうとしない者などなく、たちどころに数千万の巨額を借りることができよう。そしておよそ確実に振興の見通しがつく、あらゆる商務は、細心周到に研究し、総力あげて推進して、収支に足の出るようなことのないようにする。このようにすれば、数年のうちに貧民を富民に転化させることができる。

民が富めば、國はおのづから強い。だとすれば、発端としてとりかかる着手は、表面的には官が民のために借りるのであるが、最終的に収める効果は、実質上やはり國のために借りることにほかならない。どうして躊躇することなどあろう。だからわたしがかつて、「国債というのは、まさしく現代において、君と民とが隔たりを打破して一体となる要諦なのである。軍事に行ってはならぬが、商務に行わないわけにはいかぬものだ」といった(100)のは、以上がその論点のひとつなのである。

第一〇章　経済思想

一 「富民説」と馬建忠の進退

前章はだしぬけに「富民説」を翻訳して紹介した。いうまでもなくこの文章は、馬建忠の文集、『適可齋記言』の開巻劈頭を飾る、かれの「経済思想の結晶ともいうべき」[101]代表的な論文であって、その評価はもはや、確乎と定まっている。というより、そもそも中国近代史上、馬建忠という人物に注目する最大の理由が、この論文の存在と内容に存する。たとえば、清末の経済思想の一典型を示す、と評せられ[102]、あるいは、いわゆる「ブルジョア的改良主義派」の思想を端的に示す、といわれてきた[103]。そのため「富民説」には、おびただしい数の版本が存在し、邦訳も英訳もある。研究も当然のことながら、少なくはない[104]。それならなぜ、ここでことさら、翻訳・紹介をする必要があったのか。

一言でなら、古くなった、というにつきる。しかしこれだけでは、いかにも舌足らずなので、もう少し説明しよう。上に言及した従来の評価からもみてとれるように、この文章の読解・分析は、西洋化・近代化・資本主義化という尺度から行われてきた。「富民説」の趣旨・主張を現代のわれわれの眼からみれば、そうした視角と評価になるのは、ある意味で当然だといってよい。

ただ問題にしたいのは、従前の分析や解釈は、「富民説」そのものの論点・論理よりも、むしろ西洋・資本主義に対する個々の研究者のみかたに左右されてきたのではないか、ということである。それは従来の翻訳のできばえにも、微妙に翳を落としている。「富民説」を馬建忠の「思惟構造の内側からえぐって明らかに」することは、やはり「まだなされていないようであ」って[105]、あらためて拙訳を示したゆえんである。

(1)「富民説」の位置

馬建忠がこの文章をいつ、誰に向けて、何のために書いたか、そうした執筆の動機じたいが、そもそもはっきりしていない。それをつきとめるまでは、単なる経済評論、「経済思想の結晶」だと片づけるわけにはいかないであろう。まず注目に値するのは、当時のかれの任務、とりわけ招商局の経営と関わる論点がきわめて少ない点にある。これは第I部・第II部で翻訳紹介した意見書や紀行とは、まさに対蹠的な特徴であるといえよう。逆にまだかれと関わりの少なかった事業が、その論旨のほとんどの部分をしめる。生糸・茶の生産・輸出しかり、綿布生産しかり、金鉱開発しかり、このコントラストはどう解すべきであろうか。もちろん確実なことはわからないけれども、明らかになる断片的な事実関係から、情況を復原してみるのも、あながち無駄な作業ではあるまい。

第八章第二節で述べた国立銀行の設立が議論となる前の一八八七年二月八日、馬建忠のもとに北洋大臣李鴻章から命令がとどいた。黒龍江の漠河金鉱の開発について[106]、津海関道周馥、江海関道龔照瑗、東海関道盛宣懷、平度州礦務局の李宗岱たちと協議して答申するよう命じたものであり、馬建忠と李宗岱が意見書を上申している[107]。漠河金鉱はロシアとの境界をなすアムール川沿い、そのもっとも北流した南岸附近にあり、その前年、駐露公使の劉瑞芬が建言したのを契機に[108]、その開発の議論がはじまった。黒龍江将軍恭鏜から李鴻章に、その具体的なすすめかたと人員派遣の問い合わせがまわってきて[109]、馬建忠らに対する李鴻章の命令となったものだが、その答申をなぜ馬建忠が作製しなくてはならなかったか、そのあたりのいきさつは不明である。

かれの起草した意見書は、金鉱開発には「官辦」でも「商辦」でも「官督民採」でも問題があり、黒龍江の「屯防の兵」に金の採集をやらせれば、九つの「便」があるとの趣旨である。李鴻章はこれを「甚だ見有り」、「地に因りて宜しきを制す」と高く評価して、(110)恭鏜への提案にまわし、うけとった恭鏜も「簡にして精」だと認めるにやぶさかではなかった。しかし現地の責任者たるかれは、実地に施行するにあたっての難点を指摘し、(111)けっきょく馬建忠の建議は、沙汰やみになったようである。漠河金鉱の開業は、当初より名前のあがっていた、吉林候補知府李金鏞があたることになり、それに対する馬建忠の関与は、以上に述べたほかには記録がみあたらず、馬建忠が開発経営にまでたずさわった形跡はみえない。

しかしかれ自身はおそらく、これを契機にあらためて、急速に金鉱への関心を深めていったように思われる。後述のように、従来も決して金鉱に無関心だったわけではない。それでも以前は、なお鉱山事業の当事者ではなく、いわば問題提起の域を出なかった。実施方法とその効果にまでふみこんで考察し、責任ある意見を出すのは、これが機縁となったであろう。そう考えることで、「富民説」の金鉱にかかわる叙述が、かれの目線で理解できると思われる。

数ある金鉱のうち、「富民説」で馬建忠がまず漠河に言及し、ついで山東省、なかんづく平度をとりあげたのは、決して偶然ではない。漠河で調査考察した経験から、あらためて業績のかんばしくない平度の現状を分析して、具体的な改革を立案する、という思考経過をたどり、それが文章にあらわれたとみるべきであろう。それはもちろん当時、経営を担当していた李宗岱のやり方に対する批判を暗に意味する。

そうした現状の批判と改革の提起という点からみて、いっそう手厳しいのは、上海機器織布局をとりあげたくだりである。いわゆる「担当者」とは一八八〇年、その開業を任された鄭觀應、一八八七年かれに代わった龔壽圖・龔彝圖兄弟、とりわけ後者を指し、「富民説」はなかんづく、前註(92)を付した一節にみえるとおり、その経営ぶりを痛烈に批判した文章をなしている。

一八八七年から翌年にかけては、馬建忠にとって難しい時期であった。必ずしもかれの力量そのものに対し、評価が下がったというわけではあるまい。けれども国立銀行計画が沙汰やみとなり、招商局の経営でも、盛宣懐・李鴻章の不興を買いつつあった。前註(81)(83)(89)で考証したとおり、「富民説」の執筆時期を『適可齋記言』に記す「庚寅春」、つまり一八九〇年ではなく、一年くりあげることができるならば、それはかれのこのような、当時の境遇が書かしめた文章である蓋然性を高めることになろう。

直截にいえば「富民説」は、必ずしもままならない招商局の業務以外に、自身の抱負を生かそうとした、もっと自由に能力発揮できるポストへの転出、ないしはその兼任の希望をにおわせた意見書ではなかったか。よしんば「富民説」が直接そんな人事の目的に供せられなかったとしても、同じ趣旨が李鴻章の耳に入らなかったはずはあるまい。馬建忠が一八九〇年七月、李鴻章から上海機器織布局の總辦に任ぜられてその経営にあたることになり[112]、時期ははっきりしないものの、同じ年に山東省寧海州の金鉱開発をも兼任している[113]のは、そんな運動のかいあって、「富民説」にかいまみえる希望がかなったとみても、あながち錯誤ではあるまい。

(2) 挫折と失脚

かくて新天地で手腕をふるえることになった馬建忠は、さっそくその構想の実現にとりかかっている。かれが「富民説」で論じた方針は、織布局にしろ金鉱にしろ、まずは思い切った増資を行って、経営を軌道にのせる、という点で共通する。おそらく李鴻章もそのあたりに共鳴して、馬建忠に任せてみることにしたのであろう。事実このとき、李鴻章は馬建忠の要請を容れて、織布局に四十万両の資金を支給し、ほかにも仁濟和保険公司の積立金から、三十万両の流用借り受けもみとめている[114]。そうだとすれば、必要な資金を十分に調達しえたか、それによって経営を改善できたかどうか、かれの手腕の真価は、そこで問われることになる。

馬建忠の上海機器織布局兼任のニュースは、関係者に大きな期待をもって迎えられた。そしてその経営ぶりは、

「理財の道」も「用人の道」も「前人に勝る」、生産した綿布は、外国製に匹敵する、ともっぱらの評判だった。現有設備の全面的な稼働にこぎつけ、増産にはげんだばかりか、さらに設備の拡充をも試みており、そのかぎりにおいては、たしかに改善が見られたものである。好評を書きたてた『申報』の記事は、しかしながら「招集未だ足らざるの股分」の存在を婉曲に指摘することも忘れていない。馬建忠に対する称賛もむしろ、投資をよびかける、という意味合いが濃厚である。[115] いいかえれば、織布局はなお、資本の充足に不安をかかえたままだったことになる。

そうした内情は、まもなく明るみに出る。馬建忠は資金繰りにゆきづまって、翌年七月はじめ、李鴻章に打電して追加の借款の許可をもとめたところ、李鴻章もさすがに、この泣き言には腹を立て、馬建忠のやり方が「大風呂敷をひろげるばかりで、ひとつづつ着実に処置できない」から、こんなことになってしまうのだ、と叱責し、總辦を解任することにした。[116] 織布局を担当してわずか一年あまり、あっけない幕切れである。

同じ時期に兼任した寧海金鉱は、馬建忠がどのように関与していたか、いまひとつはっきりしない点が残るものの、結末は明らかである。この寧海金鉱の開発には、平度・招遠もふくめ、サンフランシスコの華僑商人が投資を行い、馬建忠らと「合股」の契約を結んでいた。ところがその資金、計九十万両をあつめ、本格的な投資を行って設備を整える前に、馬建忠は平度で欠損金七万両あまりの穴埋めをし、寧海で六万両あまりを使い、招遠の踏査に二万両あまりを費やしている。その詳しいいきさつはわからない。ともかくかれは、資本に不足をきたしたため、サンフランシスコ商人の持ち分三十万両を差し押さえるよう要求して、かれらと争論になり、けっきょく一八九一年、「力竭きて退くを求め」、金鉱開発事業から手を引いてしまった。[117] 早々に資金繰りにゆきづまった、という点、やはり織布局と同様の経過をたどっている。「富民説」で述べたかれの構想は、かくてあえなく挫折した。

そこにはいかなる要因がはたらいていたのだろうか。結果からすれば、盛宣懐が評した馬建忠の「軽率」[118]さ、モースが評した「なりゆき任せの傾向」[119]、そんなかれの短所が露呈したものかもしれない。あるいは、何か裏面の事情があったとも考えられる。

馬建忠が上海機器織布局の總辦に任ぜられ、寧海金鉱も兼任したことに心中、穏やかでなかったのが、招商局の上司、盛宣懷である。第八章に述べたとおり、盛宣懷はかねてより馬建忠に脅威を覚えていた。馬建忠の兼任にあたって、「織布局を重んじ招商局を軽んじており、功名に走り公事をおろそかにしている」と断じ、仁濟和保険公司からの資金調達にも、ことさら不安を述べた[120]のは、そうした心理のなせるわざだったのであろう。総理衙門大臣の張蔭桓にあてた書翰でも、織布局・寧海金鉱の兼任にふれ、なるほど馬建忠の「精力は人並はずれて」おり、自分の識見など、その「の半ばにもおよばない」けれど、それでもこんなに兼務しては「おそらく集中できないでしょう」から、「ほかの人にひきついでもらうよう、傅相（李鴻章）に上申するつもりだ」と述べている。[121]どうやらこのあたりで、盛宣懷の馬建忠敵視が決定的になったようである。

馬建忠が織布局の總辦を解任され、寧海金鉱の事業を辞したことは、そんな盛宣懷にとっては大きな朗報だったであろう。ことによると、かれがひそかにそれを働きかけていたのかもしれない。いずれにしても確かなのは、盛宣懷らがこれ以降、攻勢に転じたことである。

馬建忠は以前、江蘇の漕運費用として漕平銀五万両をラッセル商会にあずけており、その受け取り人の名義をかれ個人にしていた。ところが一八九一年六月はじめ、ラッセル商会が倒産するに及んで、公金受領先を私人にしたことが発覚するのを恐れたのか、にわかにその名義を「輪船招商局」と書き換えさせた。実際に手を下したのは、モース解任ののち、馬建忠がなかば私的に雇っていた外国人通訳だという。これに気づいた沈能虎は七月、ほかの招商局内の不正経理とあわせて、李鴻章に告発した。[122]

ラッセル商会倒産の影響は、それればかりではない。アメリカ系のこの商社は、招商局の委託をうけて、アメリカの在外公館の経費を上海から為替送金しており、倒産でその送金がとだえてしまった。[123]そもそもその業務をとりしきり、ラッセル商会に任せていたのが馬建忠である。駐米公使の崔國因は、馬建忠から連絡をうけて激怒、猛然と馬建忠に詰問抗議し[124]、李鴻章にも書翰を出して問い合わせた。李鴻章は公使館の経費六万両をふくめ、各方面に欠損が出るのを見こして、馬建忠に招商局の公金を使うことを許さず、自ら弁済するよう命じ、「〔ラッセル商会に任せたのは〕私情によるのだから、自業自得だ」と言いわたしている[125]。

沈能虎・盛宣懐から馬建忠の不正経理を知らされたのは、おそらくこれと前後する時期であろう、そこでついに李鴻章も、かれを招商局からひき離さざるをえなくなった。遅くとも九月の下旬までには、馬建忠が招商局を辞していることがわかる[126]。かつて盛宣懐が漏らしたように、ラッセル商会を信用しすぎたのか、招商局に深くかかわる機縁になったラッセル商会のために、招商局を離れる結末をみたのは、馬建忠の宿命というほかない。

それでも公式の罷免ではなかったため、その復帰を恐れた盛宣懐は、沈能虎を中心に経営陣を一新するなど、八方手をつくして、それをはばんだ[127]。これと時を同じくして、馬建忠はさきに解任された上海機器織布局とは別に、百万両を借り入れて紡績織布工場の設立開業を計画していたが、盛宣懐はこれにもつよく反対し[128]、沙汰やみになっている。かくて馬建忠はすべての任務を失い、引退を余儀なくされてしまうのであった。

一八八七年以降の馬建忠の動きは、盛宣懐の立場からすれば、自分をしのごうと画策していたようにみえたのであろう。上海機器織布局・寧海金鉱の兼任は、その転機になった。にわかに「洋務」企業の主導権争いの様相を呈して、盛宣懐の完勝に帰したともいえる[129]。もっとも、馬建忠じしんに果たして、そんな企図があったかどうかはわからない。かれが企業経営という舞台で演じた役割をくわしく解明して、一定の評価を導きだすには、なお史料の綿密な蒐集と周到な分析を要する。具体的なことは目下のところ、盛宣懐との関わりでしか、みることができないからである。

それでも以前に比べれば、いくつか新しい事実関係も分かるようになってきた。それをたどってみても、やはり馬建忠には不本意な業績でしかなかった、というほかない。招商局の経営は、まず無難にこなしていたといえようが、かれに不利な事情を語る史料は少なくないし、織布局や金鉱は明白な失敗である。当時の企業経営にかかわる方面は、やはり不得手であって、うまくいかなかったのだ、と判断せざるをえまい。ひとまずねらいを達したと思しい「富民説」以外に、この時期の文章をかれが残そうとしなかったのも、そのあたりに原因があるのであろう。

外交交渉であれほどの臨機応変ぶり、妥協の才を発揮した馬建忠が、企業経営では辣腕をふるう実際家であったようにみえないのは、いったいなぜなのか。そのような文脈や疑問をおさえたうえでなくては、かれの言説にかいまみえる経済思想も、はっきりした像を結んでこないであろう。

二 「富民説」の構成とその由来

馬建忠の「富民説」は一八八九年に起草された、俗にいえば、転職目的の自己推薦書だというのが、筆者の見立てである。もちろんその確実な真偽をたしかめるすべはもたない。けれども、そうした可能性を念頭におくと、「富民説」の位置づけもちがってくる。この文章の所論をア・プリオリに思想として抽象し、「洋務」「変法」や資本主義などの既成概念に直結させるまえに、まず馬建忠の思考を自身の立場と言説のなかにあとづけ、この時期の中国経済・中国社会をめぐる情況に即して位置づけなくてはならない。そのうえであらためて、かれの思想を語るべきであろう。

そうはいっても「富民説」の論旨は、すでに分析・指摘があるとおり、(130)必ずしもかれの企業経営の実践経験だけから、形成されたものではないし、ましてや、書かれたその時、だしぬけに生まれ出たものでもあるまい。その根幹となる考え方、枝葉をなす題材は、つとに一八八〇年以前から、その原型を見いだすことができる。したがって、やはりこれまでの研究と同じように、「富民説」をひとまずの到達点とみなして、そこにいたるプロセスとして、「富民説」以前の言説をあわせて読み解いてゆくのが、もっとも便宜であろう。

「富民説」の構成は、いたって簡明である。中國の「富強」を実現するため、具体的な三つの方針を提示したうえで、その方針を推し進める具体的な手段を提案する、という構成である。三つの方針とはそれぞれ、輸出増進、輸入削減、金鉱開発である。「即ち、大づかみにいって、重金主義的な重商主義の考え方が強い[131]」その特徴は、しかしながらどこまで、かれの本心だったか、よくわからない。当時の経済論調が海関統計の数値的な単純比較で、貿易赤字と富の流出を慨歎していた[132]ことを考えあわせると、輿論へのインパクトと起こるべき反応とを考慮に入れて、あるいは知識人・当局者にも受け容れられやすいように、ことさらこのような立論にした可能性も、否定できないからである。「富民説」が転職・兼任希望をほのめかしたものだったとすれば、なおさらそうであろう。ともかくまず、その三方針の由って来たるところをたどってみよう。

何の前提もなく、輸出をふやし、輸入をへらす、といわれて、われわれがただちに思いつくのは、関税率の操作であろう。つまり国内産業の保護のため、輸出税をひきさげ、輸入税をひきあげる、というにあり、「富民説」にも言及はある。しかし必ずしも、そうした主張を積極的にはしていない。それなら、馬建忠はそうした保護関税に消極的だったのかといえば、そうでもない。

馬建忠はフランスから帰国してまもなくの一八八〇年夏、当時イギリス公使ウェードらと外交交渉を行っていた総理衙門の依頼をうけた李鴻章の諮問にこたえて、欧米の保護関税にならい、輸出税のひきさげ・輸入税のひきあげを提案したことがある。

西欧諸国では貿易の税率は、物資の種類によって税の軽重を定めます。目的は国庫を豊かにしたり、商人を保護したり、と一様ではありませんが、課税品はほぼ、輸出入貨物以外にはございません。輸出品はほとんど、徴税しません。国産品の売れ行きを伸ばして、他国と利権を争うからです。たとえ徴税しましても、多額ではありません。フランスの輸出税が六万元（ママ）を超えないのは、その明証です。しかしその国だけに産する特産品ですと、他国と競争になる恐れがありませんから、輸出に重税をかけてもかまわないのです。

……しかるにヨーロッパ各国は、豊かな中國をひさしく垂涎してねらい、口実をもうけて、いわれのない戦争にもちこみ、武力で恫喝して、われわれが外国事情に暗いのに乗じて、いそいで税率をきめるよう迫り、各種商品はアヘン以外に高低の差をつけることなく、輸出入の正税と半税あわせて、わずか七・五パーセントに決めてしまいました。一八五八年の〔天津〕条約締結は、英仏二国が税率を決める前でしたが、まもなく一八六〇年、英仏通商条約（コブデン条約）の税率が決まって、ヨーロッパ各国の税率軽減の嚆矢になったのです。それでも中國よりはるかに税率は高いものがあります。そうだとすれば、当時の英仏は、中國と条約を結ぶのに、われわれの無知につけこんで利を奪おうとしたことになりましょう。しかも各港に輸出品を搬出するにあたり、関税の半額を払うだけで〔釐金を免除され〕、旗号・口岸の料金を払わなくともよいのです。これでは、利源がすべて奪われてしまいます。……

と現行の協定関税制度・子口半税制度を批判したうえで、輸出品では特産品の生糸・茶を五パーセントにすえおき、ほかは一律に軽減し、輸入品は石炭・鉄鉱石などの鉱産物を五パーセントにすえおき、ただし銅・鉛はその倍とし、綿布は一五パーセント、洋酒や葉巻など嗜好品は三〇パーセント、時計やガラス製品など中国でできない製品は二五パーセントにひきあげる、という案を示した[133]。いうまでもなく、財政関税に留意しつつ保護関税を追求しようとした西洋流の着想である。現実の歴史では、こうした方針は一九三〇年代、関税自主権の回復成った国民政府において、ようやく実現することとなる[134]。

したがって、輸出税ひきさげ・輸入税ひきあげは、税率を動かしうるという前提でなくては画餅にすぎない。一八八〇年の馬建忠の提案は、ウェードとの交渉で関税ひきあげを実現しうる可能性を見いだしたために出てきたものであって、それはむしろ、外交交渉の範疇のなかにあった[135]。当時のかれの立場に即した提言ではあったのである。

十年近く経過して、「富民説」の時期になると、馬建忠は輸船招商局経営の任にあって、外交を語れる立場ではなくなっていた。そして貿易の事情も、ずいぶん変わっている。茶は英領インド・日本[136]、生糸は日本・フランス・イタリアの台頭で輸出が激減、もはや中国の特産とはいえなくなりつつあり、輸入では、インド綿糸がアヘンに代わって中国に流入していた[137]。

「富民説」は輸出では、まず特産品としての品質を向上させることを第一にかかげ、税率操作の論点は、わずかに輸出増進の具体的方策の一つとして言及するにとどまっている。そして輸入では、関税にまったくふれていない。輸出をふやし、輸入をへらすという方針のもと、「富民説」がとなえた具体策は、要するに国産品の充実である。

この論点は、別に「富民説」の創見ではない。それ以前にもたとえば、薛福成らが提唱したところで[138]、上海機器織布局の設立はじめ、実施にうつす動きも、つとにはじまっていた。馬建忠じしんについても、一八八〇年の時点ですでに、「まさに茶務を整理すべし、我が専有の利をして之を人に授けしむべからず」、「中國の産棉で機器を倣用して布を織るは、貲本重きと雖も、亦た西人の利を奪ふべし」といい[139]、確かに言及していた論点だった。その意味で、「富民説」の起源は、遅くともここにある。しかしそれはやはり、保護関税・関税率の問題に対し、ごくわずかの比重を占めるものでしかなかった。それがまったく逆転してしまったのは、かれ自身の異動にくわえて、十年間の中国をとりまく貿易情況の変化に応じた結果だったのであろう。

金鉱の開発も、このような情況の変化を反映しているとみてよい。こうした国内の鉱山開発は、馬建忠がフランス留学中から、関心を寄せてきた問題である[140]。だがそれは必ずしも、金鉱をとりたてて注視するものではなかった。第Ⅱ部第五章に紹介した「旅順を勘するの記」でも、朝鮮奉使における鉱山開発論議でも、まだそうである。それがこの「富民説」では、もっとも多くの紙幅を割いた、何よりも金鉱の開発を優先する、という論調に転じたのである。

馬建忠は一八八二年に海軍建設計画案を提出したさい、その財源捻出に説き及んで、幣制を秤量貨幣たる「銀錠」

から鋳造貨幣の「銀銭」に改め、銀地金の換算と改鋳にともなう経費を節減し、かつ紙幣発行にもとりくむべし、ととなえた。そのうえで、以下のように述べている。

東西の大国でもっぱら銀を貨幣として用いるのは、中國とインドだけになりました。外国では金と銀を兼ね用いますので、銀が日々だぶつき、銀がだぶつきますと、その価格はますます下がります。数年前、一ポンド・スターリングは三両三銭だったのが、いまでは三両七、八銭に値上がりしました。銀をポンドに換えますと、日々その為替差損が大きくなります。インドは毎年銀六千万ポンドの収入がありますが、イギリス本国へは銀を金に換えて送金しますから、年に二百万ポンド、およそ銀七百万両という巨額の差損をだしております。中國も外国と取引をする以上は、すみやかに金の貨幣をあわせ用いて、為替相場で多大の差損を出す弊害のないようにしなくてはなりません(141)。

これはとりわけ普仏戦争以後、顕著となった欧米諸国の金本位制移行、その結果もたらされた銀価下落に対し、金融財政面から覚えた危機感を表明した立論である。その意味で、「富民説」のいう「同治十年」の画期には、着目しておかねばならない。

もっとも「富民説」は、金の採掘をいうだけで、為替相場や幣制には論及していない。その当時、馬建忠が置かれた立場を考慮に入れても、積極的に発言できない問題ではなかったはずであり、そのくわしい理由はわからない。一八八七年、李鴻章に答申した漠河金鉱の開発計画案の末尾に、

ましてや、西洋諸国と通商をはじめて以来、金銀の流出がおびただしくなりましたのは、西洋諸国が金の貨幣を用いるのに対し、こちらは官民ともに、銀で取引するからです。早くから為替相場は不利となり、久しく外国に制せられております。わが中國で金の産出が豊かになりますれば、金価はきっと下落して、借款の返済・借り入れ、華商の貿易取引に裨益するところ、少なくはありますまい(142)。

と述べるから、金鉱開発と銀価下落との関連は、このときも十分、視野に入っているとみてよい。

それなら「富民説」は、あえて直截には、その関連を言わなかったことになる。これは一八八二年当時、前註(141)の引用文の続きに、「この災禍はまだ気づかれていないものだから、人々は信じまい」と述べた[143]ように、俗耳に入りやすくするため、幣制問題にまでは結びつけなかったとも考えられるし、貨幣鋳造・紙幣発行をも計画に含んでいた国立銀行の設立に失敗した経験から、立ち入らなかった可能性もある。また自身の転任目的で、実績のあがっていない鉱山経営そのものを優先的に論じるために、棚上げしたのかもしれない。ともあれ金鉱開発の論点は、ゴールドラッシュ・「同治十年」以来の世界的な貿易・金融情況の転換と、それが中国に波及した影響のもとにあったといえる。

以上のように、「富民説」の三方針は、馬建忠が元来いだいていた問題関心に端を発しながら、一八八〇年代を通じた、中国経済をめぐる世界情勢の変動に鑑みて、具体的な手段を案出したものとみなすことができよう。いかに自らの人事異動を目的とする文書だからといって、決して目先の局面と利益ばかりにとらわれたわけではなかった。かれがへてきた折々の立場から、自分なりに内外の情勢をみつめ、培ってきた抱負だったのである。

とはいえ、その三方針がそのまま、無条件に実施できる、とは馬建忠もいっていない。「富民説」にはその方針をなりたたせる、さらに総合的な論点も存在する。すなわち、借款と会社である。

三　「富民説」の課題

実はここに、馬建忠の当時の経営活動との矛盾がある。かれは輸出増進・輸入削減・金鉱開発の三方針を実施するには、何よりも資金が必要だとして、現状の課題をもっぱら企業への増資にむすびつけた。その限りでは、かれは忠実に、課題の解決をめざしている。第二の方針に相当する織布局経営、第三にあたる金鉱兼任のいずれにおいても、まず資金の調達を優先し、それに奔走した。だが早くもそこで蹉跌して、失脚の原因をつくったのは上述のとおりである。失敗したのは、集めた資金が十分でなかったからであり、そこで「富民説」のいう借款と会社が、試みられた形跡はない。したがって極論すれば、借款・会社を論じる「富民説」最後の部分は、一八九一年以後、事後につけくわえたものではないかとも疑える。ともかく借款・会社は、かれの実践がともなわなかった論点だということを、まずおさえておこう。

しかも「富民説」の文章をみても、借款と会社それぞれの扱い方がまちまち、かつ不十分であり、それだけでは、馬建忠の思考様式はやはりよくわからない。前節と同じように、ほかの論説と考えあわせなくてはならない。また借款と会社は切り離すわけにはいかないけれども、便宜上ひとまず、別々にみてゆくことにしよう。

(1) 借款問題

まず借款について、「富民説」の主張は、三方針の対策を行うには、当時の官民ともに資金が窮乏しているから、まず外資を導入せざるをえないと断じ、政府当局が「商務衙門」を設立して、その受け皿とするというにある。

これにはおそらく、一八八七年に計画した国立銀行設立の挫折が影響している。第八章第二節でみたように、その定款は事業経営に対する借款供与を明記していて、いわばこれが銀行設立の眼目のひとつだった。それが実現しなかったため、「商務衙門」なる機関を考案しなくてはならなかったのであろう。ただし借款そのものに関わる構想は、もう少し前にさかのぼる。

フランス留学時代、馬建忠は鉄道事業計画を上申したさい、あわせてその資金調達の手段として借款の導入を主張し、その具体的な実施方法をくわしく論じたことがあった。かれはそこで、実業借款なら可、軍事借款は不可とし、鉄道事業に外資を導入するにあたって、生じる可能性のある問題点を、ほぼ網羅的にとりあげて考察している[144]。いっぽう「富民説」は、鉄道そのものにはふれずに、借款を主張する。この間およそ十年、鉄道敷設から一般事業に対する資金供給へ、借款の対象を展開、敷衍したともいえよう。

もっとも馬建忠の立場に即してみると、かつて鉄道を「富を致し強を致す最要の策」とし[145]、インド紀行の「南行記」でも高い関心を示していたのに[146]、同じく「富」「強」を論じる「富民説」で鉄道に関わる議論がまったくないのは、ややいぶかしい。その精確な理由は、もちろんわからないけれども、関連の深い事実をあげることはできる。

一八八九年の六月上旬、かれは李鴻章に打電し、上海で「洋商」と「幹線鉄道」の借款を話し合い、二千万両の借入、五十年間の利払いとそれ以後の元利返済、利率六・五パーセントという条件で、香港上海銀行が前向きな姿勢をみせており、元本償還だけについてみれば、四パーセントの利率になることを上申した。李鴻章はこれに対し、鉄道はなお協議中で未定だとしながらも、提案には「採算がとれそうだ」と答え、四パーセントという数字にいささか驚きをみせている[147]。

「富民説」起草と時期が近いのを考えあわせると、馬建忠は李鴻章の好意的な回答をえたこの上申を下敷に、「富民説」の借款構想を練ったように思われる。額・期間・利率が両者一致するところから、その可能性は否定できないであろう。

鉄道それ自体については、前註(93)に言及したとおり、当時、蘆漢鉄路の建設計画がもちあがっていたから、この借款およびその条件は、むしろ織り込みずみであって、「富民説」ではことさら鉄道を論ずるにおよばない、とみなしたのではなかろうか。

だとすれば、「富民説」の借款構想で注目すべきは、担保の問題である。以下はフランス時代の所論である。

「借款には信用が必要であり、信用されるには、しかるべき担保がいる。いま外国から借款をするのに、どうやって信用を得るのか。何を担保とするのか。中國が銃砲購入では必ず決済してくれる、西征借款では必ず利子を払ってくれる、それはいずれも官が責任をもって保証するからだ、としか西洋人は知るまい。いまにわかに、数千万両の資金が必要だからといって、担保も信用もないのに、借款ができようか。西洋人が信用しないのをおそれ、関税を担保にしても、いうまでもなく関税には種々の使途がきまっているから、流用はむずかしい。しかも以前、外国から借款をしようとしたさい、さしさわりが多いと論じる者が少なからずいて、戸部もとりやめを上奏したことがある。鉄道のためふたたび借款をして、物議をかもすようなことをしては、やはりまずい」という者もいるかもしれない。

しかしそれは鉄道借款のことを知らない者の発言だ。欧米諸国の鉄道で現在までに竣工したのは、四万里を下らないが、借款をせずに完成したものは、ひとつとしてないし、担保を出さなくては信用をえられなかったものも、ひとつとしてない。名声の高い土木技師・実地踏査をして作った趣意書・開業後の利益見積があれば、信用がえられる。中國の鉄道は、南北をむすぶ路線が重要で、そこで獲られる利益が、きっと世界第一なのは、衆目の一致するところである。もし練達の技師が精密な踏査を行って、その結果を外国に示すことができれば、必ず信用を得られる。國が保証をし、関税で返済をしなくては借款ができぬ、ということなどありえようか。(148)

この意見は「楽観的に過ぎ」、「理想化の傾向がある」とみなす見解があり、(149)事実そのとおりであろう。いな、「楽観的」というよりも、前提から誤っている、といったほうが肯綮に当たっているかもしれない。

こうした「楽観的」な論理は「富民説」でも、くりかえされている。「富民説」のとなえる借款は、担保を必要としない鉄道借款ではなかったため、「商務衙門」を介在させた「官」「國家」の保証を組み入れた。鉄道で述べた技師・踏査・見積書という担保に代わる物件は、「富民説」では「信義ともに篤い大臣」の承諾と規則と「國家」の保証に置き換わっているわけである。

これで二千万両、年利四パーセントの借款ができる、と馬建忠が本気で考えていたとすれば、いささかナイーヴだといわざるをえない。かれは一八八五年に、輪船招商局で香港上海銀行からの借款獲得にも関与していた。招商局の船舶財産をラッセル商会から買い戻す資金調達を目的とした三十万ポンドの借款である。もちろん額・性格は異なるにしても、十ヵ年賦・年利七パーセントをはじめ、決してそんな寛大な条件ではなかった(150)。実務経験でそれを知っていながら、なおこうした立論をするのは、意図的迎合的なものでなければ、その経済思想に一種の固定観念があった、とみなすことができよう。

当時の借款はいわゆる「関税」、つまり洋税の財政的なうけわたしと金融上の送金に起原を発し、一八六〇年代の「西征借款」がそれを全国的な財政措置にしたものだったから、「関税」の担保こそ、もっとも枢要な要件である。それを承認する手続として、「官」「國」の「責任」「保証」があったのであり、決してその逆ではない。これは清末の財政金融構造からできあがった慣行であって、「関税」の担保でなくては、借款ができない構造になっていた(151)。しかもほとんどが、多くとも百万両単位でしか成立していない。これも財政上の送金規模にみあったもので、二千万両というのは未曾有の額である。したがって「官」の保証だけで借款ができるわけではなかったし、ましてや西洋流の鉄道借款にならった無担保の借款が、はたして可能かどうか、当時は未知数というほかない。馬建忠はこのあたりをどこまで洞察していたであろうか。

(2) 会社組織

次に会社にうつろう。「富民説」はこれについて、まず生糸・茶の貿易取引のさい、外国商人に買い叩かれないよう、零細な資本を糾合して大会社を作ることに言及する。ついで、輸出増進・輸入削減・金鉱開発いずれにおいても、株式会社を創設し、その推進手段とする、という計画を示している。

馬建忠はフランス留学時代に、「フランス民法の「会社」(société) および、フランス商法の「株式会社」(société anonyme)」を「法学士となる為の学位論文」の「テーマにえらん」でいた[152]。そしてほぼ十年たって、今度は中國の富強をめざし、あらためてその問題を提案するにいたった。会社・株式会社は、かれ終生の「テーマ」だったことになる。

以下は一八七八年、フランスからシャンス・ポの試験科目を書き送った一節であり、ほかの科目と比べて、もっとも長文なものである。

> 第三問は各国の商法で、なぜ会社がふりだす有価證券は、信用があるのかを論ずるものだった。これによってわかったのは、ここ百年で西洋人が富裕となったのは、産業の機械化ばかりではなかったことである。その要諦はもっぱら、会社を保護するにある。誰の目にも明らかな良法善政であろう。そのゆえに、鉄道・電信・蒸気機関・鉱山開発という事業で、莫大な資本が必要となっても、信用でまとまるために、力をあつめても成功しないという心配はいらない。金銀にかぎりがあるなかで莫大な費用を必要とした場合、證券を貨幣の代わりとしても、信用でまとまるので、たとえ一銭の価値しかない紙切れでも、数百倍の価値で通用するのである[153]。

すでにこの意見を評して、馬建忠が「西洋諸国の富強の一つの原因が「商会《ママ》を保護する」政策にあることを知った」という鋭い指摘がある[154]。そのとおりであろうが、それでも疑問は、二つある。ひとつは会社を「保護」することは、客観的にみて、「政策」と断じてしまってよいのか。いまひとつ、こうした考え方は、以後のかれのなかでどうなってゆくのだろうか。

「富民説」で「外洋の商務、勝を制するの道は、公司に在り。凡そ大興作・大貿易有らば、必ず散股を糾集し、其の貲本を厚くす(外国が商務で優勢に立っているのは、会社組織があるからだ。およそ大きな事業・大きな取引をやるには、零細な資金を糾合して大きな資本としなくてはならない）」というように、会社・株式会社を組織する目的は、大事業にみあう大資本の形成にある。そして、後文で「或《も》し事、商務の大局に關はれども、股商裹足して、貲本集まり難くんば、即ち借款を以て之が提倡と為す（商務の大局にかかわる事業であるにもかかわらず、株主になって投資すべき商人が、二の足をふんで資本があつまらないこともあろうから、そんなときただちに、借款の資金を呼び水とできるようにするのである）」というように、株式の発行・資本の糾合が困難なことは、はじめから想定の範囲にあった。というより、かれもふくめ当時の関係者にとって、それは自明の常識である。[155] なればこそ、当面の原資をまかなうために、先述した借款が必要だった。そうだとすれば、「富民説」当時のかれの認識でも、大資本・株式会社を形成する条件・環境は整っていなかったことになる。

前注(153)の引用文によれば、株式には信用が不可欠なのであり、商社に対する政治の保護がその要件となっている。それこそが、馬建忠がヨーロッパで学び、実見した国家と経済のありようだった。馬建忠は帰国直後に書いた上申書で、「外国の商人を抑圧し、自国の商人を保護する西洋の理念[156]」と記す。「理念」と訳した原語は、「理」であって、決して一時的な、一過性の「政策」というべきものではない。そして馬建忠はこの当時、それとは逆行する清朝中国のありかたを、いわば糾弾していた。

その最たる事例が、釐金である。かれは同じくだりで、その「華商」に与える被害は、いわゆる「西洋の理念とあべこべだといってよい」ばかりでなく、「わが皇朝の商人をあわれむ御心に大いに違っていよう」と断じた。さらにフランス滞在時、鉄道の効用を説いた議論のなかで、

イギリス人が富裕となったのは、その石炭と鉄が東南アジア以西をすべて市場としたからである。いまわが河南・山西の産出は、イギリスよりも豊富だと西洋人に評判なのに、河南・山西の石炭と鉄が千里の先で売れた、とは聞いたことがな

い。ましてそれを輸出してイギリス人の利を奪うなど、望むべくもあるまい。産地から供給されないのが原因である。俗に「百里の外、樵を販せず。千里の外、糴を販せず」という（『史記』貨殖列傳）状態は、貨幣が流通しないのが原因である。それでも、利を言う臣僚がそこに税をかけるのは、「釐卡をひとつ増やせば、それだけ利源がふえる」と思っているからである。税が繁多になれば、それだけ民が困窮し、民が困窮すれば、それだけ國が貧しくなる、と知らないのであろうか。けだし財と國との関係は、たとえていえば血液が身体にあるようなものであり、血のめぐりがわるければ、体が病み、財が流通しなくては、國が病む。これに反して鉄道を用いれば、流通しない恐れはなくなろう。[157]

といい、婉曲ながら釐金の制度、そしてそれをもたらした財政観念を非難する。この考え方の根底にあるのは、ドイツ関税同盟（趙爾完倫[Zollverein]）の事例であって、[158]ヨーロッパ・モデルにのっとった議論だといえよう。そして帰国後の外交交渉に乗じて、「釐卡をいっさい撤廃して、國家の経費を節減し、我が財政を裕かにするとともに、商人の往来を便にし、彼らのくるしみを救ってやりましょう」[159]ととなえた。まさに「国内の関税障壁をとりはらうことによって単一の国内市場を造出すべきことを端的に主張している」[160]のである。

こうした論調は、釐金に限らない。「律は錢財を稱して細故と爲し、官は商賈を視て末を逐ふと爲す、一たび差失有らば、既に官府に向ひて以て冤を雪ぐ能はず、復た律の意を假りて以て自ら解く能はず」と述べ、商人の財産を保護し、その破綻を救済できない法制のありように[161]も、非難の言を漏らしているからである。馬建忠はこのように、フランス留学時代には、自国商人を保護する政治、という西洋富強の源に逆行する本国の制度・理念に批判の眼をむけていた。

ところが、この論点は「富民説」になると、ほとんど見えなくなってしまう。釐金については、わずかに一ヵ所の言及があるだけである。過重な釐金は生糸・茶の輸出に不利だから軽減せよ、というにすぎない。むしろ釐金の存続を前提に、論を立てているようにさえみえる。商人を救済する法制にも、商人に財源を求めがちな財務観念にも、たえて論及することがない。かれははたしてこの構想で、「華商」をして株式会社を設立せしめることが可能だと考えていたのであろうか。

これも十年の間におこった見解の相違とみるべきかもしれない。しかし株式会社という「テーマ」選定は変わっていないのに、その要件に対する態度に温度差があるとすれば、それはやはり、置かれた立場のちがいのほかには考えにくい。

フランス留学時代には、身近にヨーロッパ・モデルがあり、本国を客観的にみて、かなり思い切った発言のできる立場にあったし、ある程度そうすることが、馬建忠に課せられた役割でもあった。それに対し「富民説」の執筆は、本国内部の事情もつぶさに実見したのちにあたる。列強との外交交渉案件のひとつであったときはともかく、それが沙汰やみになってからは、北洋海軍の建設ほか、あらゆる「洋務」に不可欠な財源をなす釐金を、「いっさい撤廃」せよなど、あらためて口にもできなかったであろう[162]し、商人保護・救済の法制整備も至難だと理解したであろう。実務スタフでありながら、できないことを主張するのは無責任なだけで、信頼を失いかねない。

それでも実施すべき事業の大きさに見合った資本・組織をしたてるとすれば、馬建忠には、株式会社のほかには考えつかなかった[163]。株式会社に関するかぎり、「富民説」が提起をしながら、きわめて不徹底にしか論じていないのは、そのあたりに理由を見るべきであろう。

(3) 富・強の論理

そもそも株式会社を成立、存続せしめるには、少なくとも金銭の貸借と商法の整備が、一国全体の規模で噛み合う必要がある。大きくいえば、中央集権的な政治が経済領域を含みこんで、関わらねばならない。これは外国借款にも、同じことがいえよう。その基礎的条件が、清末中国にははじめから存在していなかった。清朝の民間経済活動に対する不干渉、いわゆる中国の「伝統的な経済秩序原理」である。釐金の賦課も、商法の未整備も、その発露であって、[164]巨額の資本貸借が不可能だった事態と表裏一体の現象である。[165]しかし一方でヨーロッパ・モデルを学理として有し、他方で清末の官界と社会のなかで活動する馬建忠には、そのあたりを客観的に分析、十分な批判を展開し、有効な対策を立てることは無理だったのであろう。それが借款と株式会社を提唱しながら、実現できない要因をなし、かれの失脚を結果したともいえる。

そうだとすれば、「「富民説」をつらぬく発想[166]」をなす「富」「強」の基本的なコンセプトもみなおさなくてはなるまい。「民が富めば、國はおのづから強い」と「富民説」はいう。しかしその「富」と「強」、「民」と「國」との間をつなぐ媒介を、「富民説」に見いだすことはできないからである。

両者の関係に対するみかたを馬建忠の著述からさがしてくるなら、「民富めば則ち樂んで輸將す」「商民富む可く、餉源充つ可し。中國の虧を轉じて盈と爲し弱を轉じて強と爲す……[167]」というように、商人が富裕になれば、納税がふえて、財政が豊かになり、軍費が充実し、兵が強くなる、という因果関係の想定がそれに相当しよう。

しかし当時の清末の官僚機構が、そのようなストレートな課税のとりたてと適切な税収の分配を行いえたであろうか。これは贅言を要するまでもなく、否であるし、誰よりも当のかれ自身が、それをよく承知していた。つとに「マルセイユ書翰」で西洋政治を評するさい、「賦税は則ち實收實報、侵呑の虞無し（税金は取った額がそのまま上申されるから、不正な着服のおそれはない）」といったのは、当然そうなっていない清末中国の現状と対置しての論であった。また一八八二年には、「未だ民富みて國貧しき者有らざるなり。方今地球各國、推して富民を以て事と爲し、國家は自然に利を享く」、「西人の理財は、必ず富民を以て先と爲す、民富めば則ち國隨ひて富む[168]」といい、「民」と「國」が直結するのは、ヨーロッパ・モデルであることを明言している。それなら、そのヨーロッパ・モデ

ルの税制・財政は、といえば、

西洋各国の徴税は、ひとつとして亡国の政でないものはない。……およそ民間の必需品をあらいざらい、課税の対象としている。それなのに、民生は日々ゆたかになり、財政はますます豊かになっているのはなぜか。民から取ったものは民の役に立つよう還元しているからである。民に利のあるもので民自ら生産できないものは、税収を使って供給してやる。民に害があっても民自ら除去できないものも、税収を使って取り除いてやる。制度をうまく作って中間搾取の弊害をなくし、わずかな額でもすべて国庫に収まるようになっている。けだし上下の情が通じあって、君民一体の道が実現しているからであろう。(169)

といい、これがかれの「富」「強」のコンセプトの基礎にある国家像であろう。それはもちろん、税制・財政ばかりにとどまらない。

「富民説」の末尾に、ほかならぬこの「君民一体」が、中国でなお実現していない(170)ことを明言しながら、中国の場合も「民が富めば、國はおのづから強い」というのは、ヨーロッパ・モデルを無前提に適用したのでなければ、自家撞着の議論にほかならない。

いずれが真相なのか、筆者には判断はつかないけれども、馬建忠の議論は注意深く読むと、程度の差こそあれ、そうした論法、論点が散見されることは確かである。それがすでにいわれてきた、かれの「悟性的抽象性」という概念につながってくる。

馬建忠が自己最大の武器とし、同時にその弱点にもなっていたのは、ヨーロッパの経験と学知である。自らの経歴でも、それを駆使して業績をあげながら、そのために挫折を重ねる結果となった。経済の領域においては、それと同じように、いなそれ以上に、ヨーロッパの経験・学知は中国の現状を批判するよすがにはなっても、当時の社会構造と噛み合って、有効な実践につながるものではなかった、というべきであろうか。

エピローグ

此日は馬建忠氏始終拙官之側ニ居り英語ニ而通弁致候。馬之英語者拙官同様位ゆへ心置キ無く辨説いたし候を李〔鴻章〕者耳を傾て聞居候。……馬建忠は痩たる小男ニ而穏和之性質たるべく動作も欧風ニ染ミ居かと見得、一目之下ニ其開化人たるを卜し得べく候、彼甚々仏語を能する由、只支那学ニは深からずト云フ。

——榎本武揚駐清公使、
北京着任途中天津より、1882年(1)

庚子の亂、拿《(ママ)》拉氏（西太后)、扶清滅洋の説に惑ふに由りて、東南の督撫は、自保を宣布し、朝命を奉ぜず。兩廣の李伯相（李鴻章)、特に上海に來りて一切を主持す、遂に吾が弟建忠に囑して、行轅に至り勷理せしむ。公《(ママ)》暦八月中旬、俄《ロシア》廷突《には》かに長電七千餘字を來らしめ、竟に謂へらく「承諾せずんば、即ちに呉淞を封鎖せん」と。連夜譯成し、憊甚だし、以て熱病大いに作《おこ》るを致す、十四《(ママ)》の晨、即ちに世を去る。

——馬相伯「題詞」1936年(2)

盛宣懐に疎外されて、引退のやむなきにいたった馬建忠は、やはり上海の自宅で暮らしていた。「世間のひとにののしりきらわれ、のけものにされて、家にひきこもってい」[3]ながらも、抜け目なく個人的な蓄財は欠かさない生活[4]である。「幸いに暇があるので、再び、昔」計画した西洋諸国の諸事情を記した書物の翻訳にとりかかろうとしていた。[5]時に一八九四年、朝鮮半島で日清が干戈を交えようとしたころである。

馬建忠はこの年、「繙譯書院」の設立を具体的に建言する意見書を起草した。[6]これを読むと、西洋を知らない自国の現状を慨歎した、かつての留学時代の口吻を髣髴とさせ、あらためて自身の原点にもどった観もある。けだし日清戦争の勃発という事件が、失意のかれを動かし、それなりに発憤奮起させたようにおぼしい。しかしそれに端を発した東アジアの激動は、馬建忠の心中ばかりか、身辺にも影響を及ぼさねばやまなかった。

一八九五年、敗色濃厚となった清朝は、李鴻章を全権として下関に派遣、講和交渉にあたらせる。三月はじめ、出国まぎわのその李鴻章から、馬建忠のもとに「随往襄助」を求める電報がとどいた。[7]かくてかれは好むと好まざるとにかかわらず、ふたたび政治外交の舞台にひきもどされることになる。

馬建忠が現実の条約交渉で、どんな役割を果たしたのかはわからない。だがこの日本行で、あらためて明らかになったことがひとつある。この時になってなお、かれが依然、李鴻章の部下以外ではありえなかった、という事実である。かれは帰国後、李鴻章に命ぜられ、李經方に随行して、台湾のひきわたしを補佐した。[8]その翌年、ニコライ二世の戴冠式に列席した慶賀使李鴻章の欧米歴訪に随行した、といわれている。[9]そしてその四年後、義和団事変のさなか、一九〇〇年には、上海に北上した李鴻章の依頼をうけて、ロシアのヴィッテ（C. Ю. Витте）からきた欧文の電報を翻訳するうち、過労から発した熱病で世を去ってしまうのである。[10]

しかし馬建忠はこのとき、新しい出会いも果たしている。かれが下関で難渋な交渉にとりくんでいる間、師の康有爲とともに会試を受けに上京していた梁啓超は、ほかならぬその講和に反対をとなえる公車上書の組織に奔走していた。会試に落ち、北京を離れて上海で『時務報』創業にとりかかったのは、翌年の一八九六年。当時かぞえの二十四歳だった梁啓超は同じ年の秋、そこで馬建忠兄弟と知り合い、とくに馬建忠から、ラテン語の手ほどきをうけた。[11]兄弟の識見にいたく感動した梁啓超が、自分たちの政治活動にその助力をもとめたことは想像にかたくない。百歳の長寿を保った兄の馬相伯が以後、立憲派の重鎮として活躍するのは、周知のとおりである。では、まもなく逝去する弟の馬建忠は、どうふるまったのか。

一見すると、康有爲・梁啓超たちの期待にこたえた行動をしたようである。かれは上海では『時務報』の紙面作りに協力していた。[12]ついで一八九七年五月下旬、北京に姿をあらわし、七月には軍機大臣・総理衙門大臣の翁同龢に面会している。[13]一〇月下旬、折しも国王高宗が皇帝に即位して、関係がこじれはじめた韓国の問題で、旧知の閔泳翊との内応を疑われ、自身が過去、朝鮮問題にたずさわったこともふくめて、総理衙門に弁明書を上申した。[14]おそらくそれが機縁で、以後、韓国との関係改編に関与するようになったと思われる。翌一八九八年八月、韓国との条約締結の方針、ソウルへの使節派遣が決定し、総理衙門大臣の張蔭桓は、初代朝鮮駐在公使に任命された徐壽朋がたずさえる国書を起草した。その相談にあずかったのが馬建忠である。[15]そして張蔭桓はいうまでもなく、康・梁の庇護者にして「変法」の巨魁だった。

こうした活動がどう関わっていたか不明だが、「変法」が最高潮に達し、いっぽうで西太后をかついで「変法」をつぶすクーデタが打たれようとしていた、まさにその時、掌山東道監察御史宋伯魯が馬建忠を「魁奇卓越の才」と推薦して、その「召見録用」をもとめた。この上奏文は康有爲の代筆だとする説があるが、[16]そうでなくとも、いわゆる変法派から馬建忠が嘱望されていたことはまちがいあるまい。

しかし当の馬建忠本人の真意はわからない。クーデタ側がかれをマークし、処罰しようとした形跡はないし、かれ自身もそれほど、張蔭桓や康有爲・梁啓超の策動に深入りしていたとも思えない。この時の行動がすこぶる微温的、韜晦的に映るのは、けっきょく李鴻章の部下として、かれの補佐に殉じたことと無関係でないであろう。

それにもかかわらず、梁啓超を通じて「変法」と関わったことが、馬建忠の名を後世に残す要因になったのは、皮肉というべきかもしれない。かれの文集『適可齋記言記行』刊行のきっかけとなったのは、やはり日清戦争だった。かれ自ら、その縁起を述べて次のようにいう。

……天津ではたらき、外国に奔走することになり、折にふれて論説記述をなした。さきに心に得たものにもとづいて論を立てはしたけれども、たんに事に応じて事を論じ、〔李鴻章の〕ご下問に応じ、ご高覧にそなえるものでしかなかった。だから作ったそばから廃棄して自ら惜しまなかったので、散逸したものは数知れない。

去年の春、日本に向かうにあたり、荷物をあらためて整理していると、まだいくつか残っているものがあった。友人はこれを見ると、どうしても、といって持ち去った。秋に日本から帰国すると、すでに版刻に付されて、『記言』『記行』数巻に分けられていると聞いたが、不問にしておいた。

だが最近、この刻本をみた友人はみな、原稿をみせてほしいというので、刻本と原稿をつきあわせてみると、顛倒や脱落がたくさんあった。友人が「これじゃあ版刻しないも同然だ。版刻するからには校正しなきゃいかん」というので、細かに訂正を加え、補訂版をつくった。(17)

いま行われている、この「自記」を冠する版本は、「友人」が勝手に刊刻したものを、別の「友人」とともに改めた「補訂版」である。(18) そしておそらく、後者の「友人」には、現行の版本に「序」を寄せた梁啓超も、含まれていたはずである。そうだとするなら、馬建忠の『適可齋記言記行』は編集の時点から、いわゆる変法派の理想を投影するものだったことになろう。(19)

そうした文集を題材につかって行われてきた研究の成果として、「富民」「富強」の「進歩的」「先駆」的な構想や

「専門家集団の創出」という思想が明らかになった。本書でもみてきたとおり、それはとりもなおさず、かれの経験・学知から発想するヨーロッパ・モデルにのっとった、上の引用文にしたがえば、「心に得たものにもとづいて論を立て」たものである。そして中国の「政治体制」と衝突せざるをえないその特徴に、馬建忠の「悲劇」性をみるわけである。これをいわゆる「悟性的抽象性」とまとめることは、決して正鵠を失していない。けれどもそれは、主として『適可齋記言』の言説を分析した結果にとどまり、馬建忠の実践を考慮に入れていないところに再考の余地がある。

かれ自身の実践は、コルディエ氏のいう「よろず屋」にほかならない。「専門家《プロフェッション》」の重要性を訴えながらも、まずかれ自身が、そうなりえなかった。かれが生涯をかけた「洋務」は、当時「よろず屋」を求める事態にあったからである。それはいわゆる洋務運動を形づくった重大な一面をなしており、そうなったゆえんは、なお多大な検討を要する課題であろう。[20] とまれそうした事態が、逆にかれをして、「専門家集団の創出」をとなえさせたといってもよい。北洋の総帥、李鴻章じしんがそもそも「よろず屋」であった。地方大官であり、陸軍の総司令官であり、海軍の建設者であり、大企業家であり、外交交渉家であり、その意味では決して、「東洋のビスマルク」などではない。そんな李鴻章に仕えた馬建忠も、有能であればこそ、相応の実践が求められた。上の引用文の表現でいえば、「事に応じて事を論じ」ざるをえない局面のくりかえしである。

そちらにも目を配ってみれば、『適可齋記言』にみえるいわゆる「悟性的抽象性」を帯びた論鋒と、『適可齋記行』が記す実際的・妥協的な外交の実践とは、対極にあるといってよい。抽象純化を志向する思想と雑駁多端ならざるをえない現実とは、容易に親和しなかった。

馬建忠がフランスで学んだものは、まさしく当時の西洋近代だった。その長短は、たとえ政治外交、国際法といった文脈に限っても、「パリ書翰」「マルセイユ書翰」にうかがわれるように、かれがほぼ把握しきっていたところである。当時は本国の事情を多分に度外視しても、それを忠実に伝えることが、かれの任務であった。

帰国ののち外交の現場にあって、たとえば「東行三録」のクライマックスをなす大院君の拉致、乱党の制圧、日朝の講和、あるいはヴェトナムをめぐる、いわば玉虫色の交渉決着をなしとげた経過は、かれがフランスで学んだはずの国際法理論、西洋近代だけでは、決して理解できない。何よりも目前の現実と力関係をみきわめたところから実行したものであって、そこですでに、理論と行動は合致していないのである。

そして、清末の経済社会でもがくなかで執筆した「富民説」にもみられる、ある種の自家撞着、「富強」を訴えながら、自身の企業経営ではなすすべもなかった結末は、まずもって、かれの思考と実践、学理と現実とのギャップがもたらした「悲劇」であった。

巨大な中国の社会からすれば、馬建忠がかかわったのは、十九世紀の末に西洋と直接に切り結んだ、ごく小さい局面にすぎない。しかしそれは当時、最も前線に位置していた。中国の近代という時代の一典型は、まさしくその局面に存する。かれの生涯は身をもって、そうした中国近代のありようを示してくれたとはいえないであろうか。その思想と実践のはざまはそのまま、ヨーロッパと中国の隔たりに置き換えることもできよう。

「かれはまちがって中国に生まれた（born in China by mistake）」、「思い描くありきたりの中国人ではない」というのは、一八八七年に天津の英字新聞に転載されたフランスの新聞記事である[21]。ここまで述べてきた機微を裏づけてくれる表現ではある。しかしそれは決して、馬建忠ひとりにはとどまるまい。そうした人物は、先の時代にも、同じ時代にも、後の時代にも、程度の差こそあれ、中国におびただしくいたし、今もきっと多数いるはずである。

馬建忠のばあい、たまたま梁啓超と知り合って、意図的にその文章が残された。あたかも時を同じくして、その梁啓超は『時務報』紙上で「変法」を鼓吹していた[22]。いずれも同じく、前代から続く「洋務」を、過去の遺物として克服せんとする新勢力の意思のあらわれである。梁啓超の絶賛が物語るように、馬建忠のヨーロッパ・モデル、「急進」

的な思想は、新勢力の理想に近かったからである。

しかし馬建忠の実践は、自らも述べたように、あくまで「洋務」である。その意味では、同時代の新勢力、およびその認識をうけつぐ人々にとって、かれの歴史的役割は、一九〇〇年に終わるべきものだった。その死を象徴的と言ったゆえんである。

梁啓超はそれにもかかわらず、馬建忠の思想を実践と切り離し、激賞顕彰していいきった。

さきにその言を用いていたなら、今日のようにはならなかったはずだし、今日にしてその言を用いないなら、将来はあるまい。(23)

歴史事実として、まわりに「その言」を「用い」る意思がなかったわけではないし、自他ともにまったく「用い」なかったわけでもない。顕彰される思想の裏側に匿れた実践のために、馬建忠が不遇に終始せざるをえなかった事情、ひいては、それを生み出すヨーロッパと中国の隔たりに対して、梁啓超はじめ新勢力のひとびとは、どこまで洞察を及ぼしたであろうか。そして、馬建忠の「まちがっ」た生涯は、ほかならぬ梁啓超も、多かれ少なかれ、たどる運命ではなかったであろうか。

かれらばかりではない。名実ともに近代国家・世界の大国をめざす現代中国の人々、そしてその隣人たるわれわれにとっても、それはやはり、切実な問題としてあるのではないだろうか。

註

はじめに凡例的な事項を補足する。

・注記する典拠史料は、同一のテキストが別の文献に重複して、収められていることも少なくないが、煩を避けるため、とくに必要のある場合を除き、その注記は割愛する。

・文献名は、一見してそれとわかるような略称にとどめ、編著者名、書名、刊行地、刊行年などのすべてを必ずしも記さない。具体的な書誌は、引用文献目録を参照されたい。

・注記史料は、原則として発信の日付を附記した。受け手の日付を記した場合は、某年某月某日「受理」「到」として明示し、日付を記さないものは、未詳である。その元号・干支・日付などは、原則として典拠史料の表記にしたがう。

・頻出する史料にかかわる名称で冗長にわたるものは、以下のような略称をもちいた。

『記言』：『適可齋記言』全四巻、『適可齋記言記行』所収。

『記行』：『適可齋記行』全六巻、『適可齋記言記行』所収。

『中日韓』：『清季中日韓關係史料』

CIMC: China. Imperial Maritime Customs

DD: Diplomatic Despatches

FO17: Great Britain, Foreign Office, General Correspondence, China

USDS: United States, Department of State, General Records of Department of State

プロローグ

（1）『徒然草』一七八頁。

(2) 藤沢道郎『物語 イタリアの歴史』三二七～三二八頁。
(3) 任公（梁啓超）「本館一百冊祝辭并論報館之責任及本館之經歷」『清議報』第一〇〇冊、光緒二十七年十一月十一日、頁七。また『飲冰室合集』所収『飲冰室文集』六、所収、五六頁。
(4) 飲氷室主人（梁啓超）『李鴻章』「序例」。引用文は同上、「序例」二頁、および五八頁。また『飲冰室合集』所収『飲冰室專集』三、所収、引用文は同上、二、三三頁。
(5) その代表的なものはいうまでもなく、小野川秀美『清末政治思想研究』三～七頁である。これをたとえば、中國之新民（梁啓超）「敬告我同業諸君」『新民叢報』第一七号、光緒二十八年九月一日、六頁（前掲『飲冰室文集』十一、所収、三九頁）にみえる「西學」「變法」「民權」「革命」の叙述と対比せよ。また、拙稿「「洋務」・外交・李鴻章」一～三頁も参照。
(6) 中國之新民（梁啓超）「新史學」『新民叢報』第一号、光緒二十八年正月初一日、四八頁。また、前掲『飲冰室合集』所収『飲冰室文集』九、所収、六～七頁。
(7) こうした問題関心については、拙評「金鳳珍著『東アジア「開明」知識人の思惟空間』」で少しくふれておいた。
(8) *North-China Herald*, Sep. 5, 1900, p. 481.『申報』光緒二十六年八月十三日、「觀察謝世」。
(9) 坂野正高『中国近代化と馬建忠』四八～四九頁。薛玉琴『近代思想前驅者的悲劇角色』二〇六頁。
(10) 馬建忠に関する従前の研究は、それぞれ具体的な論点にかかわるところで言及したい。最近の中国での包括的な研究として、薛玉琴前掲書があり、ようやくその事蹟の体系的な解明に着手している。
その意味で、数少ないながらも、着実な研究をすすめてきたのは、やはり日本の学界である。林要三「清末改良派馬建忠」、同「馬建忠の経済思想」は、馬建忠の経済思想を中心としながらも、その活動と切り離して考察してはいないし、坂野前掲書は、何より馬建忠の文章をよみこなすことを目標にしながらも、その時代背景のなかに位置づけている。そして近年では、茂木敏夫「近代中国のアジア観」、同「馬建忠の世界像」が、その活動・文章から馬建忠の「アジア観」「世界観」を浮かび上がらせようとしている。本書はこうした研究を批判的に継承しようとするものである。
(11) 「英才」については、第I部註(76)、「雋才」は『翁同龢日記』光緒二十三年六月初二日の条、三〇一二頁、「市井の無賴」は『澗于集』奏議巻二、「道員馬建忠擅預倭約請査辦片」光緒八年九月一六日、頁六七をみよ。「漢奸」はたとえば、『花隨人聖盦摭憶』「馬眉叔上條陳」二〇五頁。また『花隨人聖盦摭憶』と同様の事後調査として、たとえば、『近世人物志』二九三頁も参照。

（12）梁啓超「序」光緒二十二年九月二十日、『適可齋記言記行』所収、また前掲『飲冰室文集』一、所収、一三二頁。

第Ⅰ部

（1）河上肇『祖国を顧みて』二五三頁。ルビは原文。

（2）H. Cordier, *Histoire des relations de la Chine avec les puissances occidentales*, p. 499. 坂野前掲書、二頁。

コルディエは後年、名にし負うシノローグとなるが、一八七七年、数え二十九歳のときには、後述する李鳳苞・ジケルの引率したフランス留学生団に、その「洋文案」として加わっていた。いわば馬建忠の同僚のひとりだったわけで、この文章も実見したところの回想であろう。漢文史料には「高氏耶」（たとえば、『李文忠公全集』奏稿巻四〇、「出洋肄業在事各員奏奬摺」光緒七年正月十九日、頁二）、「高的亞」「高底亞」（『郭嵩燾日記』光緒四年八月二十四日、十二月初九日の条、六〇七、七二七頁）などとして散見する。

（3）F. de Callières, *De la manière de négocier avec les souverains*, pp. 191-192. カリエール『外交談判法』一四〇頁。

（4）Cordier, *loc. cit.*, La Servière, *Histoire de la mission du Kiang-nan*, Tome 2, p. 194.「一八四五年」出生というのは、坂野前掲書、一、六、一五頁にしたがった。

キリスト教徒としての馬建忠の活動や信仰生活は、ほとんどわからない。晩年、「ローマに赴いて懺悔し、上海でキリスト教徒らしく死を迎えた」といわれる（Cordier, *op. cit.*, p. 500, 坂野前掲書、四六頁）けれども、具体的なことは未詳である。キリスト教徒たることが、官界での公的な活動で、不利にはたらいたのは想像に難くない。たとえば、李鴻章はしばしば、「いまはまったく宣教師と交際していない」、「カトリック教徒ではない」（『李文忠公全集』朋僚函稿巻二〇、「復李丹崖星使」光緒七年六月初五日、頁一〇～一一、同奏稿巻四五、「査覆馬建忠參案摺」光緒八年十月十二日、頁二四）などと庇護している。

（5）上海への移住は、「髮逆（太平天国）大江の南北を陷る」というかれ自身の記述に拠って、蔣文野「馬建忠編年事輯」八五～八六頁、薛玉琴前掲書、一八、二二三頁は「一八五三年」とし、坂野前掲書、一六頁は『馬相伯先生年譜』四七頁にしたがい、「一八五二年に入学」とする。

（6）前掲『馬相伯先生年譜』八一～八二頁。

(7)『校邠廬抗議』巻下、「采西學議」頁六八。『李文忠公全集』朋僚函稿巻一、「復左季高中丞」同治元年七月初九日、頁四四。また、小野信爾「李鴻章の登場」一二～一五頁も参照。

(8) 百瀬弘「馮桂芬と其の著述について」、同「馮桂芬の郷紳的性格」、同『明清社会経済史研究』所収を参照。

(9) La Servière, *loc. cit.* 譚群玉「馬建忠外交思想的形成」一八～一九頁。蔣文野前掲論文、九二～九三頁、『淮系人物列傳』一三七頁は長兄の「馬建勲の推薦で」「李鴻章の幕府に入り」、「洋務を辦じ」「翻譯に任じた」のを同治九年（一八七〇）、二十六歳のときとし、薛玉琴前掲書、三二、二一六頁もこれにしたがい、同上、二八～三一頁にはその傍証を述べるものの、いずれも根拠薄弱である。「一八七五年あたり」(M.Bastid, "Currents of Social Change," p. 548) がやはり穏当なところであろうか。

(10)「留美幼童」については近年、中国語圏の研究が充実してきたが、やはり『西学東漸記』一五八～一八五、一九六～二二四、二七四～二七六頁、鈴木智夫「清朝政府による官費アメリカ留学生派遣事業の研究」、同『近代中国と西洋国際社会』所収をまず参照すべきである。

(11) この留学生団については、後述のジケルを中心にみた、S. Leibo, *Transferring Technology to China*, pp. 126-129, マリアンヌ・バスチド「清末のヨーロッパへの留学生たち」、およびその完全版中文訳の、巴斯蒂「清末赴歐的留学生們」を参照。

(12) のちにもふれるとおり、郭嵩燾を初代とする常駐公使の派遣も、今日で言う外交を、必ずしも主たる目的にしていなかった。さしあたり、箱田恵子「清朝在外公館の設立について」九一頁を参照。

(13) この点はごく簡略ながら、マリアンヌ・バスチド前掲論文、八四頁、巴斯蒂前掲論文、一九四頁も指摘する。

(14)『李文忠公全集』奏稿巻三七、「奏保馬建忠片」光緒六年六月初三日、頁三七。また、坂野前掲書、一七頁も参照。

(15) もっともこのとき、馬建忠と同じ留学目的だった人物に、陳季同がいる。後述のとおり、二人は机を並べて勉学に励むのだが、元来の立場はかなり異なるし、馬建忠の帰国以降も、陳季同はヨーロッパにいつづけ、職歴もまったく別になった。なぜ二人が同じ留学目的となったのか、より具体的にいえば、船政局のメンバーのうち、なぜ陳季同のみ修学対象が外交・国際法となったのか、よくわからない。陳季同については、桑兵「陳季同述略」、李華川『晚清一個外交官的文化歴程』を参照。

(16)『李文忠公全集』朋僚函稿巻一八、「復郭筠僊星使」光緒四年正月二十六日、頁五～七。また、坂野前掲書、二〇、二五頁も参照。

(17)『前海軍舊檔』軍學類編譯三三〇巻、標註「教練二十七號」、林崇墉『沈葆楨與福州船政』五二四頁より再引用。フーコー・ド・モンディオンとの関係については、A. H. Foucault de Mondion, *La vérité sur le Tonkin*, pp. 27-28, 李華川「馬眉叔《上李伯相言出洋工課書》考」、同前掲『晩清一個外交官的文化歴程』二八〜二九頁を参照。

(18) 坂野前掲書、一八〜一九頁。

(19)『大清徳宗景皇帝實録』巻六六、光緒四年正月二十一日の条、頁七。この任命を郭嵩燾が受理したのは、一八七八年四月二〇日（光緒四年三月十八日）のことである。『郭嵩燾日記』四八三〜四八四頁。

(20) 同上、四九一頁。聯芳は漢軍正白旗人、京師同文館の卒業生で、駐仏公使館の開設にあたって派遣されたフランス語通訳官である。箱田恵子「科挙社会における外交人材の育成」五八頁を参照。パリ万博参加の指揮と休暇をあわせて帰国した洋関総税務司ハートとともに渡欧していた。『郭嵩燾日記』四八八頁。

(21) 同上、四九三頁。

(22) 同上、四九六頁。

(23) 同上、五〇三頁。

(24) 坂野前掲書、一九頁。

(25) 李華川前掲書、一六九頁。

(26)『使徳日記』光緒四年十月初五日の条。

(27)『曾紀澤日記』中冊、光緒四年十二月初九日、十二日の条、八二六〜八二七頁。『郭嵩燾日記』光緒四年十二月十一日、十二日の条、七二八頁。

(28) 同上、光緒四年十二月初九日の条、七二六〜七二七頁。

(29)『曾紀澤日記』中冊、光緒四年十二月十八日の条、八二九頁。

(30)『使徳日記』光緒四年十二月十八日、十九日の条。

(31)『曾紀澤日記』中冊、光緒四年十二月二十六日の条、八三一頁。

(32) 同上、光緒五年正月初二日の条、八三三頁。

(33) 同上、光緒五年正月初四日の条、八三四頁、『郭嵩燾日記』七四八頁。

(34) 同上、光緒五年正月初九日、初十日の条、七五三頁、『曾紀澤日記』中冊、光緒五年正月初十日の条、八三五頁。
(35) 『郭嵩燾日記』光緒五年正月初十日の条、七五四頁。
(36) 同上、光緒五年正月十三日の条、七五六頁。黎庶昌「西洋游記」第二、『西洋雜誌』所収、一四七頁。なおこの旅程全体については、『郭嵩燾日記』七五六〜七六六頁、および黎庶昌前掲「西洋游記」一四七〜一五五頁をみよ。また汪榮祖『走向世界的挫折』二七〇〜二七五頁を参照。
(37) 『郭嵩燾日記』光緒五年正月二十一日の条、七六六頁、黎庶昌前掲「西洋游記」一五四頁。
(38) 同上、一五五頁、『曾紀澤日記』中冊、光緒五年正月二十六日の条、八四一頁。
(39) たとえば、『李文忠公全集』奏稿巻三七、「奏保馬建忠片」光緒六年六月初三日、頁三七を参照。
(40) 『清光緒朝中法交渉史料』巻一、「曾紀澤奏明分派隨員片」「駐法人員名單」光緒四年十二月二十三日、頁四二。
(41) Cordier, *op. cit.*, p. 499, 坂野前掲書、二六頁、李華川前掲論文、二一一頁。
(42) 黎庶昌前掲「西洋游記」一五五頁。
(43) 同上、一六三頁。
(44) 坂野前掲書、一九頁。
(45) 『曾紀澤日記』中冊、光緒五年十月初十日、二十四日の条、九三一、九三五頁。
(46) 『李星使來去信』巻二、「去信十　覆李丹崖信天字第十號」光緒四年二月十三日。この額は一八七八年七月当時の上海規銀のレートで、一七七ポンド四シリング五ペンスだった（同上、「來信六　李丹崖自法國巴黎發來第六號信【覆天字十號信】」光緒四年六月二十日）。
(47) 『記言』巻二、「上李伯相言出洋工課書」頁三、坂野前掲書、二一、二五頁を参照。同上が述べるように、三等通訳官の月俸二百両の加増であったとすれば、それまでの四倍が上乗せされたことになる。
(48) 『李文忠公全集』譯署函稿巻八、「薦李鳳苞爲公使」光緒五年二月初四日、頁二四〜二五。
(49) 『李文忠公全集』奏稿巻三七、「奏保馬建忠片」光緒六年六月初三日、頁三七。
(50) 『記言』巻二、「上李伯相言出洋工課書」頁四。また、坂野前掲書、二〇頁を参照。

(51)『郭嵩燾日記』四五二、五一八〜五一九、六〇〇〜六〇一、六〇五、六〇六、六二七頁。『近代名人手札眞蹟』第七冊、二〇四五頁は、これを「中国の学者が国際会議に参加した最初だ」と評する。

(52)『郭嵩燾日記』六二七頁。これについては、つとに本野英一「書評：坂野正高著『中国近代化と馬建忠』」一二五頁がとりあげている。

(53) *The Times*, Aug. 24, 1878, p. 5, "Conference on International Law." *Report of the Sixth Annual Conference held at Frankfort-on-the Main, 1878* (Association for the Reform and Cofidification of the Law of Nations), pp. 40-41, cited in Owen H. Wong, *A New Profile in Sino-Western Diplomacy*, p. 221.

(54)『使西日記』光緒五年十月十二日の条。「利格夫人」の原名は未詳。

(55) 方豪「馬建忠先生事略」二〇二六頁、坂野前掲書、四一頁。

(56)『輪船招商局』「馬建忠致盛宣懷函」光緒十年八月初八日、一七八頁。

(57)『郭嵩燾日記』光緒四年八月十六日の条、六二八頁。また同上、光緒四年八月二十日の条、六三一頁にも、「法國善後會」（原名および内容は未詳）への派遣の記述がある。

(58) 前註(54)で掲げた『使西日記』は、後述するいわゆる「出使日記」であり、次註に述べるような出入は、「出使日記」に独自な取材と記述だということになる。

(59) 前註(54)引用の『使西日記』の記述と、『曾惠敏公手寫日記』第四冊、一三三八頁（『曾紀澤日記』中冊、九三一頁）をつきあわせてみると、後者は［　］の部分を欠いて、欄外に「接另紙」と記す。

(60) これまで『記言』に収める文章のうち、馬建忠がフランス滞在中に書いたものは、六篇だとされてきた（たとえば、坂野前掲書、二二、二七頁）が、これは訂正すべきである。第Ⅱ部註(6)を参照。

(61)『記言』巻二、「上李伯相言出洋工課書」。

(62) 坂野前掲書、一八〜二七頁、P. Bailey, trans., *Strengthen the Country and Enrich the People*, pp. 38-46.

(63) この部分は、S. Teng and J. K. Fairbank, *China's Response to the West*, pp. 95-96にも抄訳がある。

(64)『郭嵩燾日記』光緒四年八月初二日の条、六一〇〜六一二頁。

(65) 坂野前掲書、二〇頁。
(66) 本野前掲書評、一二六頁。
(67) 清朝の初期の万博参加については、S. F. Wright, *Hart and the Chinese Customs*, pp. 399-401 を参照。日本語では、鈴木智夫「万国博覧会と中国」、同『近代中国と西洋国際社会』所収が簡明にして周到である。最近の研究に、李愛麗「赫德與博覽會」二一六頁、同『晩清美籍税務司研究』一三七〜一四七頁もある。パリ万博への出品については、CIMC, *Catalogue of the Collection exhibited in the Palais du Champs de Mars Universal Exhibition* をみよ。
(68) 『李文忠公全集』朋僚函稿巻一八、「復郭筠僊星使」光緒四年正月二十六日、頁五。
(69) 馬建忠の記述は、つとに吉田光邦「一九一〇年南洋勧業会始末」三三五〜三三六頁に紹介するが、誤りが少なくない。また鈴木前掲論文、二二頁にも言及する。
(70) この部分は、Teng and Fairbank, eds., *op. cit.*, pp. 96-97 に全訳がある。
(71) この「讃美」については、坂野前掲書、二二頁も参照。坂野氏の引用する文章は、のちに翻訳紹介する「マルセイユ書翰」の一節だが、ほぼ同じ論理をとっていて、やはり原理とそこから生ずる現象に対する「讃美」、という文脈は共通する。
(72) 坂野前掲書、二三頁。なお以上については、坂野正高「馬建忠とパリ」、同『イメジの万華鏡』所収、一九七〜一九八頁にも同様の記述がある。
(73) 『曾紀澤日記』中冊、光緒四年九月初八日の条、七八六頁。また『使西日記』同日の条。『記言』巻二に収めるテキストは、「使英法日記」というところからみて、『小方壺齋輿地叢鈔』第一一帙所収の『出使英法日記』からとったとおぼしい。これら曾紀澤の複数の「出使日記」に関わる詳細は、別稿に譲る。
(74) そのあたりの事情は、たとえば李鴻章も黎庶昌あて返信で、「身づから至りて目撃する者に非ずんば、之を言ふこと此くの如き親切なること能はず」と述べた(『庸盦文別集』巻三「代李伯相復黎蓴齋書」戊寅、一一五〜一一六頁)ところから、うかがうことができる。
(75) 外交官のこうした責務については、カリエールも特筆するところである。Callières, *op. cit.*, pp. 124-127, カリエール前掲書、六二〜六七頁。

(76)『曾紀澤日記』中冊、光緒四年九月初八日の条、七八二～七八六頁。
(77) 坂野前掲『中国近代化と馬建忠』二八～四三頁。
(78) Bailey, trans., *op. cit.*, pp. 47-56.
(79) この書翰は未詳。日付の年次も光緒三年なのか、四年なのかわからない。「パリ書翰」が「戊寅（光緒四年）」の作であろうことは、疑う余地はないものの、「夏」かどうかはわからない。『記言』の記載にしたがえば、当然この書翰は光緒三年、一八七七年一一月一日の日付になろうが、本書でも散見できるように、『記言』所収の文章に附された年次は、信用できないものが多い。
(80) ここでは日本語としてわかりやすくするため、ひとまず、外交、と訳したけれども、馬建忠は「外交」という漢語を使ったことはない。それが当時の用語法でもある。「外交」が、現在われわれのいう外交となるには、中国ではなお紆余曲折が必要だった。それについては、なお別途に研究が必要であろう。
　ここでかれが、外交に相当する原語として使っているのは、「交渉」であり、こうした用法はたとえば、カリエールを髣髴とさせる（坂野正高『現代外交の分析』三三三頁、カリエール前掲書、一六一～一六二頁）。また「邦交」という言葉（『周禮』秋官大行人）も使っている。後註(95)を参照。こうしたタームに限らず、以下のヨーロッパ政治史・国際関係史の叙述は、中国の典故を巧みに織り込んで、価値判断も交えた文章になっている。いくつかの語句は、原語を残しつつルビを振るなど、そのニュアンスを残すようつとめたものの、すべてをそのまま日本語に移すことは、もとより不可能である。
(81) ローマ教皇の原語として、この文章はほぼ一貫して、「教皇」と表記する。当時の清朝の公文書で普通に使われる「教王」というのは、一回しかでてこず、おそらく表記・校正のミスである。清末のとりわけ二十世紀に入る以前の文章では、『星軺指掌』、ハートの「局外旁觀論」『籌辦夷務始末』同治朝巻四〇、總理各國事務恭親王らの奏摺、同治五年二月丙午受理に添付、頁一七など、外国人の書いたもの、もしくは翻訳以外に「教皇」という表記はむしろ希少である。そうした意味で、たとえば『郭嵩燾日記』光緒四年十二月十五日の条、七三〇頁に「教皇」とするのに対し、『曾紀澤日記』中冊、光緒五年十月二十七日の条、九三五頁が「教王」に作るのは、両者の日記の性格からみても興味深い。
(82) 原語は「專對肆應之才」。「專對」の典拠は『論語』子路、「肆應」は『淮南子』原道だが、いずれも当時の用語法で、外交官にふさわしい資質をいいあらわす漢語である。

(83) 晏嬰はいわゆる晏子、齊の大夫、叔向は晉の大夫、公孫僑はいわゆる子產、鄭の大夫。かれらが有能な使臣として諸侯の盟約に活躍し、たがいに外交折衝も行っていた様子は『左傳』襄公・昭公に記述がある。

(84) この文は原文は「然保無有狡焉思啓者、乘間抵隙、以爲與國虞」。このままでは読めないので、「保」の字の前に「難」を補って訳出した。

(85) この文は原文は「西入西班牙、中攻意大利。教王震恐、糾力抵敵」だが、前半はイスラーム勃興時の地中海席巻、「教王」以下は十字軍の史実を指すから、東ローマの滅亡という以上、いささか時代錯誤の記述であろう。「教王」という表記については、前註(81)を参照。

(86) ヨーロッパが本格的な国際会議を経験した初めての場となったウェストファリア会議における、各国使節の活動実態について、伊藤宏二訳「ヴェストファーレン講和文書の成立」を参照。このほかウェストファリア会議の実態について、伊藤宏二氏から懇切な示教をいただいた。記して謝意を表したい。ウェストファリア以後、ウィーン会議以前の使臣の等級や往来作法の実際を活写したものとして、たとえば、Callières, *op. cit.*, pp. 109–115, カリエール前掲書、四七〜五四頁を参照。

(87) ルイ一四世はウェストファリア条約(ミュンスター条約)締結当時、まだ一〇歳で親政を行う前であったので、この表現は正確とはいえない。ミュンスター条約・ピレネー条約の締結にいたるフランス外交を指揮したのは、周知のように、摂政の母后アンヌ・ドートリシュ(Anne d'Autriche)のもと、実権をにぎっていたマザラン(Jules Mazarin)である。

(88) フランス革命にかかわる以上二つの繫年は、おそらくそれぞれ「乾隆五十三年」「五十五年」の誤記であろう。それでも、フランス革命の勃発と王政廃止は、一七八九年と一七九二年なので正確ではない。

「民主」を君主制と対をなす共和制の意で用いるのは、『萬國公法』巻一、第二章第四節、頁一七に始まる。のちそれがデモクラシーの意味になってゆく経過については、狹間直樹「對中國近代〝民主〟與〝共和〟觀念的考察」を参照。

(89) これは厳密にいえば、誤り。ウィーン会議で正式に分かれたのは、大使・公使・代理公使の三等級で、後二者の間に辨理公使を設けて四等級になったのは、その三年後のエクス・ラ・シャペル会議である。これについては、後註(104)も参照。

(90) この原語は「日爾曼《ゲルマン》王」だが、ローマ教皇を「教皇」と訳した以上、神聖ローマ皇帝の漢訳も、「日爾曼皇」とならねばならない。たとえば前掲『星軺指掌』第十章「論各國往來禮節」第一節「論禮節緣由」に、「教皇及び日耳曼皇、原《も》と王を封ずるの權有り」というからである。ここは後文にも「屬邦」（ドイツ諸領邦）とあるので、「皇」を「王」に誤ったものとみて、あえて「神聖ローマ皇帝」と原語を残さず訳出した。

(91) この史実は未詳。イタリア統一のさいのロンバルディア・ヴェネチアをいうのだとすれば、「東」は西の誤りであろう。

(92) これは前節にも見たとおり、実際にシャンス・ポで国際法の講義をうけ、またフランクフルトで国際法学会をも実見した、馬建忠の率直な意見なのであろう。このくだりは坂野前掲書、二三～二四頁に翻訳と解説があり、「国際法（「公法」）に関する洞察は、さらに一段と辛辣である」と評するが、それだけにはとどまらない。「公法」が任意に利用されうるからこそ、「公法」に通暁しておかなくてはならない、という論理であって、かれはその具体的典型的な事例をイギリスに求め（第Ⅱ部註(20)）、外交の要諦の一つをそこにみている。

(93) この一文の指す具体的な史実は未詳。

(94) これはイタリア統一が、ナポレオン三世の支持を獲たカヴールの外交手腕によって、国際関係を利用して果たされたことをいうのであろう。緑のテーブルクロスは、いまでも国際会議で使われるが、渡邊伸氏の示教によれば、これはすでに十六世紀の神聖ローマ帝国では慣行となっており、一五四七年のニュルンベルグ帝国議会のときに確認できるものである。

(95) この原語は「邦交」。これは国交・国際関係などと訳せる漢語であり、たとえば、『清史稿』は「邦交志」という新しい篇目を立てている（その内容については、ひとまず、蔣廷黻「評清史稿邦交志」九九～一一二頁を参照。この概念については、なお考察の余地があり、別稿で論じるつもりである）。ただしここでは、政府の政策、現場の具体的な談判をふくむ外交・「交渉」の結果、できあがる国家間の関係の側面をさすニュアンスが濃く、このくだりで出てくる「交」の概念は、ほぼ提携・同盟の意味に限っている。

(96) この露・仏・英にかかわる事実関係は未詳である。ロシアの領土割取というのは、クリミア・グルジア・ベッサラビアを指すのであろうが、これとオスマン朝が「ロシアにつく」という叙述との関わりはよくわからない。フランスについては、ナポレオンのエジプト遠征とレセップス（Ferdinand de Lesseps）のスエズ運河開鑿を指すとおぼしいが、ロシアの場合と同じである。イギリスについては、一八七八年六月のベルリン条約のことを指すものと思われるが、そうだとすれば、最新のニュースを盛り込んだことになる。

(97) 「外務」という漢語は、当時は西洋列国の外政を指す。たとえば、『星軺指掌』第一章「論各國應有專署以理外事」第一節「論外交縁由」に出てくる「外務部（secrétariat des affaires étrangères et des dépêches）」の説明（C. Martens, *Le guide diplomatique*, Tome

1, pp. 23-24)、あるいは『清季外交史料』巻二五、「使俄曾紀澤奏中俄改約情形摺」光緒七年二月十五日、頁一八を参照。この言葉が中国の外交にも、普通に用いられるようになるのは、管見のかぎり康有爲のいわゆる公車上書くらいからであろう（『戊戌變法』第二冊、「上清帝第二書（即康公車上書）」光緒二十一年四月初八日、一五一頁）。この上奏の該当部分、とくにその馬建忠の説との対比については、坂野正高『近代中国政治外交史』四三一～四三二頁を参照。

(98) このくだりが具体的にいかなる史実を指しているのか、正確なことは未詳。ロシア・ドイツ・オーストリアが列挙されているから、一八七三年の三帝同盟とフランスの孤立化を言っているようにも思われる。

(99) このくだりについては、坂野前掲『中国近代化と馬建忠』三三、四〇頁に解説がある。そこにもいうように、以下の試験細則は、Le ministre des affaires étrangères, “Arrêté,” le 10 juillet, 1877, “Programme des examens diplomatiques,” cité par *Journal officiel*, 18 juillet, 1877, pp. 5271-5274 に掲載する。もっとも馬建忠の文章は、自ら「梗概（大凡）」というように、その逐語的な翻訳ではなく、多分に出入がある。それが何に拠ったかは未詳である。なお「同治八年（一八六九）」は、一八六八年の誤り。

(100) これは坂野前掲書、四〇頁、Le ministre des affaires étrangères, “Arrêté,” le 10 juillet, 1877, cité par *Journal officiel*, 18 juillet, 1877, p. 5271 にいう「同年二月一日付のデクレの形式の外交官領事館規則第九条（l'article 9 du 1er février 1877 portant organisation du service diplomatique et du service consulaire)」をさす。

(101) 以下の科目に対する訳語は、坂野前掲書、四〇頁にしたがった。それぞれのフランス語原文もそこに掲げる。

(102) この前後にわたる試験細目の叙述は、若干の節略を施しながらも、“Programme des examens diplomatiques,” cité par *Journal officiel*, 18 juillet, 1877, pp. 5272-5273 をほぼ忠実に翻訳したものである。ただしこの箇所だけは、漢文原文は「或輿圖或商務各一條」とあって、あたかも選択のように記すが、仏文は“[les] programmes des affaires commerciales et de la géograhie politique et économique”なので、齟齬がある。

(103) 『蘇軾文集』巻二五、奏議、「上神宗皇帝書」熙寧四年二月、七三四頁。もちろんこれは、使節が代表する国家の威信にかかわることをいうための典故であるが、蘇軾の発言がもった同時代的意味については、宮崎市定「胥吏の陪備を中心として」、同「北宋史概説」『宮崎市定全集　10』一九七、二一三、三八～三九頁を参照。

(104) 原文は「二等公使」。これは『萬國公法』巻三、第一章第六節、頁三、『星軺指掌』第三章第一～四節の術語であって、いうまでもなく一八一五年のウィーン会議、および一八一八年のエクス・ラ・シャペル会議で決まった外交使節の四階級、大使(ambassadeur)・公使（envoyé et ministre plénipotentiaire）・辨理公使（ministre résident）・代理公使（chargé d'affaires）のうち、第二に相当するものである。

(105) 原文は「頭等公使」。四階級のうち第一に相当する。前註を参照。

(106) 「国費」と訳した原文は「帑金」。在外公館の経費は、いわゆる「六成洋税」の一五パーセント、つまり洋関税収の九パーセントが充てられていた。光緒四年分の経費充当額は、七十三万海関両あまりである。陳文進「清季出使各國使領經費」二八〇頁以下、湯象龍編著『中國近代海關税收和分配統計』四三頁、拙著『近代中国と海関』三〇〇頁を参照。

(107) この時までに、馬建忠が同席実見したのは、一八七九年一月一日のマクマオン大統領の謁見であろう。前註(28)参照。

(108) 以上の翻訳は、坂野前掲書、二二一～二二三、二二七頁を参照した。Bailey, trans., *op. cit.*, pp. 48, 55.

(109) この立論はおよそ十年前、バーリンゲーム使節派遣のさいの李鴻章の議論と共通する（『籌辦夷務始末』同治朝巻五五、湖廣総督李鴻章の上奏、同治六年十二月乙酉受理に添付の「李鴻章條款」頁一二。また箱田前掲「清朝在外公館の設立について」七七頁も参照）。その意味をどう解するかは、きわめて難解かつ重大な問題であって、とうていここでは、あつかいきれない。さしあたり、事実だけ記しておきたい。

(110) これは、西洋の在外使臣制度の参事官（counsellor）と随員（attaché）の訳語として用いたものである。『郭嵩燾日記』光緒四年一二月初九日の条、七二七頁に、「參贊」は「恭贊乙[conseiller]」、「随員」は「阿達什[attaché]」とあるのを参照。したがって、当時の清朝在外公館のいわゆる「參贊」「随員」と、必ずしも同一視するわけにはいかない。

(111) 出典はいうまでもなく、『漢書』武帝紀、元封五年。この典故は当時、在外使節の存在を正当化する論拠として、さかんに用いられた。そのひとつの集大成が、薛福成「使才與將相並重説」壬辰、『庸盦海外文編』巻三、頁一九～二〇、同「強鄰環伺謹陳愚計疏」光緒十九年七月二十七日、『出使奏疏』巻下、頁二九、『庸盦全集』上冊所収、三五二、六〇七頁の議論であろう。

(112) 原文は「可與樂成、難與圖始」。『史記』商君傳の「民不可與慮始而可與樂成」、『漢書』劉歆傳の「夫可與樂成、難與慮始、此乃衆庶之所為耳、非所望士君子也」をふまえた、なかば慣用句であり、旧慣変更を正当化する文脈で用いる。このフレーズを王安石がとなえ（『臨川先生文集』「上杜學士言開河書」七九五頁）、蘇軾が排撃した（『蘇軾文集』巻二五、「上神宗皇帝書」熙寧四年二月、七三六頁）のが、典型的な例である。当時、商鞅・王安石がいわば札つきの「變法」論者で、すこぶる評判が悪かったこと（たとえば、『李文忠公全集』朋僚函稿巻一九、「復王壬秋山長」光緒六年十二月二十二日、頁四三）を考慮に入れておくべきであろう。

(113) 原文は「同文學堂」。明らかに同文館のことをさす。ここでことさらそれを「學堂」（新式学校）と称するのは、この書翰で提示している「學院」「學館」という「出使學堂」の体系と対比するねらいがあるように思われる。坂野前掲書、三六、四二頁を参照。上海・パリというのは、ともに馬建忠ゆかりの地に設立するという提案であって、実現の可能性を含んだ説得のニュアンスがある。

(114) 以上は、坂野前掲書、三六頁の翻訳・注釈を参照。

(115) ラテン語の重視は、同上、四二～四三頁に指摘がある。また同時期のものとして、『郭嵩燾日記』光緒四年十二月初八日の条、七二五頁に、国際法を学ぶには、ラテン語が必須だ、という馬建忠の言葉を引用する。

(116) 以上は、坂野前掲書、三六～三七頁の翻訳・注釈を参照。いわゆるイギリスの通訳生学校のくわしい制度については、未詳。一八六〇年代後半に関する若干の記述は、J. E. Hoare, *Embassies in the East,* p. 24 に見える。中国における通訳生制度は、一八四〇・五〇年代より始まっており、たとえば総税務司ハートも、その出身であった。一八六〇年代、北京で長く漢文秘書官をつとめたウェードが、その教育プログラムを大きく整えたことについて、P. D. Coates, *China Consuls,* p. 337, 高田時雄「トマス・ウェイドと北京語の勝利」一三一～一三六頁を参照。当時の漢文秘書官は、メイヤース（William F. Mayers）急逝ののち欠員であった（Coates, *op. cit.,* pp. 352-353）。「六三三三ポンド」は一八七八年当時の為替レート（H. B. Morse, "Diagram showing the Average Annual Equivalent of the Haikwan Tael of Silver in English Gold Currency and in Chinese Copper Cash, 1870-1904," do., *International Relations of the Chinese Empire,* Vol. 2, pp. 408-409）で、約二一三七三・五海関両。ちなみに清朝の二等出使大臣（本書のいわゆる公使）の俸給月額は当時、一二〇〇庫平両と規定されていた。陳文進前掲論文、二八四、二八六頁を参照。

(117) 原文は「司官」。司員という訳語は、王鍾翰「關於總理衙門」二八六～二九五頁にしたがった。S. M. Meng, *The Tsungli Yamen,* pp. 23-25, 32-37 は「章京」の名称で統一する。坂野前掲『近代中国政治外交史』二六六頁、呉福環『清季總理衙門研究』八四～一〇四頁も参照。

(118) 原文は「體立用行」。いわゆる「中体西用」を連想させる言いまわしだが、馬建忠がどこまで本気でそれを考えていたかは未知数である。この文章でとなえる「西學」と儒教の両立がもつ意味合いについては、坂野前掲『中国近代化と馬建忠』三七、四三頁も参照。

(119) 陳三井「略論馬建忠的外交思想」、とくに五五一～五五四頁、薛玉琴前掲書、一三八～一四二、一五一、一五四～一五八、一五九～一六二、一六五～一七五頁。
(120) 坂野前掲書、四三～四五頁。
(121) こうした問題については、前掲拙稿、七～九頁を参照。
(122) 川島真『中国近代外交の形成』一一五、一一七～一二一頁は、これが人材養成という点で、馬建忠の意見書の前提というような書き方をし、茂木敏夫「書評：川島真著『中国近代外交の形成』」九二頁もその論点を高く評価するが、これは史料の誤読である。「洋學局」は「本来使節派遣とは無関係であるはず」で、しかも「洋學局」を否定するために、使節派遣と関連づけたのは総理衙門であり、それは国内政治的な動機・要因だとする、箱田前掲論文、八一～八三、九六頁の所論が、妥当である。川島前掲書、一二〇頁のいわゆる「方向性」の類似という論点も、馬建忠がなぜ「外交官」の領域において、「先見」的な建議をしなくてはならなかったかの考察を欠いているので、そのままではしたがえない。
(123) 箱田前掲論文、九〇～九七頁。
(124) 『李文忠公全集』朋僚函稿巻一六、「復沈幼丹制軍」光緒二年正月十二日、頁二、同巻一七、「復郭筠僊星使」光緒三年七月十八日、頁一八。
(125) 佐々木揚『清末中国における日本観と西洋観』一四四～一四五、一七九～一八〇、一八二～一八三頁を参照。
(126) 郭嵩燾「條議海防事宜」光緒元年三月二十一日の総理衙門の奏摺内に抄録して上呈、『洋務運動』第一冊、所収、一四〇～一四一頁。
(127) 前掲『清光緒朝中法交渉史料』巻一、「郭嵩燾奏請銷差並請派員接替片」光緒四年四月初五日、頁三五。
(128) 『郭侍郎奏疏』巻一二、「擬銷假論洋務疏」頁九。『清季外交史料』巻八、「使英郭嵩燾奏辦理洋務宜理勢情三者持平處理摺」光緒二年十月二十七日受理、頁一七。
(129) 同註(127)。
(130) 坂野前掲書、一二二頁、溝口雄三「ある反『洋務』」、張宇權『思想與時代的落差』を参照。
(131) 『清季外交史料』巻一二、郭嵩燾「辦理洋務構陷摺」光緒二年十月三十日受理、頁二六～二九。

(132) たとえば、『潤于集』奏議巻一「請撤回駐英使臣郭嵩燾片」光緒三年十一月十一日、頁二八、『大清德宗景皇帝實録』巻七一、光緒四年四月甲午の条、頁一七、『駐德使館檔案鈔』「劉錫鴻任内巻畧」一六三頁、『郭嵩燾日記』第三巻、光緒四年八月十一日の条、六二四頁。『使西紀程』弾劾事件、および郭嵩燾・劉錫鴻の確執問題は、ひとまず溝口前掲論文、佐藤慎一『近代中国の知識人と文明』七八～八一頁、Wong, *op. cit.*, pp. 136-142, および張宇權前掲書、とくに一五四～一七九頁、汪榮祖前掲書、二四二～二六四頁を参照。これに対する筆者なりのみかたは、別稿にて論ずる予定である。

(133) 黎庶昌「上沈相國書」『西洋雜誌』所収、一八二頁。

(134) こうした議論は、在欧公使館ばかりではなかった。たとえば、『申報』光緒四年七月十五日(一八七八年八月一三日)、「論中國選派欽使事」に、イリ紛争解決を任務とするロシアへの崇厚派遣と関連して、「すでに派せし所の諸公、豈に果して洋務に精熟する者ならんや」という。

(135) 『英軺日記』光緒三年五月十一日の条、『小方壺齋輿地叢鈔』第一一帙、頁一七〇、一九一。前註(131)にもみたように、この『英軺日記』も劉錫鴻ひとりの著述ではなく、溝口前掲論文や張宇權前掲書などの思想史的研究は、その点に対する配慮が足らない。『英軺日記』が、随員にして通訳の張德彝の日記『四述奇』から取材していたことについて、朱維錚「使臣的實録與非實録」一四七～一四八頁を参照。張宇權前掲書、一八〇頁の批判にはあまり説得力がない。もっともこの「品のない話題」は、劉錫鴻じしんの筆になる、と朱維錚前掲論文は断ずる。

(136) たとえば、『曾紀澤日記』中冊、光緒四年九月初九日の条、七八七頁を参照。

(137) 『李文忠公全集』朋僚函稿巻一八、「復郭筠僊星使」光緒四年正月二十六日、頁五～七。

(138) 宮崎市定『中国政治論集――王安石から毛沢東まで』『宮崎市定全集　別巻』所収、中村哲夫「科挙体制の崩壊」を参照。

(139) 箱田前掲「科挙社会における外交人材の育成」、とくに七四頁を参照。

(140) 『李文忠公全集』朋僚函稿巻一九、「復李丹崖星使」光緒六年二月二十日、頁一二。この感慨には「洋務」人材養成での「洋學局」創設をめぐって、李鴻章じしんがすでに挫折していた(前註(121)(122)を参照)ことも、おそらく作用していたであろう。

(141) 前註(132)にみた、郭嵩燾・劉錫鴻の確執をめぐる「撤回」論議については、まもなく両者に対する「訓戒」という処分で、その結論が出ている。『大清德宗景皇帝實録』巻七三、光緒四年五月丙辰の条、頁九、張宇權前掲書、一七一頁を参照。もっともそれで、公使館の存在意義に対する疑念や不安が、すべて払拭されたかどうかは、かなり疑わしい。

(142) *The Times*, Oct. 28, 1889, p. 13, "Reform in the Chinese Diplomatic Service."

(143) 薛福成『出使日記』巻六、頁二、光緒十七年辛卯正月丙寅朔の条、『庸盦全集』下冊、所収、九七七頁（『薛福成日記』六〇六頁）。『庸盦文別集』巻六、「總理衙門堂司各官宜久於其任説」壬辰、二二一～二二二頁。

(144) 『曾紀澤日記』中冊、光緒四年九月初九日の条、七八六頁。

(145) 『曾惠敏公文集』巻三、「倫敦致總署總辦論事三條」光緒五年己卯正月初九日、頁五。

(146) 箱田前掲論文、とくに五四～五六頁を参照。そうした意味でとりわけ、駐日公使館の設立した東文學堂は注目すべき存在である。これについては、王宝平『清代中日学術交流の研究』三七一～四〇二頁、劉建雲『中国人の日本語学習史』を参照。

第Ⅱ部

(1) Callières, *op. cit.*, pp. 78-79. カリエール前掲書、二一～二二頁。

(2) Great Britain, Parliamentary Papers, *China.* (*No. 5*), Alcock to Stanley, May 5, 1868, p. 137. 坂野正高『近代中国外交史研究』三〇二頁。

(3) 勝海舟『氷川清話』三五〇～三五一頁。ルビは原文。

(4) 『李文忠公全集』譯署函稿巻一一、「述英法二使議論」光緒六年四月二十五日、頁六～七。当時のウェードたちの動きについては、FO17/831, Wade to Granville, Nos. 80, 82, Confidential, June 1, 1880 を参照。

(5) I. C. Y. Hsü, *The Ili Crisis*, pp. 87-89.

(6) 『記言』巻四、「上復李伯相札議中外官交渉儀式洋貨入内地免釐稟」。この文章を『記言』は「己卯夏」の作と明記するが、誤り。『李文忠公全集』譯署函稿巻一一、「論中外往來儀式並洋貨科徴」光緒六年七月二十七日、頁二九～三〇を参照。

(7) 芝罘協定の規定については、CIMC, *Treaties, Conventions, etc., between China and Foreign States*, Vol. 1, pp. 299-307, 和文の要約は、坂野前掲『近代中国政治外交史』三三四～三三五頁を参照。いわゆる「洋貨内地科徴」の交渉経過については、Morse, *op. cit.*, pp. 323-325 の叙述が、簡にして要を得ている。

（8）『李文忠公全集』譯署函稿巻一一、「論中外往來儀式並洋貨科徴」光緒六年七月二十七日、頁三〇。釐金課税に関するその内容、効力については、第Ⅲ部註(133)を参照。

（9）『李文忠公全集』譯署函稿巻一一、「與巴西喀使晤談節略」光緒六年六月初五日附、「論巴西定約」光緒六年七月二十七日、頁一〇、三一、『李文忠公全集』奏稿巻三八、「巴西議約竣事摺」光緒六年八月初一日、頁一、『清季外交史料』巻二二、「直督李鴻章奏與巴西使臣議立通商條約竣事摺」光緒六年八月初六日受理、頁二三。また、薛玉琴前掲書、一五〇頁も参照。なお、駐華公使カラド（Edualdo Callado）とのあいだで条約が最終的に結ばれたのは、翌一八八一年一〇月、この交渉でひとまず起草したものを改めてのことであった（『李文忠公全集』譯署函稿巻一二、「論巴西改約」光緒七年七月初三日、頁一八～二〇、『李文忠公全集』奏稿巻四一、「巴西增刪條約摺」光緒七年閏七月初八日、頁四九～五三、『清季外交史料』巻二六、「直督李鴻章奏巴西修約情形摺」光緒七年閏七月初十日受理、頁一～一〇）。そこに馬建忠がどう関わっていたかは判然としない。のちインド奉使の途上、一八八一年七月二七日、上海でカラドに会った馬建忠は、当時なお係争中だった「条約案の一条項について議論をもちかけ」られ、ひととおりの応酬をしているものの、「別の仕事で来ていることを理由に、その問題に立ち入ることを避けた」という。坂野前掲『中国近代化と馬建忠』一六七頁、『記行』巻二、「南行記」上、光緒七年七月初二日の条、頁三～四。

（10）『李文忠公全集』奏稿巻三七、「奏保馬建忠片」光緒六年六月初三日、頁三七。『大清德宗景皇帝實録』巻一一四、光緒六年六月辛丑の条。坂野前掲書、二五頁。

（11）たとえば、この翌年には、駐独公使の李鳳苞から「參贊」として再度、渡欧赴任するよう打診があった。けれども李鴻章は、「馬眉叔は天津で重大問題を手がけているので、そちらにやるのは不都合だ」と回答している（『李文忠公全集』朋僚函稿巻二〇、「復李丹崖星使」光緒七年六月初五日、頁一二）。おそらく後述するアヘン問題で、インド派遣を考えていたからであろう。

（12）馬相伯「六十年來之上海」『馬相伯集』五三九頁にそうした記述があり、蔣文野「馬建忠編年事輯」一四三頁もそれにしたがう。けれどもそのいわゆる「電報章程」とは、『盛宣懷年譜長編』上冊、一八八一年一二月の条、一四一～一四三頁に引く「電報局招商章程」を指すのだろうから、その起草に馬建忠がかかわった裏づけとなる史料は、なお見いだすことはできない。

（13）Cordier, *op. cit.*, pp. 499-500. 坂野前掲書、二一～四、五六頁。

（14）次章冒頭に述べるように、『記行』巻一に収める。活字に組んで句読をほどこした『洋務運動』第三冊、四〇六～四一五頁もある。

（15） 坂野前掲書、五六、五九頁を参照。

（16） 同上、五四〜八五頁を参照。

（17） 同上、五七〜五八、六〇頁、茂木前掲「馬建忠の世界像」四頁を参照。

（18） 『記行』巻一、頁四、前掲『洋務運動』第三冊、四〇九頁。孔子云々は、『論語』八佾のいわゆる告朔餼羊をふまえた譬喩。

（19） 前註（14）所掲の『洋務運動』所収のテキストも、ここだけを省略する（四〇九頁）くらいである。

（20） 「洋文新聞紙」の出典は未詳。後考にまちたい。

（21） 坂野前掲書、一二九〜一八二頁。

（22） 同上、一四五〜一四七頁、新村容子『アヘン貿易論争』一二六〜一二七頁。

（23） 『李文忠公全集』朋僚函稿巻二〇、「致曾劼剛星使」光緒七年六月二十四日、頁一三〜一四。ハートはこれについて、ウェードが「激怒（furious）」したと述べている（J. K. Fairbank *et al.*, eds., *The I. G. in Peking*, Vol. 1, Hart to Campbell, *Z*/56, Sep. 2, 1881, letter No. 339, pp. 385-386）。インド政庁が残した記録にも、馬建忠の言として「具体的な細かい提案をするのではなく（no detailed proposal to make）」「ただ、後日の交渉の為の準備工作をすること（merely to prepare the way for subsequent negotiations）」だという（Great Britain, Parliamentary Papers, *Minutes of Evidence taken before the Royal Commission in Opium*, E. Baring, "Memorandum of Conversation with Mah Kie Tchong," Sep. 12, 1881, cited in Appendix XV, "Papers regarding the Visit of Ma Kie Tchong to India in 1881," handed in by Mr. Finlay, Secretary to the Government of India, Finance and Commerce Department, p. 397. 坂野前掲書、一五八〜一五九頁）。

（24） 馬建忠帰還後のウェードとの外交交渉は、『李文忠公全集』譯署函稿巻一二、「議加洋藥税釐」光緒七年十月十八日、ほか、頁二四〜四三を参照。

（25） FO17/857, Wade to Granville, No. 25, Confidential, May 25, 1881. Fairbank, *et al.*, eds., *op. cit.*, Hart to Campbell, *Z*/58, 60, letters Nos. 342, 344, pp. 389, 391. また、W. S. K. Waung, *The Controversy*, p. 106, 坂野前掲書、一四七〜一四八頁も参照。

（26） 以上の叙述は、李鴻章からみた『李文忠公全集』奏稿巻四一、「議設立洋藥公司片」光緒七年六月十六日、頁三二〜三三、および前註（24）所掲史料、ハートからみた Fairbank, *et al.*, eds., *op. cit.*, Hart to Campbell, *Z*/60, 61, 62, A/39, letters Nos. 346, 347, 351, pp.

393, 394, 398を参照。ただしこれは一八八一年内に限ったものである。以後を含む全体的な経過は、さしあたってWright, *op. cit.*, pp. 561-566, V. Schmidt, *Aufgabe und Einfluß der europäischen Berater in China*, S. 29-35を参照。

(27) この時期における洋税と釐金の経済的・制度的な位置づけと、政治・軍事・財政・金融上の構造的な対立関係については、前掲拙著、第六章を参照。

(28) 後述する朝鮮海関の設立やその総税務司メレンドルフの雇用などに、そうした側面があったことは、拙著『属国と自主のあいだ』一二八〜一三二、四二五〜四二六頁を参照。

(29) この点、第I部第四章第二節にもみたように、随行した下僚が日記の資料整理にあたったことも共通している。坂野前掲書、一三六頁を参照。

(30) 同上、一三六、一六八〜一六九、一七五〜一七八頁。

(31) 茂木前掲「近代中国のアジア観」一〇五頁、同「馬建忠の世界像」三〜五頁を参照。

(32) *The Times*, July 27, 1884, p. 4, "France and China," May 24, 1884.

(33) 『清光緒朝中日交渉史料』巻二、「總理各國事務衙門奏朝鮮宜聯絡外交變通舊制摺」光緒七年正月二十五日、頁三一〜三二。前掲拙著、四四〜四五頁も参照。

(34) 同上、三八〜四四頁を参照。

(35) 『中日韓』第二巻、李鴻章の総理衙門あて函、四六〇頁、「代擬朝鮮與各國通商約章節略」四七四頁、『清光緒朝中日交渉史料』巻二、「直隷總督李鴻章奏報開導朝鮮外交並代擬通商約章摺」光緒七年二月初二日、頁三二。

(36) 以上の経過については、前掲拙著、四六〜五〇頁を参照。

(37) 同上、六〇、四〇一頁を参照。坂野前掲『近代中国政治外交史』三八三頁はこの条項を、「当時の中国と欧米諸国との間の諸条約と比べると、中国が条約を改正する場合に実現したいと考えていたのではないかと思われる方向を指し示している」と評価する。たしかにその傾向は、馬建忠もかかわったブラジルとの条約でみられるものであり（前註(9)参照）、この関税率においても、一八八一年の馬建忠・鄭藻如の草案がすでに輸入税率一〇パーセントを明記したのを、そう解することは可能である。「洋税の輕きは、乃ち中國不便の尤なる者なり」といっていた北洋大臣李鴻章（『庸盦文別集』巻三、「代李伯相致李署星使書」丙子《ママ》、一〇〇頁）、この税率を日本で朝鮮当局に示唆した清朝の駐日公使何如璋、そして第Ⅲ部註(138)でみるように、ヨーロッパの関税制度を熟知していた当の馬建忠など、個別の当局者の思惑としては、そうした評価があてはまるとみてよい。清朝側全体の志向として、そうといいきれるかどうかは、今後の研究課題となろう。

(38) 以上の経過については、前掲拙著、五一～六二頁を参照。

(39) 以上の経過は、『記行』巻四、「東行初録」光緒八年四月十一日の条以下による。客観的な研究としては、奥平武彦『朝鮮開国交渉始末』一四五～一四八頁、広瀬靖子「日清戦争前のイギリス極東政策の一考察」一三八～一四二頁があるが、大づかみなものにすぎない。

(40) 以上の経過は、さしあたり馬建忠「東行初録」『小方壺齋輿地叢鈔再補編』第一〇帙所収、光緒八年四月二十日の条以下、および奥平前掲書、一四八～一四九頁を参照。詳細は別稿にて論ずる予定である。

(41) 『陰晴史』下、高宗十九年壬午五月初一日の条、一五〇～一五一頁。

(42) 『陰晴史』下、高宗十九年壬午四月三十日の条、一四八～一四九頁。

(43) これについては、前掲拙著、一二七頁を参照。

(44) 『陰晴史』下、高宗十九年壬午六月十三日の条、一七五～一七六頁。

(45) 『中日韓』第二巻、署北洋大臣張樹聲の總理衙門あて函、光緒八年六月十一日受理、七二八頁。「すでに開いている港は、中國の商人と取引できることを許した……」とのくだりについては、『清光緒朝中日交渉史料』巻三、「禮部奏朝鮮請在已開口岸交易并派使駐京摺」「禮部侍郎寶廷奏陳與朝鮮通商管見摺」「軍機處寄禮部等上諭」光緒八年四月二九日、頁一六～一八をみよ。これにかかわる清朝と朝鮮間の交渉については、前掲拙著、四〇三頁註(86)、秋月望「朝中貿易交渉の経緯」を参照。

(46) こうした事情については、前掲拙著、四〇四頁註(1)を参照。研究書では、田保橋潔『近代日鮮関係の研究』上、とくに八三〇～八五八頁、彭澤周『明治初期日韓清関係の研究』一八六～二七四頁がある。また小説では、陳舜臣『江は流れず』が全面的にこれを使っている。翻訳としては、管見のかぎり、『興宣大院君』第四巻、二二九～二六二頁に収めるハングル訳がある。

(47) 「東行三録」は上述の『記行』巻六に収めるもののほか、『小方壺齋輿地叢鈔再補編』第一〇帙所収、および『自強學齋治平十議』所収の版本があり、それぞれにごくわずかの出入がある。テキスト公刊の順序としては、まず『小方壺齋輿地叢鈔再補編』所収本、ついでそれに手を入れた『記行』所収本、その次に『自強學齋治平十議』所収本が来るということになる。

標点本として、『東行三録』（筆者の参照したのは一九三八年版であるが、この書物は一九四〇年に再版、のち大陸では、一九五一年に神州國光社から、中國歴史研究社編の「中國歴史研究資料叢書」として修訂版が、さらに一九八二年に上海書店からそのリプリント版が出た。また台湾では一九六四年、廣文書局から同じリプリント版が、「中國近代内亂外禍歴史故事叢書」という題名で出ている）五五～八九頁、『中日戰爭』第二冊、一八二～二一〇頁に収めるもの（これは底本を「光緒二十四年石印本」とするけれども、その版本は未見。『小方壺齋輿地叢鈔再補編』本とも『自強學齋治平十議』本とも、出入がある）がある。以下の翻訳では、『記行』所収本を底本とし（以下、底本と称す）、『小方壺齋輿地叢鈔再補編』本、『自強學齋治平十議』本、『中日戰爭』本を参照した。『東行三録』所収本は従来の研究で、もっともよく使われてきたものだが、誤植が多く、ほとんど読むに堪えない。

(48) 以下の注記がしめすとおり、底本の記述を校訂、補足できる主要な清朝側の史料は、『中日韓』第三巻所収の文書である。その対応関係は、前掲『興宣大院君』第四巻、二三〇頁以下の注記、翻訳は同上、第一巻、四一六頁以下のハングル訳も参考になる。

(49) 「振帥」で張樹聲を指すのは、かれの字が振軒、「帥」が総督の雅名だからである。「傅相」「中堂」は内閣大學士の雅名。当時はほとんどこれだけで、李鴻章のことを指した。

(50) 『中日韓』第二巻、黎庶昌の張樹聲あて電報、光緒八年六月十七日、十八日、七三四～七三五頁。

(51) 『中日韓』第二巻、張樹聲の総理衙門あて函、光緒八年六月十九日受理、七三四頁。

(52) 丁汝昌（一八三六～九五）、字は禹廷、安徽省廬江の人。李鴻章の淮軍に属し、一八七七年以降、北洋海軍の創設に参画する。壬午変乱当時、北洋海防差遣にして威遠の艦長だった丁汝昌の正式な肩書は、天津鎮總兵・記名提督であったため、提督の雅名である「軍門」と呼ばれている。一八八八年以後、海軍提督として、北洋海軍を指揮、日清戦争の黄海海戦で敗れ、一八九五年二月、威海衛陥落時に服毒自殺した。

(53) 金剛は先発した公使館書記官近藤真鋤を乗せた軍艦で、八月九日（光緒八年六月二十六日）に来着していた。『日本外交文書』第一五巻、花房義質の井上馨あて「京城暴徒事変始末復命」明治一五年九月二八日、二四九頁。

(54) 魚允中（一八四八～九六）、号は一齋、忠清道報恩の生まれ、本貫は平安道咸從。一八六九年、文科に合格、一八七一年、弘文館校理を授けられる。一八八一年二月、東萊暗行御史に任ぜられて、「紳士遊覽團」の一員として日本を視察、同年末、帰国復命し、翌年三月、新設の渉外機関たる統理機務衙門主事を拝命した。まもなく条約交渉にあたる問議官に任命され、五月一五日、天津に赴任、清朝との通商交渉などに従事するうち、壬午変乱の勃発を迎えた。かれの経歴と思想については、秋月望「魚允中における「自主」と「独立」」も参照。魚允中じしんのいうところでは、天津で壬午変乱のニュースを聞くと、津海関道周馥のすすめで丁汝昌に同行すべく、八月六日、超勇に乗船して朝鮮にむかい、一〇日、仁川に到着した(『従政年表』一三六頁)。

魚允中と馬建忠とのあいだで、このとき交わされた筆談も記録が残っているけれども、省略に従う。『中日韓』第三巻、七九七～七九八頁を参照。

(55) 李最應(一八一五～八二)、号は山響、興宣大院君李昰應の実兄で、興寅君に封ぜられた。実弟の大院君とは必ずしも関係が良くなく、閔氏一派に荷担した。大院君の失脚後に領議政となって、閔氏政権の中心的存在であった。このとき領敦寧府事で、政府要人のうち、まっさきに壬午変乱の犠牲となった。

金輔鉉(一八二六～八二)、号は蘭齋、本貫は光山。一八八二年五月、京畿道観察使兼通商司經理事として、金弘集とともに花房義質との関税交渉にあたった。壬午変乱勃発当時も京畿道観察使として、兵士たちに敵視され、殺害された。

閔謙鎬(一八三八～八二)、字は允益、本貫は驪興。閔妃の兄にあたる、一八六六年、文科に合格。閔氏政権の実力者で、このとき兵曹判書兼宣惠庁堂上。暴動を起こした旧軍の兵士たちを捕縛、処刑するよう命じたため、逆に邸宅を襲撃され、かれ自身は王宮へ逃げ込んだが、まもなくみつかって殺害された。

朝鮮政府要人の犠牲者はもちろん「五人」にとどまらない。魚允中がこの時点でつかんだ「五人」は誰を指すのか、李最應・金輔鉉・閔謙鎬以外に特定することはできなかった。

当時の日本公使館は、ソウル城外西にある盤松洞の清水館に隣り合う天然亭に置かれていた。「六名」の「撲殺」というのは、未詳。未確認の情報をそのまま伝えたのかもしれない。ソウルで殺害されたのは、別技軍の教練にあたっていた堀本礼造陸軍中尉、陸軍語学生岡内恪・池田平之進、私費語学生黒澤盛信、かれらを迎え護衛しようとした外務二等巡査川上堅輔・池田為善、三等巡査本田親友の七人である。

(56) この「捜査懲罰」の原語は「査辦」。「東行三録」冒頭にいうものと同じで、もともとは駐日公使黎庶昌の電報にあった表現である。『中日韓』第二巻、黎庶昌の張樹聲あて電報、光緒八年六月十七日、七三五頁。

(57) この軍艦は未詳。おそらく外務御用掛久水三郎を乗せ、八月四日、月尾島沖に投錨したイギリス測量艦フライングフィッシュ号(*Flying Fish*)(田保橋前掲書、八〇〇～八〇二頁)の誤りだと思われる。

(58) 趙寧夏(一八四五～八四)、号は惠人、本貫は豊穰。朝鮮国王高宗の嫡母、神貞大王大妃趙氏の甥にあたる。一八六三年、文科に合格し、大妃の寵を得て累進した。大院君引退・高宗親政にともない、いわゆる閔氏政権に荷担し、禁衛大將となり、一八八一年、經理統理機務衙門事、兵曹判書となる。一八八二年五月・六月には、イギリス・ドイツとの条約調印にあたる議約全權大官に任命された。のち政権の中枢に位置し、甲申政変で金玉均らに殺害される。

金弘集(一八四二～九六)、号は道園・以政學齋、本貫は慶州。一八六八年に文科に合格、順調に昇進を果たし、一八八〇年、第二次修信使として日本へ渡り、黄遵憲の『朝鮮策略』をもちかえって、欧米列強との条約締結のきっかけをつくったのは有名である。一八八一年、經理統理機務衙門事、翌年には、吏曹參判・工曹參判・機務處堂上を歴任するかたわら、アメリカ・イギリス・ドイツとの条約調印にあたる議約副官に任命され、実質的な朝鮮側代表の役割を果たした。そのさい馬建忠をして、「通達にして時務を識る」、「けだし朝鮮随一の人物」だといわしめている。『記行』巻四、「東行初録」光緒八年三月二十七日の条、頁七、『中日韓』第二巻、六二九～六三〇頁、前掲拙著、五九頁を参照。またこの壬午変乱においても、その評価はかわっていない。「東行三録」光緒八年七月十四日(一八八二年八月二七日)の条、本書一四九頁をみよ。

このように趙寧夏と金弘集は、西洋列強との条約締結で、馬建忠と仕事をともにして親しい関係にあった。そのため馬建忠もこのときは、まずかれらに連絡をつけたかったのであろう。趙寧夏にも六月十九日(八月二日)の日付で、馬建忠と丁汝昌にあて壬午変乱を知らせた書翰があって、天津に届いている。『中日戰爭』第二冊、「張樹聲來往函牘」二二三、二三四頁。

(59) この咨文は未詳。張樹聲の朝鮮国王あて、援軍派遣の諒承をもとめた文書だと思われる。前掲拙著、四一一頁註(67)を参照。

(60) 以上の筆談は、底本には収めない。『中日韓』第三巻、七九八～八〇〇頁によって補足。

(61) 以上の書翰の文面は、底本には収めない。『中日韓』第三巻、八〇〇頁によって補足。

(62) 以上の筆談は、底本には収めない。『中日韓』第三巻、八〇一～八〇二頁によって補足。

なおこの筆談で言及され、のちの発言にも出てくる「自主」とは、厳密には朝鮮国王の実権掌握のことをさすけれども、すでにみてきた朝鮮の「内政外交」の「自主」とも重なり合う措辞である。これは朝鮮側、日本側との交渉の手がかりとして、馬建忠がことさら提起した表現である蓋然性が高いとみるべきであろう。前掲拙著、四一三～四一四頁も参照。
(63) これはたとえば、一八七三年末、閔妃の寝殿にしかけられた爆薬で景福宮に火災がおこったこと、また一八七六年春、景福宮に火事があり、李最應の家も火災になったことを指すのであろう。
(64) これはたとえば、一八七四年一一月、閔妃の義兄閔升鎬が爆殺されたことを指すのであろう。
(65) これは一八八一年一〇月、安驥永・權鼎鎬らが、大院君の庶長子で国王高宗の異母兄たる李載先をかついで未遂に終わったクーデタ計画のことを指す。詳細は、田保橋前掲書、七五九～七六六頁を参照。後註(173)も参照。
(66) これについては、天津で金允植も同様の発言をしている。『中日韓』第三巻、六月二一日の周馥あて書函、七七二頁。
(67) 以上の筆談は一部、底本に収録する。『中日韓』第三巻、八〇二～八〇四頁で補った。
(68) 金允植(一八三五～一九二二)、号は雲養、本貫は忠清道清風。一八七四年、文科に合格。黄海道暗行御史、全羅道順天府使などを歴任し、一八八一年、領選使に任ぜられ、留学生・工匠を引率して、天津に駐在する。このときアメリカとの条約交渉を李鴻章に依頼し、実現させた。問議官として天津に赴任した魚允中とともに、朝鮮側の交渉窓口としての役割を果たしている間に、壬午変乱を迎えた。清朝側の出兵目的の決定に大いにあずかって力があったのは、かれの進言である(前掲拙著、七三頁を参照)。一八八二年八月一六日、汽船日新(後註(119)を参照)に乗って天津を離れ、煙臺(之罘)で威遠に移乗して、清朝軍とともに朝鮮へ向かった(『陰晴史』下、高宗十九年壬午七月初二日～初五日の条、一八九～一九一頁)。その朝鮮滞在中の事蹟は、この訳文にみえるとおりである。一一月九日、仁川を出発、天津へもどり、一二月一〇日に朝鮮に帰国した。その後、協辦軍國事務、協辦交涉通商事務を歴任。甲申政変にさいしては、金玉均に荷担せず、その鎮圧にまわった。そののち、兵曹判書兼督辦交涉通商事務となり、露朝密約を破綻させ、袁世凱ら清朝側に協調する外交をおこなったため、国王高宗・閔妃の怒りにふれ、流配された。一八九四年、甲午改革期の外部大臣として外交を担当したが、改革政権が倒れると、ふたたび流配される。
ここに言及のある「書翰」「筆談」は、『中日韓』第二巻、七六九～七七二頁、『陰晴史』下、高宗十九年壬午六月二十一日、二十二日の条、一八〇～一八三頁に収録する。とくに引用部分は、金允植の六月二十二日付書翰の、「……素日詭謀し、即ちに權柄を奪ふの計を圖る、而も甲戌自り以來、黨を結び謀を蓄へ、形跡屢ば著はる……」(『中日韓』第二巻、七七一頁)に相当する。
(69) 未詳。張樹聲は光緒八年六月二十四日の総理衙門あて書翰で、「一切の機宜を丁提督に指示した」(『中日韓』第二巻、七六八頁)

といっており、その「機宜」の内容はわからないが、ここで馬建忠が述べたことも含まれていた蓋然性が高い。なおこの前後に言及のある「陸軍六營」の「營」とは、五百人編成の部隊をいう。

(70) 以上の「報告書（稟）」の文面は、『中日韓』第三巻、七八九～七九二頁で増補した。これが着いたのは「七月朔日（八月一四日）」である。

(71) 以上は『中日韓』第三巻、七九二頁に、若干文言を異にするテキストを収める。

(72) このやりとりを記す筆談は、『中日韓』第三巻、八〇四～八〇五頁に収めるけれども、上に引いた馬建忠の「再啓」の上申書に要約があるので、省略する。

(73) この「咨文」は未詳。おそらく『日本外交文書』第一五巻、井上馨外務卿あて釜山在勤領事副田節の通知、明治一五年八月三日、二二三頁に言及する「大院君ヨリ私書ヲ被送」に相当するように思われる。

(74) この「咨文」とは、『日本外交文書』第一五巻、一六〇～一六二頁におさめる井上馨外務卿より各国公使あて書翰をさすものであろう。

(75) 以上の筆談は、底本には収めない。『中日韓』第三巻、八四六～八四七頁によって補う。花房側の記録としては、『日韓外交史料(2)』「朝鮮国駐劄花房辨理公使ヨリ井上外務卿宛」明治一五年八月一七日、一八九頁。前掲拙著、八九～九〇頁を参照。

(76) 以上の筆談は、底本には収めない。『中日韓』第三巻、八四七～八四八頁によって補う。それによれば、筆談の時刻は午前一〇時である。

(77) 金玉均（一八五一～九四）、号は古筠、本貫は安東。一八七二年、文科に合格、成均館典籍、弘文館校理をへて、一八八二年一一月はじめに承政院右副承旨となる。これに先だつ二月、日本にわたり、福沢諭吉・井上馨らと交流した。七月、帰国の途についたところで、壬午変乱の勃発に遭った。下関で花房義質にあい、ともに仁川に向かう。壬午変乱後、日本への修信大使朴泳孝に同行して、日本の援助獲得をめざした。そののち、參議交渉通商事務、吏曹參議、戸曹參判、協辦交渉通商事務を歴任しつつ、ひきつづき対日折衝も担当した。この間に急進的な政府改革を企てて、一八八四年末、甲申政変をおこし、失敗して日本に亡命。一八九四年、上海におびき出されて朝鮮政府の刺客洪鍾宇に暗殺された。

徐光範（一八五九～九七）、号は緯山、本貫は大邱。一八八〇年、文科に合格。奎章閣待教、奎章閣檢校、弘文館副修撰、弘文館副

應教、世子侍講院兼司書、世子侍講院兼弼善、承政院同副承旨、參議軍國事務を歴任する。馬建忠のいう「史館記注」は未詳。一八八二年二月、金玉均とともに日本にわたり、行動をともにする。壬午変乱ののち、修信大使の従事官として、ふたたび訪日する。このときやはり金玉均も同行している。翌年七月、報聘使に随行して渡米、ヨーロッパ各国を歴訪して、一八八四年五月に帰国。甲申政変のクーデタに参加し、失敗後、日本・アメリカに亡命した。一八九四年に帰国し、同年末、法部大臣となる。翌年、学部大臣となり、ついで駐米公使として赴任し、任地で没した。

(78) 趙寧夏じしん花房義質に会見したさいの説明では、「領官等ヲシテ貴館ニ報知セシメタル」という(『日韓外交史料(2)』「朝鮮国駐箚花房公使ヨリ井上外務卿宛」明治一五年八月三〇日の「附属書七　談判経過概要報告」二三三頁)。この「[別技軍左副]領官」とは、中軍兼南陽府使尹雄烈を指し、かれ自身も同じ証言をしている(「対韓政策関係雑纂　明治十五年朝鮮事変」第二巻、『朝鮮事変辨理始末稿本』第一巻、「馬関彙報」(アジア歴史資料センター Ref.B03030182100 第二〇画像目以下))。また、田保橋前掲書、七七六頁を参照。しかし公使館の人員が脱出したのは、朝鮮の差備官李承謨から「奇変忽チ起レリ、公使以下皆須速ニ後山ニ避ケヨ」との通知をうけてからであった。(『日本外交文書』第一五巻、近藤真鋤「朝鮮京城激徒暴動顛末記」明治一五年七月二七日、二一七頁。

(79) これは明治一五年八月五日付の『日本外交文書』第一五巻、「近藤領事携帯托仁川府使送寄政府書函」二三三頁と思われるが、具体的な兵数は文面にはない。

(80) 以上の筆談は一部、底本に収録する。『中日韓』第三巻、八四八〜八五一頁で増補。

(81) 「雲監胡同」は未詳。大院君の私邸は周知のとおり、「雲峴宮」と称すので、それを誤記したものであろうか。

(82) 李載冕(一八四五〜一九一二)、号は又石、一九〇〇年に完興君に封ぜられる。大院君の長子で、国王高宗の実兄である。一八六四年、文科に合格、一八八〇年、兵曹判書となり、ついで吏曹判書に任じた。

「元戎」は軍隊の指揮官をいう。李載冕は大院君の政権掌握にともなって、訓鍊大將・禁衛大將・御營大將を兼任していた。

(83) 尹用求(一八五三〜一九三九)、号は石村・海觀・睡幹。本貫は海平。一八七一年、文科に合格、官は禮曹判書・吏曹判書に至り、このとき行都承旨になっている。

徳温公主は純祖の三女、尹宜善に嫁した。尹用求はこの南寧尉尹宜善の嗣子であり、徳温公主の実子ではないけれども、純祖の外孫にあたる。当時の国王高宗は純祖の世子翼宗を後継したので、やはり純祖の孫にあたるわけである。

(84) その内容を記した日本側の記録として、『日韓外交史料（2）』「談判経過概要報告」二三三～二三四頁、同上、「朝鮮国駐箚花房辨理公使ヨリ井上外務卿宛」明治一五年九月二八日、二四九頁を参照。

(85) 原文は「外部電諭」なので、直訳すれば「国務省（ないしは国務長官）の訓電」となろうが、後に引くコットンの報告や手紙を読むと、この訓令の内容は、むしろ駐華公使ヤング（John Young）のもの（USDS, DD, Vol. 61, Young to Cotton, Aug. 9, 1882, encl. No. 2 in Young to Frelinghuysen, No. 5, Confidential, Aug. 19, 1882）である。ただし国務省からも訓電は来ており（USDS, DD, Vol. 61, Frelinghuysen to Young, Aug. 2, Clitz to Young, Aug. 3, Young to Clitz, Aug. 8, 1882, encls. Nos. 5-7 in Young to Frelinghuysen, No. 5, Confidential, Aug. 19, 1882）、テキストのいう「電諭」が具体的に何を指すのか、にわかに定めがたい。そこでひとまず、「外部」をあえて「外交当局」と訳しておいた。

(86) この会談の様子は、アメリカ側にも記録があって、以下のとおりである。原文のとおり掲げよう。

. . . I conveyed the message contained in your letter to Rear Admiral Nire, for which he returned suitable thanks. I was unable to obtain any information *whatever* from him as to the existing state of affairs here. . . . In fact during my stay at this place of 16 days the Japanese have given me *no original* information at all; it has all come from the Chinese Minister and Admiral Ting. The Chinese Envoy during my visit to have entered into a full and unreserved discussion of affairs, and gave me all the information there was to be had, which subsequent events have proven to be correct. He informed me that the King's father usurped the power of dictator; had caused the Queen to be poisoned; had caused the death of her father[sic], and the King's uncle, all of whom were the King's Ministers; and also of three other high Ministers; that the King was under strict surveillance and without power; . . .

Ma Taotai also informed me that after the arrival of Chinese troops he would take a guard with him to the Capital, have an audience with the King himself and insist upon his restoration to power. . . . (USDS, DD, Vol. 61, Cotton to Young, Aug. 29, 1882, Encl. No. 1 in Young to Frelinghuysen, No. 27, Oct. 2, 1882.)

“the Chinese Minister,” “[t]he Chinese Envoy,” “Ma Taotai” はいずれも馬建忠をさす。“her father[sic]”はおそらく閔妃の兄にあたる閔謙鎬を誤ったものであろう。“the King's uncle”は大院君の実兄、李最應をさす。

またコットンから花房あての手紙、その返書もある（USDS, DD, Vol. 61, Cotton to Hanabusa, Aug. 14, 1882; Hanabusa to Cotton,

Aug. 15, 1882, Encls. "A", "B" in Cotton to Young, Aug. 29, 1882, Encl. No. 1 in Young to Frelinghuysen, No. 27, Oct. 2, 1882)。ただし前者は、馬建忠のいうような、進軍をとどめようとする文面はなく、会談の日取りを決めようとするもの、後者は、花房が八月一六日にも仁川を離れるために、残念ながら会談できないと断ったものである。日本側の記録にも、「花房氏ハ竹添ニ托シテ左ノ言ヲ申越セリ。米国軍艦モノカシー艦長《カピタン》ハ我為メニ好意《グードヲフヒシス》ノ勧解ヲ為サンコトヲ申出タリ。是ハ「ヨング」氏カ合衆国大統領ノ意ヲ承ケテ同艦長ニ通達セシナリ。花房氏ハ米清二国ノ居間調善ヲ承諾スルモ指問無之哉。但シ□ハ米ノ調善ヲ承諾シテ清ノ調善ヲ辞却スヘキ儀ニ候哉。御訓令ヲ待ツ。清国ヨリハ何ノ電報モ無之哉」とある（『三条実美関係文書』書類34―3、井上馨外務卿あて井上毅の電報、明治一五年八月二四日午前一一時五〇分。ルビは原文）。馬建忠の叙述には作為があると見るべきなのかもしれない。

(87) 『中日韓』第三巻、八五一頁にその筆談を収録するが、省略に従う。

(88) 「司令官」は原文では「水師提督」。アジア艦隊（Asian Squadron）を指揮し、リッチモンド号（*Richmond*）に搭乗していたクリッツ少将（Rear Admiral John M. B. Clitz）のこと（Cf. USDS, DD, China, Vol. 61, Young to Frelinghuysen, No. 5, Confidential, Aug. 19, 1882）。いわゆる「書翰」は未詳。

(89) この花房あて馬建忠の書翰は、「対韓政策関係雑纂」第二巻、『朝鮮事変辨理始末稿本』第二巻、「漢城報状」（アジア歴史資料センター Ref. B03030182200 第七画像目）に収める。「昨晨」ソウルから「承旨官尹〔用求〕」が国王と大院君の名刺を持参し挨拶にきたこと、「大院君の子載冕が新たに元戎を掌どりし」こと、「京《ソウル》民の倉皇特に甚だし」との情報があること、コットンとの会談では、「要事として執事《はなぶさ》に晤はんと願ふ有り」、また英仏独の軍艦も「蟬聯して至らん、若し使節《はなぶさ》、驟かに漢城に發さば、港内宜しく人の以て各國の問に答ふる有るべきに似たり」というコットンの発言があったこと、さらに馬建忠もそれに賛成であり、また自身の行動は目下、未定なので、あらためて伝える、との由を伝えたものである。

(90) この花房・趙会談は、『日韓外交史料（2）』「談判経過概要報告」二三三〜二三四頁を参照。

(91) この次にすぐ、馬建忠の発言が続いているけれども、そこは趙寧夏の発言が入るはずであって、おそらく「抹消」した箇所なのであろう。

(92) 以上の筆談は底本に収めない。『中日韓』第三巻、八五二〜八五四頁で補う。それによると、筆談の時刻は夜一〇時。

(93) これがいつのことか、何のためか、どのようにしてなのかは未詳。

(94) この「閔哥」とは、閔妃の兄にあたる閔謙鎬のことか。
(95) 以上の筆談は一部、底本に収録する。『中日韓』第三巻、八五四〜八五五頁で増補。
(96) 会談の様子は、USDS, DD, Vol. 61, Cotton to Young, Aug. 29, 1882, Encl. No. 1 in Young to Frelinghuysen, No. 27, Oct. 2, 1882 にも、「来訪は愉快で長時間にわたった (The visit was a very pleasant one and lasted some time)」と記す。
(97) 竹添進一郎(一八四二〜一九一七)、号は光鴻・井井。肥後天草の人、熊本藩士。明治政府につかえ、一八七六年に中国を旅行し、漢文紀行の名著『棧雲峡雨日記』を著す。一八八〇年、天津駐在領事に任ぜられ、琉球帰属問題などで李鴻章らと交渉し、ついで北京公使館書記官となる。壬午変乱ののち、花房義質の後任として朝鮮駐在公使に任命される。一八八四年末の甲申政変で金玉均らに荷担するが、失敗して離任。一八九三年、外務省を退官し、九五年まで帝国大学で漢学を講じた。
ここで「(前)天津駐在領事」と訳した原文は、「駐津門日本理事官」。『中日韓』第三巻、八五五頁には「外務大書記官」と作る。このほうが正確なのだが、底本は日本の官職名より、当時の読者にわかりやすいとみて、あらためたのであろう。
(98) この筆談の日本語テキストは、「対韓政策関係雑纂」第二巻、『朝鮮事変辨理始末稿本』第二巻、「漢城報状」(アジア歴史資料センター Ref. B03030182200 第一〇〜一三画像目)に抄録を収める。漢文テキストに対応する日本文テキストを、次註以下に『 』でくって掲げよう。
(99) 『朝鮮ノ事、実ニ着手スルニ難シ。政権ヲ執ルノ人ハ、王ノ命セシ所ニ非ス。王ト商議セントスルモ、今ハ空位ニ立ツノミ。花房公使ハ如何手ヲ付ケラルルノ積リナルヤ』
(100) 『花房ノ着手スル所ハ知ラサルナリ。弟ノ考ヘニテハ、朝鮮政府ヨリ国王ノ命ト云ヲ以テ我ト談判スルトキハ、我レハ其人ノ邪正曲直ヲ調フルニ及ハス、堂々ト公平正大ナル処置ヲ為シテ速カニ収局センコトヲ欲ス。何トナレハ、人ノ邪正曲直ヲ正タスハ、朝鮮ノ政事ニ属スル部分ニシテ、我レノ干渉スヘキ所ニ非サレハナリ』
以上の竹添の発言のうち、底本のテキストは、かれ個人の考えだ、とする文言を削除している。のち済物浦条約交渉で、この筆談を有効に利用できなかったために、日本側の理不尽と脅迫をきわだたせようとした作為であろう。
(101) 『速カニ此局ヲ結フハ、極メテ妙トス。弟ハ朝鮮後日ノ事マテ慮リ、前條ノ懸念ニ及ヒタルナリ。公平正大ノ処置トハ如何』
(102) 『之ヲ正理ニ本ツキ、之ヲ公法ニ正シテ、至当ノ処置ニ出ルヲ云ナリ』

(103)『賠償ノ金額ハ如何【此レハ花房公使略ホ此件ニ渉リシヨリ此ノ問ヲ発シタルナリ】』『抑外ニ善後ノ策無カル可カラサルニ似タリ』
(104)『死傷者ノ贍恤ヲ求メ軍備ノ実費ヲ償ノ類ハ万国普通ノ法ナルヘシ』『朝鮮此ノ如キ暴挙アル所以ハ、外人ヲ見狎レサルニ由ル。故ニ善後ノ策ヲ為スニハ公使領事等ヲ始メ、各地ニ遊歴シ貿易場ヲ開キ、朝鮮人ヲシテ多ク外人ヲ見ルニ狎レシムニ着手スヘシ』
(105)『死傷者ノ贍恤ヲ要スルハ実ニ当然ナリ。軍費ヲ償フニ至テハ、各国多ク此レヲ要セス』『外人ヲ見ルニ狎レシムルトノ論ハ実ニ確論ナリ。但性急ニ之ヲ求メハ朝鮮モ迷惑ナルヘシ』『朝鮮ノ貧窶ハ実ニ甚シト云ヘシ。恐クハ賠償ニ堪カタカルヘシ』
(106)「雲南之役」とはいわゆるマーガリ事件のこと。一八七六年の芝罘協定の「第一端（Section Ⅰ）」の第五条に、雲南で被害にあった人の家族に「恤款を給す（The amount of indemnity to be paid）」とある（CIMC, *op. cit.*, p. 301）。
(107)「黒海の戦い」とは、クリミア戦争、とりわけ一八五五年のセヴァストポリ要塞の陥落をさす。
(108)『【西洋各国ノ例ヲ三四ヶ条挙ケタリ】況ンヤ朝鮮ハ貴国ノ與国ニシテ、今次ノ兵艦等モ和平ノ使節ヲ護衛スルノ主旨ナレハ、軍費ヲ以テ算ス可カラザルニ似タリ。貴国ノ挙ハ実ニ義ヲ以テ始メタル美事ナレハ、何卒利ヲ以テ終ル様ノ議ヲ各国ニ取ラサル様冀望スル所ナリ』
なおここに言及する「仁」「義」「利」は、『孟子』梁恵王上にもとづく。
(109)未詳。これは元山での日本人僧侶殺害事件を指すようにも思われる（『公文録』明治十五年五月、外務省、「朝鮮国元山港居留日本人同国人ニ殺害セラレタル件」（アジア歴史資料センター Ref. A01100221300）を参照）が、一八八二年三月三一日に起こった事件だから、「去年（客年）」にはあたらない。
(110)『抑朝鮮ノ我国ニ於ル、其罪ヲ獲ル甚シ。昨年我国人数名ヲ殴殺シ、今年又此暴挙アリ。是ニ於テ我国人ノ公憤尤甚シ。我政府ハ朝鮮ノ未タ外交ニ熟セサルヨリシテ、此ノ如キ暴挙アルヲ恕シ、ナルヘク和交ヲ保全セント欲ス。然レトモ国人ノ公憤亦其理有ルヲ以テ、朝鮮ヨリ謝罪ノ意ヲ表スルニ多キカ上ニ多キヲ加フルニ非サレハ、以テ国人ノ公憤ヲ慰スルニ足ラス。故ニ乱首ヲ罰シ、贍恤賠償ヲ要スル等、然ラサルヲ得ス』
(111)『我国ハ朝鮮ノ暴挙ニ乗シテ土ヲ割キ、又ハ利ヲ掠ムル等ノ悪意ラ有サルハ、予百口ヲ以テ之ヲ證スヘシ。故ニ予ハ我政府決シテ朝鮮国ノ堪ヘ難キ不当ノ賠償ヲ望ムニ非サルヲ信ス。朝鮮国実ニ謝罪ノ誠ヲ尽スノ後ニ至テハ、軍費等ハ其名ヲ表シテ、以テ国人ノ公憤ヲ慰シ、其実際ニ至ツテハ、ナルベク酌量減少スルカモ不可知也』

(112)『今晩ノ談話ヲ朝鮮政府ニ告テ苦シカラズヤ』

(113)『苦シカラス』『遠地阻隔スレハ訛伝人ヲ惑ハスノ恐レアリ。閣下此地ニテ目撃セル我公使ノ挙動及予ノ言ヲ中堂ニ御伝アリテハ如何。将又總署モ同様ノ掛念有ルヘシ。就中黎公使ハ日本ニ在テ物論ノ囂々タルヲ聞キ、兵艦兵員ノ派遣スルヲ見テ一際疑惑アルモ不可知』

(114)『誠ニ然リ』

(115)『然レトモ朝鮮国再ヒ無礼ノ挙有ル時ハ弟ノ言モ画餅トナルヘシ』

(116)『夫レハ弟ヨリ諄々ト朝鮮政府ニ向テ兵士等ノ待遇ニ至ルマテ、礼ヲ失フ無キヲ忠告セシコトナレハ気遣ヒ無カルヘシ』

前註(95)でもみたとおり、底本に収録する以上の筆談は、節略したものであり、ここでは、『中日韓』第三巻、八五五～八五九頁で増補した。

(117)このときの筆談の訓点つき漢文テキストは、「対韓政策関係雑纂」第二巻、『朝鮮事変辨理始末稿本』第二巻、「漢城報状」（アジア歴史資料センター Ref. B03030182200 第八～九画像目）に抄録を収める。そこでは、馬建忠が記録した竹添の発言内容は、「昨日払暁、花房公使京に進む。身を起せるの際、大院君、伴接官を使して花房に請はしむるに、伏波亭に駐せんことを。花房辞して聴かず、一直に京に入らんと擬す。倘《も》し道上に変有らば、則ち報有るなり。而れども今に至るまで之無し、想ふに当に異情無かるべきなり」とある。

(118)底本原文は「明治九」に作るが、誤り。明治丸は工部省の船で、八月一〇日に花房を載せて下関を出港、前出のように一二日、済物浦に入港した。一八日の出港は、「朝鮮事件辨理日記」『梧陰文庫』A—826に記載がある。この出港は、おそらく竹添進一郎を乗せて一時帰国したものだろう。明治丸は九月二日、竹添外務書記官および焼失した公使館再建の資材を載せて、ふたたび仁川にむかう（安岡昭男「花房義質の朝鮮奉使」二九、三一頁）。

(119)日新は招商局の運送汽船（前註(68)を参照）。鎮東・拱北も招商局の汽船。泰安は北洋の軍艦。

(120)呉長慶（一八三四～八四）、字は筱軒、安徽省廬江の人。李鴻章の淮軍に属し、慶字營（慶軍）の司令官、このとき山東省登州に駐留していた。張樹聲の慶軍出動命令については、『中日韓』第二巻、総理衙門あて張樹聲の函、光緒八年六月二五日受理、光緒八年六月二九日受理、七六八、七八〇頁、『清光緒朝中日交渉史料』巻三、「直隷總督張樹聲奏朝鮮亂黨滋事遵旨派兵保護摺」光緒八年六月三〇日、頁三四～三五を参照。このとき呉長慶の肩書は、廣東水師提督だったので、「軍門」と称し、また高級武官の雅名たる「帥」でもよばれる。

(121) 呂増祥は安徽滁州の人、秋樵は字。光緒五年の挙人。かれは一八八二年五月のシューフェルト条約調印のさいの馬建忠の朝鮮渡航にも同行している。『記行』巻四、「東行初録」光緒八年三月十四日の条、『蜷廬隨筆』「馬眉叔」頁一四を参照。またその経歴については、同上、「呂秋樵」頁五五もみよ。

(122) このふたりのやりとりについては、陳舜臣前掲書、四八～五〇頁におもしろおかしく口論の場面に書き換えてあるが、それは潤色である。

(123) この建物と署名は未詳。朝鮮にきた明の「金陵」なる人物は、『奉使朝鮮稿』という著述のある朱之蕃が著名で（夫馬進「使琉球録と使朝鮮録」一五五頁）、ソウル迎恩門にも「欽差正使金陵朱之蕃書」という銘があった（*Chinese Times*, Oct. 25, 1890, "Corean Note," p. 676)。しかしかれが、南陽まで来たという裏づけはとれない。

(124) 水原は正祖代に遷都の対象になったことがあり、府使を留守に昇格、「行宮」を置いていた。その詳細は、たとえば『朝鮮王朝實録』正祖巻三七、正祖十七年正月丙午の条を参照。

(125) 中使とは宮中から派遣された使者の謂。多くは宦官が任ずる。この中使が柳載賢なる人物であることについては、『從政年表』高宗十九年壬午七月初十日の条、一三八頁をみよ。

(126) 南天山は未詳。果川と銅雀津のあいだにあるので、両者を結ぶ途上に位置する現在の南泰嶺《ナムテリョン》のことをさすとおぼしい。

(127) 韓文奎のくわしい経歴は未詳。一八八二年当時、鴻臚寺三品官。シューフェルト条約調印時に、李應俊とともに馬建忠を出迎えた人物で（『記行』巻四、「東行初録」光緒八年三月二十一日の条、頁四～五、『中日韓』第二巻、六二五～六二六頁）、ドイツとの条約調印時にも、議約大官趙寧夏に随行して馬建忠と会っており（『記行』巻五、「東行續録」光緒八年五月十一日の条、頁三）、旧知の間柄である。一八九九年、中樞院議官に任ぜられたという記録がある（『高宗實録』巻三九、光武三年一二月二六日の条）。

(128) 李祖淵（一八四三～八四）、号は翫西、本貫は延安。一八八一年、第三次修信使趙秉鎬の「從事官」として日本を訪れた。一八八二年、魚允中とともに問議官に任命され（『從政年表』一二五～一二六頁）、天津を訪問し、シューフェルト条約の交渉・調印にさいして朝鮮政府との連絡にあたった。馬建忠の二度目の朝鮮奉使では「從事官」となって、ドイツとの条約調印にたずさわっている（『記行』巻五、「東行續録」光緒八年五月十一日の条)。趙寧夏らの謝恩兼陳奏使に「従事官」として随行し、中国にわたり、帰国後、參議交渉通商事務をへて、一八八四年、協辦軍國事務となる。金玉均の党派から敵視されて、甲申政変で殺害された。

馬建忠がこのとき李祖淵と交わした筆談は、『中日韓』第三巻、八六八頁に収めるが、省略に従う。

趙準永(一八三三~八六)、号は松磵、本貫は豊穰。一八六四年、文科に合格、一八七五年、成均館大司成となる。一八八一年、工曹參判の地位で「紳士遊覧團」の一員として日本を視察、帰国後、統理機務衙門の典選司堂上經理事となる。シューフェルト条約調印時に朝鮮にわたってきた馬建忠を接待する「伴接官」に任ぜられた。そのとき日本との通謀を馬建忠に疑われ、当時の清韓関係再編に一役買った人物である。前掲拙著、五四~五五頁を参照。馬建忠の二度目の朝鮮奉使にも「伴接官」となっている。

要するに、李祖淵・趙準永ともに対外交渉にあたるべき人材であり、しかも馬建忠が以前に朝鮮に奉使したさいの接待係で、旧知の間柄だった。ただし前者は清朝寄り、後者は日本寄りの人物で、この二人が前後して馬建忠に面会にきたのは、偶然だったのか、それとも故意の派遣だったのか、分明ではない。

(129) 花房の要求書は、たとえば、「対韓政策関係雑纂」第二巻、『朝鮮事変辨理始末稿本』第二巻、「奉委妥辦」(アジア歴史資料センター Ref. B03030182400 第一三画像目)、『日韓外交史料(7)』一〇四~一〇五頁を参照。その内容は後註(141)に掲げる。清朝側の史料では、『中日韓』第三巻、八四三~八四四頁に載せる。その写しをすでに大院君からうけとっていたことは、初八日の条(本書一二七頁)を参照。この要求書および以後の交渉経過については、田保橋前掲書、八一四~八二四頁も参照。

(130) 洪淳穆(一八一六~八四)、号は汾溪、本貫は南陽。大院君の側近として黄海道觀察使、右議政などを歴任、一八七三年、大院君の失脚にともなって辞任する。壬午変乱でふたたび領議政に用いられた。息子の洪英植は開化派で、金玉均と甲申政変をおこし、失敗して殺害されると、父親のかれも自殺する。

底本で「淳」を「純」に作る(後註(135)所掲の『中日韓』第三巻、八六〇頁のテキストでも同じ)のは、同治帝の諱を避けたのか、単なる筆写ミスなのかわからない。この場合には通例、「淳」を「湻」と作るからである。清末の諱例はかなりゆるやかだったためか、洪淳穆じしんは「洪淳穆」と名のり、たとえば、乾隆帝の諱を避けた金弘集(金宏集)のようなことはしていない。

このとき洪淳穆は「專對大臣」に任命されたものの、全権を委任されていたとはいえない。田保橋前掲書、八〇六、八〇八頁を参照。いわゆる「議事全權」とは、交渉の全権を任されていたはずだ、という花房の言いぶんを漢語で表現したものであろう。「大官」という漢語については、後註(140)を参照。

(131)『日韓外交史料（2）』「談判経過概要報告」二三五～二三九頁。同上、「朝鮮国駐箚花房辨理公使ヨリ井上外務卿宛」明治一五年九月二八日、二四九～二五〇頁。田保橋前掲書、八〇八～八〇九頁。

(132) 国王への上申は、『日本外交文書』第一五巻、「花房公使ヨリ朝鮮国王へ上奏文」明治一五年八月二二日、一九七～一九八頁に収める。

(133) これは『萬國公法』第二巻第一章第十節「挨及叛土五國理之」（H. Wheaton, *Elements of International Law*, pp. 98-99）を指しているとおぼしい。

(134) この書翰は未詳。七月初十日（八月二三日）の条にいう「花房留函」のことと思われる。

(135) 以上の筆談は、一部が底本に収録、『中日韓』第三巻、八五九～八六二頁で増補。これによれば、筆談の場所・時刻は、仁川府署・七時となっている。

この筆談の一部はすでに、前掲拙著、一〇一～一〇三頁に引用翻訳を試みたけれども、いささか不正確であった。以上はその補訂でもある。

(136) 以上の筆談は底本には収めない。『中日韓』第三巻、八六二頁で補足。これによれば、時刻は九時になっている。

(137)「赫蹶書」は『漢書』趙皇后傳が典拠、薬を包む小さい薄紙に書きつけたものをいう。ここでは、大院君拉致決行を高宗に告げた密書を指していったものであろう。

(138) 田保橋前掲書、八四七頁は「何營官」を何乗鰲とするが、誤り。「營官」は五百人編成の部隊「營」の指揮官。

(139) この「六事」は、のちの朝鮮政府の政治指針となった「善後六條」の原型であったと思われる。前掲拙著、第四章を参照。

(140) 李裕元（一八一四～八八）、号は橘山、本貫は慶州。一八四一年、文科に合格、左議政にまで昇進するが、大院君とは政敵であって、その執政時には逼塞し、国王高宗の親政とともに領議政となった。一八七九年、欧米諸国との条約締結をうながす清朝の李鴻章書翰をうけとったものの、かれ自身はこれに反対した。そのため一八八一年、配流されたが、まもなく釈放された。

金炳始と訳したところ、原文は誤って「金炳國」に作る。金炳國（一八二五～一九〇五、号は穎漁、本貫は安東）は当時、判中樞府事にして、大院君から領三軍府事に任命されており（田保橋前掲書、七八二頁）、まもなく左議政を拝命する（『高宗實録』巻一九、壬午九月初二日の条）人物である。ここにいう戸曹判書は、金炳始に該当すると思われるので訂正した。金炳始（一八三二～九八）、号は蓉庵、本貫は安東。一八五五年、文科に合格、一八七〇年、忠清道観察使となる。一八八二年六月二三日、戸曹判書に任命された（『高宗實録』巻一九、壬午五月初八日の条）。壬午変乱勃発ののち知三軍府事になって（田保橋前掲書、七八三頁、『高宗實録』巻一九、壬午七月十四日の条）、ふたたび戸曹判書を拝命するのは、八月二九日である（同上、壬午七月十六日の条）ので、八月二七日の時点では戸曹判書ではないのだが、馬建忠は李鴻章に送付した筆談記録にも、あえて「戸曹尚《（ママ）》書金炳始」と記しており（『中日韓』第三巻、八六八頁）、大院君政権での人事をみとめない、という意思表示なのかもしれない。

なお李裕元の肩書は、朝鮮・日本双方の記録ともに「全權大臣」に作り（たとえば、『高宗實録』巻一九、壬午七月十四日、十七日の条、『日本外交文書』第一五巻、二〇一頁）、「大官」は故意にあらためたものであろう。「大官、意は即ち大臣の謂なるも、下國の陪臣、敢へて大臣と稱せず、降りて大官と稱す、禮なり」とほかならぬ馬建忠が言っており、清朝からみて、朝鮮官人の「大臣」の称はふさわしくなかったからである（『記行』巻四、「東行初録」光緒八年三月二十六日の条、頁八～九）。

(141) 以下は、以後の交渉ののち、一八八二年八月三〇日に締結した済物浦条約六ヵ条と日朝修好条規続約二ヵ条を載せたもの。ひとまず原文どおりに読み下しておいた。しかしここは、花房義質が朝鮮側に提出した要求書を引用しなくては、前後の文意が通らない。対比するためにも、その原文をかかげておこう。

第一、自今十五日内、捕獲兇徒巨魁及其黨與、從重懲辦事。

第二、遭害者、優禮瘞葬、以厚其終事。

第三、撥支五萬圓、給與遭害者遺族・並負傷者、以加體恤事。

第四、凡因兇徒暴擧日本國所受損害・及準備出兵等一切需費、照數賠償事。

第五、擴元山・釜山・仁川各港閒行里程、爲方百里【朝鮮里法】。新以楊花鎮爲開市場、咸興・大丘《（ママ）》等處、爲往來通商事。

第六、任聽日本公使・領事・及其隨員眷從、遊歷內地各處事。

第七、自今五年間、置日本陸軍兵一大隊、以護衛日本公使館事。但設置修繕兵營、朝鮮政府任之。

以上の出典は、前註(129)を參照。

(142)「 」の記号は原文にないが、括弧内は元来、夾註の文であって、このままでは紛らわしいので付したものである。この済物浦条約六ヵ条と続約二ヵ条は、『中日韓』第三巻、八七二〜八七四頁に、ほぼ同じ漢文テキスト（「歴《ママ》」を「暦」に作ったり、朝鮮の開國紀年を載せないなど、日朝で合意したテキストに手を加えたもののようである）を収録するが、「七款」と誤っており、要求書の箇条数と同じである。これが「東行三録」編集のさい、誤って竄入した原因かもしれない。以上の続約二条の読み下しをふくむ、日本側のテキストおよび「条約要説」は『日本外交文書』第一五巻、二〇〇〜二〇四頁、田保橋前掲書、八一四〜八二四頁も参照。また、『明治十五年朝鮮事件』「太政官権少書記官中山寛六郎外務卿井上馨宛電文」明治一五年九月二日には、読み下し調の通知文がある。なお続約にはさらに、いわゆる「斥和碑」洋夷侵犯の碑を毀すことの合意もある。『日本外交文書』第一五巻、二〇四頁。

(143) 原文は「曠地間行」。もちろん「曠」は「擴」の誤り。「遊歩区域」という訳は、田保橋前掲書、八二三頁にしたがった。この要求条項は、もともと花房義質独自の判断による挿入らしい。のち明治一六年八月一八日に、「邦人間行里程取極書」が井上馨外務卿から上申されている（『日韓外交史料（2）』二九八〜三〇四頁）。

(144) 楊花津開港は、明治一五年八月九日付井上馨の花房あて訓令で、要求書にもりこまれたものである。その交渉の顛末については、田保橋前掲書、七九四、八二四頁を参照。

(145) この部分は要求書の「七條」とは別に、八月二一日に花房義質が領議政洪淳穆に「別単」として提示し、「特派大官、修國書、以謝日本國事」とつけくわえたもの。『日韓外交史料（2）』二一八頁、田保橋前掲書、八〇七頁を参照。

(146) 以上の「コメント（批答）」は、『中日韓』第三巻、八六八〜八六九頁にも収録する。ほぼ同文であるが、冒頭の「八ヵ条（八條）」を「七ヵ条（七條）」に作るところは、前註(141)(142)と関連して注意しておきたい。おそらく底本の誤りであろう。なおこの「コメント」の日本語による要約は、田保橋前掲書、八四八〜八五一頁を参照。

(147) 原文ではこのつづきに、「金曰……」として、馬建忠と金姓の人物との筆談を収める。しかしそれでは、この金姓の人物は、金炳始（金炳國）ととりちがえてしまう。田保橋前掲書、八四八〜八五一頁は、実際に誤っている。この筆談は本来、同日条の「九時半（九點二刻）」以下にあるべき文章であって、金姓の人物とは、金弘集である。この訳文では、混乱をきたさないよう移動させた。底本テキストは、内容的にまとめるため、故意にここに入れたのかもしれない。

(148) 李載元（一八三一〜九一）は、大院君の兄にあたる興完君李最應の子。一八五三年、文科に合格、一八八一年、軍務司堂上經理事に任命される。一八八二年、吏曹判書、一八八四年、兵曹判書に任ずる。以後、督辦内務府事、禮曹判書などを歴任。一八九九年、完林君に追封された。

(149) 底本のテキストでは、以上の文と次の文以下は続いていて、あたかも一つの上申書のように見えるが、『中日韓』第三巻、八四五頁によれば、次の文以下は独立した上申書、二通目のそれにも見える。ここではひとまず、パラグラフを切ることで、区別しておいた。

(150) この布告は、『日本外交文書』第一五巻、二四五頁に収録し、日付は光緒八年七月十三日（一八八二年八月二六日）となっている。さきに引いた七月十四日の李鴻章あて上申書にも言及されている。また前掲拙著、四六六頁註(121)を参照。

(151) 原文は「宏惟聖朝」だが、このままでは読めないので、「宏」を同音の「洪」の誤りとみなした。

(152) 以上の筆談は『中日韓』第三巻、八六九〜八七〇頁で増補した。位置を移したことについては、前註(147)を参照。

(153) 李應俊（一八三三〜?）、号は相庵。くわしい経歴は未詳。一八八二年当時、鴻臚寺四品官。その年の初め、国王高宗に命ぜられて、朝貢使に面会するため北京に使し、天津にたちよって、アメリカとの条約交渉を李鴻章らに依頼する。当時、天津に滞在していた領選使の金允植とともに、条約交渉にかかわる朝鮮政府との連絡を担った。また馬建忠が調印立ち会いで朝鮮に赴いたとき、その接待にもあたった。そのため、馬建忠とは旧知の間柄である。イギリスと条約を調印したのち、五月三一日、馬建忠の帰国に同行して、ふたたび清朝に使した。このときはその使節行から陸路帰国したものだろう。以後も清朝へ使した記録が散見する。

(154) 以下、金弘集の書翰に述べる日朝交渉に関わる日本側の史料は、『日韓外交史料（7）』一一六〜一一七頁、「対韓政策関係雑纂」第二巻、『朝鮮事変辨理始末稿本』第二巻、「奉委妥辦」（アジア歴史資料センター Ref.B03030182400 第二九画像目以下）を参照。

(155) 第一条にかかわるやりとりは、『日韓外交史料（7）』一一八、一二〇、一二三〜一二四、一二五頁、「対韓政策関係雑纂」第二巻、『朝鮮事変辨理始末稿本』第二巻、「奉委妥辦」（アジア歴史資料センター Ref.B03030182400 第三〇、三二、三六、三九画像目）を参照。

(156) 第三条の遺族などへの五万円支払いについて、朝鮮側全権は即時二万円の支払い、四ヵ月後に一万円、さらに四ヵ月後に二万円を釜山領事館へ支払うことを申し入れている（『梧陰文庫』A—848「全権大官李裕元・副官金宏集書翰写」壬午七月十七日）。それで合意したことは、田保橋前掲書、八二〇頁を参照。

(157) 文字どおりならば、「七月十六日（八月二九日）」の晩となる。ただし『日韓外交史料（7）』一二四頁によれば、五十万円の額は、八月二九日昼の花房・金弘集交渉で出てきている。

(158) これは済物浦条約第六条にかかわるところで、七月十四日の条に引く筆談にあった馬建忠の指示にしたがったものだが、すでにみたように、済物浦条約本文にも、花房義質のコメント（『日本外交文書』第一五巻、「条約要説」二〇二〜二〇三頁）にも、この文言にはふれていない。ただし交渉段階では、金弘集のいうように、花房義質もこれを諒承している（たとえば、『日韓外交史料（7）』一一九、一二一頁、「対韓政策関係雑纂」第二巻、『朝鮮事変辨理始末稿本』第二巻、「奉委妥辦」（アジア歴史資料センター Ref. B03030182400 第三一〜三三、三四画像目）。

(159) 以上の筆談は一部、底本に収める。『中日韓』第三巻、八七〇〜八七一頁で増補した。

(160) 高永喜（一八四九〜一九一六）、本貫は濟州。一八六六年、副司勇になる。一八八一年、「紳士遊覽團」の「隨員」として日本を視察した。翌年、差備譯官として花房義質らと接触しており、ここでの登場もその一環である。ついで參議交渉通商事務・參議内務府事を歴任した。一八八四年の甲申政変後、左遷されるが、一八九四年の甲午改革に参与し、学務衙門參議、農商衙門協辦、駐日特命全権公使をつとめ、一九〇七年には、李完用内閣の度支部大臣となった。韓国併合ののちは、朝鮮総督府中枢院の顧問となった。

参事院議官の井上毅が、朝鮮政府との交渉にあたっていた花房義質を補佐するため渡韓を命ぜられたのは、八月二〇日（『井上毅伝史料篇第五』「壬午京城事変差遣命令大意」六三〇頁）、仁川濟物浦に来着し、賠償金にかかわる井上馨の訓令（『日韓外交史料（2）』「井上外務卿ヨリ朝鮮国駐箚花房辨理公使宛」明治一五年八月二〇日、一九六〜一九七頁）を花房義質にとどけたのが、交渉が始まった二八日である（『梧陰文庫』A—826「朝鮮事件辨理日記」）。この前後の井上毅の役割については、多田嘉夫「明治前期朝鮮問題と井上毅」一一一、一一二〜一一三頁、前掲拙著、四一九〜四二〇頁を参照。条約交渉で井上毅が具体的にどんな仕事をしていたかはわからないけれども、『梧陰文庫』A—843「日韓交渉要項草稿」、同A—844「日韓条約草稿」に収録する条約草案は、おそらくかれが携帯し交渉の過程で手を入れたものであり、そこにも当時の花房とかれとの関係をかいまみることができよう。

(161) いわゆる「覚書（節略）」の内容は、未詳。七月十三日（八月一六日）の条（前注(139)にいう「六事」をうけて、朝鮮側が作成した「善後六條」の草稿ではないかとも思われる。

(162) 日本側の記録には、この「改訂」のいきさつはみえない。

(163) 「」内は七月初三日の条にみた竹添との筆談を引用したところであるが、日本側の記録には、これはみえない。

(164) 『日韓外交史料（2）』「朝鮮国駐箚花房公使ヨリ井上外務卿宛」明治一五年八月三〇日の「附属書六　八月三十日調印書并ニ条約要説」二三〇頁には、「尤モ該条談判ノ砌、礦山開採・電線架設ノ二件ヲ特別ニ日本ニ依テ創始スルヲ約定スルニ至ラバ、幾分欵減額ス可キ見込ニテ百方勧告致候得共、談緒纏マラズシテ相止ミ候」とある。しかしこの「減額」の「十万円」という具体額は、日本側の記録にみえない。

(165)〈ロシアの黒海の戦〉〈中國の雲南の事件〉も、七月初三日の条、本書一二〇頁に引く馬・竹添の筆談を引用したもの。これが交渉に出てきた様子を日本側が記録したものとして、『日韓外交史料(7)』一二六頁、「対韓政策関係雑纂」第二巻、『朝鮮事変辨理始末稿本』第二巻、「奉委妥辦」(アジア歴史資料センター Ref. B03030182400 第四〇画像目)があり、「此時金宏《ママ》集ヨリ願クハ一覧ヲ乞フトテ一書ヲ出ス賠償ヲ徴セザリシ近例俄国黒海ノ役清国雲南ノ事ヲ云ヘリ」とあるだけで、「納得した」ような様子はみえない。

(166) これは、シューフェルト条約調印当時の馬建忠と金弘集との会談で、すでに出ていたものである。『記行』巻四、「東行初録」光緒八年四月初十日(一八八二年五月二六日)の条を参照。

(167) 以上の筆談は一部、底本に収める。『中日韓』第三巻、八七一〜八七二頁で増補した。

(168) このうち「日・朝交渉の問題」に関する報告書は、みあたらない。

(169) 日本の軍艦が南陽にきた事実は、確認できない。

(170) 原文は「累世勲舊」。ひとまず文字どおりに日本語に移してみた。驪興閔氏というのは、朝鮮の太宗・粛宗の王妃を出した家柄で、大院君の夫人も閔氏であった。その一方で、閔妃が冊立された当時には、驪興閔氏で政治的な権力を持った者はおらず、いわば零落した名門といったところであり、それがこのような漢語表現になったものであろうか。

(171) これは、大院君失脚の直接の契機となった、一八七三年一〇月二五日・一一月三日の崔益鉉の弾劾上疏をさす。

(172) これは閔升鎬爆殺事件をさす(前註(64))のであろうが、「父兄はいずれも」と複数形になっているのはよくわからない。

(173)「少年数名」の原文は「勲戚三五少年」。李載先をかついでクーデタ未遂事件をおこした安驥永たち(前註(65))を指すのはまちがいない。ひとまず文字どおりに訳したけれども、かれらが「勲戚」と表現すべき人々なのかどうか、よくわからない。李載先はこの事件のため、濟州島に流配され、まもなく死を賜り、安驥永・權鼎鎬はそれに先だって処刑された。

(174) 七月十六日(八月二九日)の条、本書一五一頁を参照。このとき処刑した十一名の姓名は、田保橋前掲書、八五二頁を参照。「但し此一一犯はいづれも雷同の徒」だったという。

(175) これらの文書については未詳。

(176)　このあたりの事情は、前掲拙著、九三頁を参照。

(177)　以上は『中日韓』第三巻、八七四～八七七頁で増補した。それによると、発送の日付は「十六日」、名義は丁汝昌との連名のものである。もちろん馬建忠の執筆であろうことは疑いないが、底本所収のテキストは馬建忠単独の文書を装うため、修改が施されている。原状にもどして訳出した。

(178)　以上は底本に収録しない。『中日韓』第三巻、八七七～八七九頁で補った。日付は、七月十八日発、二十一日着となっている。その大部分は、前掲拙著、一一〇～一一二頁に引用訳出したが、若干の修正を施した。

(179)　このうち咨文は、『中日韓』第三巻、九五三～九五五頁に収録する。

(180)　このうち、花房あての書翰が記録に残っている。いうまでもなく、済物浦条約所定の要求緩和をもとめた文面であり、『中日韓』第三巻、八九〇～八九二頁、『梧陰文庫』A―853に収録する。以下、主要なくだりを、後者に附せられた訓点にしたがって読み下しておこう。

……近者、朝使金道園（金弘集）、仁川自り歸りて、道《い》はく「款議已に成り、干戈の氣、化するに玉帛を以てす」と。此れ從り兩國の人民、共に太平の福を受く。東方を顧瞻し、手を額にして慶びを稱す。顧念するに、此の次《たび》變を致すの由、其の始、朝鮮臣民の外人を悪見するに原《もと》づく、……今其の積習を化せんと欲せば、惟だ市《う》るに殊恩を以てするに在るのみ。茲に乘ず可きの機二有り。請ふ、左右《きみ》に呼《い》ひて之を陳べん。亂軍亂民は王妃を逼弑し、宰臣を戕害し、直ちに殃貴國の使舘に及ぶに至る。其の罪誠に誅に容れず。……若《し》くは莫し、第一條の亂首を捕治するの事を舉げて、姑く寛免を予《あた》へんには。……是に於て猜嫌疑懼の情、乃ち渙然として氷釋せん。此れ朝鮮の民の心を化す者、其の機の乘ず可きの一なり。兵備等の費、……若《し》くは莫し、第四條の兵費を填補するの數を舉げて、酌みて寛減を予へんには。……此れ朝鮮の民の心を化す者、其の機の乘ず可きの二なり。夫れ亂首を捕治するは、小忿なり。兵費を填補するは、小利なり。而るに朝鮮臣民の心を化し、邦交をして以て永く固むるを得せしむる者は、此れ交渉の大體なり。執事《きみ》の素より大體を持するを以てせば、必ず能く小忿を釋《と》きて小利を捐《す》てん。故に敢へて竊かに知交の義を附し、敬しんで區區を布べ、以て才察を候《ま》つ。……。

これに対する花房の馬建忠あて返書草稿もある（『梧陰文庫』A―854）。こちらは白文だが、意を以て上と同じように、読み下してみよう。

……使臣は逐はれ、使館は燬たれ、其の之《ゆ》く所に窮し、必ず死を致すを期す。使臣生くると雖も、亦た死の辱め有り。是の時に當りては、好・戎の判、纔《わづ》かに間一髪のみ、水陸調撥、急なること星火が如し。我が國、使を遣はし責問す、戰ふも亦た可、款するも亦た可なり。戰はば則ち相ひ當る、款せば則ち相ひ償ふ。之を訟獄に譬ふるに、理曲なる者が其の需費に任ずるものなり。蓋し此れ無くんば則ち以て曲直を明判するに足らざらん。是れ義擧と認むれども、而るに豈に小利の捐つる可しと謂はん乎哉。亂首を捕治するの一節に至りては、我が政府固より多く殺して威を立てんと欲せず、反側を安んじ脅從を縦《はな》つは、一に朝鮮政府の爲す所に任さん。第《た》だ巨魁亂首は、未だ主名を獲ず、供状白《あき》らかならず、斷案具はらず、此くの如して止まば、以て我政府に復命する無し、而れども豈に小忿の釋く可しと謂はん乎哉。凡そ此等の情事、執事の明を以てせば、躬は局外に居れども、平心に商量して、必ず既に渙然し、再思を費やさざらん。……

済物浦条約をめぐる日清の言い分がよくわかる応酬である。ただし、この返書が馬建忠にわたったかどうか、さだかでない。

(181) 未詳。
(182) 未詳。
(183) 『中日韓』第二巻、張樹聲の総理衙門あて函、光緒八年六月二十一日受理、七四八頁。
(184) 『中日韓』第二巻、張樹聲の総理衙門あて函、光緒八年六月十九日受理、七三四頁
(185) 『中日韓』第二巻、張樹聲の総理衙門あて函、光緒八年六月二十一日受理、七四八頁。
(186) いわゆる「平和主義」については、前掲拙著、八〇、九九、一〇八、四一七～四一八頁を参照。
(187) 前掲拙著、一二八頁、および四二五頁註(36)を参照。
(188) 『記行』巻六、「東行三録」頁三二～三三。『日本外交文書』第一五巻、一六八～一六九頁に読み下しと、総理衙門よりこれを受理した田邊臨時代理公使の一〇月一日付返信とを収録する。またこれに注記して「是ヨリ先榎本海軍中将ハ特命全権公使ヲ兼任十月二十五日ヲ以テ北京ニ着任アリシモ此際朝鮮ノ属国ト不属国ヲ我ヨリ提起セズトノ廟議ニ依リ此事ニ関シテハ何等発言セザレザリキ（日清交際史提要〔2〕）」という。『日韓外交史料（2）』一七〇～一七一頁も参照。

(189) この文脈については、『日本外交文書　明治年間追補』二八五〜二八七頁に「夫レ国王ノ本生父タル者ヲ捕ヘ來テ、之ヲ保定府ノ地方ニ安置シ、又派遣軍ヲ留メテ其国ヲ弾圧スルニ資スク等ノ所置ハ、即チ朝鮮ガ清国ノ属邦タルノ実ヲ天下ニ表白セシ事……（日清交際史提要）」というのを参照せよ。

(190) 西里喜行『清末中琉日関係史の研究』二八九〜四九一頁を参照。

(191) 『中法越南交渉檔』第一冊、南洋大臣劉坤一の夾單、光緒六年九月一四日、曾紀澤とフランス駐ペテルブルグ大使シャンジ（Antoine Chanzy）との「問答辭」光緒六年十二月初八日、曾紀澤の總理衙門あて夾單、光緒七年二月一九日受理に添付、一四七、一五一頁。また、Cordier, *op. cit.*, p. 580 も参照。

(192) 『洋務運動』第二冊、「前福建巡撫丁日昌奏」光緒五年四月二五日、三九四〜三九五頁。
なお「朝鮮問題」「越南問題」など、中国側からみた概念は、蔣廷黻編『近代中國外交史資料輯要』による。

(193) 坂野前掲書、三五〇頁。

(194) これについては、拙稿「屬国と保護のあいだ」を参照。次節の交渉経過の叙述も、ほぼこの拙稿による。

(195) 前掲拙著第五章、とりわけ一六八〜一六九頁を参照。

(196) 『清光緒朝中法交涉史料』巻四、「内閣學士周德潤請用兵保護越南摺」光緒九年四月初七日、頁六。いわゆる「〔サイゴン〕条約」の仏文テキストは、Cordier, *op. cit.*, p. 268, また前掲拙稿、二頁を参照。

(197) 『李文忠公全集』朋僚函稿巻二〇、「復倪豹岑中丞」光緒八年十二月二十四日、頁三六。

(198) 『李文忠公全集』譯署函稿巻一四、「請准越南由海道告哀」光緒九年八月初五日、頁三〇〜三一。

(199) 『李文忠公全集』朋僚函稿巻二〇、「復倪豹岑中丞」光緒八年十二月二十四日、頁三七。

(200) 以上は、Cordier, *op. cit.*, pp. 242-551 および、邵循正『中法越南關係始末』一〜六八頁、坂野前掲書、三四三〜三五三頁を参照。

(201) 『清光緒朝中法交涉史料』巻三、「總理各國事務衙門奏法越交涉一事法人現欲與中國會商亟應先事豫籌善法摺」光緒八年十二月初十日、頁二四。

(202) 『李文忠公全集』譯署函稿巻一三、「論法越邊事」光緒八年十月十八日、頁四五。

(203) 『李文忠公全集』譯署函稿巻一三、「論越議將變」光緒八年十一月十七日、頁五〇〜五一。この帰省は長兄の馬建勳が、光緒八年十

月に亡くなったためであるという。蔣文野前掲論文、一五〇頁、薛玉琴前掲書、二二二頁を参照。

(204)『中法越南交渉檔』第二冊、馬建忠の李鴻章あて電報、光緒九年正月二十八日午後九時受理、馬建忠の李鴻章あて電報、光緒九年正月二十九日午後五時受理、署北洋大臣李鴻章の総理衙門あて函、光緒九年二月初一日受理に添付、馬建忠の李鴻章あて電報、光緒九年二月初六日午後一〇時受理、馬建忠の李鴻章あて電報、光緒九年二月初七日辰刻、署北洋大臣李鴻章の総理衙門あて函、光緒九年二月初八日受理に添付、六三一～六三二、六八九頁。

(205) 坂野前掲書、三五四頁。

(206) France, Ministère des affaires étrangères, Archives diplomatiques, Correspondance politique, Chine, Tome 62, Tricou à Challemel-Lacour, tél, le 4 juillet 1883. この事実を根拠に、コルディエ氏は清仏交渉時の馬建忠を、「その主人たる李鴻章の傲慢ぶりをまねて、きわめて無礼であった」と評する（Cordier, *op. cit.*, p. 500. 坂野前掲『中国近代化と馬建忠』二～三頁）。

(207)『李文忠公全集』譯署函稿巻一五、「論越事」光緒九年九月二十六日、頁七～九、「馬道建忠與法國德使問答節略」光緒九年九月二十四日附、頁九～一〇。

(208) 以下のフルニエ交渉以後のくわしい動向については、別稿で論ずる予定である。

(209) 坂野前掲書、三五一、三六一頁。

(210) 同上、三六一～三六二頁。

(211) このときのデトリングの役割については、別稿に論及するつもりだが、さしあたりSchmidt, a.a.O., S. 44-49を参照。

(212)『李文忠公全集』奏稿巻四九、「奏保馬建忠片」光緒十年四月十七日、頁五二。

(213) これについては、*The Times*, July 27, 1884, p. 4, "France and China," May 24, 1884. Foucault de Mondion, *op. cit.*, pp. 27-28.

(214) 以上の交渉過程については、別稿で詳論する予定である。

(215) Morse, *op. cit.*, p. 367, do., *International Relations*, Vol. 3, p. 404.

(216)『李文忠公全集』奏稿巻四四、「奏保丁汝昌・馬建忠片」光緒八年八月二十九日、頁四八～四九、『大清德宗景皇帝實録』巻一五一、光緒八年九月甲申朔の条、『光緒朝東華録』第二冊、光緒八年九月乙酉の条、一四〇九～一四一〇頁。

(217)『李文忠公全集』奏稿巻四九、「奏保馬建忠片」光緒十年四月十七日、頁五二。

(218)『潤于集』奏議巻二、「道員馬建忠擅預倭約請査辦片」光緒八年九月十六日、頁六七～六八。
(219)『潤于集』書牘巻二、「致陳弢庵學士」頁一四。
(220)「李鴻章致張佩綸書札」光緒八年九月十三日、一五八頁。『李文忠公全集』奏稿巻四五、「議覆張佩綸條陳六事摺」光緒八年十月初五日、「査覆馬建忠參案摺」光緒八年十月十二日、頁九～一三、二二～二五。
(221)たとえば、『潤于集』書牘巻二、「致陳弢庵學士」「復張孝達中丞」頁一六、二四。
(222)『李文忠公全集』奏稿巻四九、「奏保馬建忠片」光緒十年四月十七日、頁五二。
(223)*The Times*, July 27, 1884, p. 4, "France and China," May 24, 1884.
(224)そのいきさつについては、第Ⅲ部註(4)を参照。
(225)たとえば、『潤于集』書牘巻三、「復李肅毅師相」頁四、五などを参照。この李鴻章あて書翰のなかで、張佩綸が「洋務がごときは馬眉叔輩に過ぎず」と述べたのに対し、馬建忠は「僅かに奔走傳語に供するのみ、豈に能く謀を出だし慮を發せんや」と、李鴻章は返答している(「李鴻章致張佩綸書札」光緒九年六月八日、一六五～一六六頁)。もちろん割り引いて聴くべきだろう。また上奏で批判的に馬建忠に言及するのは、たとえば『清光緒朝中法交渉史料』巻一七、「編修鍾徳祥奏議和不足恃請改圖戰守之策摺」光緒十年閏五月初三日、頁三五。
(226)『意園文略』巻二、「論馬建忠奏」光緒十年十月二十六日。
(227)『清光緒朝中法交渉史料』巻一五、「署直隷總督李鴻章奏請以候選道馬建忠存記擢授關道及出使之任片」光緒十年四月十九日受理、頁二一。
(228)『大清徳宗景皇帝實録』巻一八九、光緒十年七月戊申の条、巻一九〇、光緒十年七月己巳の条、巻一九三、光緒十年九月庚戌の条。
(229)『李文忠公全集』奏稿巻五一、「奏留馬建忠片」光緒十年七月二十三日、頁二五。この上奏の裏面にある李鴻章の配慮については、方豪前掲論文、二〇二六頁を参照。
(230)『李文忠公全集』電稿巻四、「急寄譯署」光緒十年十月二十三日午刻、頁二三。『荀學齋日記』光緒十年十月二十六日の条。甲申政変にさいする馬建忠の朝鮮派遣、およびそれに対する反対論の一例として、陳熾「上李鴻章書」『陳熾集』三五一～三五二頁も参照。
(231)『大清徳宗景皇帝實録』巻一九六、光緒十年十月乙未の条。

(232)『荀學齋日記』光緒十年十月二十六日の条。『世載堂雜憶』「馬眉叔與招商局」九五頁には、実兄の馬相伯から聞いた話として、この入京の顚末を記す。そこで馬建忠に応対したのは翁同龢となっており、そのやりとりを伝えているが、事実ではあるまい。少なくとも翁同龢の日記とは矛盾する（エピローグ註(13)）。ここでは、『世載堂雜憶』のいわゆる、馬建忠の才幹に対する翁同龢の「賞識」と会見時の前者の言動に対する後者の「正色」が、好意・悪意こもごもの全般的な評価と対極の側面を表現したものとみなして、このような叙述にしてみた。

(233) 前掲拙著、一一二～一一三、四二〇～四二一頁。

(234)『世載堂雜憶』「馬眉叔與招商局」九五頁。ひとまずこう記したけれども、これは馬相伯の回想によるもので、精確な事実ではない。最近の研究では、この時期の盛宣懷の標的は、むしろ唐廷樞であったことが明らかになっていて（『盛宣懷年譜長編』上冊、二〇七頁）、馬建忠に対する害意は、裏づけがとれない。主導権を争った盛宣懷の馬建忠攻撃というなら、それは第Ⅲ部第一〇章で述べるように、一八九一年の局面であり、同じくラッセル商会が関係していたところから、馬相伯の記憶が時代錯誤となった蓋然性が高い。それでも、このとき盛宣懷が唐廷樞失脚をねらって弾劾を教唆したとすれば、馬建忠と唐廷樞はかねてから、同列に「漢奸」と誹謗をうけ、しかも同じ時期に入京していた（たとえば、『意園文略』巻二、「論唐廷樞奏」光緒十年十月二十六日）から、馬建忠もその側杖を食った、ということは考えられる。

(235)『輪船招商局』「馬建忠致盛宣懷函」光緒十年八月初八日、一七八頁。

(236)『湘綺樓日記』第三巻、光緒十五年二月二十五日の条、一五三二頁、馬建忠「自序」『適可齋記言記行』所収。

第Ⅲ部

（1） Voltaire, *Lettres philosophiques*, pp. 46-47. ヴォルテール『哲学書簡』六三頁。ルビは原文。

（2） W. Cunningham, *Modern Civilization*, p. 12.

（3） 梁啓超『新中國未來記』（原載は『新小説』第一～三号、一九〇二～一九〇三年）、『飲冰室合集』所収『飲冰室專集』八九、所収、引用文は同上、二六頁。訳文は梁啓超／島田虔次訳「新中国未来記」『清末民国初政治評論集』所収、二二一頁を若干あらためた。

（4） 馬建忠が実質的に、輪船招商局の経営に参画した精確な時期・経緯は、いまのところ明らかではない。蔣文野前掲論文、一五四頁は一八八三年とするが、論拠は薄弱である。方豪前掲論文、二〇二七頁はつとに一八八四年としており、『盛宣懷年譜長編』一九〇頁の記述とも一致するので、ひとまずこれにしたがう。また薛玉琴前掲書、二二三頁は「この年の春、招商局會辦に」任ぜられたとする。事実上の職務としては、それにまちがいなかったのだろうが、やはり正確さを欠く。後註(18)を参照。

(5) 『李文忠公全集』電稿巻三、「滬局馬道來電」光緒十年六月初五日卯刻到、頁四、『世載堂雜憶』「馬眉叔與招商局」九四～九五頁。

(6) 一九〇〇年初頭にいたる招商局経営の沿革については、A. Feuerwerker, *China's Early Industrialization*, pp. 99-120, 124-147, 150-159, 168-172, 177-188, 張國輝『洋務運動與中國近代企業』一二七～一八一、三〇四～三〇八頁、黎志剛「輪船招商局經營管理問題」を参照。

(7) 盛宣懷の事蹟については、「盛宣懷檔案」を駆使した夏東元『盛宣懷傳』、『盛宣懷年譜長編』が詳細である。けれども、とりわけ基本的な史実をおさえるには、Feuerwerker, *op. cit.*, 中村義「清末政治と洋務派」も、なおその価値を失っていない。

(8) この時期の招商局について、前註(6)所掲の文献のほか、波多野善大『中国近代工業史の研究』二〇六～二一二頁、北村敬直「招商局史の一側面」、呂實強『中國早期的輪船經營』二二五～二五六頁、張國輝前掲書、一二七～一五一頁、Chi-kong Lai, "Li Hung-chang and Modern Enterprise," pp. 220-237 を参照。

(9) 前掲『盛宣懷年譜長編』一八七八年一二月の条、赫德《ハート》「謹擬整頓招商局條陳」八七～八九頁。これには、盛宣懷の反駁もある。同上、「對赫德：《謹擬整頓招商局條陳》之意見」八五～八七頁。

(10) 夏東元『鄭觀應傳』四九～五二頁、黎志剛前掲論文、八八～九六頁などを参照。

(11) 中村前掲論文、二六一～二六二頁、北村前掲論文、夏東元前掲『盛宣懷傳』四五～四七、一〇〇～一〇一頁、前掲『盛宣懷年譜長編』一八八三年秋の条、一八七～一八八頁。

(12) この恐慌について、招商局をめぐっては、次註所掲の文献、ならびに異なる観点からは、後註(55)を参照。

(13) 中村前掲論文、二六三～二六四頁、夏東元前掲書、一〇一～一〇五頁、『盛宣懷年譜長編』一八八三年秋、一八八四年六月、八月二日の条、一八七～一八八、一九二、二〇六～二〇七頁。

(14) 夏東元前掲『鄭觀應傳』一〇三～一一五頁を参照。

(15) たとえば、中村前掲論文、二六四頁、黎志剛前掲論文、九六頁以下を参照。

(16) 林前掲論文、二一一頁、中村前掲論文、二六五頁。
(17)『李文忠公全集』奏稿巻五四、「商局船業全數收回摺」光緒十年六月初八日、頁一~二。
(18)『盛宣懷年譜長編』一八八五年八月一日の条、二三四頁。
(19)『輪船招商局』「謝家福致盛宣懷函」光緒十七年八月二十五日、三四七頁。夏東元前掲『盛宣懷傳』一〇七頁。
(20) たとえば、飲氷室主人『李鴻章』六六~六七頁、『飲冰室合集』所収『飲冰室專集』三、所収、三九頁を参照。
(21) その概念上・学説史上の議論は、邵循正「關於洋務派民用企業的性質和道路」、Feuerwerker, *op. cit.*, pp. 1-30, 中村前掲論文、とくに二五三~二五四頁、W. K. K. Chan, *Merchants, Mandarins and Modern Enterprise*, pp. 69-85, 張國輝前掲書、とくに二八九~三三八頁、范振乾『清季官督商辦企業及其官商關係』、鈴木智夫『洋務運動の研究』二七~三七頁、李培徳「「包・保・報」と清末官督商辦企業」を参照。そうした議論とかかわる招商局経営の実績や特質については、後述するように、馬建忠個人の力量との関連が明らかにならないため、本書で立ち入ってふれる余裕がない。さしあたりこれまでにあげた諸研究のほか、朱蔭貴『國家干預經濟與中日近代化』、同「近代中国における株式制企業の資金調達」も参照。
(22)『輪船招商局』「李鴻章致招商局札文〔盛宣懷擬〕」光緒十二年十一月初七日、「謝家福説帖」光緒十二年十二月、二四二~二四三、三五〇~三五一頁。
(23) 同註(19)。
(24) 夏東元前掲書、一〇八頁。黎志剛前掲論文、九九頁。
(25)『盛宣懷實業函電稿』上冊、「盛宣懷上李鴻章稟」光緒十一年七月初八日、三三頁。
(26) 同上、「盛宣懷上李鴻章稟」日付なし、五二~五三頁。
(27)『盛宣懷年譜長編』一八八七年三月二七日の条、「馬建忠致盛宣懷函」光緒十三年三月初三日、二七二頁。
(28)『輪船招商局』「謝家福致盛宣懷函」光緒十七年八月二十五日、三四八頁。
(29) このあたりの事情については、前掲拙著、二四八~二四九頁。
(30) J. K. Fairbank, *et al., H. B. Morse*, p. 68.
(31) *Ibid.*, p. 75.

(32) Feurerwerker, *op. cit.*, p. 137. 濱下武志『中国近代経済史研究』一〇七頁、Fairbank, *et al., H. B. Morse*, pp. 75-76.

(33) Morse to Detring, May 8, Morse to Li Hung-chang, Dec. 1, 1886, Morse Letterbook, Houghton Library, Harvard University, cited in Feurerwerker, *op. cit.*, pp. 140, 141.

(34) Morse to Li Hung-chang, Dec. 1, 1886, cited in Feurerwerker, *op. cit.*, p. 141. また濱下前掲書、一〇七頁も参照。

(35) Morse to Detring, Oct. 19, 1886, cited in Feurerwerker, *op. cit.*, p. 140.

(36) *Ibid.*, p. 141. Morse to Detring, Oct. 19, 1886, cited in Feurerwerker, *op. cit.*, p. 140. Same to same, Jan. 20, 1887, cited in Fairbank, *et al., H. B. Morse*, p. 82.

(37) Morse to Detring, Oct. 19, 1886, cited in Feurerwerker, *op. cit.*, pp. 24, 139.

(38) *Ibid.*, p. 143. 坂野前掲『中国近代化と馬建忠』四、九、一二一頁。

(39) 中村前掲論文、二六四～二六五頁、林前掲論文、二一五頁、同「清末改良派馬建忠」一三～一四頁。

(40) Feurerwerker, *op. cit.*, p. 140. 黎志剛前掲論文、九九頁。

(41) 同註(19)。

(42) 『輪船招商局』「盛宣懐上李鴻章密稟」光緒十二年十一月初九日、二四〇頁。

(43) Morse to Detring, Nov. 3, 1886, cited in Feurerwerker, *op. cit.*, p. 139.

(44) *Ibid.*, pp. 138-141.　Fairbank, *et al., H. B. Morse*, pp. 82-84.　ハーヴァード大学で学んだモースは、一八七四年に洋関に入り、七七年から七八年、および八三年から八五年にかけ、デトリングの秘書をつとめていた。Morse, *International Relations*, pp. 300, 353, Fairbank, *et al., H. B. Morse*, pp. 13-21, 38-39, 63, 242-243.

(45) 邵循正前掲論文、三八〇頁、Feurerwerker, *op. cit.*, pp. 143-144. Fairbank, *et al., H. B. Morse*, p. 84.

(46) 『盛宣懐實業函電稿』上冊、「盛宣懐上翁同龢稟」六〇頁。この稟を『盛宣懐年譜長編』二八四頁は「光緒十三年夏」に繫ける。

(47) 『盛宣懐實業函電稿』上冊、「盛宣懐上李鴻章稟」七月二十一日、五七～五八頁。この稟を『盛宣懐年譜長編』二八六頁は「光緒十三年」に繫けており、それにしたがう。盛宣懐が陳樹棠推薦を李鴻章にとりついだのは、陳樹棠が以前、招商局の「幫辦」に任じていたことがあり、当時もその「大股東」であって、招商局と深い関わりを有していたからである。*North-China Herald*, Oct. 13, 1887, p.

409, "Notes from Native Papers" などによれば、かれはその後、「總辦（Director-General）」に就任したようで、その保有株は十万両にのぼったという。もと買辦の陳樹棠が「幫辦」になったのは、「總辦」の唐廷樞のよびかけに応じたものであり、かれとの関わりから、朝鮮の總辦朝鮮商務委員をもつとめていた。Hao, Yen-p'ing. *The Comprador in Nineteenth-Century China*, p. 142. 前掲拙著、四二七頁も参照。

(48) 『盛宣懷年譜長編』一八八八年五月二三日の条、「盛宣懷致沈子梅函」光緒十四年四月十二日、二九八～二九九頁、夏東元前掲『盛宣懷傳』一五六頁。

(49) 蔣文野前掲論文、一六六～一六八頁、『李文忠公全集』電稿巻一〇、「寄煙臺盛道・滬局馬道」光緒十四年八月初五日亥刻、「寄煙臺盛道」光緒十四年八月初八日亥刻、「寄煙臺盛道・滬局馬道」光緒十四年八月二十一日辰刻、「寄煙臺盛道」光緒十四年八月二十三日戌刻、「盛道來電」光緒十四年八月二十三日亥刻到、頁二〇～二一、二三、二四～二五。

(50) 李鴻章の不興ということでは、この時期、朝鮮で顕在化した袁世凱とデニーの対立も影響していたにちがいない。同じ一八八八年、李鴻章が元山商務委員姚賦秋とデニー・閔泳翊との通謀を疑ったさい、馬建忠は姚賦秋が旧友だったこともあり、極力かれを弁護した（蔣文野前掲論文、一六八～一六九頁、『李文忠公全集』電稿巻一〇、「馬道來電」光緒十四年九月十二日巳刻到、「覆滬局馬道」同日午刻、「寄滬局馬道」光緒十四年九月十三日辰刻、「馬道來電」同日酉刻到、頁三〇、三一、『李文忠公尺牘』巻一五、「復出使日本國大臣黎」頁一三～一四）。こうしたいきさつもあって、姚賦秋と馬建忠は翌年にかけ、デニーの朝鮮政府顧問離任に関わることになるが、その退職金をめぐる不手際などで、李鴻章から叱責をうけた（蔣文野前掲論文、一六九～一七〇頁、『李鴻章全集（二）電稿二』、「龔道等來電」光緒十四年十一月十九日巳刻到、「龔道等來電」同日申刻到、「寄上海龔道並馬道」同日酉刻」、「龔道等來電」光緒十四年十一月二十六日戌刻到、「寄朝鮮袁道」光緒十四年十二月初七日未刻、「寄上海龔・馬道」光緒十四年十二月初九日、「馬道來電」光緒十四年十二月十七日午刻到、「龔道來電」光緒十四年十二月十九日戌刻到、「寄江海關龔道並商局馬道」光緒十五年正月初四日巳刻、「寄上海龔・馬道」光緒十五年正月十八日午刻、「龔・馬道來電」光緒十五年正月二十日午刻到、「寄上海龔・馬道」同日申刻、「寄上海龔・馬道」同日亥刻、「寄上海龔・馬道」光緒十五年正月二十一日巳刻、「寄上海龔・馬道」同日酉刻、「寄朝鮮袁道」光緒十五年正月二十二日酉刻、一六、二〇、二二、二三、二五、三〇、三六、三七～三九頁）。袁世凱とデニーらの対立については、前掲拙著、二〇二～二〇三、二一六～二一七、二三三～二四八、二五〇～二五六、四五五頁、および拙稿「『清韓論』の研究」を参照。姚賦秋については、馬建忠のインド使節行と関連して、坂野前掲書、一三九頁を参照。また朝鮮使節行と関連しては、『蜷廬隨筆』「馬眉叔」頁一四に、シューフェルト条約・ブラント条約調印のさい、呂增祥とともに馬建忠に同行したことが記されている。第Ⅱ部註(121)参照。

(51) Feurerwerker, *op. cit.*, p. 142. Fairbank, *et al., H. B. Morse*, pp. 79-80. 濱下前掲書、一〇五頁。

(52) 『輪船招商局』「盛宣懷・馬建忠上劉銘傳稟」光緒十一年十二月二十一日、二二九〜二三二頁。このなかには、「官銀行」設立案も含まれている。また Fairbank, *et al., H. B. Morse*, p. 77, 濱下前掲書、一〇五頁も参照。黄逸平『近代中國經濟變遷』四二七〜四二八頁は、このとき馬建忠兄弟に、ラッセル商会の融資をうけて台湾に銀行を建設する計画があったとし、薛玉琴前掲書、一二二頁はそれを後述の国立銀行設立の先駆的な提案と位置づける。

(53) この銀行設立問題を「外債史」の文脈から先駆的にみたものとして、徐義生編『中國近代外債史統計資料』一二〜一三頁があり、すでに関連史料をほぼ網羅的に挙げている。これに触れた研究としては、『中國第一家銀行』九三頁、謝俊美「一八八七年中美籌開華美銀行一事的真相」、朱英『晚清經濟政策與改革措施』四三頁があるが、なお「真相」の解明にはほど遠い。

電話については、以下の論述のほか、おそらくもっとも早期の史料として、『近代名人手札眞蹟』第一冊、張蔭桓の盛宣懷あて書翰、七月二十一日、一三二〜一三三頁を参照。年次は記載がないが、内容からして光緒十二年のものであろう。

(54) 『盛宣懷年譜長編』一八八七年七月一六日の条、「中國電報公司督辦盛・美國傳聲公司子爵米建威會立合同四款」光緒十三年五月二十六日、二七四〜二七五頁、『中國通商銀行』「華美紳集股設立中國官銀行草議」光緒十三年六月、七〇〇〜七〇二頁。*Chinese Times*, July 23, 1887, p. 603.

(55) 阜康銀号の倒産については、さしあたり前掲拙著『近代中国と海関』三六二頁を参照。それに関わる金融恐慌は、濱下武志「十九世紀後半、中国における外国銀行の金融市場支配の歴史的特質」を参照。

(56) 清朝財政と阜康銀号の関係については、前掲拙著、三三九〜三六三頁を参照。

(57) 『光緒朝硃批奏摺』第九一輯、「李鴻章擬設官銀號節略」六七五〜六七六頁。

ここで李鴻章が言及する咸豐朝における「官銀号」の「紙幣(鈔票)」発行は、最近の研究として、木村亜子「清代咸豐期における宝鈔の発行と官銭鋪」、同「清代咸豐期の紙幣発行と王鎏の貨幣論」を参照。

いわゆるハートの「續旁觀論」とは、光緒十年に上呈した「自彊の實」をあげるための「急務」を具体的に七ヵ条列挙した意見書で、ここはそのうち「國家銀號節略」を指す。その趣旨に言及した史料として、Fairbank, *et al.*, eds., *The I. G. in Peking*, letter No. 477, Hart to Campbell, Z/173, Apr. 27, 1884, p. 543, 「李鴻章手札」李鴻章の醇親王奕譞あて書翰、一〇～一一頁も参照。「續旁觀論」はその全文を『旁觀三論』に収める。この書物については、鄺兆江「局内局外的困惑」三一～三五頁を参照。「香港上海銀行から」の「借款」は、一八八四年から急増している。前掲拙著、三二八頁第14表を参照。

(58) 同上、三六六～三六七頁を参照。

この銀行設立案を中央銀行にかかわる中国近代の金融経済史の文脈に位置づけるには、なお当時の幣制、金融構造や政策決定過程、国際金融情勢などを総合した、周到な検討を要する。そのための論点としては、さしあたりたとえば、中村哲夫「近代中国の通貨体制の改革」、同「辛亥革命與金融制度」を参照。したがって、この銀行設立案および馬建忠がかかわった「中國官銀行」の計画を、性急にいわゆる「変法」期・「新政」期の銀行設立とむすびつけて論じることはできない。のちに戊戌変法の立役者の一人となる、後述の張蔭桓は、在米時の容閎との交流に仮託して、両者を連続した事業の位置づけにしているように思われるので、その点は注意が必要である。たとえば、『三洲日記』光緒十二年八月十一日の条、Yung Wing, *My Life in China and America*, pp. 232-236, 『西学東漸記』二三七～二三九、二四八～二五〇頁を参照。

(59) 『光緒朝硃批奏摺』第九一輯、「戸部説帖」六七七～六七九、六七四頁。『大清德宗景皇帝實録』巻二一六、光緒十一年九月乙卯の条、頁七。

(60) 『三洲日記』巻一、光緒十二年五月三十日壬戌の条、頁五〇～五一。

(61) 『三洲日記』巻二、光緒十二年十月二十一日の条、頁三二に、同年九月初四日付の李鴻章の書翰を引いて、銀行問題については、「議者紛然たり、尤も敢へて著手せず」という。

(62) これは具体的には、一八八七年三月はじめのアメリカ議会による「貿易ドル（Trade Dollar）」引き上げ決定に動かされたものと思われる。小野一一郎『近代日本幣制と東アジア銀貨圏』一一七～一二〇頁を参照。

(63) *North-China Herald*, Aug. 12, 1887, p. 171. 前掲『馬相伯年譜』一六二～一六九頁はこれを一八八六年に繋けているけれども、誤りであろう。

(64) 前掲『中國通商銀行』「華美紳集股設立中國官銀行草議」光緒十三年六月、七〇〇～七〇二頁。

(65)『記言』巻一、「借債以開鐵道説」。これは後註(148)の引用文を参照。

(66)『記言』巻三、「上李伯相覆議何學士如璋奏設水師書」。これは後註(141)の引用文を参照。
なお『馬相伯先生年譜』一六二〜一七〇頁、『馬相伯集』一一〇〇〜一一〇二頁には、あたかも馬相伯がこの銀行設立計画いっさいをとりしきったような書き方をしている。けれども、繋年はもとより、ラッセル商会の関与も、後註(123)にみるところとの混同であるように思われ、とうてい全面的に信頼できる記述ではない。

(67) *North-China Herald*, Aug. 5, 1887, pp. 147-148, "The Great Chinese Concessions—I," *ibid.*, Aug. 12, 1887, pp. 154-155, 170-171, "The Capture of China." *Chinese Times*, Aug. 13, 1887, pp. 661-663, "The Mitkiewicz Scheme."『東京日日新聞』明治二〇年九月二五日、四頁「米国の代辨(北京特別通信九月八日発)」、同上、明治二〇年九月二七日、二頁「華美銀行に関する報道」、同上、明治二〇年一〇月一日、三頁「華美銀行は山師の業には非ざるか」。

(68)たとえば、『意園文略』巻二、「請飭督臣停止銀行奏」光緒十三年八月十六日、『屠光禄疏稿』巻三、「奏參重臣專擅疏」光緒十三年八月、頁二九〜三三を参照。

(69)『大清徳宗景皇帝實録』巻二四六、光緒十三年八月丙申の条、頁五。ここに引用する弾劾上奏を特定することはできなかった。

(70)『中國通商銀行』「米建威稟及會議章程」光緒十三年六月初三日、「李鴻章咨《ママ》周馥・盛宣懷・馬建忠文」光緒十三年六月初三日に添付、六九八頁。ここで「一千万米ドル」と訳した原文は「美國銀圓」であり、これはおそらく前註(62)に言及した「貿易ドル」にあたるものと思われる。

(71)『意園文略』巻二、「請飭督臣停止銀行奏」光緒十三年八月十六日、頁一五は「華美國家銀行」というが、その引用する定款をみるかぎり、「華美銀行」のことを指している。

(72)『李文忠公全集』譯署函稿巻一九、「論借洋債・開銀行二事」光緒十三年六月二十七日、頁七〜八。また『盛宣懷年譜長編』一八八七年七月の条、「致駐美公使張樵埜〔蔭桓〕函」光緒十三年六月、二八三〜二八四頁。

(73)これは盛宣懷の意見も、影響を及ぼしていたのかもしれない。かれは馬建忠らが企画した「官銀行」の事業計画に対し、「只だ商辦すべきのみ」「盈虧は商の自主に聽《まか》せ、官は宜しく過問すべからず」と力説した結果、「傅相(李鴻章)尚ほ以て然りと爲す」という(『盛宣懷實業函電稿』「盛宣懷上翁同龢稟」六〇頁)。それがどのような思惑、いかなるいきさつでなされた発言だったのか、いかほどの影響をもったのかは、まだわからない。史料の文面をみたかぎり、馬建忠の活動に対しては、「官銀行」にかぎらず批判的なので、盛宣懐のレヴェルでいえば、当時から次第に顕在化しつつあった馬建忠との齟齬、対立の一局面であったとはいえるだろう。

(74)『中國通商銀行』「米建威稟及會議章程」光緒十三年六月初三日、「李鴻章咨《ママ》周馥・盛宣懐・馬建忠文」光緒十三年六月初三日に添付、「華美紳集股設立中國官銀行草議」光緒十三年六月、六九八〜六九九、七〇〇〜七〇二頁。

(75) 同註(68)。

(76)『大清徳宗景皇帝實録』巻二四六、光緒十三年八月甲辰の条、頁九。

(77)『光緒朝硃批奏摺』第一一二輯、光緒十三年八月二十二日、九四〜九六頁。

(78) *North-China Herald*, Aug. 19, 1887, p. 198は、早くも馬建忠が弾劾をうけるだろうとの観測を記しており、それは「三年前」招商局を外国商社に譲渡したため、「かれの名前が札つき (a black mark on his name)」になっているからだという。

(79) 原文は「海市有禁」で、アヘン戦争以前の状態を指して言ったものである。南京条約・五港開港をもって「開海禁」と表現するのは、清末ではごく普通のことであり、たとえば、これを清初の「海禁」や遷界令とみなす (Bailey, *op. cit.*, p. 104, n. 3) 必要はない。

(80) 原文は「歳入多至二千餘萬」で、以下このように金額を記すフレーズには、ほとんどその単位を記さない。おおむね銀両だと判断して、訳文ではほぼ「両」を付したけれども、それが庫平両なのか海関両なのか、そうした判別はむずかしく、断念せざるをえなかった。

(81) この「輸入超過」の額は、おそらく光緒十四年度の実績にもとづいたものであろう。「三千万」という数字はその年はじめて記録したからである。たとえば、『光緒通商綜覈表』「進出各貨價贏絀表」頁二二を参照。これはもちろん、海関統計に依拠したものである。馬建忠が「富民説」起草にあたって海関統計を利用していたことは、後述するところからも明らかだが、それは必ずしも、貿易収支の実情をあらわすものではない。後註(132)を参照。

(82) 朝鮮の条約締結とは、アメリカとのシューフェルト条約以降のそれをさす。馬建忠じしんの事蹟からみても、その蓋然性は高い。これが必ずしも、一八七六年の日朝の江華条約をいったものではないことに注意しておかねばならない。Cf. Bailey, *op. cit.*, p. 104, n. 5.

(83) このインドと日本の生糸・茶の輸出統計は、何に拠ったか未詳。少なくともインドの数値や増加率は、イギリスの統計とあわない。いわゆる「中國の生糸」の「輸出額」は、おそらく海関統計に拠ったものであり、光緒十三年・十四年度の実績にもとづく。十五年は三千六百万両を越えるので、考慮に入っていないとみるべきである。『光緒通商綜覈表』「出口貨價類列表」頁四〇、『通商表』巻三、「出口貨價類列表」頁二〇を参照。

(84) この直後に、沈穀成がほどこした夾註があって、以下のとおりである。もっとも沈穀成という人物は未詳だし、この注記がいつ、どのように挿入されたのか、そうした事情もわからない。

南潯の生糸商人の話によると、「アメリカの養蚕業では、公司《ママ》が設けられており、民間の蚕が硬化病にかかると、そのまま飼育を続けてはならず、必ずまぶしもろとも、公司に送らせることになっている。公司には医務官がおり、顕微鏡でそれを観察する。硬化病にかかる蚕はみな、その身体を起こし、葉のへりで小刻みに震える動きをする。あたかも駄馬が樹木に身体を擦りつけ掻くように。そうする蚕は、両側の腰のあたりに必ず微細な黒点があって、肉眼ではみえない。両側それぞれ一粒ずつ黒点があって、疥癬で人が痒くなるのと同じものなのであろう。治療はごくやわらかい羽毛のブラシに薬液をひたし、さっと拭い去る。もし感染した蚕が多い場合には、薬液を桑の葉に散布して飼育する。二晩たてば治る」という。したがって蚕種の選択・桑の栽培・飼育の方法は、よくよく研究しなくてはならない。

浙江省の南潯鎮は古来、生糸の集散地として著名であり、上海にも南潯鎮出身の生糸商人の進出が多かった。鈴木前掲書、二八九〜二九〇頁を参照。「公司」は公立の研究所のようなものとも思われるが、未詳。

(85) 前註と同じくこの直後に、沈穀成の註がある。

繭ができて二週間すると羽化し、繭を破って出てくる。そのため人手の少ない養蚕家は、たくさんの蚕種を養うことができない。繭が多くなりすぎて、すべての糸繰りができないからだ。だからといって、糸を繰るため一度に浸す繭が、少なすぎてもいけない。糸繰りを待っている間に、羽化して繭を破ることはなくとも、内側を傷めて汚損する恐れがあるからだ。中國産の生糸が外国産ほど細くできないのは、羽化するまでの時日が短いためなのである。繭の加熱処理はこの問題を解決するものだが、乾燥して長時間たつと光沢も鈍くなるので、細さと光沢の両立はきわめて難しい。以上も生糸商人から聞いたものだが、最近、加熱殺蛹に新しい技術ができたかどうかはわからない。

馬建忠は当時なお、繭の殺蛹・乾燥保存が中國で行われていなかったかのような書き方をしているが、乾燥繭の技術開発とそれを使った器械製糸業は、すでに一八七〇年代半ばから末にかけ、上海ではじまっていた。鈴木前掲書、三二三〜三二四、三三六頁を参照。

(86)「富民説」にいう「商務」は、現在のいわゆる商務、商業よりもひろい概念である。およそ交易通商にかかわる生産・交通・通信・金融・流通など、現代日本語でいえば、産業というほうがむしろ語感としてはふさわしい。それを当時の漢語で「商務」と表現する点にも着目したい。

(87)この税額は一八四三年に結ばれた英清間の五口通商章程、および税率表で定まったものである。以後、天津条約など、いくたびかの条約改訂の機会があったが、その税額はすえおかれた。Cf. Bailey, *op. cit.*, p. 104, n. 6. また拙稿「一九世紀中国における自由貿易と保護関税」も参照。

(88)「関・卡」はほぼ原文のとおり、あえてパラフレーズしなかった。「關」は外国との窓口にあたる洋関のみならず、内国交易を対象とする沿岸・内地の常関もふくむであろう。「卡」は釐卡、釐金の徴収所である。ここにいう「近来」の徴収成績の根拠は未詳。

(89)この輸入綿糸の額は、一八八八年の実績に相当する。*E.g.,* Hsiao Liang-lin, *China's Foreign Trade Statistics*, p. 38. だとすれば、「去年」は前註(81)(83)でみたのと同じく光緒十四年にあたり、「富民説」が書かれたのは、光緒十五年、一八八九年のことになるわけで、どうやらそのほうが蓋然性が高いように思われる。

(90)この「上奏」文は未詳。上海機器織布局の設立は一八七八年(光緒四年)であり、設立にあたって、李鴻章がその発起人たる彭汝琮と交わしたやりとりが、いわゆる「上奏」の内容に相当するであろう。これについては、鈴木前掲書、一四六～一五五頁が詳細周到である。

(91)『李文忠公全集』奏稿巻四三、「試辦織布局摺」光緒八年三月初六日、頁四四。なお従前から問題の多かったこの上奏文に対し、もっとも信頼できる論述として、鈴木前掲書、一六八～一七三、二〇四～二〇八頁を参照。

(92)以上の経営情況については、同上、一七八～一八一頁を参照。ここでは、織機一台につき二疋生産できるとの算出であるが、のちに馬建忠じしんがしたためた調査報告書によると、このとき設置されていた織機は二百台、稼働していたのは四十台、一台につき一疋の生産であった。『上海機器織布局』「馬建忠致李鴻章函」光緒十六年七月初四日、一五一頁。

(93)当時の蘆漢鉄路の建設計画は、兩廣総督張之洞の提案によったものである。波多野前掲書、四三七～四四一頁、李國祁『中國早期鐵路經營』七六～八三頁を参照。周知のとおり、このときには着工できず、建設されるのは日清戦争ののち、外国資本によってであった。中国の南北を貫く鉄道の建設は、「鐵道論」「借債以開鐵道説」以来の馬建忠の念願であった。坂野前掲書、一〇八頁を参照。なおこの鉄道建設計画は、後註(147)にみるように、「富民説」の中核的な議論にかかわっている可能性がある。

(94) この漠河金鉱については、後述する。

(95) このようにいわれる「諸山」が具体的にどこを指すのかは未詳。吉林では三姓金山で一八九〇年より試掘の議論があり、のち一八九四年に開発が行われている。『洋務運動』第七冊、三四七～三五六頁、張國輝前掲書、二二一頁を参照。

(96) この朝鮮の金生産および輸出に関する叙述の情報源は未詳。その確実な統計は存在しないよう（H. F. Merrill, "Report on the Foreign Trade of Corea for the Year 1887," Mar. 9, 1888, in CIMC, *Returns of Trade and Trade Reports for the Year 1887*, p. 494）だが、年間の輸出高を三百万メキシコドルとする推計がある（J. F. Schoenicke, "Jenchuan Trade Report for the Year 1887," Jan. 20, 1888 in *ibid.*, p. 508）。

(97) 山東省の平度金鉱は一八八七年、前濟東道李宗岱が平度州礦務局を設立して開業した。いわゆる担当者とは、かれを指すのであろう。借款は香港上海銀行から十八万両。張國輝前掲書、二二三～二二四頁を参照。その後の経営については、後述する。

(98) 原語は「浮金」。ここにいうそれが、どのような工程をへた粗金なのかは、ほかに用例がみあたらないので、わからない。ここではひとまず「浮」という文字を、浮遊選鉱（flotation）の意に解しておいた。博雅の示教を待つ次第である。

(99) 直隷省の開平炭鉱は、一八七八年の開業。踏査段階から招商局總辦の唐廷樞が主導していた。招商局から離れた後も、開平の経営は続けており、一八八〇年代末にようやく株式配当ができるなど、見るべき利益をあげるようになった。波多野前掲書、二一九頁、張國輝前掲書、二〇九頁を参照。

(100) この引用の出典は未詳。ただしこの文そのままでないものの、「国債」という語をふくめ、同じ趣旨を述べたものとして、『記言』巻一、「鐵道論」「借債以開鐵道説」がある。とりわけ前者の末尾に「國帑は空なりと雖も、獨《なん》ぞ賒貸して無を化して有と爲す能はざらんや。民貲は竭くと雖も、獨ぞ股を糾《あつ》めて少を積みて多と成す能はざらんや。官商を聯ねて一氣と爲さば、天下豈に成し難きの事有らんや」といい、後者の冒頭に「國債の説」をあげ、また前半に「借債に至りては、以て道途を治め、以て山澤を辟き、以て海口を濬へ、以て鐵道を興す、凡そ民が生を謀るの具と爲す所以にして、即ち國が財を開くの源と爲す所以なり、借債して以て軍を行《や》るとは、其の情事迴《はる》かに相ひ同じからず」というのが、それに該当しよう。その趣旨・翻訳は、坂野前掲書、一〇四、一〇五頁、Bailey, trans., *op. cit.*, pp. 69-70, 73, 75を参照。所論の内容については、後述に検討する。

(101) 坂野前掲書、四頁。
(102) 趙豊田『晩清五十年經濟思想史』四四～四五、九五～九八頁。波多野前掲書、二二八～二二九頁。
(103) 張豈之「序」『適可齋記言』所収、林前掲論文。また坂野前掲書、一一～一二頁も参照。
(104) 「富民説」は『記言』巻一に収めるもののほか、『自強學齋治平十議』所収、『皇朝經世文新編』巻一八、所収の版本がある。標点本として、『適可齋記言』一～九頁、『洋務運動』第一冊、四〇三～四一一頁（これは底本を「光緒二十四年石印本」とするけれども、その版本は未見。『記言』本とも『自強學齋治平十議』本とも、わずかな出入がある）所収。ほかにも、標点を施した活字のテキストは多数あるけれども、煩瑣にわたるので、いっさい省略にしたがう。前章の翻訳では、『記言』巻一所収本を底本とし、句読もふくめ、ほかの版本を参照した。
　これまでの翻訳としては、馬建忠／堀川哲男訳「富民説」『清末民国初政治評論集』五五～六三頁、Bailey, trans. *op. cit.*, pp. 88-105 がある。もちろん注釈もふくめて、大いに参照した。
(105) 坂野前掲書、五頁。
(106) 清末における漠河金鉱開発事業の顛末については、さしあたり、何漢威「清季的漠河金礦」、張國輝前掲書、二二五～二二九頁を参照。
(107) 馬建忠のものは、『礦務檔』第七冊、李鴻章の恭鏜あて咨文、恭鏜の総理衙門あて咨文、光緒十三年四月初七日受理に添付、四三三一～四三三八頁。ここに引用された李鴻章あて馬建忠の稟を節略再録したものが、『記言』巻四、「上李伯相論漠河開礦事宜稟」丁亥春である。李宗岱の意見書は、前掲『礦務檔』第七冊、李鴻章の恭鏜あて咨文、恭鏜の総理衙門あて咨文、光緒十三年四月初七日受理に添付、四三三八～四三四七頁に引用されている。
(108) 『洋務運動』第七冊、「黒龍江将軍恭鏜等奏」光緒十二年十二月十五日、三一三頁。『李文忠公全集』奏稿巻六一、「漠河金廠章程摺」光緒十三年十二月初五日、頁四五、「西軺紀略」光緒十二年十月十七日の条、頁三九～四〇。
(109) 『洋務運動』第七冊、「黒龍江将軍恭鏜等奏」光緒十二年十二月十五日、「黒龍江将軍恭鏜等片」同日、「軍機大臣密寄」光緒十二年十二月二十八日、三一三～三一五頁。
(110) 『礦務檔』第七冊、李鴻章の恭鏜あて咨文、恭鏜の総理衙門あて咨文、光緒十三年四月初七日受理に添付、四三三一、四三四八頁。

(111) 同上、恭鏜・禄彭の李鴻章あて咨覆、恭鏜の総理衙門あて咨文、光緒十三年四月初七日受理に添付、四三四九～四三五六頁。
(112) 『盛宣懷年譜長編』一八九〇年七月二五日の条、三三八頁。
(113) 同上、一八九〇年一一月二八日の条、「盛宣懷致總署大臣張樵埜［蔭桓］函」光緒十六年十月十七日、三四三頁。投資契約だけをとりあげるならば、すでに光緒十六年閏二月の時点で、馬建忠が関わっていたことは明らかである。前掲『礦務檔』第二冊、一三二四、一三四一頁。
(114) 『上海機器織布局』「馬建忠致李鴻章函」光緒十六年七月初四日、「上海機器織布總局向仁濟和借款憑執」光緒十六年八月初一日、一五五頁。『李文忠公全集』電稿巻一三、「馬道來電」光緒十七年五月二十八日戌刻到、頁一〇、*North-China Herald*, Oct. 3, 1890, p. 390. 仁濟和保険公司は一八七六年と七八年、招商局に附設された海上保険会社、仁和保険公司と濟和保険公司が一八八六年に合併したもの。
(115) 『申報』光緒十六年十一月初八日、「論中國仿行西法漸有成效」。また波多野前掲書、三四三頁、鈴木前掲書、一八二～一八三、二一三、二四一頁も参照。
(116) 『李文忠公全集』電稿巻一三、「馬道來電」光緒十七年五月二十八日戌刻到、頁一〇、「覆滬局馬道」光緒十七年五月二十九日酉刻、頁一〇。
(117) 『李文忠公全集』電稿巻一二、「寄華盛頓崔使」光緒十六年十二月十八日午刻、頁五四～五五、『李文忠公全集』電稿巻一三、「寄禮部張樵野侍郎」光緒十七年九月初三日巳刻、頁二三。『礦務檔』第二冊、「招遠礦務公司照會」光緒十七年十一月二十日、劉鍌泉の農工商部あて稟、光緒三十四年十月二十二日受理、一三三三、一三三五、一三四一頁、張國輝前掲書、二二四～二二五頁を参照。
(118) 同註(26)。
(119) Morse to Detring, Nov. 3, 1886, cited in Feurerwerker, *op. cit.*, p. 139.
(120) 『盛宣懷年譜長編』一八九〇年九月二二日の条、「盛宣懷致嚴芝眉函」三三八頁。『輪船招商局』「盛宣懷致嚴瀠函」光緒十六年八月初九日、「盛宣懷致馬建忠函」光緒十六年八月十一日、三一四、三一五頁。
(121) 『盛宣懷年譜長編』一八九〇年一一月二八日の条、「盛宣懷致總署大臣張樵埜［蔭桓］函」光緒十六年十月十七日、三四三頁。
(122) 『盛宣懷年譜長編』一八九一年七月の条、「沈能虎稟李鴻章稿」光緒十七年六月、三五七頁。夏東元前掲書、一五九頁。この外国人

通訳はイギリス人だが、姓名の原綴は未詳、漢字名を「海滋」「葛仕」と称す。この沈能虎の告発状によれば、任期契約もかわさず、担当する業務もなく、月給「二百金」を食んでいた、という。自身の弁明では、上海在住が二十五年におよび、銀行にコネが多く、フランス語もできるので、沈能虎にとっても、有用な人材のはずだ、とアピールしている（『輪船招商局』「葛仕致盛宣懷函」光緒十七年八月十二日、三三九頁）。

(123) この直前、National Bank of China[Imperial Bank of China] なる銀行が、ラッセル商会を中心として設立された（F. H. H. King, *The History of the Hongkong and Shanghai Banking Corporation*, pp. 404-406; *Archives of China's Imperial Maritime Customs*, Letter No. 1926, Campbell to Hart, Z/697, Mar. 20, 1891, p. 787）。ハートはその名称と裏腹に、「公的な地位（Govt. status）」にはまったくないと断じており（Fairbank *et al*., eds., *The I. G. in Peking*, Vol. 2, letter No. 796, Hart to Campbell, Z/484, May 4, 1891, pp. 385-386）、たとえば、馬建忠らが数年前に構想した「官銀行」との関連は、いまのところ確認できない。

(124)『出使美日秘國日記』巻七、光緒十七年五月初六日、頁二六、同巻八、七月十四日の条、頁七。

(125)『李鴻章全集（二）』「寄煙臺盛道並滬局馬道」光緒十七年七月初九日酉刻、三八三頁。また同上、「寄煙臺盛道並滬局馬道」光緒十七年七月二十九日戌刻、三九二頁、『輪船招商局』「李鴻章復總署函稿」光緒十八年九月十八日、四三九～四四〇頁、薛玉琴前掲書、六七～六八頁も参照。

(126)『輪船招商局』「盛宣懷致謝家福函」光緒十七年八月十八日、「盛宣懷致沈能虎函」光緒十七年八月十九日、三四〇、三四三頁。

(127) 夏東元前掲書、一六〇～一六五頁。たとえば、『輪船招商局』「盛宣懷致沈能虎函」光緒十七年九月十六日、三六二～三六三頁によれば、馬建忠の言葉として、李鴻章も復帰を容認している、とあり、またデトリングたちが、馬建忠の辞任後に招商局の経営が悪化したといいたてている、ともある。もって盛宣懷の危機感を見るべきである。

(128)『盛宣懷年譜長編』一八九一年一〇月二三日の条、「盛宣懷復呉清帥」光緒十七年九月二十一日、三六六頁。夏東元前掲書、一六二、一六六頁。

(129) 同上、一五六～一六六頁。

(130) 林前掲論文、とりわけ一九七～二〇四頁。

(131) 坂野前掲書、一〇～一一頁。

(132) 趙豊田前掲書、八九頁。当時その代表的なものとして、『光緒通商列表』とそれを下敷にした『光緒通商綜覈表』、薛福成『籌洋芻議』乙酉、「商政」頁二四、『庸盦全集』上冊、四二八頁がある。それが統計数値の修正を経ない虚像であったことは、今日ではもはや常識である。Hsiao Liang-lin, *China's Foreign Trade Statistics*, pp. 268-269, 小瀬一「一九世紀末、中国開港場間流通の構造」五三、五四頁を参照。また前掲拙稿も参照。

(133) 『記言』巻四、「上復李伯相札議中外官交渉儀式洋貨入内地免釐稟」頁七。この文章が書かれた事情については、第Ⅱ部註(6)(8)、および前掲拙稿を参照。

(134) 久保亨『戦間期中国〈自立への模索〉』を参照。

(135) 馬建忠の答申書がウェードらとの交渉じたいに占めた位置については、前掲拙稿を参照。

(136) たとえば、当時の福州を中心とする茶貿易・茶業の動向は、本野英一『伝統中国商業秩序の崩壊』二三〇～二三一、二三五～二四七頁を参照。

(137) この事実は今日では、すでに常識に属するものだが、当時の中国では、必ずしもそうではなかった。鈴木前掲書第二編が指摘するように、上海機器織布局の創立も、あくまで外国製綿布の輸入代替をめざしたものであり、そうした思考パターンは、馬建忠も例外ではない（後註(139)の引用文も参照）。つとに一八八一年のインド奉使において、ボンベイの綿工業勃興に危機感をつのらせていたが、注目したのは織布工業であり（『記行』巻三、「南行記」下、光緒七年七月二十五日の条、頁一七～一八、坂野前掲書、一八七～一八〇頁）、中国市場をターゲットにした紡績工業ではなかった。そしてこの「富民説」でも、前註(89)を付したくだりにみえるように、急増した輸入が綿布ではなく、綿糸であることをはっきり認識しながら、対策は織布局のたてなおしなど、外国製綿布の輸入代替と結論づけており、われわれからすれば、重大な論理のあやまりにもうつる。そのため鈴木前掲書、一八三頁は、馬建忠の織布局経営の失敗原因を、「当時の中国の綿製品の需要動向にマッチした新しい事業計画を提起せず」、従前「の事業をそのまま拡大するだけであった」ことに帰する。もちろん新たな出資者を獲得できなかったのが、事業内容だけによるのかどうかは、未知数である。

(138) 薛福成『籌洋芻議』「商政」頁二六、『庸盦全集』上冊、四二九頁。

(139) 『記言』巻四、「上復李伯相札議中外官交渉儀式洋貨入内地免釐稟」頁七。

(140) 『郭嵩燾日記』光緒四年十二月初八日の条、七二五～七二六頁。

(141)『記言』巻三、「上李伯相覆議何學士如璋奏設水師書」頁二七。その内容は、坂野前掲書、七五頁も参照。
(142)『記言』巻四、「上李伯相論漠河開礦事宜稟」頁二〇。『礦務檔』第七冊、四三三七～四三三八頁。
(143)『記言』巻三、「上李伯相覆議何學士如璋奏設水師書」頁二七。
(144)『記言』巻一、「借債以開鐵道説」、坂野前掲書、一〇五～一一六頁。
(145)『記言』巻一、「鐵道論」頁一七。
(146)坂野前掲書、一六八、一七〇頁を参照。
(147)『李文忠公全集』電稿巻一一、「滬局馬道來電」光緒十五年五月初十日亥刻到、「覆馬道」光緒十五年五月十五日辰刻、頁二三～二四。
(148)『記言』巻一、「借債以開鐵道説」。引用文のくだりについては、坂野前掲書、一〇八頁を参照せよ。また Bailey, trans. *op. cit.*, pp. 82-83 に英訳もある。戸部のとりやめ上奏とは、その文面は確認できないが、おそらく一八七七年、左宗棠の第四次「西征借款」に対するものであろう。前掲拙著、三三五頁を参照。
(149)坂野前掲書、一一三～一一四頁。
(150)『盛宣懐年譜長編』一八八五年七月二八日の条、「與滙豐銀行訂立借款合同」二三三一～二三三四頁。
(151)前掲拙著、三〇五～三二八、三五六～三六二頁を参照。
(152)坂野前掲書、二一一頁。
(153)『記言』巻二、「上李伯相言出洋工課書」頁三。「有価證券」と訳した原語は「商會滙票」。現在の中国語の語感では、むしろ為替手形のほうがしっくりくるだろうが、ここでは後文の文脈からみても、手形のみならず株式もふくむように思われるので、いずれをも概括する訳語にした。
(154)坂野前掲書、二二頁。この「商会」は、『記言』巻二、「上李伯相言出洋工課書」の原文のままであり、坂野前掲書、二六頁も「会社(「公司」)の意で用いたのではないかと思う」と記す。
(155)一八七〇年代後半の例として、『李文忠公全集』朋僚函稿巻一七、「復郭筠僊星使」光緒三年六月初一日、頁一三、薛福成『籌洋芻議』「商政」頁二六～二七、『庸盦全集』上冊、四二九～四三〇頁を参照。

(156)『記言』巻四、「上復李伯相札議中外官交渉儀式洋貨入内地免釐稟」頁六。
(157)『記言』巻一、「鐵道論」頁一八。Bailey, trans., *op. cit.*, p. 67. また坂野前掲書、一〇二～一〇三頁を参照。
(158)『郭嵩燾日記』光緒四年八月初二日の条、六一一頁。なお釐金とドイツ関税同盟のこうした対比は、同じ時期、ほかにも薛福成『籌洋芻議』「利權三」がとなえているが、結論は馬建忠と正反対である。
(159)『記言』巻四、「上復李伯相札議中外官交渉儀式洋貨入内地免釐稟」頁六～七。
(160)坂野前掲書、一一一頁。
(161)『記言』巻一、「鐵道論」頁二〇。Bailey, trans., *op. cit.*, p. 69. このくだりについては、坂野前掲書、一〇四、一一二頁も参照。言及のある「律」の文言はたとえば、滋賀秀三『清代中国の法と裁判』五～六頁を参照。本書の文脈でいえば、やや時代は下るが、「商律」「破産律」をめぐる本野前掲書、一七七～一八五頁の論述が示唆に富む。
(162)前掲拙稿を参照。釐金の廃止はこれに先んじて、『養知書屋文集』巻一一、「倫敦致李伯相」頁九～一〇、『郭嵩燾先生年譜』光緒三年二月杪の条、六二四～六二五頁がとなえている。二十年ほど前には釐金の創設整備に尽力したはずの郭嵩燾が、ウェードとの交渉はありながらも、在欧中にこうした主張をするところに着目しておきたい。もっともその論旨は、商人の保護を明確に打ち出しているわけではない。李鴻章はこれに対し、「各省の釐金をやめてしまうと、西征・海防、および各地の駐留軍の補給が不足する。やめるべきだとよくわかっていても、やめられるわけがない」と答えており(『李文忠公全集』朋僚函稿巻一七、「復郭筠僊星使」光緒三年六月初一日、頁一三)、これが国内情勢をいいつくしていよう。
(163)馬建忠が光緒十五年九月初、盛宣懐に書翰を送って、公金を返済したのちは、招商局を「公司」に改組するよう提案した(『輪船招商局』「盛宣懷致馬建忠函」光緒十五年九月二十七日、二八一頁)のは、この「富民説」の所論と無関係ではないかもしれない。
(164)前掲拙著、とりわけ一〇～一三頁、本野前掲書、とりわけ六～七、五九、三一一～三一三頁を参照。
(165)この事態を、李鴻章は「民心の齊し難き」といい(『李文忠公全集』朋僚函稿巻一七、「復郭筠僊星使」光緒三年六月初一日、頁一三)、馬建忠は「風氣未だ闢けず」(『記言』巻一、「借債以開鐵道説」頁二五)と表現した。当時はおおむね、表面的な事象をこのようにいいあらわすことしかできなかった。
(166)坂野前掲書、四頁。

(167)『記言』巻四、「上復李伯相札議中外官交渉儀式洋貨入内地免釐稟」頁八、九。

(168)『陰晴史』下、高宗十九年壬午五月初一日、六月十三日の条、一五〇～一五一、一七五～一七七頁。厳密にいえば、後半の引用文は金允植の発言だが、馬建忠の説をなぞっているのは確実なので、このように引いた。

(169)『記言』巻三、「上李伯相覆議何學士如璋奏設水師書」頁二七～二八。坂野前掲書、七五～七六頁。ここに言及される西洋の税制は、たとえば薛福成『籌洋芻議』「利權二」頁三九、前掲『庸盦全集』上冊、四三六頁も、あらゆる物・人・事に課税し、「其の徴斂の繁は、中國に十倍す」という。

(170)「君民一体」という表現は、周知のとおり、小野川秀美『清末政治思想研究』五二、六九頁以来、主として議会制に帰納されてきたものである。だがこのようにみてくると、議会制もその一面であるし、税制もその一面であり、さらにいえば、プロフェッションもそうである。『記言』巻三、「上李伯相覆議何學士如璋奏設水師書」頁二に、英仏海軍軍人の「職業意識」「プロとしての誇り」と厳格な金銭出納を評して、「外国人が中國の人よりも賢いためでは決してない。これまた、法制が然らしめているのである」という（坂野前掲書、六九、七六頁）。「君民一体」はこの「法制」にひとしく、すなわち近代国民国家の体制そのものを指す、というほかあるまい。

それが当時の中国と異なっていたことは、駐英公使の郭嵩燾も、「中國官・民の勢、懸隔太だ甚だし」と口をきわめて歎いたところであり、その対極にあるのが、やはりヨーロッパ社会だったのである。『養知書屋文集』巻一一、「倫敦致李伯相」頁五～六、『郭嵩燾先生年譜』六二二頁、坂野前掲書、九二～九三頁。

エピローグ

(1)『井上馨関係文書』231―5、榎本武揚の井上馨あて書翰、一八八二年一〇月一八日。

(2)『東行三録』三頁、『馬相伯集』五九一頁。また坂野前掲書、四八頁も参照。

(3)『記言』巻四、「擬設繙譯書院議」。訳文は坂野前掲書、四六、一九六頁。

(4) 本野前掲書、一九六～一九八、二〇一～二〇二頁。ここにみえる「恵通銀行」をめぐる案件で表面化した馬建忠の利殖活動は、中国側の史料にはみえない貴重な記事である。これを発見された本野氏の貢献に敬意を表したい。ただし同上、三六四頁にみえる、その活動とかれの疎外とをむすびつける因果関係の措定には、史料上の論拠もなく、賛成しがたい。また鎮江での銭荘投資については、蔣文野前掲論文、一七四～一七五頁を参照。

(5) この書物とは、第Ⅰ部第二章でみた、「李伯相に上りて出洋工課を言ふの書」に言及する『聞政』のことなのかもしれない。

(6) 同註(3)。

(7) 『李文忠公全集』電稿巻二〇、「寄滬交馬道建忠」光緒二十一年二月初七日巳刻、頁二〇。

(8) 『李文忠公全集』電稿巻二一、「寄譯署」光緒二十一年五月初六日未刻、頁七。

(9) Morse, *International Relations*, Vol. 3, p. 102, Feurerwerker, *op. cit.*, p. 118, 林前掲「清末改良派馬建忠」一五頁、坂野前掲書、二、一八八頁。もっともこの随行に関しては、いささか信憑性に問題がある。かれは事前に李鴻章から連絡をうけている（『李鴻章全集（三）』「寄彼得堡許使・巴黎慶使・上海馬建忠・李經方」光緒二十二年正月初三日申刻、六三三頁）ので、無関係でなかったことは確かだが、『李文忠公全集』奏稿巻七九、「隨帶人員摺」光緒二十二年正月十三日、に添付された「清單《リスト》」には、馬建忠の名がないし、『李傅相歴聘歐美記』光緒二十二年二月十四日の条、頁二も同様である。コルディエもヨーロッパで馬建忠と「再会した」のは、一八九七年だという（Cordier, *op. cit.*, p. 500)。

(10) 同註(2)。これについては、坂野前掲書、四七、四八～四九頁もみよ。馬建忠を生涯の知己とした、小説『老殘遊記』の著者、劉鶚の『鐵雲先生年譜長編』光緒二十七年の条、六一～六二頁には、馬建忠の死因について異聞を載せる。蔣文野前掲論文、一八六頁も参照。

(11) 丁文江・趙豊田編『梁啓超年譜長編』第一巻、一〇四、一一一～一一二頁。

(12) 『汪康年師友書札』汪康年あて馬建忠の書翰、汪康年あて梁啓超の書翰、一五七五、一八四二頁。ここに言及される「學堂章程」とは、『時務報』第八、一一、一二冊、光緒二十二年九月十一日、十月十一日、二十一日に連載された「奏設天津中西學堂章程」のことと思われる。これは盛宣懷が光緒二十一年八月初一日に上申したもの（『盛宣懷年譜長編』一八九五年九月一〇日の条、「盛宣懷稟王文韶［設天津中西學堂］」光緒二十一年七月二十二日、四九〇～四九八頁）だが、それと馬建忠との関係は未詳である。

(13) 『翁同龢日記』光緒二十三年六月初二日の条、三〇一一～三〇一二頁。

(14) 『中日韓』第八巻、総理衙門の馬建忠あて行文、光緒二十三年九月二十九日、馬建忠の総理衙門あて稟、同日受理、五〇四六～五〇四八頁。

(15)『張蔭桓戊戌日記手稿』戊戌七月十九日の条、一二六頁。この経緯の詳細については、さしあたり茅海建『戊戌變法史事考』四四七～四六一頁、とくに、四五四、四五七～四五八頁を参照。筆者も別稿を予定している。

(16) 孔祥吉『救亡圖存的藍圖』二六四～二六五頁。

(17)『適可齋記言記行』「自記」光緒二十二年八月十五日。

(18) たしかに現在行われている、この序文をもつ刊本は、版木をあらためずに、埋木・象嵌を施して語句を挿入したり、あるいは語を塗抹、文を消去しており、「補訂」の痕跡がわかる。

(19)『皇朝經世文新編』にも、『記言』の論説をほぼ網羅的に収録する。なお一九〇二年刊行の『皇朝經世文新編續集』巻四、「法律」には、馬建忠の署名のある「原法（法とは何か）」はじめ、かれの手になるとおぼしい文章をおさめる（坂野前掲書、三八～三九頁）が、その文章執筆や編集収録の経緯はよくわからない。また同じ年には、かれが生前、自然科学理論をまとめた大冊の編著『藝學統纂』全九五巻が刊行されたという（薛玉琴前掲書、二、八、七九～八〇、一二三六頁）。

(20) 李鴻章の生涯に即した概観として、前掲拙稿「「洋務」・外交・李鴻章」を参照。

(21) *Chinese Times*, Mar. 19, 1887, p. 312, "The Policy of the Marquis Tseng," translated from *le "Journal des Débats,"* Shanghai, Aug. 20th, 1886.

(22) 創刊当初より『時務報』で連載された「變法通議」は、前註(3)(6)に紹介した「擬設繙譯書院議」を引用しており、さらに馬建忠が当時、『馬氏文通』を執筆していたことにも言及する。『時務報』第一七冊、光緒二十二年十二月十一日、頁四、同第二七冊、光緒二十三年四月二十一日、頁三、同第三三冊、光緒二十三年六月二十一日、頁二、『飲冰室文集』一、五二、六七～六八、七六頁。蔣文野前掲論文、一七七～一七八頁も参照。

(23) 梁啓超「序」『適可齋記言記行』所収、前掲『飲冰室合集』所収『飲冰室文集』一、所収、一三二頁。原文は「使向者而用其言、寧有今日。使今日而用其言、寧有將來」だが、文脈からみてどうも読めないので、「使今日而不用其言」としてみた。

あとがき

馬建忠と格別に親しい間柄だったわけではない。最近まで顔も知らなかった。筆者の主要な研究題目が洋務運動なので、何度も対話してきた人物ではある。けれどもそれは、とりたてて馬建忠だけ、ということではない。要するに、多くのなかの一人にすぎなかった。

かれの「富民説」を読んだのは、学生時代、勉強をはじめた当初だった。いな、読んだ、とはとてもいえない。先達の論著や翻訳に導かれて目を通し、字面を追った、ただそれだけのことである。

ついで坂野正高先生の論著を読んで、経済以外の方面にも興味をおぼえた。しかし馬建忠の成績表をパリにまで探しに行く、その姿勢に圧倒されて、これで研究は行くべきところまで行った、もうやることはあるまい、との感をいだいた。はじめから、研究の対象ではなかったのである。

それから現在まで、ほぼ二十年。いろんな関心のもと、史料を読んでゆくうち、ことあるごと、馬建忠にひっかかったのは確かである。梁啓超との交友関係、万博の取材、公使館の官吏、留学、国際法、外交交渉、企業の経営、日本との関係、経済理論……。何か系統的な脈絡があったわけではない。折にふれて、それぞれに出くわしただけである。われわれの仕事では、そのように遭遇する史上の人物や事件は、無数といってよい。気になる人物ではあったけれど、やはり見知った多数の一人にすぎなかったし、そのこと自体は、現在もかわっていない。

それなら、なぜそんな筆者がいま、馬建忠を書いたのか。自分でも正確に説明するのは難しい。しかし筆者のなかで、馬建忠の存在がにわかに大きくなったきっかけは、よくおぼえている。清朝と朝鮮の関係を調べたとき、実地に史料にあたり、かれの書いたものを精読し、史実を復原してゆくと、思っていたよりはるかにおもしろく、重要な人物であることに気がついた。要するに、それまではまったく不明の至りだったわけで、本腰を入れてかれの著述にとりくむようになったのは、それからのことである。

ほぼ十年たって、フランスに留学した馬建忠、列強との交渉で辣腕をふるった馬建忠、西洋式企業の経営に従事した馬建忠、李鴻章の秘蔵っ子だった馬建忠、世人に忌み嫌われた馬建忠、それまで別々バラバラの存在でしかなかったそれらが、しだいにピントが合わさり、一つの生涯、一個の人物がうかびあがるようになってきた。もとより、すべてがわかったわけではない。しかしこれ以上は、容易にわかりそうもない。その域にまで、どうやらたどりついた。

外交、経済、思想、いろんな方面に登場し活躍した、その役割を自分なりにいちいち納得してゆくと、これまで馬建忠についていくたりの研究が説いてきたこととは、ずいぶん異なる内容となった。もっともそれは、しょせん個人的な事情にすぎない。そんな納得はしながらも、ずっと悩んでいたのは、自分個人の納得をいったいどうやって、世人への説得に変えるか、どのように表現したものか、ということだった。

それと時を同じくして悩まされつづけたのは、とりくんだ史料テキストに、とにかく誤りが多いことである。たんなるケアレスミスから始まって、故意に、ためにする曲筆にいたるまで、枚挙に暇がない。テキストを正しく読む、という人文学なら当然のことが、実はたいへんな仕事だとあらためて思い知らされた。

そこで気づいたこともある。そんなことは、別に馬建忠の著述にかぎったわけではなく、中国史学では茶飯事であって、だから往時は、読み手それぞれのなかで処理でき、正しい読解に達しえたことがらである。処理できなければ、漢籍をあつかうべからず、中国史を研究すべからず、と教えられてわれわれは育った。けれどもわれわれの世代ごろから、もちろん筆者もふくめ、思うように処理できないのが、むしろあたりまえになってきた。いわゆる研究の姿も、今や大きく様がわりしている。一昔前なら研究とよぶのも恥ずかしい論著が、高論卓説としてまかりとおっている。

新しい問題、新しい史料、新しい分析の発掘は、研究者に課せられた使命である。けれども時流に乗ることが真に新しいわけでもなければ、耳目になじみのうすいことが真に新しいわけでもない。題材はいかに目新しくとも、行論は誤謬だらけ、結論はごく平板、そんな研究がいかに多いことか。

くりかえしとりあげられ、論ぜられ、評されてきたことがらだからこそ、死角がある。見えないから死角という。見えなくては、ない、のと同じで、そもそも語ることはできないはずのものだ。そんな死角を発見し、照らし出すには、既成の議論の再考はもとより、新たな素材と方法を必要とする。しかしそうした作業は、どうやら世間では、新しい、とはいわぬらしい。

カタカナ語の氾濫、英語の偏重、グローバル化のスローガンはその典型、たんに旧態依然の「上等舶来」意識が、現代的に表出したものにすぎない。ところが世間はその風潮を「新しい」と認定し、学界でも「新しく」なければ研究できない環境ができあがってしまった。いわゆるＣＯＥはじめ、壮大な金銭と時間の浪費だけに終わりそうな、おびただしい事業《プロジェクト》の数々は、そんな発想に由来するのであろう。

そんななか、自分は何をなすべきか。名利のため迎合するのが大勢の世で、俗流に興味のない一歴史家の任務とは何か。考えあぐねたあげく、思いついたのは、世人の気づかない、しかも重大な題材を精選して、世に出すことである。よく知らないことがらについて、こちたき議論、もっともらしい学説を並べたてるのではなく、重要な史料をなるべく生のまま提示する、しかも研究者ばかりではなく、関心のある人なら誰にでも読めるようなかたちで提供し、残してゆく。それが今の世でもっとも自分を生かす道ではないか、と思いたって勇躍、馬建忠の文章の翻訳にとりかかった。

とりかかったはよいが、全訳ともなるとかなりの難物、歯が立たないところが陸続と出てきて、そのたびに筆は滞る。そこでいつもの習性、みだりに教えを請うて、実に多くの方に迷惑をかけた。なかんづく茂木敏夫、古松崇志、井上直樹、箱田恵子、青山治世の諸氏からは、つねに惜しみない示教をいただいた。難行苦行を押し通せることができたのも、そのおかげである。記して深謝の意をあらわしたい。

そうはいっても、どこの誰かもよくわからない外国人の、なじみの薄い時代に関する論著を、一介の研究者がただ訳したところで、誰も目をあげてくれまい。いくら綿密な校訂、詳細な注釈で装備しても、読んでもらえなければ無意味である。しかしどこまで訳者が身を乗り出してよびかけ、口をはさんで説明すればよいのか、文章を綴る段階になっても、なかなか悩みはつきなかった。

京都大学学術出版会の小野利家氏にお目にかかったのは、そんな試行錯誤を重ねていたときである。氏は停年まぎわのご多忙の折も折、その話に慨歎して出版をお引き受けくださった。爾来、遊惰な筆者への督励はいわずもがな、訳文の品隲、評伝じたての構成、はたまた書名の発案にいたるまで、小著のなかばは、氏のご助力に成る。氏ご退職ののち、編集作業をひきついでくださった佐伯かおる氏は、瑣末な筆者のこだわりに辛抱強くおつきあいくださり、細心周到な手腕ですみやか、あざやかに小著を送り出していただいた。無名の筆者による無名人の評伝・翻訳をあえて世に問わんとする、その雅量にあらためて衷心の謝意をささげたい。

司馬遷の『史記』以来、中国の正史は紀伝体という人物本位の構成をとりつづけた。その究極的な理由を筆者は寡聞にして知らない。しかしとにかく、それが連綿と読みつがれてきたのは、良くも悪しくも、もっとも親近感のもてる、ドラマチックな筋立てになるからであろう。歴史のおもしろさはやはり、人物論にきわまる。

意識するとせざるとにかかわらず、誰もがみな大なり小なり、何らかのかたちで参画し歴史をつくりあげてゆく。その重大な局面、典型的な一断面を明らかにするため、一人の人物をとりあげる。その人物はあくまで個人だが、背後には直接間接に関係し、影響をおよぼしあう無数の人間が厳存するから、個人の生涯を通して、社会全体の動向をうかがうことができる。それが歴史において人物を論じる理想なのだろう。

著名人への阿諛追従、誹謗中傷に終始しては、陳腐な紀伝体の二の舞、凡俗な週刊誌と同レヴェル、とてもまっとうな歴史とはいえまい。無名必ずしも無力ならず、功名必ずしも功績ならず、悪名必ずしも悪漢ならず、そういう人物と社会と時代の関係を生き生きと、しかも正確に描き出したい、というのが筆者の素願である。馬建忠の中国近代でどれだけかなったのか、これは読者の判断にゆだねるほかない。

それでも、馬建忠の名がせめて明治維新の志士と同じくらい、日本人に知られるようになってほしい、というのが小著にこめたささやかな望みである。ことによると馬建忠は、かれら以上にその時代の日本と中国の運命を左右したかもしれない。だから翻訳書・研究書の体裁はとっていても、小著はあくまで紹介の書である。関心のある人には誰でも読めるように書いたつもり、だからといって、学問的な批判を避けるつもりはない。学問とか歴史学などというと何やら難しく聞こえるけれど、要は現代につながる過去の真相、過ぎ去りし時代、そしてその人物の真面目にどこまで近づけるか、というにつきる。それに少しでも役立つなら、いかに峻厳であろうと、批正はむしろ望外の喜び、甘んじて受けたいと思う。

二〇〇七年七月

岡本隆司

索　引

1)　漢語は日本語読みで排列した。慣用にしたがったものもある。
2)　註、目録の文献名は、原則としてとっていない。
3)　語句そのものではなく、内容によってとったものもある。
4)　末尾に欧文索引を附した。

ア　行

カ　行

サ　行

タ　行

ナ　行

ハ　行

マ　行

ヤ　行

ラ　行

ワ　行

欧　文

引用文献目録

和　文

秋月望「朝中貿易交渉の経緯——一八八二年、派使駐京問題を中心に」『九州大学東洋史論集』第 13 号、1984 年。

————「魚允中における「自主」と「独立」」『年報朝鮮学』創刊号、1990 年。

伊藤宏二訳「ヴェストファーレン講和文書の成立 —— ACTA PACIS WESTPHALICAE, III B 1/1, Einleitung I–II より」、河村貞枝編『国境をこえる「公共性」の比較史的研究』平成 14 年度〜 17 年度科学研究費補助金研究成果報告書、2006 年、所収。

『井上馨関係文書』国会図書館憲政資料室蔵。

『井上毅伝　史料篇第五』井上毅伝記編纂委員会、國學院大学図書館、1975 年。

ヴォルテール／林達夫訳『哲学書簡』岩波文庫、1951 年、1980 年改版。

王宝平『清代中日学術交流の研究』汲古書院、2005 年。

岡本隆司『近代中国と海関』名古屋大学出版会、1999 年。

————『属国と自主のあいだ——近代清韓関係と東アジアの命運』名古屋大学出版会、2004 年。

————「書評：金鳳珍著『東アジア「開明」知識人の思惟空間——鄭観応・福沢諭吉・兪吉濬の比較研究』」『中国研究月報』第 60 巻第 1 号、2006 年。

————「『清韓論』の研究——近代東アジアと公法」、河村貞枝編『国境をこえる「公共性」の比較史的研究』平成 14 年度〜 17 年度科学研究費補助金研究成果報告書、2006 年、所収。

————「「洋務」・外交・李鴻章」『現代中国研究』第 20 号、2007 年。

————「属国と保護のあいだ——1880 年代初頭、ヴェトナムをめぐる清仏交渉」『東洋史研究』第 66 巻第 1 号、2007 年。

————「19 世紀中国における自由貿易と保護関税——「裁釐加税」の形成過程」、左近幸村編著『東北アジアの誕生』スラブ・ユーラシア叢書、北海道大学出版会、2007 年、掲載予定。

奥平武彦『朝鮮開国交渉始末』刀江書院、1935 年。

小野一一郎『近代日本幣制と東アジア銀貨圏——円とメキシコドル』小野一一郎著作集①、ミネルヴァ書房、2000 年

小野信爾「李鴻章の登場——淮軍の成立をめぐって」『東洋史研究』第 16 巻第 2 号、

1957年。

小野川秀美『清末政治思想研究』みすず書房、1969年。

勝海舟／江藤淳・松浦玲編『氷川清話』講談社学術文庫、2000年。

カリエール（François de Callières）著／坂野正高訳『外交談判法』岩波文庫、1978年。

河上肇『西欧紀行　祖国を顧みて』岩波文庫、2002年。

川島真『中国近代外交の形成』名古屋大学出版会、2004年。

北村敬直「招商局史の一側面――旗昌公司買収事件について」『東洋史研究』第20巻第3号、1961年。

木村亜子「清代咸豊期における宝鈔の発行と官銭鋪」『人間文化研究科年報』（奈良女子大学）第18号、2003年。

――――「清代咸豊期の紙幣発行と王鎏の貨幣論」『寧楽史苑』第51号、2006年。

久保亨『戦間期中国〈自立への模索〉――関税通貨政策と経済発展』東京大学出版会、1999年。

『梧陰文庫』國學院大学図書館所蔵、雄松堂書店マイクロフィルム、1992年。

『公文録』明治15年、第16巻、国立公文書館所蔵。

小瀬一「19世紀末、中国開港場間流通の構造――営口を中心として」『社会経済史学』第54巻第5号、1989年。

佐々木揚『清末中国における日本観と西洋観』東京大学出版会、2000年。

佐藤慎一『近代中国の知識人と文明』東京大学出版会、1996年。

『三条実美関係文書』国立国会図書館憲政資料室所蔵、マイクロフィルム版、北泉社、1997～1998年。

滋賀秀三『清代中国の法と裁判』創文社、1983年。

朱蔭貴「近代中国における株式制企業の資金調達」『中国研究月報』第59巻第11号、2005年。

『清末民国初政治評論集』西順蔵・島田虔次編、中国古典文学大系第58巻、平凡社、1971年。

鈴木智夫『洋務運動の研究――一九世紀後半の中国における工業化と外交の革新についての考察』汲古書院、1992年。

――――『近代中国と西洋国際社会』汲古書院、2007年。

『西学東漸記――容閎自伝』容閎著／百瀬弘訳注・坂野正高解説、平凡社東洋文庫、1969年。

「対韓政策関係雑纂　明治十五年朝鮮事変」日本外務省記録MT1.1.2.3-14、外務省外交史料館所蔵。

高田時雄「トマス・ウェイドと北京語の勝利」、狭間直樹編『西洋近代文明と中華世

界』京都大学学術出版会、2001 年、所収。

多田嘉夫「明治前期朝鮮問題と井上毅——江華島事件及び壬午甲申京城事変をめぐって」(二)『國學院法研論叢』第 19 号、1992 年。

田保橋潔『近代日鮮関係の研究』全 2 冊、朝鮮総督府中枢院、1940 年。

陳舜臣『江は流れず——小説日清戦争(上)』中公文庫、1984 年。

『徒然草』吉田兼好著、橘純一校註、日本古典全書、朝日新聞社、1956 年。

丁文江・趙豊田編/島田虔次編訳『梁啓超年譜長編』全 5 巻、岩波書店、2004 年。

中村義「清末政治と洋務派」、同『辛亥革命史研究』未来社、1979 年、所収。

中村哲夫「科挙体制の崩壊」、同『近代中国社会史研究序説』法律文化社、1984 年、所収。

————「近代中国の通貨体制の改革——中国通商銀行の創業」『社会経済史学』第 62 巻第 3 号、1996 年。

新村容子『アヘン貿易論争——イギリスと中国』汲古書院、2000 年。

西里喜行『清末中琉日関係史の研究』京都大学学術出版会、2005 年。

『日韓外交史料 (2) 壬午事変』市川正明編、明治百年史叢書 285、原書房、1979 年。

『日韓外交史料 (7) 日韓交渉事件録』市川正明編、明治百年史叢書 290、原書房、1980 年。

『日本外交文書』外務省編纂、第 15 巻、再版、1963 年。

『日本外交文書 明治年間追補』第 1 冊、外務省編纂、1963 年。

箱田恵子「清朝在外公館の設立について——常駐使節派遣の決定とその意味を中心に」『史林』第 86 巻第 2 号、2003 年。

————「科挙社会における外交人材の育成——在外公館の設立から日清戦争まで」『人文知の新たな創造に向けて』京都大学文学研究科、21 世紀 COE プログラム「グローバル化時代の多元的人文学の拠点形成」第 4 回報告書、2006 年、所収。

波多野善大『中国近代工業史の研究』東洋史研究会、1961 年。

濱下武志「十九世紀後半、中国における外国銀行の金融市場支配の歴史的特質——上海における金融恐慌との関連において」『社会経済史学』第 40 巻第 3 号、1974 年。

————『中国近代経済史研究——清末海関財政と開港場市場圏』東京大学東洋文化研究所報告、汲古書院、1989 年。

林要三「清末改良派馬建忠——「富民説」の形成過程」『中国史研究』大阪市立大学中国史研究会、第 1 号、1962 年。

————「馬建忠の経済思想——「富民」思想の成立およびその役割」『帝塚山大学紀要』第 2 輯第 2 冊、1966 年。

坂野正高『近代中国外交史研究』岩波書店、1970 年。

――――『現代外交の分析――情報・政策決定・外交交渉』東京大学出版会、1971年。

――――『近代中国政治外交史――ヴァスコ・ダ・ガマから五四運動まで』東京大学出版会、1973年。

――――『イメジの万華鏡――私の米国・日本・中国体験』筑摩書房、1982年。

――――『中国近代化と馬建忠』東京大学出版会、1985年。

広瀬靖子「日清戦争前のイギリス極東政策の一考察――朝鮮問題を中心として」『国際政治』第51号、1974年。

藤沢道郎『物語　イタリアの歴史――解体から統一まで』中公新書、1991年。

夫馬進「使琉球録と使朝鮮録」、同編『増訂　使琉球録解題及び研究』榕樹書林、1999年、所収。

マリアンヌ・バスチド（Marianne Bastid Bruguière）／島田虔次・長部悦弘訳「清末のヨーロッパへの留学生たち――福州船政局の近代技術導入をめぐって」『東亜』第213号、1985年。

彭澤周『明治初期日韓清関係の研究』塙書房、1969年。

溝口雄三「ある反「洋務」――劉錫鴻の場合」、同『方法としての中国』東京大学出版会、1989年、所収。

『宮崎市定全集　10　宋』岩波書店、1992年。

『宮崎市定全集　別巻　政治論集』岩波書店、1993年。

『明治十五年朝鮮事件』宮内庁書陵部所蔵。

茂木敏夫「近代中国のアジア観――光緒初期、洋務知識人の見た「南洋」」『中国哲学研究』第2号、1990年。

――――「馬建忠の世界像――世界市場・「地大物博」・中国―朝鮮宗属関係」『中国哲学研究』第7号、1997年。

――――「書評：川島真著『中国近代外交の形成』」『現代中国研究』第18号、2006年。

本野英一「書評：坂野正高著『中国近代化と馬建忠』」『社会経済史学』第51巻第2号、1985年。

――――『伝統中国商業秩序の崩壊――不平等条約体制と「英語を話す中国人」』名古屋大学出版会、2004年。

百瀬弘『明清社会経済史研究』研文出版、1980年。

安岡昭男「花房義質の朝鮮奉使」、同監修、岩壁義光・広瀬順皓・堀口修編修『花房義質関係文書〈東京都立大学付属図書館所蔵〔Ⅰ〕〉』北泉社、1996年、所収。

吉田光邦「1910年南洋勧業会始末」、同編『万国博覧会の研究』思文閣出版、1986年、所収。

李培徳／山腰敏寛・李彦訳「「包・保・報」と清末官督商辦企業――盛宣懐が漢陽鉄廠・中国鉄道総公司・中国通商銀行をチェーン経営化した事例をめぐって」『社会システム研究』（立命館大学社会システム研究所）第13号、2006年。

劉建雲『中国人の日本語学習史』学術出版会、2005年。

中　文（拼音《ピンイン》排列）

巴斯蒂（Marianne Bastid Bruguière）／張富強・趙軍訳「清末赴歐的留学生們――福州船政局引進近代技術的前前後後」『辛亥革命史叢刊』第8輯、中華書局、1991年。

陳三井「略論馬建忠的外交思想」『中央研究院近代史研究所集刊』第3期、1972年。

陳文進「清季出使各國使領經費」『中國近代經濟史研究集刊』第1巻第2期、1933年。

『陳熾集』趙樹貴・曾麗雅編、中國近代人物文集叢書、中華書局、1997年。

『籌辦夷務始末』同治朝、全100巻、台聯國風出版社影印本、再版、1972年。

『出使美日秘國日記』崔國因撰、全16巻、光緒20年鉛印本、近代中國史料叢刊第28輯、文海出版社、所収。

『大清德宗景（光緒）皇帝實録』全597巻、華文書局影印本、再版、1970年。

『東行三録』中國歴史研究社編、中國内亂外禍歴史叢書、神州國光社、1938年初版、1940年修増版。

范振乾『清季官督商辦企業及其官商關係（一八七三至一九一一）――招商局與電報局個案研究』時英出版社（臺北）、1986年。

方豪「馬建忠先生事略」、同『方豪六十自定稿』全2冊、學生書局、1969年。

『光緒朝東華録』朱壽朋撰、全5冊、中華書局、1958年。

『光緒朝硃批奏摺』中國第一歴史檔案館編、第91、112輯、中華書局、1996年。

『光緒通商列表』楊楷撰、光緒12年序、13年跋、近代中國史料叢刊續編第48輯、文海出版社、所収。

『光緒通商綜覈表』『中外交渉類要表光緒通商綜覈表』錢學嘉撰、光緒14年刊、所収。

『郭侍郎奏疏』郭嵩燾撰、全12巻、光緒18年刊、近代中國史料叢刊第16輯、文海出版社、所収。

『郭嵩燾日記』全4巻、湖南人民出版社、1981～1983年、第3巻、1982年。

『郭嵩燾先生年譜』郭廷以編定・尹仲容創稿・陸寶千補輯、全2冊、中央研究院近代史研究所、1971年、下冊。

何漢威「清季的漠河金礦」『香港中文大學中國文化研究所學報』第8巻第1期、1976年。

『花隨人聖盦摭憶』黄濬撰、上海書店出版社、1998年。

『淮系人物列傳――文職・北洋海軍・洋員』馬昌華主編、黄山書社、1995年。

『皇朝經世文新編』麥仲華輯、上海大同譯書局、光緒 24 年。
『皇朝經世文新編續集』甘韓輯・楊鳳藻校、光緒 28 年、近代中國史料叢刊第 79 輯、文海出版社、所収。
黃逸平『近代中國經濟變遷』上海人民出版社、1992 年。
『澗于集』張佩綸撰、豐潤張氏澗于艸堂刊本、民國 7、11 年。
蔣廷黻『近代中國外交史資料輯要』中卷、商務印書館、1934 年。
――――「評清史稿邦交志」、同『中國近代史　外三種』嶽麓書社、1987 年、所収。
蔣文野「馬建忠編年事輯（增補稿)」、同『《馬氏文通》論集』河北教育出版社、1995 年、所収。
『校邠廬抗議』馮桂芬撰、咸豐 11 年自序、敏德堂潘校刊本、光緒 18 年。
『近代名人手札眞蹟　盛宣懷珍藏書牘初編』王爾敏・陳善偉編、全 9 冊、香港中文大學中國文化研究所史料叢刊（3)、中文大學出版社、1987 年。
『近世人物志』金梁輯、1934 年。
孔祥吉『救亡圖存的藍圖――康有爲變法奏議輯證』聯合報文化基金會、1998 年。
『礦務檔』中央研究院近代史研究所編、全 8 冊、中國近代史資料彙編、臺北、1960 年。
鄺兆江「局內局外的困惑：赫德《旁觀三論》讀後」『中國海關與中國近代社會――陳詩啓教授九秩華誕祝壽文集』廈門大學中國海關研究中心編、廈門大學出版社、2005 年、所収。
黎志剛「輪船招商局經營管理問題、1872-1901」『中央研究院近代史研究所集刊』第 19 期、1990 年。
李愛麗「赫德與博覽會――以奧・法・英博覽會爲例」、中國海關學會編『赫德與舊中國海關論文選』中國海關出版社、2004 年。
――――『晚清美籍稅務司研究』天津古籍出版社、2005 年。
『李傅相歷聘歐美記』林樂知譯・蔡爾康輯、近代中國史料叢刊第 81 輯、文海出版社、所収。
李國祁『中國早期鐵路經營』中央研究院近代史研究所、1961 年。
『李鴻章全集（二）　電稿二』顧廷龍・葉亞廉主編、上海人民出版社、1986 年。
『李鴻章全集（三）　電稿三』顧廷龍・葉亞廉主編、上海人民出版社、1987 年。
「李鴻章手札」『近代史資料』中國社會科學院近代史研究所近代史資料編輯部編、中國社會科學出版社、第 91 輯、1997 年、所収。
「李鴻章致張佩綸書札」『歷史文獻』上海圖書館歷史文獻研究所編、上海古籍出版社、第 9 輯、2005 年、所収。
李華川「馬眉叔《上李伯相言出洋工課書》考」『清史論叢』2003-2004 年号。
――――『晚清一個外交官的文化歷程』北京大學出版社、2004 年。

『李文忠公全集』李鴻章撰・呉汝綸編、全 165 巻、光緒 31 ～ 34 年、文海出版社影印本、1984 年。
『李文忠公尺牘』全 32 巻、合肥李氏石印本、民國 5 年。
『李星使來去信』全 24 巻、抄本。北京大學圖書館蔵。
林崇墉『沈葆楨與福州船政』聯經出版事業公司、1987 年。
『臨川先生文集』王安石撰、華正書局點校本、1975 年。
呂實強『中國早期的輪船經營』中央研究院近代史研究所、1976 年。
『輪船招商局』汪熙・陳絳編、盛宣懷檔案資料選輯之八、陳旭麓・顧廷龍・汪熙主編、上海人民出版社、2002 年。
馬陵合『清末民初鐵路外債觀研究』復旦大學出版社、2004 年。
『馬相伯集』朱維錚主編、復旦大學出版社、1996 年。
『馬相伯先生年譜』張若谷編著、長沙商務印書館、1939 年。
茅海建『戊戌變法史事考』生活・讀書・新知三聯書店、2005 年。
『旁觀三論』赫德（Sir Robert Hart）撰、通變齋印、光緒 24 年。國家圖書館分館所蔵。
『清光緒朝中法交渉史料』全 22 巻、故宮博物院編、1932 ～ 1933 年。
『清光緒朝中日交渉史料』全 88 巻、故宮博物院編、1932 年。
『清季外交史料』「光緒朝外交史料」全 218 巻、王彦威・王亮輯、民國 21 ～ 24 年、書目文獻出版社影印本、1987 年。
『清季中日韓關係史料』中央研究院近代史研究所編、全 11 巻、1972 年。
『清議報』梁啓超・馮鏡如等編輯、横浜、光緒 24 ～ 27 年、成文出版社影印本、1967 年。
『蜷廬隨筆』王伯恭撰、民國 21 年鉛印本、近代中國史料叢刊第 24 輯、文海出版社、所収。
『三洲日記』張蔭桓撰、全 8 巻、北京刊本、光緒 22 年。
桑兵「陳季同述略」『近代史研究』1999 年第 4 期。
『上海機器織布局』陳梅龍編、盛宣懷檔案資料選輯之六、陳旭麓・顧廷龍・汪熙主編、上海人民出版社、2001 年。
邵循正『中法越南關係始末』國立清華大學、1935 年。
――――「關於洋務派民用企業的性質和道路――論官督商辦」、同『二十世紀中國史學名著　中法越南關係始末』河北教育出版社、2000 年、所収。
『申報』上海、日刊、同治 11 年～民國 38 年。
『盛宣懷年譜長編』夏東元編著、全 2 冊、交通大學出版社、2004 年。
『盛宣懷實業函電稿』王爾敏・呉倫霓霞編、全 2 冊、中央研究院近代史研究所史料叢刊（17）、香港中文大學中國文化研究所・中央研究院近代史研究所、1993 年。

『使德日記』李鳳苞撰『靈鶼閣叢書』元和江氏湖南使院刊本、光緒 21 ～ 23 年、第 2 集、所収。
『適可齋記言』馬建忠撰、張豈之・劉厚祜點校、全 4 巻、中華書局標點本、1960 年、所収。
『適可齋記言記行』馬建忠撰、光緒 22 年序刊本。
『時務報』上海、光緒 22 ～ 24 年、『強學報・時務報』中華書局編輯部編、全 5 冊、中國近代期刊彙刊、中華書局、1991 年、所収。
『使西日記』曾紀澤撰、江南製造總局刊本、光緒 19 年。
『世載堂雜憶』劉禺生撰、中華書局、1960 年。
『蘇軾文集』孔凡禮點校、全 6 冊、中華書局、1986 年。
譚群玉「馬建忠外交思想的形成」『兩岸三地「研究生視野下的近代中國」研討會論文集』胡春惠・周惠民主編、臺北政治大學歴史學系・香港珠海書院亞洲研究中心、2000 年、所収。
湯象龍編著『中國近代海關税收和分配統計　一八六一──一九一〇』中華書局、1992 年。
『鐵雲先生年譜長編』劉蕙蓀、齊魯書社、1982 年。
『通商表』李圭輯、海昌官廨刊本、光緒 21 年。
『屠光禄疏稿』屠仁守撰、潛樓刊本、1922 年、近代中国史料叢刊第 31 輯、文海出版社、所収。
『萬國公法』惠頓（Henry Wheaton）著／丁韙良（William Alexander Parsons Martin）譯、全 4 巻、北京崇實館、同治 3 年。
『汪康年師友書札』上海圖書館編、全 4 冊、上海古籍出版社、1986 ～ 89 年、第 2 冊、1986 年。
汪榮祖『走向世界的挫折──郭嵩燾與道咸同光時代』中華書局、2006 年。
王鍾翰「關於總理衙門」、同『清史雜考』人民出版社、1957 年、所収。
『翁同龢日記』陳義杰整理、第 6 冊、中華書局、1998 年。
呉福環『清季總理衙門研究』文津出版社、1995 年。
『戊戌變法』中國史學會主編、全 4 冊、中國近代史資料叢刊、神州國光社、1953 年。
『西洋雜誌』黎庶昌撰、走向世界叢書、湖南人民出版社、1981 年。
「西軺紀略」『養雲山莊遺稿』劉瑞芬撰、光緒 19、22 年刊、所収。
夏東元『鄭觀應傳（修訂本）』華東師範大學出版社、1985 年。
────『盛宣懷傳』四川人民出版社、1988 年。
狹間直樹「對中國近代"民主"與"共和"觀念的考察」、中國史學會編『辛亥革命與二十世紀的中國』全 3 冊、中央文獻出版社、2002 年、下冊、所収。
『湘綺樓日記』王闓運撰、嶽麓書社標點本、全 5 巻、1997 年。

『小方壺齋輿地叢鈔』王錫祺輯、上海著易堂印、光緒 17 年序。
『小方壺齋輿地叢鈔再補編』王錫祺輯、上海著易堂印、光緒 23 年序。
謝俊美「1887 年中美籌開華美銀行一事的真相」『華東師範大學學報（哲學社會科學版）』1984 年第 5 期。
『新民叢報』馮紫珊編輯、横浜、光緒 28 ～ 33 年、藝文印書館影印本、1966 年。
『星軺指掌』馬爾頓（Charles de Martens）撰・葛福根（M. Friedrich Heinrich Geffckens）註／聯芳・慶常譯、光緒 2 年、同文館鉛印本。
徐義生編『中國近代外債史統計資料（一八五三—一九二七）』中華書局、1962 年。
『薛福成日記』蔡少卿整理、吉林文史出版社、2004 年。
薛玉琴『近代思想前驅者的悲劇角色——馬建忠研究』中國社會科學出版社、2006 年。
『荀學齋日記』己集下、『越縵堂日記』李慈銘撰、全 18 冊、國家清史編纂委員會文獻叢刊、廣陵書社影印本、2004 年、第 14 冊、所収。
『洋務運動』中國史學會主編、全 8 冊、中國近代史資料叢刊、上海人民出版社、1961 年。
『養知書屋文集』郭嵩燾撰、全 28 巻、光緒 18 年刊、近代中國史料叢刊第 16 輯、文海出版社、所収。
『意園文略』盛昱撰、表弟楊鍾羲江寧郡齋刊本、宣統元年。
『飲冰室合集』梁啓超著・林志鈞編、1936 年、中華書局、1989 年重版。
飲氷室主人（梁啓超）『李鴻章（一名中國四十年來大事記）』新民叢報社（横浜）、光緒 27 年 11 月序。
『庸盦全集』薛福成撰、光緒 24 年刊本、華文書局影印本、全 2 冊、1971 年。
『庸盦文別集』薛福成撰、全 6 巻、光緒 29 年、上海古籍出版社標點本、1985 年。
『曾紀澤日記』全 3 冊、嶽麓書社、1998 年。
『曾惠敏公手寫日記』曾紀澤撰、全 8 冊、中國史學叢書初編、學生書局、1965 年。
『曾惠敏公文集』曾紀澤撰、江南製造總局刊本、光緒 19 年、近代中國史料叢刊續編第 23 輯、文海出版社、所収。
張國輝『洋務運動與中國近代企業』中國社會科學出版社、1979 年。
『張蔭桓戊戌日記手稿』王貴忱注釋、尚志書舎、1999 年。
張宇權『思想與時代的落差——晚清外交官劉錫鴻研究』天津古籍出版社、2004 年。
趙豐田『晚清五十年經濟思想史』哈佛燕京學社、1939 年。
中村哲夫「辛亥革命與金融制度」、中國史學會編『辛亥革命與二十世紀的中國』全 3 冊、中央文獻出版社、2002 年、中冊、所収。
『中國第一家銀行——中國通商銀行初創時期（一八九七年至一九一一年）』中國人民銀行上海市分行金融研究室編、中國社會科学出版社、1982 年。
『中國通商銀行』謝俊美編、盛宣懷檔案資料選輯之五、陳旭麓・顧廷龍・汪熙主編、

上海人民出版社、2000年。

『中法越南交渉檔』中央研究院近代史研究所編、全7冊、中國近代史資料彙編、臺北、1962年。

『中日戰爭』中國史學會主編、全7冊、中國近代史資料叢刊、新知識出版社、1956年。

『駐德使館檔案鈔』劉錫鴻等撰、中國史學叢書初編、學生書局、1966年。

朱維錚「使臣的實録與非實録——晩清的六種使西記」、同『求索真文明——晩清學術史論』上海古籍出版社、1996年、所収。

朱蔭貴『國家干預經濟與中日近代化：招商局與三菱・日本郵船会社的比較研究』東方出版社、1994年。

朱英『晩清經濟政策與改革措施』華中師範大學出版社、1996年。

『自強學齋治平十議』文瑞樓石印、光緒23年。

ハングル

『高宗實録』全48巻、『李朝實録』全56冊、學習院大学東洋文化研究所影印本、1967年、第53～56冊、所収。

『陰晴史』金允植撰、『從政年表・陰晴史』大韓民國文教部國史編纂委員會編、韓國史料叢書第6、探求堂、1971年、所収。

『朝鮮王朝實録』國史編纂委員會、全49巻、探求堂、1986年。

『從政年表』魚允中撰、『從政年表・陰晴史』大韓民國文教部國史編纂委員會編、韓國史料叢書第6、探求堂、1971年、所収。

『興宣大院君 史料彙編』石坡學術研究院、全4巻、玄音社、2005年。

欧　文

Archives of China's Imperial Maritime Customs, Confidential Correspondence between Robert Hart and James Duncan Campbell, 1874-1907, compiled by Second Historical Archives of China & Institute of Modern History, Chinese Academy of Social Sciences, Beijing, 4vols., 1990-1993, Vol. 2, 1992.
Bailey, Paul, translated & introduced by. *Strengthen the Country and Enrich the People: the Reform Writings of Ma Jianzhong,* Richmond, 1998.
Bastid-Bruguière, Marianne. "Currents of Social Change," John King Fairbank and Kwang-ching Liu, eds., *The Cambridge History of China, Vol. 11, Late Ch'ing,*

1800–1911, Part 2, Cambridge, etc., 1980.

Callières, François de. *De la manière de négocier avec les souverains, de l'utilite des négociations, du choix des ambassadeurs et des envoyés et des qualités nécessaires pour réussir dans ces emplois* (*1716*), édition critique par Alain Pekar Lempereur, Les Classiques de la pensée politique 19, Genève, 2002.

Chan, Wellington K. K. (陳錦江) *Merchants, Mandarins and Modern Enterprise in Late Ch'ing China,* Cambridge, Mass., 1977.

China. Imperial Maritime Customs, I.—Statistical Series, Nos. 3 and 4, *Returns of Trade and Trade Reports for the Year 1887, Part II.—Reports and Statistics for Each Port, with the Reports and Statistics for Corea,* 29th/23rd issue, Shanghai, 1888.

———, III.—Miscellaneous Series, No. 5, *Catalogue of the Collection exhibited in the Palais du Champs de Mars Universal Exhibition,* Paris, 1878.

———, No. 30, *Treaties, Conventions, etc., between China and Foreign States,* 2vols., Shanghai, 1908.

Chinese Times, Tientsin, weekly, 1886–1891.

Coates, P. D. *China Consuls: British Consular Officers, 1843–1943,* Oxford, etc., 1988.

Cordier, Henri. *Histoire des relations de la Chine avec les puissances occidentales, 1860–1900,* Tome 2, Paris, 1902.

Cunningham, William. *Modern Civilization in Some of its Economic Aspects,* London, 1896.

Fairbank, John King, Katherine Frost Bruner & Elizabeth MacLeod Matheson, eds. *The I. G. in Peking: Letters of Robert Hart, Chinese Maritime Customs 1868–1907,* 2vols., Cambridge, Mass., etc., 1975.

———, Martha Henderson Coolige, and Richard Joseph Smith. *H. B. Morse, Customs Commissioner and Historian of China,* Lexington, 1995.

Feurerwerker, Albert. *China's Early Industrialization, Sheng Hsuan-huai* (*1844–1916*) *and Mandarin Enterprise,* Cambridge, Mass., 1958.

Foucault de Mondion, Adalbert Henri. *La vérité sur le Tonkin,* Paris, 1889.

France, Ministère des affaires étrangères. Archives diplomatiques, Correspondance politique, Chine.

Great Britain, Foreign Office. General Correspondence, China, (1815–1905), FO17.

Great Britain, Parliamentary Papers. *China.* (*No. 5*)*: Correspondence respecting the Revision of the Treaty of Tien-tsin,* presented to the House of Lords by Command of Her Majesty, 1871.

———. *Minutes of Evidence taken before the Royal Commission in Opium between 18th Nov. and 29th Dec. 1893 with Appendicies*, Vol. 2, presented both Houses of Parliament by Command of Her Majesty, London, 1894.
Hao, Yen-p'ing.（郝延平）*The Comprador in Nineteenth-Century China: Bridge between East and West*, Cambridge, Mass., 1970.
Hoare, James E. *Embassies in the East: the Story of the British Embassies in Japan, China and Korea from 1859 to the Present*, Richmond, 1999.
Hsiao Liang-lin.（蕭亮林）*China's Foreign Trade Statistics, 1864-1949*, Cambridge, Mass., 1974.
Hsü, Immanuel C. Y.（徐中約）*The Ili Crisis: A Study of Sino-Russian Diplomacy 1871-1881*, London, 1965.
Journal officiel de la Republique francaise, Paris, 1870-1941.
La Servière, Joseph de. *Histoire de la mission du Kiang-nan, Jésuites de la province de France (Paris), 1840-1899*, 3 tomes, Zi-ka-wei（徐家匯）, 1914.
Lai, Chi-kong.（黎志剛）"Li Hung-chang and Modern Enterprise: The China Merchants' Steam Navigation Company, 1872-1885," Samuel C. Chu & Kwang-Ching Liu, eds., *Li Hung-chang and China's Early Modernization*, Armonk, 1994.
King, Frank H. H. *The History of the Hongkong and Shanghai Banking Corporation, The Hongkong Bank in Late Imperial China, 1864-1902: On an Even Keel*, Vol. 1, Cambridge, etc., 1987.
Leibo, Steven A. *Transferring Technology to China: Prosper Giquel and the Self-Strengthening Movement*, Berkeley, 1985.
Martens, Charles, baron de. *Le guide diplomatique: précis des droits et des fonctions des agents diplomatiques et consulaires: suivi d'un Traité des actes et offices divers qui sont du ressort de la diplomatie, accompagné de pièces et documents proposés comme exemples*, 5e ed., entièrement refondue par M. Friedrich Heinrich Geffcken, 2 tomes, Leipzig, 1866.
Meng, S. M.（蒙思明）*The Tsungli Yamen: Its Organization and Function*, Cambridge, Mass., 1962.
Morse, Hosea Ballou. *The International Relations of the Chinese Empire, Vol. 2, The Period of Submission, 1861-1893*, Shanghai, etc., 1918.
———. *The International Relations of the Chinese Empire, Vol. 3, The Period of Subjection, 1894-1911*, Shanghai, etc., 1918.
North-China Herald, Shanghai, weekly, 1850-.
Rockhill, William Woodville. "Korea in its Relations with China," *Journal of American*

Oriental Society, Vol. 13, 1889.

Schmidt, Vera. *Aufgabe und Einfluß der europäischen Berater in China: Gustav Detring (1842–1913) im Dienste Li Hung-changs,* Veröffentlichungen des Ostasien-Instituts der Ruhr-Universität Bochum, Bd. 34, Wiesbaden, 1984.

Teng, Ssu-yü(鄧嗣禹) and John King Fairbank, with E-tu Zen Sun(任以都), Chaoying Fang(房兆楹), *et al. China's Response to the West, a Documentary Survey, 1839–1923,* Cambridge, Mass., 1979.

The Times, London, daily, 1785–.

United States, Department of State. General Records of Department of State, Diplomatic Despatches, China, 1843–1906.

Voltaire. *Lettres philosophiques ou Lettres anglaises avec le texte complet des remarques sur les Pensées de Pascal,* introduction, notes, choix de variantes et rapprochements par Raymond Naves, Classiques Garnier, Paris, 1962.

Waung, W. S. K.(汪瑞炯) *The Controversy: Opium and Sino-British Relations, 1858–1887,* Hong Kong, 1977.

Wheaton, Henry. *Elements of International Law,* 8th ed., edited, with notes, by R. H. Dana, London, 1866.

Wong, Owen Hong-hin. *A New Profile in Sino-Western Diplomacy: the First Chinese Minister to Great Britain,* Kowloon, 1987.

Wright, Stanley Fowler. *Hart and the Chinese Customs,* Belfast, 1950.

Yung Wing.(容閎) *My Life in China and America,* New York, 1909.

著者略歴

岡本隆司（おかもと・たかし）

1965年　京都市に生まれる。

1993年　宮崎大学教育学部講師、

宮崎大学教育文化学部助教授をへて、

現　在　京都府立大学文学部准教授。

著　書　『近代中国と海関』（第16回大平正芳記念賞受賞、名古屋大学出版会、1999年）、『属国と自主のあいだ——近代清韓関係と東アジアの命運』（第27回サントリー学芸賞受賞、名古屋大学出版会、2004年）

馬建忠の中国近代

2007年11月10日　初版第一刷発行

著　者　岡　本　隆　司

発行者　加　藤　重　樹

発行所　京都大学学術出版会

606-8305　京都市左京区吉田河原町15-9京大会館内

電話075(761)6182　FAX075(761)6190

URL　http://www.kyoto-up.or.jp/

印刷所　亜細亜印刷株式会社

ISBN978-4-87698-729-0　C3022